정 치 학 총 서

선거체제 비교

- 제도적 효과와 정치적 영향 -

[개정판]

안 순 철

法 文 社

개정판 머리말

먼저 송구스런 마음부터 전하는 것이 순서일 듯하다. 그간 여러모로 부족한 내용이나마 두루 많은 선·후배, 동료 정치학자들 덕분에 오랫동안 선거 분야를 공부하는 학부와 대학원 학생들이 졸저를 접할 수 있었는데 개정판까지 제 때에 내질 못해 늘 빚을 진 마음이었다. 여전히 쏟은 시간과 정성이 부족하다는 생각에 송구스런 마음이 가시질 않지만, 더 늦기 전에 틈틈이 메모하고 모아 두었던 내용들을 최대한 담아 보자는 뜻이 너그럽게 헤아려지기를 바랄 뿐이다.

개정판은 우선 각 장별로 각 국의 최근 선거 데이터를 반영하는 데 중점을 두는 한편, 2000년대 이전과 이후를 비교하여 국가별 정치적 변화의 특징을 찾고자 하였다. 전판의 체제를 유지하되 88개 자유민주국가의 선거체제로 연구의 범위를 일부 확대하고, 이를 새롭게 분류하여 체계적 비교를 모색하였다(그림 3.1). 이러한 맥락에서 블록투표제, 집적투표제, 제한투표제, SNTV제 등 다석 선거구 다수제를 4장의 1위대표제에 소절로 추가하였고, STV제(7장)는 비례제로 분류하여 명부식 비례제(6장)와 비교하도록 하였다. 혼합형은 연동형(Mixed Member-Dependent)과 독립형(Mixed Member-Independent)으로 다시 명명하고 최근에 나타난 독립형의 제1당 집중화 현상을 조명하였다.

선거인의 불공정 배분, 게리맨더링 등 선거구 획정 관련 내용을 보강하였고, 전판에서 간략히 다루었던 '후보자 선정' 소절의 깊이를 더하는 차원에서 후보자 선정의 포괄성-배타성의 비교, 미국의 예비선거, 일본 자민당의 공모제 등 내용을 추가하였다. 독일과 헝가리는 각각 2013년과 2012년에 선거체제를 다시 개혁한 사례이기 때문에 새로운 선거체제의 특징을 상세히 살펴보고 구 선거체제와 비교해서 제도적 효과를 다루었다. 9장 '선거체제의 정치적 영향'은 2000년대 이전과 이후의 정치적 결과를 선거체제의 비비례성과 효과적 정당수를 중심으로 비교하는

데 초점을 두었다.

긴 세월 헤아릴 수 없이 많은 도움을 받으며 살아 왔다. 이 책 역시 모자람이 많지만 그나마도 많은 도움을 받은 결과이다. 그간 여러모로 도움을 주신 주위 모든 분께 깊이 감사를 드린다. 특히 이 책이 출판되기까지 여러모로 협조해준 法文社 임직원 여러분께 심심한 사의를 표한다. 끝으로 그간 데이터 정리와 교정 작업을 정성껏 도와준 대학원생 박민규, 김영진, 강신재 조교, 강의실에서 열정을 일깨워준 학부생들에게도 감사의 마음을 전한다.

2015년 12월 15일
단국대학교 죽전캠퍼스 연구실에서
저자 씀

머 리 말

흔히 1970년대 이후 '비교 선거체제론' 분야가 다시 생명력을 얻었다는 평가를 한다. 실제 지난 30여 년 간 선거체제의 정치적 영향에 대한 연구는 정치학의 다른 어느 분야보다도 활발하였고, 그 결과 1992년까지 2,500여 연구물이 이 분야에 집적되었다. 이러한 학문적 생산성이 1970년대 이후 남부 유럽, 남미, 아시아, 동부 유럽으로 이어지는 이른바 '제3의(민주화)물결' 속에서 선거체제의 선택이 특별히 현안으로 대두된 것과 깊이 관련되어 있음은 쉽게 짐작할 수 있다. 더욱이 선거체제는 특정한 제도적 효과를 목표로 (상대적 의미이긴 하지만) '가장 손쉽게 개혁할 수 있는 부분'이기 때문에, 또 그러면서도 정치과정과 정치체제 전반에 미치는 영향이 매우 크기 때문에 학문적으로나 정치적으로나 특별한 지적 관심의 대상이 되어 왔다고도 볼 수 있다.

1990년대에 들어서 뉴질랜드, 이탈리아, 일본 등이 새로운 선거체제를 도입하였고, 현재도 많은 국가에서 선거체제를 개혁하고자 하는 움직임이 일고 있다. 선거체제 개혁에 관한 다양한 논의와 논란이 지속됨에 따라 선거체제의 효과와 정치적 영향에 관한 지식의 축적과 이론적 연구의 필요성은 더욱 커지고 있는 추세이다. 정치개혁의 흐름 속에 있는 우리 한국의 정치적 상황에서는 선거체제가 정치체제의 단순한 종속변수가 아니라 심대한 영향을 미치는 중요한 독립변수라는 점이 특히 강조될 필요가 있다. 정당체제와 통치구조 전반에 작용하는 선거체제의 효과와 영향에 대한 구체적인 이해가 특별히 요구되는 현실이기 때문이다.

하지만 선거체제론 분야에 관한 한 우리의 형편이 이러한 현실적 요구를 뒷받침할 만큼 학문적 기반이 공고하지 못하다는 점을 지적할 수밖에 없다. 정치권과 언론이 선거체제의 운용규칙에 관한 단편적 지식과 피상적 효과만을 토대로 정략적 이해관계에 초점을 두는 배경에는 선거체제의 폭넓은 효과와 영향에 관한 이론적 연구가 부족한 탓이 크다. 정치적 민주화의 진전과 더불어 선거행태 분야 연구가 질적·양적 측면에서 괄목할만한 성장을 해온 반면, 선거체제의 제도적 효과와 정치적 영향에 관한 연구는 여전히 답보상태를 벗어나지 못하고 있다는 자성이 필요한 시기이다. 선거체제 연구 분야의 이러한 문제점은 정요섭 교수의 『선거론』(1967) 이외에 참고할만한 저작이 거의 없을 만큼 연구기반이 불비했던 점과 깊이 관련되어 있다. 다행히 1994년 박병석 박사가 디터 놀렌(Dieter Nohlen)의 『선거제도와 정당체제』를 번역 출판하고, 1997년 김광수 교수의 역작인 『선거와 선거제도』가 출판됨으로써 후학들은 많은 자료와 다양한 주제를 일목요연하게 접할 수 있게 되었다. 필자 역시 선거체제 연구의 기반을 다지는 일에 작으나마 보탬이 되고자 하는 마음으로 이 책을 시작하게 되었다.

이 책을 집필함에 있어 필자 나름대로 목표와 초점을 정하고 이를 지키고자 노력하였다. 우선 1장에서는 민주주의, 선거, 선거체제의 의미와 관계에 대한 논의를 통해 자유주의적 선거관의 중요성을 인식해 보고자 하였다. 선거는 대중적 의지를 공정하고 정확하게 총합하는 데 결함을 나타낸다. 또 선거의 역설적 본질은 선거결과가 선거체제에 따라 변하는 모순을 초래한다. 하지만 이러한 모순에도 불구하고 대중주의적 현실 정치는 선거에서 너무 많은 것을 얻으려 하는 또 다른 모순에 빠지고 있다. '국민의 뜻'을 핑계로 하는 대중주의의 오류에서 민주주의 자체를 위협하는 독선의 정치가 비롯될 수 있음을 인식하는 것이 선거체제 논의에 앞서 선행되어야 한다는 생각이다. 즉 선거를 통해 주기적으로 대표를 신임하고 교체하는 이상의 의미를 부여하지 않는 자유주의적 선거관을 가질 때 비로소 선거체제의 제도적 효과를 연구하는 의미가 있다는 것이다.

둘째, 이 책은 특별히 선거체제와 선거체제의 정치적 영향에 초점을 두고자 하였다. 그런 이유에서 선거에 관련된 모든 규칙을 망라하는 포괄적 개념의 선거법이나 선거제도보다는 '투표가 의석으로 전환되는 과정과 관련된 일련의 규칙'이라는 의미로서 '선거체제'라는 표현을 사용하였다. 단순히 선거체제를 설명하기보다는 선거체제에 대한 정확한 이해를 바탕으로 제도적 효과와 정치적 영향을 가늠하는 데 도움을 주고자 노력하였다. 이러한 초점에 맞추어 선거와 선거체제의 기본적 주제 가운데 핵심이 되는 내용을 간추려 2장과 3장에서 간략히 다루고, 4장에서 8장은 각 장별로 주요 선거체제를 집중적으로 논의하는 데 할애하였다.

셋째, 논의의 범위를 좁히는 대신 선거체제 연구에 필요한 개념, 이론, 경험적 사례 등을 가급적 많이 포함하면서도 가능한 한 쉽게 다루고자 노력하였지만, 두 가지 목표에 모두 충실하기가 어려워 소기의 성과를 얻었다고 자신하기는 어렵다. 어느 한 독자층을 위해 내용을 가감하기보다는 독자 스스로 선택해 읽을 수 있을 것이라는 낙관적 믿음을 가지고 다양한 내용을 담은 것으로 이해되기 바란다. 선거체제가 어떻게 운용되는가를 아는 것만으로 선거체제를 이해하고 있다고 하기는 어렵다. 더욱이 같은 선거체제라 하더라도 어느 정치체제에서나 같은 제도적 효과를 나타내는 것은 아니며, 어느 선거체제든 원하는 효과를 주는 만큼 원하지 않는 효과를 가져다 주는 것이 보통이다. 따라서 제도적 효과와 정치적 영향은 특히 신중하게 연구되고 가늠되어야 할 부분이다. 4장에서 8장은 각 선거체제별로 장단점과 정치적 영향을 다루었고, 특히 8장은 혼합형 선거체제인 독일, 뉴질랜드, 일본, 헝가리의 사례를 국가별로 나누어 논의하였다. 9장에서는 다시 선거체제와 비례성, 정치적 안정, 정당체제 등의 관계를 종합적으로 비교하였다.

끝으로 선거체제와 정치적 영향에 관한 논의는 필연적으로 선거체제 개혁이라는 주제로 이어지게 된다. 선거체제의 개혁은 정치공학(political engineering)적 차원에 비유되기도 하는데, 그것은 선거체제가 건축물의 장식이 아니라 기본구조와 같은 존재이기 때문이다. 선거체제를 그저 선거의 당락을 결정하는 데 그치는 것처럼 가볍게 다루는 것은 결국 부실한 정치구조를 설계하는 것과 같은 격이다. 이 책이 선거체제의 중요성을 인식하고 선거체제의 정치적 영향을 정확히 가늠해야 할 분들에게 작으나마 보탬이 되기를 기대한다. 8장에서는 뉴질랜드와 일본의 개혁 사례와 헝가리의 선거체제 선택과정을 비교적 상세히 소개하고자 하였고, 9장의 결론에서는 선거체제의 개혁과 선택에 따르는 일반적 문제점을 지적하였다.

이 책은 열거하기 어려울 만큼 많은 학자들의 연구업적에 의존하였다. 특히 정요섭 교수와 김광수 교수, 그리고 Carey, Farrell, Gallagher, Harrop, Katz, Lijphart, Miller, Riker, Shugart, Sartori, Taagepera 교수 등이 단독 또는 공동으로 연구한 업적들은 필자가 늘 책상 위에 두고 손때 묻혀 읽으면서 지식과 지혜는 물론 학문적 노력의 본보기로 삼는 저작들이어서 더욱 큰 의지가 되었다. 그리고 선거분야를 공부하는 과정에서 필자를 이끌어 주고 여전히 변함없이 조언과 시간을 아끼지 않는 미주리대 정치학과의 David Wood, James Endersby, Birol Yesilada 교수와 통계학과의 Paul Speckman 교수에게 감사의 마음을 전한다. 특히 미국과 영국에서 발간된 최근 서적들과 논문, 자료 등을 찾고, 각 장별 체제를 결정하는 데 도움을 준 미주리대 정치학과 Thad Brown 교수에게 감사드린다.

아울러 이 책이 나오기까지 도움을 주신 주위 모든 분들께 충심으로 감사를 드린다. 특히 이 책이 출판되기까지 여러 가지로 도와주신 배효선 사장님과 정현성, 송병량 선생님 등 法文社 가족 여러분께 심심한 사의를 표한다. 끝으로 집필과정 내내 함께 하며 정성껏 도와준 임재형 박사와 대학원생 최장섭 조교에게 특별한 감사의 마음을 전한다.

1998년 9월 1일
한남캠퍼스 연구실에서
저자 씀

차 례

제 1 장

선거와 민주주의

Ⅰ. 민주주의의 기본요소와 선거

Ⅱ. 선거의 역설적(逆說的) 본질

선거는 한 사회 구성원들의 '선호(選好; preference)'를 총합(總合) 하여 집합적 결론을 도출하는 사회적 선택(social choice)의 한 방법이다.[1] 여기서 선호의 대상은 다양하여 인물일 수도 있고 어떤 가치(value)일 수도 있지만, 선거는 일반적으로 어떤 직책을 수행할 대표를 선출하는 절차적 방법으로 이해된다.[2] 이러한 의미를 지니고 있는 선거의 종류는 다양하지만 특별히 정치학적 관심의 대상이 되는 것은 의회와 정부의 구성 등 '국가사회'적 선택의 도출 방법으로서의 선거이고, 그 중에서도 민주주의 정치체제의 선거이다. 전체주의나 권위주의 체제와 같은 '비(非)민주적' 정치체제에도 선거는 존재하지만, 민주주의 정치체제의 선거로 논의의 범주를 한정하여 선거의 의미, 원칙, 기능, 선거체제 등의 차이에서 오는 혼동을 피하고자 한다. 선거체제 논의에 앞서 여기 제1장에서는 선거와 민주주의의 관계를 사회적 선택 이론과 민주주의론적 측면에서 검토함으로써 흔히 무심하게 받아들이는 선거와 선거 결과의 의미를 새롭게 통찰하는 계기를 삼고자 한다.[3]

I. 민주주의의 기본요소와 선거

민주주의는 "정의(justice)와 정치생활의 이상(ideal)이자 현실 정치에서 이러한 이상을 실현하는 방법이기도 하다"(Riker 1982, 2). 여기서 민주주의의 도덕적 이상은 개인적 자아의 존중(self-respect)과 자

---

1) 라이커(William H. Riker)는 선호를 '융합한다'는 의미의 'amalgamate' 또는 '요약한다'는 의미의 'summarize'로 표현하고 있으나 우리말 표현으로는 '총합(總合)'이 '선호를 모은다'는 본래 의미를 전달하는데 적절하다고 본다(Riker 1982, 1).

2) 투표(投票; voting)는 글자 그대로 '표를 던지는 행동'을 묘사하는 용어이지만, 사회적 선택의 대상이 어떤 가치(value)일 경우 '투표'로 결정한다고 표현하는 것이 일반적이다. 헌법 개정안에 대한 찬반을 묻듯이 '가치'의 결정이라는 의미를 가지는 '국민투표(referendum)'도 이와 비슷한 맥락에서 사용되는 용어이다.

3) 사회적 선택 이론과 민주주의 이론의 접목을 시도한 대표적 업적으로는 Dahl (1953), Black(1958), Arrow(1963), Farquharson(1969), Fishburn(1973, 1974), Riker(1982), Cox(1997) 등 참고.

아의 실현(self-realization)을 말하며, 제도로서의 민주주의는 이러한 이상을 실현하는 수단적 의미를 가진다. 같은 맥락에서 민주주의론은 민주주의적 이상이 민주주의적 수단에 의해서만 성취될 수 있음을 강조한다. 자유, 평등, 참여는 바로 이러한 민주주의의 이상적·제도적 의미를 동시에 만족시키는 한편 민주주의의 목적과 수단을 연결시키는 핵심 3요소이다. 따라서 민주주의의 3요소와 선거의 관계를 조명하는 것은 궁극적으로 선거와 민주주의의 본질적 관계를 이해하는 데 도움을 줄 것이다.

1. 자 유

자유는 자아의 실현을 스스로 추구할 수 있음을 말하며, 자연과 사회의 합법칙성을 이해하고 이를 의식적으로 활용하는 능력을 발휘함으로써 자연과 사회에 대한 지배력을 증진하는 데서 비롯된다. 자유는 이를 위해 필요한 경제적·정치적·법적·이데올로기적 조건들도 포함하기 때문에 역사적 발전과정의 밑바탕을 이룬다.

자유는 시기별로 고대적 자유와 근대적 자유로 구분할 수 있다. 고대적 자유는 주권 전체의 많은 부분을 집단적·직접적으로 행사하는 자유를 뜻한다. 반면 근대적 자유는 대의제에 의한 주권행사라는 정치활동과 아울러 개인활동과 사적 활동의 독립에서 자유를 발견하는 개인적 자유를 의미한다(Bobbio 1992, 12). 여기서 개인적 자유는 다른 사람들의 자유를 훼손하지 않는 범위에서 각 개인이 자신이 설정한 목표를 자기 방식대로 추구할 수 있음을 의미한다(Mill 1962, 277).

근대적 자유는 정치적 자유에 의해 확대·보장되어 왔다. 즉 피치자가 통치자의 권력남용을 제도적으로 통제함으로써 국가의 자의적이고 무제한적인 권력행사로부터 보호받을 수 있었다. 정치적 자유권의 주장은 초기 영국 의회가 국왕의 권력행사에 대항하는 수단으로 활용되었다. 정치인들이 의원직을 상실한 이후를 대비해 정치인들의 자유권을 확대하는 과정에서 피치자인 국민들의 자유도 함께 확대되었고, 정치적 참여의 확대를 통해 권력에 대한 제도적 통제를 강화하는 과정이 수반되었다. 결국 자아의 존중과 자아의 실현을 추구한다는 점에서 자유의 확대는 그 자체가 목적인 동시에 정치적 참여를 확대하고 민주적 제어를 가능하게 하는 효과적 수단의 의미를 가지는 것이다.

2. 평 등

민주주의의 이상으로서 평등을 추구하는 것은 자유의 추구와 같은 맥락에서 출발하였다. 모든 인간의 존엄성과 가치는 동등하다는 원칙에 입각하고 있는 평등의 개념은 17세기 이후 유럽사회에 팽배했던 자연법적 인식에 토대를 두고 있다. 사회적 평등 개념이 부각되기 이전에는 평등이란 기본적으로 내재적 자유, 즉 자아의 존중과 자아의 실현을 추구하는 또 다른 방법으로 이해되었으며, 국왕의 권력으로부터 자유를 얻는 것이 곧 평등을 함께 얻는 것으로 여겨졌다.

평등은 사법적·정치적 평등, 사회적 평등, 기회적 평등, 경제적 평등의 범주로 분류할 수 있다. 사법적·정치적 평등은 모든 인간에게 법적·정치적 권리를 동등하게 부여하는 것을 말한다. 그러나 사법적·정치적 평등이 의미하는 것은 모든 사람의 능력이 동일하다는 것을 인정하는 것은 아니다. 이는 특권을 배제하기 위해 법 앞에서 평등한 권리를 가지고 있으며 누구나 시민적 자유를 누릴 자격이 있다는 것을 의미한다.

사회적 평등은 개인을 지위나 신분에 관계없이 동등하게 대우하는 것을 뜻한다. 특히 사회적 평등은 민주주의의 이상인 자아의 존중이라는 측면에서 모든 평등의 기초가 된다(Sargent 1994, 110). 기회의 평등은 재능에 따른 직업의 선택과 동등한 대우를 의미하는 기회에의 평등한 접근을 뜻하며, 이를 위한 최소한의 물질적 조건을 보장하는 평등한 출발을 의미한다(Sartori 1990, 471-472). 출발상의 평등이 보장되면, 이후 개인은 자신의 장점과 능력을 통해 경쟁하고 그에 따른 배분과 대우를 받을 수 있어야 한다는 것이다.

현대적 의미에서의 경제적 평등은 사회 구성원들의 경제적 안전을 보장하는 기본적인 물질적 수준이 제공되어야 한다는 것을 의미한다. 최소한의 수준에서 경제적 안정이 확보되어야 비로서 개인은 시민으로서 충분히 활동하면서 자아실현이라는 자유의 내재적(內在的) 요건을 충족시킬 수 있다는 것이다.[4)]

요컨대 어떠한 개념적 의미를 가지는 경우에도 변함없는 평등의 도덕적 가치는 '자아의 존중과 실현'이라는 민주주의의 이상을 추구하는데 있다. 더욱 중요한 것은 평등이 특별히 선거권의 확대를 통한 정치적 참여를 증진함으로써 민주적 제어의 효과적 수단이 되었다는 사실이다.

3. 참 여

참여는 민주주의(democracy)의 그리스어 어원인 'demokratia' ('demos 인민'과 'kratos 지배'의 복합어)에서 비롯된 민주주의의 핵심요소이다. 앞서 지적한대로 정치적 참여와 자유의 확대는 궤(軌)를 같이 하였다. '참여의 보장이 없는 자유'와 '자유가 없는 참여'는 민주주의의 기본요소로서의 의미를 상실한다고 할 수 있다. 정치적 참여는 정치적 자유를 확대하는 수단이었고, 정치적 자유권의 주장은 정치적 참여의 제도화를 수반하였다.

---

4) 경제적 평등 개념의 확대에 따라 국가는 자유의 무제한적 허용을 통해 평등을 실현하는 것이 아니라, 기본적인 생활권을 누릴 수 있도록 개인에게 허용된 자유를 어느 정도 제한하는 '적극적 평등'의 지향을 요구받기에 이르렀다. 결국 현대 복지국가의 개념은 형식적인 법률적 평등뿐만 아니라 구체적인 생활 현실에서의 평등이 이루어져야 한다는 적극적 평등 개념에서 비롯되었다고 볼 수 있다.

정치적 자유는 국가의사 형성에 참여할 수 있는 권리로서 국민의 정치적 참여를 의미한다. 참정권은 국가권력으로부터의 자유를 추구하는 소극적 자유와 달리 국가 권력에의 참여를 추구하는 적극적 자유의 추구라 할 수 있다. 넓은 의미에서의 참정권은 국민이 국가 지배기구에 참여하든가 또는 참여하는 자를 결정할 권리로서 선거권, 피선거권, 국민투표권, 공직의 권리, 국민심사권 등을 뜻하지만, 좁은 의미에서 해석하면 특히 국민이라는 자격으로서 법률상 당연히 향유할 수 있는 권리인 선거권과 피선거권만을 지칭한다.

국민의 정치참여 방식에 따라 민주주의 모델은 직접민주주의와 대의민주주의로 구분할 수 있다. 전자는 일반적으로 국민이 공공업무에 관련된 정책결정에 직접 참여하는 정치체제를 말하며, 후자는 국민에 의해 선출된 공직자들이 '법의 지배'라는 틀 속에서 국민의 이익을 대변하는 정치체제를 뜻한다. 대의민주주의의 핵심은 국민 스스로 통치하지는 않으나 통치하는 대표를 선출하는 간접민주주의라는 점이다. 대의민주주의 하에서 국민의 정치적 참여는 참여 자체의 목적에 그치는 것이 아니라, 자유를 보장하고 평등을 증대시키며 안정을 조장하는 수단적 가치를 함께 가지는 것이다.

4. 자유 · 평등 · 참여와 선거

민주주의의 핵심요소인 자유, 평등, 참여의 확대는 민주주의의 이상인 자아의 존중과 실현을 추구함과 동시에 이러한 이상을 실현하는 민주주의의 제도적 의미를 제고(提高)하였다. 즉 자유, 평등, 참여 자체는 민주주의의 목적이자 민주주의를 실현하는 수단이기도 한 것이다. 한편 이 세 가지 요소는 서로 상호보완적 관계를 가지며, 특히 이러한 보완적 관계는 대의민주주의의 정착 과정에서 정치적 참여를 보장하는 데 효과적 수단이 되었다.

평등 개념의 변화에 따라 특별히 자유와 평등의 상호대립적 관계가 지적된다. 자유와 평등 가운데 어느 하나를 일방적으로 절대화한다면 두 개념은 양립할 수 없으며, 상호침해의 관계는 결국 목적과 수단 모두로서의 민주주의를 부정하게 된다. 기회의 평등이 실현되지 못하면 자유는 배타적이고 억압적인 특권으로 변모하게 되고, 특정 개인의 정치권력 독점이 민주주의를 위기에 몰아넣음은 자명한 사실이다. 따라서 자유와 평등이 조화를 이루도록 하려면 무엇보다도 극도의 자유는 평등으로 제어하고, 절대적인 평등은 자유로써 제어하는 제도화가 필요하다. 즉 상호보완적 관계로서 '평등한 정치적 자유'를 제도화하는 것이 요구되며, 이러한 제도화는 민주주의의 이상을 실현하는 목적 가치이자 수단적 가치로서의 의미를 가진다.

자유와 평등은 공히 자아의 존중과 실현에 불가결의 요소이고 정치적 참여에 의미를 부여한다. 평등한 정치적 자유의 제도화는 정치적 참여를 평등하게 보장함으로써 실현될 수 있으며 이의 실천이 곧 선거인 것이다. 선거는 평등한 참정권의 보장을 통해 자유를 제어하는 수단이고, 선택의 자유에 따른 집합적 의미로서의 '사회적 선택'은 결국 절대적 평등이 있을 수 없음을 나타낸다.

선거가 자유, 평등, 참여의 보완적 관계를 설정하고 궁극적으로 민주주의의 목적과 수단적 가치를 실현하는 충분조건은 아니지만 필수적 조건임을 부정할 수는 없다. 민주주의적 이상은 "민주주의적 정의(justice)가 존재하는 사회에서 개인은 자유롭게(민주적 자유에 의해) 자아의 존중과 '실현을' 추구하고 또 이를 위해 (민주적 참여를 통한) '제어(self-control)'를 모색할 수 있는 기회가 (민주적 평등에 의해) 보장된다"는 것을 의미한다(Riker 1982, 8). 즉 자유, 평등, 참여는 민주적 이상이자 이러한 이상을 성취하는 민주적 수단이고, 이 세 가지 요소를 구현하는 민주적 참여의 제도화가 바로 정당, 이익단체, 사회적 원리

등 "보조적 제도(ancillary institutions)"를 포괄하는 개념으로서의 선거인 것이다.

II. 선거의 역설적(逆說的) 본질

선거는 민주주의의 핵심이라 할 수 있다. 선거를 통해 도출되는 사회적 선택은 민주주의적 참여를 통해 결집된 대의성(代議性)을 부여받는다. 민주주의적 정의는 바로 이러한 대의에 의해 개인이 환경과 미래를 제어해 나가면서 자아의 존중과 실현을 추구할 수 있음을 의미한다. 즉 선거를 통해 도출된 대의가 민주주의적 정의이고, 이 사회적 선택으로서의 대의에 따라 민주주의는 운용된다. 민주주의론적 차원에서 선거는 민주주의의 이상을 구현하는 참여의 제도적 방법이라는 존재가치를 가지는 것이다. 그러나 문제는 선거가 '사회적 선택'이라는 현실세계로 옮겨져 존재한다는 것이다. 이제 사회적 선택이 도출되는 과정으로서의 선거가 과연 당위적 존재로서의 기능을 충족할 수 있느냐는 현실적 의문을 가져 볼 수 있다.

1. 투표의 역설(the paradox of voting)

'투표의 역설'이란 1700년대 말엽 콩도르세(Nicolas de Condorcet, 1743-1794)라는 철학자가 발견한 것으로 선거를 통해 명백한 승자(winner)를 정하지 못하는 모순이 나타날 수 있음을 의미한다.[5] 즉 콩도르세의 '패러독스'는 사회 구성원 개개인의 선호가 전이적(轉移的;

5) 콩도르세의 발견은 당대에는 크게 주목을 받지 못하다가 캐롤(Lewis Carroll)과 낸슨(E. J. Nanson) 등이 새롭게 이 문제를 다루기 시작하는 20세기 초엽에 와서야 비로소 반향을 불러일으킨다. 1950년대 이후 사회적 선택 이론과 선거 이론에 대한 관심이 높아지면서 '투표의 역설'은 이 분야 연구의 초점이 되었다(Black 1958; Arrow 1963; Farquharson 1969; Riker and Ordeshook 1973; Riker 1982; Ordeshook 1986 등 참고).

transitive) 관계를 가지는 데 반해 사회적 선택은 비(非)전이적이고 순환적(cyclical)인 상황을 일컬으며, 특히 셋 이상의 선택 대안(代案)과 세 명 이상의 투표자가 있는 선거에서 두 개의 대안씩 묶어 1 대 1로 비교하였을 때 다른 모든 대안을 물리치는 대안이 없어 순위를 정할 수 없는 상황이 나타날 수 있다는 것이다.[6)]

이러한 역설적 상황을 잘 나타내 주는 예로 흔히 아래와 같은 상황이 설정된다. A, B, C 3인이 x, y, z 3가지 대안에 대하여 아래 예에서와 같은 선호 순서를 가지고 있다면, $\{x, y, z\}$ 어느 대안도 다른 두 대안을 모두 물리칠 수 없게 되고 $\{x, y, z\}$ 대안의 순위를 정할 수 없는 상황이 된다. 결국 3인 중의 1명이 자신의 선호에 맞도록 '일방적 규칙'을 만들어 부과하지 않는 한, 이 3인 사회는 명백한 사회적 선택을 도출할 수 없다는 결론에 이른다.

- 가정: A, B, C 3명의 사회에서 x, y, z 세 가지 대안을 놓고 '사회적 선택'을 결정
- 3명의 선호 순서: A는 x-y-z; B는 y-z-x; C는 z-x-y
- 다수제를 사용한 사회적 선택:

① 대안 x와 y의 경쟁: A, C가 y보다 x를 선호하기 때문에 사회적 선택은 x
② 대안 y와 z의 경쟁: A, B가 z보다 y를 선호하기 때문에 사회적 선택은 y
③ 대안 z와 x의 경쟁: B, C가 x보다 z를 선호하기 때문에 사회적 선택은 z

---

6) 투표의 역설로 불리는 또 다른 예로 다운스(Anthony Downs)의 '패러독스'가 있다. 개개인의 투표가 선거 결과에 미치는 영향이 극히 제한적이고, 그 때문에 늘 투표에서 얻는 이익(benefit)보다 비용(cost)이 클 수밖에 없지만 투표가 행해지는 상황을 일컫는다. Downs(1957, 260-274) 참고.

요컨대 투표의 역설은 사회적 선택, 즉 선거 결과가 논리적・관념적 일관성을 가지지 못하는 상황을 의미한다. 선거 결과가 '가변적(可變的)'일 수 있다는 것이다.[7)] 니이버(Karl Paul Reinhold Niebuhr, 1892-1971)는 "일관된 사람과 일관되지 않은 사회(coherent man and incoherent society)"라는 단적인 표현으로 이러한 현실적 모순을 꼬집고 있다(Riker 1982, 18에서 재인용). 투표의 역설은 모순적 상황에서 논리와 관념의 일관성을 유지하고 '불변(不變)'의 선거 결과를 만들어 내는 것은 결국 인위적・제도적 효과라는 의미를 전달하고 있다.

2. 사회적 선택의 가변성(可變性)

(1) 투표방법(voting methods)

실험적 선택 모형이나 선거 결과를 분석하기 위해 먼저 사회적 선택을 도출하는 투표방법들을 간략히 정리할 필요가 있다. 선거체제로서 다루어지는 1위대표제(FPTP; first past the post), 결선투표제(runoff), STV(single transferable votes) 등은 각 장의 설명과 '용어해설'을 참고하기로 하고, 여기서는 선거체제로서 대규모 선거에 사용되기는 어렵지만 특정 목적에 매우 유용하게 사용될 수 있는 네 가지 방법과 승인투표제를 소개한다.

① **콩도르세 방법(Condorcet method)** : 선택 대안들을 둘씩 1 대 1로 비교하는 방법이다. 선호 순서에서 앞서는 대안이 1표를 얻으며 두 대안 중 다수를 얻는 대안이 승리하는 단순절대다수제(simple majority)를 적용한다. 어느 한 대안이 다른 모든 대안에 승리할 경우, 그 대안을 콩도르세 승자(Condorcet winner)라 부른다.

---

7) 결선투표제나 승인투표제(approval voting)의 경우 콩도르세 승자가 선거 결과 패하는 사례도 있을 만큼 제도적 효과에 따른 사회적 선택의 가변성은 심각하게 나타날 수 있다. 5장 내용 참고.

② **보다 방법(Borda method)** : 창안자 보다(Jean-Charles de Borda, 1733-1799)의 이름을 딴 보다식(式)은 선호 순서(ordinal ranks)를 반영하는 방법이다. 선택 대안의 총수(n)에서 투표자의 선호 순서에 따른 각 대안의 등위(rank)를 뺀 후 다시 그 값을 대안별로 모두 합하여 가장 점수가 많은 대안이 승리하는 방식이다. 예를 들어 $\{w, x, y, z\}$ 4개의 대안이 있을 때, 투표자 A의 선호 순서가 (x-y-w-z)라면, 1위인 x는 3점(n-1=4-1), 2위인 y는 2점(4-2), 3위인 w는 1점(4-3), 4위인 z는 0점(4-4)을 받게 된다. 모든 투표자의 등위를 이러한 방법으로 환산한 후 대안별로 모두 합하여 선거의 순위를 결정한다.

③ **벤담 방법(Bentham method)** : 공리주의(utilitarianism)를 주창한 19세기 철학자 벤담(Jeremy Bentham, 1748-1832)의 이름을 딴 방식으로 각 대안에 대한 투표자 선호의 '효용성(cardinal utility)'을 측정한 후 이 효용성을 모두 합하여 가장 높은 점수를 1위로 결정하는 방식이다. 반 노이만-몰겐스턴의 효용성 투표방식이 거의 유일한 효용성 측정 방법으로 사용된다(Von Neumann-Morgenstern 1953; Riker and Ordeshook 1973, ch. 2; Riker 1982, 95-97 참고).

반 노이만-몰겐스턴의 효용성 측정 방법

이 방법은 우선 투표자의 선호순서를 얻은 후 가장 선호하는 대안과 가장 선호하지 않는 대안에 각각 '최대효용성'과 '최소효용성'을 부여한다. 예를 들어 $\{x, y, z\}$의 세 가지 대안에 대해 투표자가 x-y-z의 선호 순서를 가지고 있다고 하면, x는 최대효용성을 z는 최소효용성을 가진다. 기준 척도로 0에서 1을 사용할 경우,

$$u(x) = 1,\ u(z) = 0;\ 0 \le u(y) \le 1$$

이제 투표자는 다음 두 가지 선택사항(A, B) 중 하나를 결정하도록 안내된다. 매 결정시마다 확률 p(아래 A 선택항 참조)는 1에 가까운 수에서 시작하여 0을 향해 낮아지며, 투표자가 선택하지 못하는 시점까지 이 선택과정이 반복된다.

A) 가장 선호하는 x가 나와 최대효용[$u(x) = 1$]을 받을 확률(p)과 가장 선호하지 않는 z가 나와 최소효용[$u(z) = 0$]을 받을 확률($1 - p$)을 부여 받은 후 추첨에서 최대효용을 기대하는 것.

B) 추첨에 기대하지 않고 아예 y를 받아 '중간효용'을 택하는 것.

$$u(y) = p \cdot u(x) + (1 - p) \cdot u(z);$$

$$\text{여기서 } u(x) = 1,\ u(z) = 0;$$

그러므로 $u(y) = p$; 즉 투표자가 선택하지 못하는 시점의 확률 p를 y의 효용성으로 받아들인다.

④ **내쉬 방법(Nash method)** : 위 벤담식과 같이 '효용성'을 사용하되 '더하기 방식' 대신 '곱하기 방식'을 적용한다. 즉 투표자들의 효용성을 모두 곱하여 가장 높은 점수를 1위로 결정하는 방식으로 1950년대 이를 제안한 수학자 내쉬(John Forbes Nash, 1928-2015)의 이름을 붙여 내쉬식이라 부른다.

⑤ **승인투표제** : 투표자는 '승인'하는 대안 모두에 1표를 줄 수 있으며 가장 많은 득표를 한 대안이 1위가 된다. 선호의 순서나 효용가치를 따지지 않는 방법이기 때문에 승인투표제에서의 1위는 많은 투표자로부터 부정적 반응을 받지 않는 중도적 대안일 가능성이 크다고 볼 수 있다. 위의 다른 방법과 달리 실제 선거체제로서 미국 예비선거에의 활용이 제안된 바 있다(Brams and Fishburn 1978, 831-847).

(2) 선거 결과의 변화

투표자의 선호 분포가 같음에도 불구하고 선거제도를 변화시킴에 따라 선거의 결과가 달라지는 예를 우선 실험적 모형을 통해 살펴볼 수 있다. 실험적 모형은 투표자의 선호 순서와 분포를 완벽하게 제공하기 때문에 다양한 검토가 가능하다는 이점이 있다. 아래 <표 1.1>은 '32명의 사회'를 가상하여 a, b, c, d 후보에 대한 투표자들의 선호 순서를 만들어 본 것이다. 괄호안의 수치는 선호의 효용성(utility) 즉 선호의 강도(intensity)를 나타낸 것으로 벤담식과 내쉬식 투표방법을 적용해 보기 위해 임의로 정한 것이다.

표 1.1 32명의 사회적 선택

투표자	투표수	제1선호	제2선호	제3선호	제4선호
V_1-V_9	9	a(1.0)	d(0.9)	b(0.6)	c(0.5)
V_{10}-V_{17}	8	b(1.0)	a(0.7)	c(0.6)	d(0.5)
V_{18}-V_{24}	7	c(1.0)	d(0.8)	b(0.6)	a(0.5)
V_{25}-V_{28}	4	c(1.0)	b(0.7)	a(0.6)	d(0.5)
V_{29}-V_{30}	2	d(1.0)	a(0.8)	b(0.7)	c(0.5)
V_{31}-V_{32}	2	d(1.0)	b(0.9)	c(0.6)	a(0.5)

우선 콩도르세 승자가 존재하는지의 여부를 알아보고자 할 때는 아래 <표 1.2>와 같은 방식을 사용하는 것이 편리하다. 여기서 수치는 세로의 후보가 가로의 후보와의 1 대 1 대결에서 선호순서에 앞선 투표(자)수로 이해하면 된다. 즉 a와 b의 1 대 1 대결에서 a는 11명 투표자의 선호순서에서 b보다 앞섰고, b는 21명 투표자의 선호순서에서 a에 앞섰다는 것을 나타내고 있다. a는 c와 d에 이기는 반면 b에 패하고, b는 a와 c에 이기고 d에 패하고 있다. 또 c는 d만 이기고 b, c에

패하고, d는 b를 이기고 a, c에 패하는 경우이다. 결국 a, b, c, d 어느 후보도 모두를 이기지 못하여 콩도르세 승자가 없는 역설적 상황이라 할 수 있다.

표 1.2 콩도르세 승자의 확인

후 보	상 대 후 보			
	a	b	c	d
a	-	11	19	21
b	21	-	21	12
c	13	11	-	19
d	11	20	13	-

다른 방법에 의한 선거 결과를 차례로 살펴보면, 우선 1위대표제의 경우 a, b, c, d 후보가 각각 9표, 8표, 11표, 4표를 획득하게 됨에 따라 c가 당선된다. 결선투표제 선거라면 1라운드 1위대표제에서 각각 11표와 9표를 얻은 후보 c와 a가 결선 라운드에 진출하게 되고, 결선 라운드에서는 1라운드에서 탈락한 후보의 지지표들이 다음 선호순서 후보를 선택하게 되어 후보 a가 19표로 13표를 얻는 c를 물리치고 역전승을 거둔다.

승인투표제에서 32명 모두 2표를 행사한다고 할 경우, a 19표, b 14표, c 11표, d 20표가 되어 d의 당선으로 결과가 다시 바뀌게 된다. 보다식이라면 제4선호까지 있으므로 제1선호는 3점, 제2선호는 2점, 제3선호는 1점, 제4선호는 0점을 주어 계산한 결과, 각 후보의 득점은 아래 <표 1.3>과 같다. 즉 보다식 선거에서는 b가 54점으로 1위를 하게 된다.

표 1.3 보다식 선거 결과

후 보	제1선호(3점)	제2선호(2점)	제3선호(1점)	계
a	3×9 =27	2×10=20	1×4 = 4	51
b	3×8 =24	2×6 =12	1×18=18	54
c	3×11=33	2×0 = 0	1×10=10	43
d	3×4 =12	2×16=32	1×0 = 0	44

끝으로 효용성 투표를 사용하는 벤담식과 내쉬식 선거의 결과는 각각 <표 1.4>와 <표 1.5>로 나타낼 수 있다. 벤담식의 경우 '효용성'을 모두 더한 결과 23.7을 얻은 d가 1위를 차지하며, 내쉬식 선거에서는 0.000026672를 얻은 b가 당선된다.

표 1.4 벤담식 선거 결과

투표자	투표수	후 보			
		a	b	c	d
V_1 –V_9	9	9.0	5.4	4.5	8.1
V_{10}–V_{17}	8	5.6	8.0	4.8	4.0
V_{18}–V_{24}	7	3.5	4.2	7.0	5.6
V_{25}–V_{28}	4	2.4	2.8	4.0	2.0
V_{29}–V_{30}	2	1.6	1.4	1.0	2.0
V_{31}–V_{32}	2	1.0	1.8	1.2	2.0
계	32	23.1	23.6	22.5	23.7

표 1.5 내쉬식 선거 결과

투표자	투표수	후보			
		a	b	c	d
V_1 -V_9	9	1	0.01	0.002	0.387
V_{10}-V_{17}	8	0.058	1	0.017	0.004
V_{18}-V_{24}	7	0.008	0.028	1	0.21
V_{25}-V_{28}	4	0.13	0.240	1	0.063
V_{29}-V_{30}	2	0.64	0.49	0.25	1
V_{31}-V_{32}	2	0.25	0.81	0.36	1
계	32	0.000009651	0.000026672	0.00000306	0.00002048

위에서 검토한 결과를 요약하면: a 후보는 결선투표제; b는 보다식과 내쉬식; c는 1위대표제; d는 승인투표제와 벤담식에서 각각 당선되고 있다. 실험적 모형이긴 하지만, 선거제도에 따라 실로 다양한 변화를 나타내는 선거 결과라 할 수 있다. 강의를 하다 보면 이러한 결과에 학생들이 가벼운 동요를 일으키는 것을 느낄 수 있다. 32명이 나타낸 똑같은 선호의 분포를 사용함에도 불구하고 투표의 방법에 따라 사회적 선택의 결과가 다르게 나타나는 데 대한 당연한 반응이라 할 수 있을 것이다.

그러면서도 학생들은 위의 실험적 결과에서와 같은 역설적 상황은 애써 만든 것이고, 실제 선거에서는 이러한 현상이 거의 드물 것이라는 낙관적 견해를 보이기도 한다. 자세한 내용은 선거체제를 검토하는 과정에서 선거체제의 제도적 효과에 따라 변화되는 선거결과를 체계적으로 논의하기로 하고, 여기서는 우선 선거의 의미를 이해하는 데 초점을 두고 몇 가지 사례만을 간략히 살펴보고자 한다. 물론 실제 선거에서 위의 실험적 예에서와 같은 개개인 투표자의 선호를 알 수는 없지만, 집합자료(aggregate data) 분석을 통해서 선거체제의 효과에 의한 가변적 결과의 존재를 추론해 볼 수 있을 것이다.

1위대표제 선거에서 3명(또는 3정당) 이상의 경쟁으로부터 비롯되는 문제점이 대표적인 사례라 할 수 있다. 먼저 의회의 다수당과 소수당이 뒤바뀌는 현상은 제도적 효과 이외에 달리 설명할 방법이 없다. 영국의 1951년 총선에서 보수당(Conservative Party)은 48.0% 유효득표율을 기록하고도 하원 의석의 51.4%를 획득하여 다수당이 된 반면, 노동당(Labour Party)은 득표율에서 보수당보다 0.8%를 앞서고도 47.2%의 의석을 얻어 소수당으로 전락한다. 마찬가지로 다수당의 주인이 바뀌는 현상이 1974년 2월 총선에서도 발생하는데, 이번에는 보수당과 노동당의 처지가 역전되어 노동당이 득표율에서 보수당에 0.7% 뒤지는 37.2%에 그치고도 의석점유율은 47.4%로 보수당에 0.6% 앞서는 결과를 얻는다.

역시 1993년까지 1위대표제를 사용했던 뉴질랜드에서도 영국의 예와 비슷한 경우가 발생하였다. 1978년과 1981년 두 번의 총선에서 노동당(Labour Party)은 국민당(National Party)보다 높은 득표율에도 불구하고 의회 다수당의 자리를 국민당에게 내주었던 것이다. 1981년 11월 선거에서 38.8%를 득표한 국민당은 47석을 얻은 반면, 39.0%를 득표한 노동당은 43석을 얻는데 그쳤다. 결국 이 1981년 선거 이후 뉴질랜드는 선거체제의 왜곡 효과를 줄이기 위해 1위대표제를 포기하고 연동형 혼합형 비례대표제(MM-D)를 도입하기에 이른다(3장 및 8장 내용 참고).

영국과 뉴질랜드의 사례는 결국 양대 정당체제가 무너지는 과정에서 나타나는 현상으로 볼 수 있다. 영국의 자유당(Liberal Party)과 사회민주당(Social Democratic Party) 연합은 1983년 총선에서 25.4%의 득표율로 23석에 머물렀지만 노동당의 득표율 27.6%에 2.2% 차로 바짝 다가서면서 노동-보수의 양대 정당체제를 위협하는 득표 역량을 보였다. 1988년 두 정당이 합당해 자유민주당(Liberal Democrats)이 된 후, 2005년 총선에서는 22.0%의 득표율로 10% 의석률에 가까운 62석을 차지했고, 2010년 총선에서는 23% 득표율로 57석을 얻은 후 보수당과 연립정부를 구성하기에 이른다.[8] 물론 2015년 총선에서 스코틀랜드 국민당(Scottish National Party) 등 지역정당과 급진우익을 표방하는 영국독립당(UK Independence Party)이 12.6%(1석) 득표율로 선전함에 따라 7.9%(8석) 득표율로 주춤하였지만, 노동-보수 양대 정당의 득표율이 2005년 총선 이후 68% 이하에 머물고 있기 때문에 자유민주당은 여전히 영국의 양대 정당체제를 위협하고 1위대표 선거체제의 문제점을 부각시킬 가능성이 큰 정당이라 할 수 있다.[9]

뉴질랜드의 경우 1954년 사회신용당(Social Credit Party)이 제3당으로 등장한 이후, 1위대표제 특유의 비(非)비례성이 나타나면서 선거체제와 정당체제의 문제점이 심각하게 부각되기 시작하였다. 제3정당으로서 사회신용당이 1978년과 1981년 선거에서 각각 16%와 20.7%의 득표율을 올리는 등 노동-국민의 양당체제를 위협하였지만 각각 1석과 2석을 얻는데 그쳤기 때문에 결국 1위대표 선거체제가 선거 결과를 심각하게 왜곡하는 결정적 요인이라는 국민적 공감대가 형성된 것이다.[10] 1993년 선거체제 개혁 이후에는 양대 정당의 우위가 유지

8) www.electionresources.org 영국 총선 결과 참고.

9) 실제 영국의 자유민주당은 2010년 보수당과의 연립 조건으로 선거체제 개혁 국민투표를 제안하여 성사시킨 바 있다. 2011년 5월 지방선거와 함께 실시된 국민투표를 통해 '대안투표제(alternative vote system)로의 개혁에 대한 찬·반'을 물었으나 67.9%의 반대로 부결되었다. 영국의 언론들은 개혁에 대한 반대보다는 찬성 세력의 캠페인 실패를 강조하였다. www.theguardian.com 2011/5/6 기사 검색 참고.

10) 사회신용당은 1981년 선거 이후 급격한 퇴조를 보였지만 그 공백을 뉴질랜드연합당(New Zealand Alliance Party), 뉴질랜드제일당, 녹색당 등이 차지한 후에도 같은 문제점이 계속되면서 선거체제 개혁에 대한 정치적 압력은 계속되었다고 볼 수 있다. 뉴질랜드의 총선 결과는 www.electionresources.org 참고.

되는 가운데 녹색당(Green Party), 뉴질랜드제1당(New Zealand First Party), 마오리당(Maori Party) 등 군소정당이 총 120석 가운데 20-30석을 차지하는 다정당체제 특유의 연립정부 구성이 계속되어 왔다.

같은 맥락에서 미국의 1위대표제 대통령 선거 역시 제3당 후보가 선거 결과를 바꾸고 있다는 추론이 가능하다.[11] 1992년 선거의 경우만 봐도 민주당의 클린턴(Bill Clinton)이 43.3%(44,908,254표)를 획득하는 가운데 현직 대통령으로서 재선에 나섰던 공화당의 부시(George H. W. Bush)는 37.7%(39,102,343표)를 얻어 1, 2위 간 득표율 차이는 5.6%였다. 반면 3위인 페로(Ross Perot)는 19.0%(19,741,065표)를 얻는 선전(善戰)을 하였지만, 당초 예상대로 민주-공화 양대 정당체제를 위협하는 수준은 아니었다.

페로에게 표를 던진 1,974만여 명이 클린턴과 부시 중에서 양자택일을 강요당했다면 과연 어떤 결과가 되었을까? 결국 페로에게 투표한 19%의 향방이 관건인데, 페로의 과거 정치적 배경이 공화당이라는 것을 무시하기 어렵다. 명확한 자료 없이 단언을 내리기는 어렵지만, 페로의 표가 정치적 배경이 비슷한 부시에게 6 대 4 정도로만 배분되어도 부시가 약 2%의 차이로 앞서고 선거인단 집계도 뒤집히는 결과가 된다. 이런 상황을 감안할 때 클린튼을 콩도르세 승자라고 하기에는 무리가 따른다. 결국 미국 대통령 선거의 1위대표제와 페로라는 강력한 제3세력의 등장이 클린턴의 당선에 유리하게 작용하였다고

---

11) 미국의 대통령 선거체제는 1위대표제가 아니라 절대다수체제라는 주장도 있을 수 있다. 건국 초기부터 헌법 제2조 제3항과 수정 헌법 제12조는 "[선거인단] 투표의 최고득표자가 과반수를 얻어야만 대통령에 당선된다(The Person having the greatest Number of Votes shall be the President, if such Number be a Majority of the whole Number of Electors appointed)"고 규정하여 절대다수(50%+1표)를 얻도록 하였다. 다만 선거인단 투표의 최고득표자가 절대다수를 못 얻었을 경우 결선 투표나 2라운드 투표 대신 하원에서 선출하도록 했다는 점을 고려할 때 일반적인 절대다수체제와 차이를 보인다. 수정 헌법 제12조 이후 하원에서 대통령을 선출한 사례는 1824년 한 차례뿐이다.

볼 수 있다.

2000년 11월 7일 실시된 미국의 대통령 선거 결과는 선거체제가 결과를 좌우한 대표적 사례일 것이다. 공화당의 부시(George H. W. Bush)는 민주당의 고어(Al Gore)에게 선거인단(Electoral College) 집계에서 271 대 266으로 앞서 미국의 43대 대통령으로 당선되었다. 부시는 538명 선거인단의 50%를 겨우 넘겨 당선되었지만 실제 투표수(popular votes)에서는 고어가 543,895표 앞선 결과였다. 50개 주(state)별로 승패를 가려 선거인단수를 집계하는 미국 대통령 선거의 독특한 방식이 낳은 애매한 결과였지만 승자와 패자를 가르는 제도는 엄연히 존재하는 것이었다. 고어는 패배를 인정하는 그의 연설에서 "해결되어야만 했던 [모든 문제들이] 우리 민주주의의 명예로운 제도를 통해 해결되었다"고 분명히 밝힌 바 있다.[12)]

결론적으로 영국, 뉴질랜드, 미국 등의 경험적 사례와 앞서 살펴본 실험적 모형의 예는 선거체제와 후보(정당)간 경쟁 구도가 선거결과에 심대한 영향을 미치고 있음을 알려 준다. 여기서는 1위대표제에서 나타나는 모순을 대표적 사례로 다루었지만, 뒤에 논의되는 비례대표제의 경우에도 의석결정방식, 선거구의 크기, 투표용지의 구조 등 다양한 제도적 변수에 의해 선거 결과가 크게 달라진다. 그렇다면 과연 이러한 선거의 역설적 본질은 극복할 수 있는 것인가? 사회 구성원 개개인의 선호를 공정하게 '총합'하기 위해 어떤 선거제도를 채택해야 하는가? 어떤 원칙과 기준으로 선거제도를 선택해야 하는가?

이러한 의문과 관련하여 아래 글상자와 같은 기준이 제시된다

---

12) "Neither he[George W. Bush] nor I anticipated this long and difficult road. Certainly neither of us wanted it to happen. Yet it came, and now it has ended, resolved, as it must be resolved, through the honored institutions of our democracy." 고어의 패배 인정 연설(Concession Speech)은 http://edition.cnn.com/TRANSCRIPTS/0012/13/bn.24.html 참고.

(Riker 1982, 99-101, ch. 3, 4). 하지만 문제는 애로우의 정리(Arrow's Theorem)가 요약하듯이 어떠한 선거제도도 이들 기준을 모두 만족시키지 못하며, 실제 사용되는 많은 제도들은 여러 기준을 위반하고 있다는 사실이다.[13] 물론 대다수 학자들이 선거의 목적과 환경에 맞추어 다른 선거제도를 사용할 것을 권하지만, 어떤 선거제도도 공정한 '종합'을 이끌어 낼 수 없다는 사실을 인정하지 않을 수 없다. 결국 이러한 문제점에 대한 종합적 인식을 바탕으로 선거의 의미를 다시 정리해야 한다는 결론에 다다르게 된다.

선거제도를 판단하는 기준(criteria)

① **일률성**(monotonicity) : '한 대안에 유리한 투표 선호의 변화는 선거의 결과에 있어 이 대안에 유리하게 작용하여야 한다'는 기준. 예를 들어 사회적 선택이었던 대안 a에 대한 투표수의 증가가 있었다면, a가 다시 사회적 선택으로 되어야 한다. 또 반대로 a가 사회적 선택이 아니었는데 a의 투표수가 감소했다면, a는 사회적 선택이 될 수 없다는 것이다.

② **익명성**(anonymity) : 흔히 '등가성'의 원칙이라고도 불리며, '한 표의 가치는 동일해야 한다'는 기준. 즉 표의 가치가 같기 때문에 익명성이 보장된다는 의미이다.

③ **중립성**(neutrality) : '선거제도가 어느 한 대안에도 유・불리를 주지 말아야 한다'는 기준. 예를 들어 투표수가 동수(tie)일 때 적용되는 규칙, 소수에게 권리를 주는 규칙, 3분의 2, 4분의 3 등 특별한 의결정족수를 요구하는 규칙 등은 중립성의 원칙에서 벗어나는 사례들이다.

④ **콩도르세(Condorcet) 원칙** : '한 대안이 1 대 1 대결에서 다른 모든 대안을 이기거나 비길 경우 이 대안이 사회적 선택이 되어야 한다'는 기준.

---

13) Arrow's Impossibility Theorem에 대한 논의는 Arrow(1963), Riker(1982, ch. 5) 참고.

⑤ 일치성(consistency) : 투표자가 두 그룹으로 나뉠 경우 '한 대안이 두 그룹 모두에서 사회적 선택이 된다면, 이 대안은 두 그룹을 합친 전체에서도 사회적 선택이 되어야 한다'는 기준. 이 기준은 '한 대안이 진정한 승자라면, 투표자를 소그룹으로 나누어도 승자가 되어야 한다'는 의미도 되는데 실제 선거에서는 게리맨더링(Gerrymandering)과 같은 인위적 조작에 의해 이 원칙이 위반된다.

3. 선거의 의미: 자유주의와 대중주의

앞서 "자유, 평등, 참여는 민주적 이상이자 이러한 이상을 성취하는 민주적 수단이고, 이 세 가지 요소를 구현하는 민주적 참여의 제도화가 바로 정당, 이익단체, 사회적 원리 등 '보조적 제도(ancillary institutions)'를 포괄하는 개념으로서의 선거"라고 한 바 있다. 하지만 투표자 개인들은 일관된(coherent) 선호를 유지하는 반면 선거의 결과는 일관성을 가지지 못한다면, 앞서 논의한 자유·평등·참여와 선거의 관계는 새로운 해석을 요구하게 된다. 선거의 결과가 일관성을 결여한 것이라면 선거라는 '민주적 제어장치'를 통해 자유와 평등을 보장한다는 대의민주주의의 기본 원리는 근본적 모순에 직면할 수밖에 없는 것이다. 결국 사회적 선택을 도출할 수 없는 역설적 현상, 선거제도의 효과에 따른 선거 결과의 변화 등은 '과연 선거를 통해 무엇을 성취할 수 있는가?'라는 의문을 가지게 한다. 달리 표현하자면 이것은 선거의 의미가 무엇이냐는 것인데 이에 대한 답은 크게 두 가지 견해 즉 자유주의와 대중주의로 나누어 살펴볼 수 있다.[14]

---

14) 자유주의와 대중주의로 나누는 것은 라이커(Riker 1982)의 예를 따르는 것이다. 이와 유사하게 비어(Beer 1960, 32-33)는 자유주의와 '급진주의(radicalism)'로 구분해 설명하는데, 비어가 지칭하는 급진주의는 대중주의와 거의 동일한 성격을 가진다고 볼 수 있다. 또한 라이커와 비어의 논지는 슘페터(Schumpeter 1943, XXI, 250-268)의 민주주의론적 관점의 연장선에 있다.

먼저 자유주의적 견해는 선거의 기능이 공직자들을 통제하는 것에 불과하다고 여긴다. 자유주의는 '자유(liberty)'가 대의민주주의(공화주의)를 실현하는 충분조건이며, 자유를 위협하는 것은 바로 선거에 의해 선출된 대표들이라고 여긴다.15) 따라서 선거를 통해 이들 대표들을 주기적으로 교체할 수 있어야만 궁극적인 자유가 보장된다고 주장한다. 즉 자유는 대의민주주의의 충분조건이고, 국민이 직·간접 선거를 통해 대표를 선출하는 권리를 가지고 이들 대표들의 임기가 구체적으로 규정되는 것이 자유의 충분조건이라는 것이다.

자유주의적 견해에 따르면 선거를 통해 선출된 대표들을 교체하는 것이 자유를 보호하는 유일한 수단이다. 대표들이 국민의 지지를 받지 못하는 정책을 지속적으로 전개할 수 있다는 우려를 가지고 있긴 하지만, 대표들이 다음 선거에 대한 두려움을 느껴 국민의 의지에 반(反)하는 일을 하지 않을 것이라는 자유주의적 기대가 팽배하다. 또한 다수의 횡포 역시 다음 선거에서 다수와 소수가 역전되는 제도적 장치로 인해 자제될 수 있다는 믿음도 자유주의적 선거관이라 할 수 있다.

요컨대 자유주의적 견해는 선출된 대표들에 대해 불만을 느끼는 국민이 다수를 형성해 대표를 교체하는 단순하고도 유일한 수단으로서의 선거관이라 할 수 있다. 선거에 참여하는 국민이 옳아야 할 당위성도 없고, 선거 결과를 '사회적 결정'으로 받아들이면 되기 때문에 선거결과의 질적 문제점을 거론할 필요도 없다는 것이다. 선거를 통한 사회

15) 자유주의적 견해의 원조라 할 수 있는 메디슨(James Madison)은 현재 사용되고 있는 '대의민주주의'라는 용어 대신 '공화주의(republicanism)'로 표현하고 있다(Federalist Paper No. 39; Nivola and Rosenbloom 1986, 34-38). 참고로 페더럴리스트 페이퍼(Federalist Paper)는 미국 헌법의 비준을 위해 메디슨, 해밀턴(Alexander Hamilton), 제이(John Jary) 등이 "푸블리우스(Publius)"라는 필명으로 1787년 말부터 1788년에 걸쳐 뉴욕의 신문에 기고한 85개의 글을 지칭하며, 본래의 목적인 헌법 비준에 끼친 영향보다는 미국 민주주의의 정치사상적 배경을 정리한 귀중한 자료로서의 가치와 권위를 더 인정받고 있다(Wilson 1983, 32 참고).

적 선택이 제도적 효과에 따른 결정이라 할지라도 그 결정을 수용하는 것 자체가 민주주의이고 그것만으로도 선거의 의미는 충족된다는 것이 자유주의적 선거관이다.

반면 대중주의적 견해는 선거를 국민의 의지(the will of people)를 구현하는 수단으로 여기며, 루소(Jean Jacques Rousseau; 1712-1778)의 사회계약론(Social Contract; 1762)에 그 뿌리를 두고 있다. 즉 개인의 자유를 사회계약에 따라 공적 인격체로서의 '일반의지(general will)' 아래 둘 때 진정한 의미의 자유를 얻게 된다는 루소의 주권개념을 받아들여 대중주의 역시 사회적 선택을 도덕적 결합체의 의지로 간주한다고 볼 수 있다. 따라서 선거 결과에 나타난 다수의 의지 자체가 법과 정책의 기준이며, 또 그래야만 국민이 자유로워질 수 있다는 것이다.

루소가 일반의지는 항상 올바르고 사회의 공공선을 객관적으로 반영한다고 주장하듯이, 대중주의는 선거 결과를 일반의지와도 같은 국민 의지의 형성이자 공공선의 객관적 구현으로 평가한다. 즉 이 국민 의지가 곧 자유를 구현하는 것이기 때문에 다수의 의견은 반드시 올바른 것이며, 따라서 올바른 것으로 받아들여져야 한다는 도덕적 당위성을 강조하는 선거관이라 할 수 있다.

이렇듯 선거의 의미에 관한 자유주의와 대중주의적 견해는 뚜렷한 차이를 나타낸다. 이제 어떤 관점에서 선거의 의미를 보아야 할 것인지 결론을 내릴 수 있을 것이다. 선거가 대중적 의지를 공정하고 정확하게 총합하는 데 결함이 있고, 따라서 국민이 원하는 것이 무엇인지가 불분명한데, 그것을 올바른 것으로 받아들이고 도덕적 당위성을 부여한다는 것은 대중주의적 오류라 할 수밖에 없다(Schumpeter 1943, XXI, 250-268 참고). 반대로 자유주의는 선거의 역설과 가변적 선거 결과를 정당화할 필요가 없을 만큼 선거에서 많은 것을 기대하지 않는 논리 체계이다. 즉 자유주의는 '대중적 의지'에 대해 선거를 통한 대표의 신임과 교체 이상의 의미를 부여하지 않는다. 따라서 선거를 자유주의적 의미로 해석할 때 비로소 이상과 제도로서의 민주주의가 함께 생명력을 가진다고 볼 수 있다.

4. 결론: 대중주의적 현실

신(神)이라 한들 공정하고 정확하게 사회적 선호를 총합해 낼 수 있겠느냐는 낙담(落膽)과 선거와 민주주의의 관계에 대한 혼란은 이제 자유주의적 선거의 의미를 수용함으로써 불식할 수 있을 것이다. 하지만 또 다른 문제는 논리와 관념의 세계가 아니라 현실의 세계에 존재한다. 다름 아닌 정치인과 미디어의 '대중주의'적 환상과 이기적 '해석'이다. 선거 당일 오후 6시부터 밤새 이어지는 개표방송이 좋은 본보기일 것이다. 꿈에도 볼 수 없는 '유권자의 의지'가 순발력 넘치는 미디어 스타들에 의해 '해몽'되는 작업은 3D 그래픽 영상만큼이나 다채롭게 전개된다. 이런 가운데서 대다수 유권자는 선거 결과의 자유주의적 의미보다는 대중주의적 각색에 익숙해지게 되고, 결국 대중주의적 각색이 후대에 전할 역사를 만드는 현실이다.

선거 결과에 담긴 정보는 매우 적은데도 불구하고 이를 확대 해석하는 대중주의적 오류는 심화되고 있다. 앞서 논의한 대로 개개인의 선호를 공정하고 정확하게 총합하여 '사회적 선호'를 안다는 것은 불가능하다. 단지 후보들이 몇 표를 얻어 순위가 어떻게 나타났다는 내용을 알 수 있을 뿐이다(Dahl 1964, 126). 집합적 개념으로서의 유권자가 어떤 '선택'을 하였고 또 선택의 뜻이 무엇인지를 알기 위해서는 유권자 개개인을 상대로 선택의 내용을 조사하는 방법밖에 없을 것이다.

하지만 선거 결과에 대한 대중주의적 해석은 집합적 의미의 '사회적 선호'를 대상으로 이루어진다. 물론 지혜로운 이들은 선거 결과에서 사회 구성원의 집합적 흐름을 통찰할 수 있고, 드물긴 하지만 때에 따라서는 선거 결과가 일방적 흐름을 통해 사회적 선호를 나타낼 수도 있다. 문제는 대부분 제도적 효과와 역설적 상황이 반영된 집합적 결과를 유권자의 의지 또는 요구(mandate)로 해석해 정략적 지배의 수단으로 이용하는 대중주의적 행태에 있다.

'국민의 뜻'을 핑계대는 정치인은 많다. 어쩌면 대중주의적 언변과 정치행태를 정치인의 덕목으로 삼고 있는지도 모른다. 중요한 것은 대중주의에서 독선과 독재의 싹이 자란다는 사실일 것이다. 대다수 유권자들은 자유주의적 관념에 입각한 이론적 분석보다는 대중주의적 정치와 미디어의 행태에 더 많은 영향을 받는다. 유권자들은 자연스럽게 대중주의에 익숙해지고, 다시 대중주의자들은 그들의 일상대로 실제 사실(what happened)보다 사람들이 사실로 생각하는 것(what people think happened)을 좇아다님에 따라 대중주의적 모순은 더욱 심화되는 것이다(Drew 1981, 345).

선거로부터 너무 많은 것을 성취하려 하는데서 문제는 시작된다. 선거를 통해 명백하고 일관성있는 국민적 의지와 요구를 얻고자 기대하는 것으로부터 대중주의의 오류는 비롯되는 것이다. 선거는 유권자들로부터 외면 받는 정치인을 공직에서 내몰고 새로운 인물을 선출하는 참여의 제도적 수단으로 이해되면 충분하다. 즉 주기적 선거는 민주주의의 필수적 조건이지만 충분조건은 아니다. 민주주의의 또 다른 조건으로 권력의 분립을 내세우는 것은 일원적 대중주의의 성장을 경계하는 자유주의적 의미를 가진다.[16] 민주주의의 이상은 민주주의적 방법을 통해 성취될 때 진정한 의미를 가지며, 선거는 자유주의적 관점에서만 이러한 민주주의의 이상과 방법론에 부합하는 것이라 하겠다.

---

16) 반면 대중주의자들은 '대중의 의지'를 결집하는 국민투표, 국민소환 등의 제도를 강조한다(Harrop and Miller 1987, 246).

제 2 장

선거의 종류와 기능

Ⅰ. 선거의 종류

Ⅱ. 선거의 기능

Ⅲ. 대표(제)의 개념

I. 선거의 종류

선거의 종류는 선거의 원칙, 목적, 선택의 정도 등의 기준을 적용하여 다양하게 분류할 수 있다. 먼저 선거의 원칙에 따라 보통선거와 제한선거, 평등선거와 차등선거, 직접선거와 간접선거, 비밀선거와 공개선거로 나누어 볼 수 있다.[1)] 대비되는 두 범주 중에서 보통·평등·직접·비밀선거는 현대 민주주의 국가에서 일반적으로 시행하고 있는 선거의 원칙이자 방식이며, 제한·차등·간접·공개선거는 민주주의적 원칙에 어긋나는 선거 방식으로 이해할 수 있다.

간접선거와 관련해 특별히 주목해야 할 것은 미국과 독일의 예이다. 현재 미국의 대통령 선거에서 사용되고 있는 선거인단 선거를 간접선거로 분류하는 경우가 있다. 하지만 선거인단은 각 주 단위의 선거 결과에 따라 당선자에게 선거인단 표 전부를 몰아주는 형식적 절차만을 거친다는 점에서 미국의 대통령 선거는 본질적으로 직접선거의 성격을 가진다고 보는 것이 옳다.[2)] 또 독일과 같이 민주주의 질서가

---

1) 선거의 원칙: ① 보통선거 - 재산이나 사회적 신분, 인종, 성별, 교육 등에 관계없이 헌법이나 법률이 정한 최소한의 자격 요건(연령, 시민권, 정신적 판단력 등)을 갖춘 모든 국민에게 선거권을 부여하는 원칙, ② 평등선거 - 모든 투표자에게 동등한 권한(1인 1표 1가치; one man, one vote, one value)을 부여하는 원칙, ③ 직접선거 - 국민이 대표자를 직접 선출하는 것을 의미하며, 간접선거에 의해 국민의 의사와 결정이 중간 선거인에 의해 왜곡되어 나타나는 것을 피하고자 하는 원칙, ④ 비밀선거 - 무기명 투표를 통해 투표자가 누구에게 투표했는지를 제3자가 알지 못하도록 보장하는 원칙.

2) 선거 후 약 6주(12월 둘째 수요일 다음 월요일)가 지나 선거인들이 각 주의 수도에 모여 형식적 투표 절차를 마치면, 각주 선거인이 확인·서명한 투표증서(Certificate of Vote)가 상원 의장 앞으로 송부되는데 이듬해 1월 첫 주에 연방 상·하원 합동회의에서 개표가 이루어지고 당선자가 공식적으로 발표된다. 물론 1796년 선거 이후 자기 주에서 승리한 후보에게 투표를 하지 않은 소위 '신의 없는 선거인'(faithless elector)이 157명 있었지만 실제 대통령 선거 결과에 영향을 미치지는 않았다. Wilson and Dilulio, Jr. 2006, 376-377; archive.fairvote.org 검색 참고.

공고한 국가에서 대통령이 각 주와 연방의 선출직 의원들에 의한 간접선거로 선출되는 사례가 발견되는데, 이는 내각제 통치구조의 성격상 대통령이 국민통합의 상징적 역할에 국한된 기능을 할 뿐 실질적 권한이 거의 없기 때문이라 할 수 있다.

다음으로 선거의 목적에 따라 총선거(general election), 재선거(reelection), 보궐선거(by-election) 등으로 나누어 볼 수 있다. 대통령제하에서의 총선거는 의원의 임기가 만료되기 직전에 실시되는 반면, 의원내각제하에서의 총선거는 국회의원의 잔여 임기에 관계없이 의회가 해산되면 총선거가 실시된다. 대다수의 국가는 총선거로 전체 의원을 새롭게 선출하지만, 의회의 안정성과 연속성을 고려하여 전체 의석 중 절반 또는 일부만 교체하기도 한다. 이러한 예는 미국, 일본, 프랑스 등의 상원선거에서 나타나는데, 미국은 임기 6년의 상원의원을 매 2년마다 1/3씩 선출한다. 일본의 참의원은 임기 6년으로 3년마다 1/2씩 선출하며, 프랑스의 상원은 임기 9년으로 3년마다 1/3씩 다시 선출한다.

재선거는 총선거가 실시된 이후에 당선 무효나 선거 자체의 무효 사유가 발생하였을 때 다시 실시되는 선거를 말한다. 한국의 경우 당선이나 선거 무효 판결, 후보가 없는 경우, 당선인의 임기 개시 전 사망 또는 피선거권 상실 등의 경우에 재선거를 실시하며, 당락에 영향을 미칠 수 있는 범위에서 선거 일부 무효의 판결이 있는 경우에는 해당 투표구에 한해 재선거를 실시하도록 되어 있다(공직선거법 제197조).

보궐선거는 의원이 형사적·윤리적 문제, 임명직 발탁, 타 선출직 출마 등을 이유로 그 직책을 사퇴하거나 사망 등 부득이한 사유로 의정 활동을 수행할 수 없는 경우에 이를 보충하기 위해 실시되는 선거이다. 1석 선거구 선거체제를 사용하는 대부분의 국가는 보궐선거를 실시하고 있는 반면, 다석 선거구를 사용하는 국가의 경우 필요시 의원직을 수행할 대리인이나 대리인 선정 절차를 총선 때 함께 정해 두는 예가 늘어나는 추세이다. 프랑스 하원의 경우는 1석 선거구 절대다수대표제를 사용하면서도 대리인(suppléant) 제도를 활용하는 예이다(5장 내용 참고).

한국의 국회의원 보궐선거는 1987년 민주화 이후 2015년 4.29 재・보선까지 총 68회(지역구)로 집계된다. 주로 사망과 법적 문제로 인한 보궐선거가 다수를 차지하는 가운데 지방자치제 실시 이후에는 광역단체장 출마를 위한 의원직 사퇴 때문에 실시하는 사례가 늘어난 것으로 나타났다. 미국의 보궐선거는 주로 특별선거(special election)로 불리는데 연방 하원의 경우 113대(2013. 1. 3-2015. 1. 3) 회기까지 총 1,470회(지역구) 특별선거가 치러졌다. 사망과 법적 문제 외에 연방 상원 의원이나 주지사 출마를 위한 사퇴, 장관, 대사, 연방 판사 등 임명에 따른 사퇴 등이 하원 특별선거의 주된 실시 사유였고 윤리적 문제로 인한 자진 사퇴 사례도 한국 국회에 비해 상대적으로 많았다.[3)]

끝으로 투표자에게 부여되는 선택권의 정도에 따라 선거를 분류하는 방법을 들 수 있다(Harrop and Miller 1987, 2-5). 즉 투표자가 정당과 후보자를 어느 정도 자유롭게 선택할 수 있는가에 따라 크게 경쟁선거(competitive election), 후보자선택선거(candidate-choice election), 지배정당선거(dominant-party election), 갈채선거(acclamatory election)로 나누는 방법이며, <표 2.1>은 이를 정당 선택권과 후보자 선택권의 허용 정도에 따라 분류해 본 것이다.

3) 한국의 보궐선거 데이터는 중앙선거관리위원회(www.nec.go.kr) 자료 검색 참고. 미국의 특별선거 리스트는 en.wikipedia.org/wiki 2015/7/20 수정 자료 참고.

표 2.1 선거의 종류

		후보자 선택	
		가능	불가능
정당의 선택	가능	경쟁선거(벨기에)	경쟁선거(영국)
	제한	후보자 선택 / 지배정당선거 (구 폴란드)	지배정당선거 (멕시코)
	불가능	후보자선택선거(케냐)	갈채선거(구 소련)

· 자료: Harrop and Miller(1987, 3)

경쟁선거는 민주주의 체제에서 나타나는 전형적 유형으로서 정당 간, 후보자 간의 경쟁이 헌법에 의해서 보장되고, 투표에 참여하는 유권자의 의사가 적극적으로 반영되는 선거이다. 일단 정당 간 선택이 가능하다면 경쟁선거로 분류되는데, 같은 정당 후보자간의 경쟁이 가능한지의 여부는 선거체제에 따라 달라진다. 1석 선거구를 운용하는 1위대표제에서는 선거구마다 각 정당이 1명의 후보자만을 추천하기 때문에 같은 정당 후보자간 경쟁은 후보자 선정과정에서 전개된다. 반면 다석 선거구 개방형 명부식 비례대표제나 STV제 선거에서는 각 정당이 한 선거구에 다수의 후보자를 추천하기 때문에 정당 간, 후보자 간 경쟁의 가능성이 크다.

후보자선택선거는 1당제 국가에서 나타나는 유형으로 정당체제에 야당이 존재하지 않기 때문에 집권당만이 선거에 참여한다. 이 유형은 집권당이 다수의 후보자를 제시하고 투표자들은 이들 중에서 1명 또는 일부를 선택하는 형식을 취하므로 제한된 의미의 선택만이 실현된다. 정당간 경쟁이 허용되지 않기 때문에 선거 결과가 항상 일정하게 나타나지만, 선출공직자 개인에 대한 견제는 가능하다고 볼 수 있다.

지배정당선거는 이론상으로는 정당 선택이 허용되지만, 지배정당의 영향력이 막강하여 사실상 투표자의 선택 기회가 크게 제한된다. 지배정당은 강력한 당 조직을 바탕으로 대개 50% 이상의 절대적 지지 기반을 구축하고 권위주의적 정치질서를 유지하는 것이 보통이다. 따라서 지배정당선거는 권위주의 체제의 1당 지배를 합리화시켜 주고 표면상의 정치적 안정을 이루는 데 기여한다고 볼 수 있다. 하지만, 이는 소위 '반정치적(depoliticized)' 억압구조 속의 안정일 뿐이고, 제3세계에서 흔히 나타나는 정치와 반정치의 '순환적(cyclical)' 질서의 표면적 현상에 지나지 않는다.[4] 다음에 설명하는 갈채선거와 다른 점은 야당이라는 구심점의 존재이고, 야당의 구심력이 정치체제의 질적 변화를 가져올 가능성이 비교적 크다는 것이다.

갈채선거는 투표자의 정당 간, 후보자 간 선택이 전혀 허용되지 않는 선거를 뜻한다. 구 소련을 위시하여 공산권 국가에서 실시했던 갈채선거는 경쟁자 없이 공산당이 지명하는 1명의 후보자가 출마하여 대표자로 선출된다. 갈채선거는 통치행위의 도구로서 지속적인 이념적 통합을 이루는 기능을 하지만, 의식적 절차와 형식에 불과하기 때문에 선거에 큰 의미를 부여하기는 어렵다.

II. 선거의 기능

선거는 정치체제가 필요로 하는 다양한 기능을 복합적으로 수행한다. 중요한 것은 선거의 기능이 선거체제에 의해 조건 지어진다는 사실이다. 즉 선거체제는 선거의 목적과 기능에 부합되도록 다양한 요소를 결합하여 만들어진 것이고, 따라서 선거체제는 선거의 기능이 수행될 수 있도록 '순기능적' 역할을 요구받게 된다. 선거와 선거체제의 관계가 '역기능적'일 경우 선거체제의 효과는 정치체제 내부의 갈등과 긴

4) 제3세계 권위주의 체제의 성격과 민주화 과정에 관해서는 Rustow(1970), Wallace(1970), Huntington(1986), Karl(1991) 등을 참고. '반정치'와 '순환' 모델 등의 용어에 관해서는 Wallace(1970), Huntington(1986) 참고.

장을 조성하는 원인이 될 수 있다. 선거의 종류를 통해 살펴보았듯이 선거의 기능은 선거가 실시되는 정치체제적 맥락에 따라 달라진다. 여기에서는 민주주의 체제의 경쟁적 총선거로 범위를 한정하여 선거의 기능을 자세히 검토하고자 한다.

민주적 경쟁선거의 기능은 크게 세 가지 견해로 구분될 수 있다. 첫째는 '상향기능(bottom-up functions)'을 강조하는 견해로 대의(표)성의 제공, 정부의 선택, 정책에 대한 투표자의 영향을 중심으로 선거의 기능을 설명하는 것이다. 유권자는 경쟁하는 정치엘리트들의 논리와 프로그램을 고려해 선택하는 존재라는 시각이며, 유권자의 한 표 한 표가 결국 사회적 선택을 결정하고 나아가 정부 구성을 가능케 한다는 것이다. 주로 투표자의 입장에서 선거의 기능을 이해하여 아래로부터의 제어(control)를 중시한다고 볼 수 있다. 이와 같은 맥락에서 특히 이러한 견해는 자유주의적 선거관과 깊은 관련성이 있음을 주목할 필요가 있다(1장 내용 참고). 즉 정당과 정치인이 자신들의 정책이 실현가능한 최선의 것이고, 자신들이 최고의 정책효과를 성취할 수 있다는 점을 유권자로부터 인정받기 위해 노력하는 데서 이러한 선거의 기능이 비롯된다고 보는 견해이다(Butler, Penniman, and Ranney 1981, 1).

둘째는 '하향기능(top-down functions)'에 중점을 두는 것으로 선거는 통치엘리트의 권력과 권위를 정당화하고 강화해 주는 제도적 장치에 지나지 않는다는 견해이다(Ginsberg 1982). 상향기능과는 대조적으로 선거의 의미를 대중주의적 입장에서 해석하는 시각과 일맥상통한다고 볼 수 있다. 이러한 시각에서 접근할 때 선거는 국가 또는 권력의 자율성을 위협하지 않는 범주에서 반체제 세력을 정치체제 안으로 흡수하는 통합의 기능을 수행하는 한편, 통치의 정당성이라는 틀 속에서 국민들이 국가에 복종하고 국가가 요구하는 의무를 다하도록 선거가 최소한의 참여를 보장해 주는 기능을 수행한다고 보는 것이다.

끝으로 두 가지 기능의 어느 한 측면이 두드러진다기보다는 선거가 상·하향기능을 동시에 수행한다는 시각에서, 선거의 기능을 통치엘리트와 유권자가 영향력을 교환하는 과정으로 보는 견해이다(Harrop and Miller 1987, 245). 즉 엘리트는 유권자의 수요에 응함으로써 권위를 획득하고, 유권자는 권위를 인정하고 복종하는 대신 엘리트에 대한 영향력을 유지한다는 것이다. 다시 말해 선거는 정부의 권위를 확립해 주는 동시에 그 권위가 남용되는 것을 견제한다는 의미이다. 결국 정치를 제로-섬 게임의 갈등 논리보다는 지배엘리트와 일반 피지배층의 조화와 통합의 논리로 파악하고자 하는 입장이다.

1. 상향기능[5)]

(1) 대표성의 부여

대의민주주의의 원리에 따라 유권자들은 선거를 통해 자신들을 대신하여 국정을 이끌어 나갈 대표를 선출하기 때문에 선거는 대표성을 부여하는 기능을 한다. 누구나 이러한 선거의 기능에는 공감하면서도 '어떤 대표를 선출해 어떻게 의회를 구성해야 하느냐'는 문제에는 여러 가지 의견으로 나뉜다. 따라서 필수적으로 논의되어야 할 것이 다음 절에서 다루는 대표(제)의 개념이라 할 수 있다.

(2) 평가와 선택

선거는 유권자가 선택할 수 있는 다양한 대안을 제시하며, 유권자는 선거를 통해서 정부와 정책을 선택한다. 따라서 선거는 정부가 결정하지 못한 정책을 확정하는 기능을 수행할 수도 있고, 경우에 따라

---

5) 선거의 주요 기능에 관한 논의는 Harrop and Miller(1987, 244-269) 참고.

서는 무정부 상태를 해결하기도 한다. 또한 선거 결과는 정부활동에 대한 평가의 의미를 가지기 때문에 유권자가 정부를 효율적으로 통제할 수 있는 수단이 되며, 주기적 선거는 궁극적으로 정부의 책임감을 증가시키는 기능을 한다. 물론 사회적 선택 자체가 유권자의 선호를 왜곡한 결과일 수 있지만, 유권자 다수의 선택으로 정부를 교체할 수 있다는 '부정적 선택(negative choice)' 또는 '회고적 선택(retrospective choice)'의 기능만으로도 선거는 민주주의의 이상을 실현하는 핵심적 수단일 수 있다.

(3) 정부의 구성

선거를 통해 누가 정부를 구성하여 통치할 것인지가 결정된다. 대통령제 국가에서는 선거를 통해 대통령을 선출함으로써 행정부가 구성되기 때문에 유권자의 선택이 절대적 영향력을 가진다. 반면 의원내각제 국가의 경우 정부의 구성이 대부분 밀실협상에 따라 이루어지기 때문에 유권자가 정부구성에 영향을 주기 어렵다는 지적이 있다. 하지만 의원내각제 국가에서도 비록 국민이 직접 총리를 선출하지는 않지만, 총리 후보가 유권자의 선택에 있어 핵심이 된다고 할 수 있다. 또한 선거를 통해 선출된 대표들이 정부구성에 있어 유권자의 영향력을 무시하기도 어렵고, 대개 선거 이전에 정당 간 연합의 윤곽이 드러나기 때문에 유권자의 선택이 거의 절대적이라고 할 수 있다(Gallagher 외 1995, 327-328).

(4) 정책의 결정

민주주의 국가에서 선거가 정부의 정책에 실질적 영향을 끼치는지에 대해서는 다양한 견해가 있다. 이들 중 선거의 정책결정 기능에 대해 회의적 입장을 나타내는 대표적인 예로 선거보다는 정치적 요인을 압도하는 산업주의적 논리, 노사정 협상 같은 이익집단 간 거래, 대의제의 원리에서 벗어난 기능적 대표성(functional representation) 등이 정책 결정의 핵심이라는 수렴(convergence) 이론, 선거는 자본주의 체제를 유지하고자 하는 궁극적 목적을 정당화하는 데 불과하다는 맑시스트(Marxist) 이론 등을 들 수 있다(Castles 1982; Taylor 1984; Harrop and Miller 1987, 251-253 참고).

반면 경험적 접근방법을 통해 정당 또는 정치인들이 선거에서 제시했던 정강·정책, 공약 등을 실행하는가를 조사함으로써 정책결정에 대한 선거의 영향력을 가늠한 연구들은 대부분 긍정적 입장을 보인다. 영국 보수당 정부(1970~1974)의 공약이행율(redemption rate)은 85%에 달했고, 노동당 정부(1974~1979)는 64%였다는 연구가 있다(Rose 1984, 65-68). 또 선거 후 새로 구성된 정부는 임기 초반의 호의적 환경에서 대개 집중적인 정책 혁신을 추구하여 높은 성과를 거둔다는 경험적 연구 역시 선거와 정책결정의 밀접한 기능적 상관관계를 뒷받침한다(Bunce 1981).

2. 하향기능

(1) '선거인의 명령' 부여

선거인의 명령(mandate)이란 투표자들이 부여하는 권위적 요구를 의미하는데, 두 가지 성격으로 해석할 수 있다. 하나는 정부가 반드시 복종해야 할 명령을 투표자들이 부여했다는 성격으로 보는 것이고, 다른 하나는 정부가 정책을 집행하는 데 있어 정부에게 강제할 수 있는 권리를 부여했다는 성격으로 해석하는 것이다. 즉 전자는 명령을 상향적(bottom-up) 제어의 수단으로 보는 것이고, 후자는 하향적(top-down) 통제의 수단으로 보는 견해이다.

하지만 두 가지 해석 모두 명시적인 사회적 선택을 조건으로 한다는 한계를 가진다. 앞서 1장에서 지적한 대로 선거 결과가 명백한 유권자의 집합적 결론을 제시하지 못하는 경우가 대부분이다. 이는 결국 선거인의 명령이 무엇인지 모른다는 의미가 되는데, 명령의 실체를 모르면서 명령을 실천하는 대중주의적 오류가 여기서 비롯된다고 볼 수 있다. 따라서 선거인의 명령을 남용하는 정치적 행태는 지양되어야 하지만, 실제 이러한 바람이 실현되기는 사실상 어렵다.

(2) 정통성의 부여

정통성을 뜻하는 영어의 'legitimacy'는 '합법성을 선언한다'라는 의미의 라틴어 'legitimare'에서 비롯된 말이다. 정부에 정통성을 부여한다는 것은 정부가 선거라는 합법적 절차를 통해 구성되었음을 밝히는 민주적 선거의 존재적 기능이라 할 수 있다. 선거를 거치지 않고 성립된 정부가 권위를 인정받을 수 없는 것은 바로 선거의 이러한 기능 때문이다. 쿠데타로 집권한 정권이 수단과 방법을 가리지 않는 비민주적 선거라도 치르고자 하는 것도 역시 선거만이 민주적 정통성을 부여한다는 근원적 믿음이 있기 때문이다. 비민주적인 방법으로라도 선거에서 승리하는 것이 선거를 안 하는 것보다 낫다고 볼 수는 있겠지만, 자유롭고 공정한 선거, 즉 유권자가 진정한 선택의 기회를 부여받고 민주적 원칙이 지켜지는 선거와 그렇지 않은 선거가 똑같은 정통성을 부여할 수 없음은 당연한 이치이다.

선거가 부여하는 정통성은 승자가 구성하는 정부에만 국한되는 것은 아니다. 선거는 승자의 정부에 정통성을 부여하는 동시에 패자인 야당에게도 정통성을 부여한다(Harrop and Miller 1987, 259-260). 이는 주기적 선거와 정부의 순환을 최선으로 여기는 자유주의적 선거관의 연장선에서 이해될 수 있는 입장이라 할 수 있다. 반대로 승자가 부여받은 '선거인의 명령'을 내세우면서 패자의 정통성을 인정하지 않는 것은 승자 스스로 대중주의적 오류에 빠지는 것이고 결국 민주적 정통성의 참된 의미를 부인하는 것이나 다를 바 없는 것이다.

(3) 엘리트 강화

선거는 유권자가 정치 권력자에게 영향을 행사할 수 있는 제도적 수단이지만, 선거는 또한 통치엘리트의 권력과 권위를 강화하는 수단으로도 흔히 이용된다. 선거라는 최소한의 참여 권리를 제공하는 대가로 엘리트는 갈등을 해소하여 정치적 안정을 도모하고, 선거를 통해 얻은 정통성을 바탕으로 효과적인 정책 집행을 실현한다. 국민을 정부의 의지대로 동원하기 위해 필요한 시간과 재정을 생산적으로 활용할 수 있기 때문에 결국 지배의 효율성이 증진된다고도 볼 수 있다. 또한 같은 맥락에서 선거는 정부 이외의 영역에 존재하는 단체나 기구의 위상과는 비교할 수 없을 만큼의 권위를 국가와 정부에 부여한다.

3. 교환기능

(1) 투표자 교육

선거는 엘리트와 유권자에게 정치교육의 기회를 제공하는 기능을 수행한다. 선거는 정부로 하여금 국민들에게 그동안의 실적과 앞으로의 전망을 제시할 수 있는 기회를 제공하며, 유권자들은 선거를 통해 국가의 주요 현안, 각 정당과 정치인의 정책적 입장 등을 이해하게 된다. 선거의 이러한 기능은 선거운동 기간에 평상시보다 훨씬 많은 정보가 전달된다는 경험적 사실에 의해 반증될 수 있다. 또한 정치인들 역시 여론조사, 토론, 유권자와의 접촉 등을 통해 유권자의 주장과 요구를 인식하게 된다는 측면에서 선거가 정치인의 능력을 개발시키는 훈련의 장을 제공한다고도 볼 수 있다.

(2) 정당에 대한 영향

선거는 정당의 부침(浮沈)에 결정적 영향을 주며, 정당의 정책결정에 유권자의 의지가 반영되는 통로의 기능을 수행한다. 각 정당은 선거에 직면하여 유권자의 심판을 받아야 함을 알기 때문에 정당의 정책결정은 다음 선거를 의식하게 되며, 이에 따라 정당의 정책은 유권자에게 다가서는 방향으로 점차 변화하게 되는 것이다. 특히 정당은 후보자 선정 과정에서 유권자의 선호를 적극적으로 반영하며, 이 과정을 통해 정당의 본질적 특성이 변하기도 한다. 한편 선거는 정당이 당원을 훈련하고 정당 조직을 활성화할 수 있는 기회를 제공한다. 이러한 기회의 활용 여부는 정당에 따라 달라지지만, 일반적으로 선거를 많이 경험한 정당일수록 정치적 기반이 공고해진다. 또한 선거 이후 정당이 승패를 분석하고 다음 선거를 위해 준비하는 과정에서도 선거 결과는 정당의 진로에 큰 영향을 끼친다.

이렇듯 선거는 정당에 전반적 영향을 주는 특별한 기능을 수행한다. 물론 반대로 정당이 유권자에게 영향을 줄 수도 있기 때문에 선거와 정당의 상호작용이 일방적인 것은 아니다. 하지만 과거 정당이 선거에서 발휘하던 정치커뮤니케이션의 주도권이 후보와 미디어로 이양되는 추세가 지속되면서 정당의 영향력은 현저하게 위축된 반면, 정당에 대한 선거의 상대적 영향력은 확대되어 왔다고 볼 수 있다.

III. 대표(제)의 개념

대의민주주의의 원리에 따라 선거가 대표를 선출하는 핵심적 기능을 수행한다는 점은 굳이 설명을 필요로 하지 않는다. 그러나 '어떤 대표를 선출해 어떻게 의회를 구성해야 하느냐'는 문제는 논의를 필요로 한다.

1. 소세계(小世界) 개념

선거를 통해 선출되는 민의의 대표기구는 모든 면에서 국가의 '소세계(microcosm)'가 되어야 한다는 대표(representation) 개념이다. 즉 의회는 국가의 닮은꼴이어야 하고, 의회의 구성원인 의원은 자신을 선출해 준 유권자가 "생각하고, 느끼고, 사고하고, 행동하는 것"을 닮아야 한다는 것이다(McLean 1991, 173).[6] 달리 표현하자면 과학적 여론조사에서 사용하는 통계학적 '표본(sample)'과 같은 의회의 대표성을 요구하는 것이라 할 수 있다(Farrell 1997, 6). 현실적으로는 이러한 닮은꼴적 의회를 구성할 수 없기 때문에 지극히 이상적인 개념이며, 엘리트 민주주의가 지배적인 현대 대의민주주의의 현실과도 거리가 있는 개념이다. 한편 소세계적 대표 개념이 비례대표제의 정치철학적 근거를 제공해 왔다는 견해가 있는데, 이는 비례대표제의 비례성(proportionality)을 이러한 소세계 개념에 부합되는 것으로 이해하는 것이다(Farrell 1997, 6-7).

2. 대리인(代理人) 개념

주로 의회의 구성에 초점을 두는 소세계 개념과는 대조적으로 '의회와 의원이 어떤 일을 해야 하느냐'라는 문제에 비중을 두는 대리인(principal-agent) 개념 모델들이 부각되었다. 그 중 하나는 '의원은 이

---

6) 아담스(John Adams; 1735~1826; 미국 초대 부통령, 제2대 대통령)의 표현('think, feel, reason, act like them')을 맥린(Iain McLean)이 인용한 것이다. 또한 이러한 견해는 영국 노동당 부당수를 지낸 비번(Aneurin Bevan; 1897~1960)의 "대표는 특정한 상황에서 자신이 대표하는 유권자들이 같은 상황에서 행동하는 대로 움직여야 할 사람이다. 즉 대표는 유권자와 같은 부류(部類)가 되어야 한다"는 표현에도 잘 요약되어 있다(Bevan 1952; Harrop and Miller 1987, 245에서 재인용).

익의 대리전달자로서 자신을 선출해 준 선거구민에게 봉사해야 한다'는 대표 개념이고, 다른 하나는 '의원은 재량권과 객관적 판단력을 가지고 양심에 따라 의회 활동을 해야 한다'는 개념이다.

(1) '파견인(delegate)' 모델

타일러(John Tyler; 1790-1862; 미국의 10대 대통령)의 의회 연설은 파견인 개념을 명확하게 전달하고 있다: "피조물이 창조자에 반대되는 입장에 설 수 있는가?"; "하인이 주인의 바램을 거역할 수 있는가?"; 선거구민의 언어가 아닌 자신의 언어로 이야기함은 "선거구민의 대표이기를 포기하는 것이다"(Kennedy 1956, 33-39 참고). 요컨대 대표는 자신을 선택한 유권자의 이익에 충실해야 한다는 것이고, 따라서 국가 '전체'보다는 자신을 선출해 준 '부분'에 초점을 두는 의회 활동을 해야 한다는 것이다. 결국 파견인 개념은 지역구의 이익과 지역민의 개별적 이익에 봉사하는 의원 활동을 뒷받침하는 논리가 되며, 따라서 흔히 '선거구 봉사(constituency service)' 모델로 불리기도 한다. 재선을 통해 정치적 '실업'을 면하는데 최대의 목적을 둬야 하는 정치인의 현실적 입장 때문에 특히 1위대표제처럼 지역 선거구민과 대표간의 관계가 명시적일 경우 이러한 성격이 두드러질 수 있다.

(2) '수탁자(trustee)' 모델

의원을 단순한 파견인보다는 수탁자로 여기는 개념 모델이다. 일단 선거에 선출된 대표는 선거구민의 여론보다는 독립된 재량권과 객관적 판단력에 따라 의회 활동을 해야 한다는 입장이라 할 수 있다. 이러한 모델은 선거권이 확대되기 전인 19세기 현대적 대중정당 체제가 갖추어지지 못한 상태에서 엘리트의 능력, 양심, 사명감 등을 강조하는 자유주의와 공화주의(republicanism) 이념에 부합되는 대표 개념이었다.[7)]

이러한 대표 개념의 대표적인 주창자로 꼽히는 인물이 버크(Edmund Burke)이다. 이 개념을 설명함에 있어서는 버크가 자신을 선출해 준 브리스톨 지역민에게 한 연설의 내용이 흔히 인용된다. 그 내용의 핵심은 브리스톨의 선거구민이 분명 브리스톨의 대표를 선출하지만 그 순간 그 대표는 브리스톨의 의원이 아니라 바로 영국 의회의 의원이 되어야 한다는 것이다(Harrop and Miller 1987, 247에서 재인용).

요컨대 두 가지 개념 모델 모두 의원이 선거구민의 대리인이라는 시각에서는 같지만, 의원 활동의 성격은 큰 차이를 나타낸다. 하지만 이러한 구분은 이론적인데 불과하며, 실제 의원 활동은 두 가지 모델의 성격을 모두 공유한다고 볼 수 있다. 즉 국가별로 차이는 있지만, 지역 선거구를 가진 의원들이 정치적 부담을 감수하면서 선거구민들의 요구를 무조건 무시하지 않을 뿐만 아니라 실제 대의를 무시하고 선거구민의 이익만을 위해 활동하지도 않는다. 의원들 나름대로 사안별로 활동의 우선순위를 가지고 효율적으로 두 가지 책임을 수행하는 길을 찾는 것이 보통이다. 의원들에게는 국익에 위배되지 않는 범위에서 선거구의 이익을 위하고, 국가이익을 위해 여론을 주도하고 국민을 계도할 수 있는 능력이 요구된다. 따라서 국가적 공익과 선거구 이익의 사이에서 의원들의 행태는 다분히 양 방향적(two-way)이어야 할 것이다(Galloway 1946, 319-322 참고).

---

7) 수탁자 모델이 오늘날 퇴색되었다고 보는 것은 성급한 견해이다. 의원이 자신을 선출한 유권자들의 충동과 여론의 변화에 민감하기보다는 유권자들의 신뢰를 바탕으로 국가이익을 추구하는 용기를 가져야 한다는 엘리트적 관념은 여전히 생명력을 가진다(Kennedy 1956, 33-39 참고). 수탁자 개념은 자유주의적 엘리트 민주주의가 지배적인 오늘의 현실에서 19세기적 개념으로 경시하기 어려운 비중을 차지한다고 볼 수 있다.

3. 정당인 개념

선거권이 확대되고 현대적 정당체제가 확립되면서 위의 수탁자 모델보다는 정당인(partisan) 개념 모델이 널리 수용되기 시작했다. 이 개념적 모델에 따르면, 의원은 정당의 공천과 정당의 정강 · 정책 프로그램을 통해 당선되므로 정당의 입장을 따르고 정강 · 정책의 실현에 공헌해야 한다. 따라서 영국과 같이 정당이 강력한 중앙집권적 질서를 오랜 기간 유지해 온 경우, 이 모델을 활용해 의원 활동을 설명하는 것이 설득력을 가진다.

특히 이 정당인 개념은 소세계 개념과 더불어 비례대표제 채택의 민주주의론적 명분을 제공한다. 명부식 비례대표제의 경우 투표자는 개인 후보가 아니라 정당명부에 투표하기 때문에 의원 개개인보다는 정당의 정치적 프로그램과 실천력을 평가한다. 따라서 의원 개개인은 투표자 또는 선거구의 대리인이라기보다는 정당의 일부로서 인식될 뿐이다. 또한 1석 선거구제를 사용하는 국가에서와는 달리 선거구의 의미가 크지 않다는 점도 이와 같은 개념적 차이와 무관하지 않다.

제 3 장

선거체제의 연구

Ⅰ. 선거체제란?

Ⅱ. 선거체제 연구의 중요성

Ⅲ. 선거체제의 정략적 활용

Ⅳ. 후보자 선정 – 선거과정의 시작

I. 선거체제란?

우선 선거법(electoral law)과 선거체제(electoral system)를 구별해 사용함으로써 이 책의 초점을 보다 분명히 할 필요가 있다.[1] 선거법 또는 선거규칙(electoral regulations)은 선거에 관련된 모든 규칙을 망라하는 광범위한 집합 개념이다. 쉽게 표현하자면 선거의 시작부터 끝까지 선거관리위원회가 관장하는 모든 선거관련 규칙을 포괄하는 것이다. 선거 공고, 공천, 여론조사, 선거운동, 텔레비전 광고, 선거자금, 선거운동원, 선거사무소의 설치, 인쇄물, 후보 등록, 후보자간 토론, 선거유세, 정당 활동 등 언뜻 떠오르는 선거관련 규칙만 열거해도 그 포괄성을 짐작케 한다.

선거체제는 이러한 선거법의 일부이고, 역시 규칙의 집합이다. 정치학적 관심의 초점은 특별히 '투표가 의석으로 전환되는 과정과 관련된 일련의 규칙'에 있는데, 이를 가리켜 선거체제라 한다. 즉 선거체제는 투표방법, 입후보방법, 선거구 크기(의석수), 당선자 확정 방식(또는 의석 배정 방식) 등의 요소와 관련된 규칙의 집합으로서 선거법의 핵심을 이루는 부분이라 할 수 있다.

선거체제의 여러 요소가 조합되는 데 따라 수백 가지의 다양한 선거체제가 만들어 질 수 있다. 지구상의 어디에도 똑같은 선거체제를 사용하는 나라가 없다는 사실이 선거체제의 다양성을 반증하는 것이다. 하지만 다행히도 수많은 선거체제를 일일이 검토할 필요는 없다. 선거체제의 요소가 조합되는 형태는 대개 몇 가지 계통에 따르고, 또 같은 계통 내에서의 변이는 무시해도 좋을 만큼 사소한 것이기 때문이다.

---

1) 용어에 관한 자세한 논의는 Harrop and Miller(1987, 41-42), Farrell(1997, 3-5), Farrell(2011, 3-4), Gallagher and Mitchell(2005, 3-5) 등 참고.

선거체제는 크게 분류하면, 다수제(majoritarian system)와 비례제(proportional system)로 나뉜다. [그림 3.1]은 자유민주주의 국가(liberal democracy)로 분류되는 88개 국가의 선거체제를 다수제, 비례제, 혼합형 선거체제(mixed member system) 등 세 그룹으로 나눈 후, 각 그룹을 다시 세분화하여 정리한 것이다.[2] 다수제는 주로 단일 정당에 의석을 집중시켜 정부구성의 효율화를 모색하는 체제이고, 비례제는 투표수와 의석수의 비례관계를 강조하는 체제라 할 수 있다. 다시 다수제는 당선 조건에 따라 1위대표제(FPTP; first past the post), 블록투표제(bloc vote system), 제한투표제(limited vote system) 등 다수대표제(plurality system)와 대안투표제(alternative vote system), 결선투표제(runoff system) 등 절대다수대표제(majority system)로 나뉜다. 비례제의 경우는 정당 명부를 사용하는 명부식 비례대표제(list PR)와 정당명부가 필요 없는 STV(single transferable vote)로 분류된다. 이 책의 4장에서 7장까지는 위에 열거한 순서대로 1위대표제, 절대다수대표제, 명부식 비례대표제, STV제 등 네 가지 선거체제를 제도적 요소를 중심으로 검토하고, 끝으로 8장에서는 혼합형 선거체제를 사용하는 독일, 뉴질랜드, 일본, 헝가리의 국가별 사례를 연동형(mixed member-dependent)과 독립형(mixed member-independent)으로 나누어 다룬다.

---

2) 여기서 88개 자유민주국가는 2009년 프리덤하우스(Freedom House)의 조사에 근거한 Farrell(2011, Table A.1)의 분류에 따른 것이고, 분류 체계와 기준, 명칭 등은 Norris(2004), Gallagher and Mitchell(2005), Farrell(2011) 등 최근 학계의 흐름을 참고하되 이 책의 목적과 구성에 맞추어 재정리하였다. 88개 국가의 선거체제는 2015년 7월 기준으로 재조사한 결과이다.

그림 3.1 **88개 자유민주주의 국가의 선거체제** (각주 2의 자료 설명 참고)

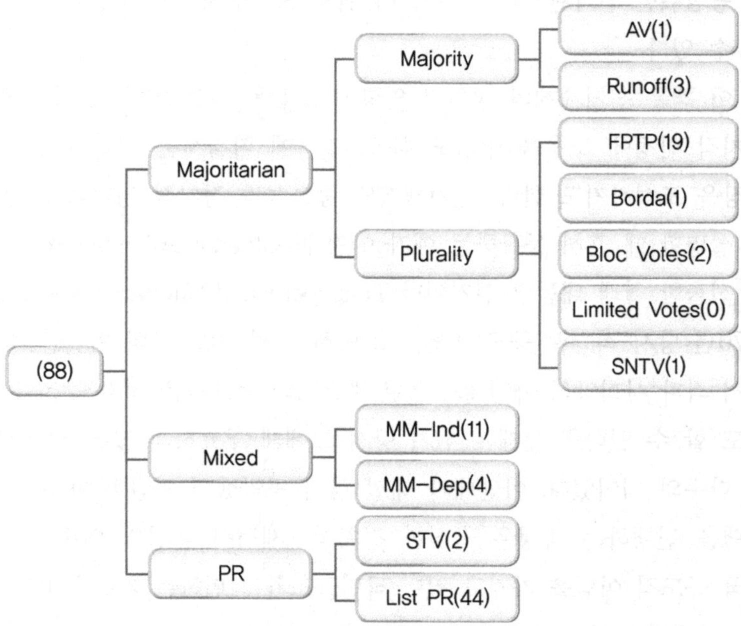

II. 선거체제 연구의 중요성

선거체제가 중요하기 때문에 선거체제를 배우고 익히는 일이 의미를 가진다. 국가사회적 선택에 이르는 다양한 방법은 우선 흥미를 끌기에 충분하기도 하지만, 더욱 중요한 것은 선거체제가 선거의 결과를 좌우한다는 사실이다. 앞서 살펴보았듯이 현대 대의민주주의 체제에서 선거는 대표의 선출, 정부의 구성, 정통성의 제공 등 다양하고 핵심적인 기능을 수행하는데, 문제는 이러한 기능 역시 선거결과에 따라 달라질 수밖에 없다는 것이다. 결국 선거체제는 선거의 결과와 기능을 매개로 정치체제 전반에 심대한 영향을 끼치기 때문에 선거와 선거체제의 연구는 단순히 정치학의 한 특정 분야(field)에 머무는 것이 아니라 광범위한 인과관계의 틀 가운데 위치하는 정치학의 핵심 주제라고 볼 수 있다.

이 책은 선거체제의 정치적 영향에 초점을 두고 있다. 선거체제는 정치적 안정에 도움을 주기도 하고, 경우에 따라서는 정치적 갈등과 긴장을 조성하기도 한다. 선거체제의 중요성과 정치적 영향의 포괄성을 설명할 때 흔히 등장하는 예가 아옌데(Salvador Allende Gossens)를 선출한 칠레 대통령 선거이다(Taagepera and Shugart 1989, 1-2). 1970년 당시 좌, 우, 중도 이념을 표방하는 세 후보 간의 치열한 경쟁에서 좌파 사회당의 아옌데가 얻은 36.3%의 득표율은 적지 않은 표라고도 할 수 있다.[3] 문제는 선거 당시 그에게 투표하지 않은 63.7%라는 다수의 벽이었다. 아옌데가 대선 당시 공약했던 과감한 개혁 프로그램을 진행하는 과정은 극심한 정치적·재정적 혼란의 연속이었고, 결국 중도적 이념을 가지고 있던 국민들조차 외면하는 가운데 1973년 9월 아옌데 정부는 쿠데타에 무릎을 꿇고 말았다. 1890년대 초반 이래 나름대로 민주정치의 전통을 유지해 왔던 칠레는 이후 1998년까지 피노체트(Augusto Pinochet Ugarte) 장군의 철권 독재 아래서 정치적·경제적 퇴보를 거듭했다.

선거체제는 정치인과 유권자의 행태에 영향을 주게 된다. 몇 가지 가정이 포함된 상황 설정이긴 하지만 '절대다수체제에서의 선거였다면 칠레에 어떤 변화가 가능했겠는가'를 생각해 보는 것도 흥미 있는 일이다. 아옌데의 선거 전략이 우선 바뀌었을 것이라는 점을 생각해 볼

3) 당시 칠레의 헌법(1925년 제정)은 대통령 선거에서 절대다수 득표자가 없을 경우 의회가 1, 2위 득표자 중에서 한 명을 선출하도록 되어 있었다. 하지만 이러한 경우가 발생했을 때마다(1946, 1952, 1958, 1970) 칠레 의회는 1위 득표자를 추인함으로써 사실상 1위대표제를 유지해 왔다고 볼 수 있다(Shugart and Carey 1992, 85-85).

수 있다. 진보와 보수의 사회경제적 이념이 지배적인 상황에서 절대다수체제 3파전 선거라면 좌파건 우파건 중도적 이념을 가지는 유권자를 공략하는 전략적 선택을 하게 된다(Downs 1957, 8장 참조). 이 경우 아옌데의 정책공약은 중도적 색채를 띠었을 것이다. 즉 선거 자체의 경쟁적 성격이 다소간 완화되고 사회적 분위기도 대립보다는 통합의 가치를 존중하는 쪽으로 변했을 가능성이 있다. 또 유권자들의 선거행태나 정치의식도 선거체제의 변화에 따라 변할 수 있다. 만약 중도적 유권자들의 차선의 후보로서 아옌데가 승리했다면 그에게 투표한 다수는 아옌데가 곤경에 처했을 때 외면하기보다는 정치적 원군이 되었을 가능성이 크다. 물론 이 모든 것이 가정적 이야기이지만 1위대표제와 절대다수제의 차이를 엿볼 수 있게 하는 예라 할 수 있다.

선거체제는 정당체제와 밀접하게 관련되어 있으며, 선거 결과에 따른 정당의 부침(浮沈)에 결정적 영향력을 발휘한다. 영국의 자유당(Liberal Party)은 1929년 23.4%의 득표율을 올리고도 10%에도 미치지 못하는 의석을 차지함으로써 점차 1위대표제의 피해를 겪는 소정당으로 전락하게 된다. 이 자유당이 1988년 사회민주당과 합당해 새롭게 출발한 영국의 자유민주당(Liberal Democrats)은 1장에서 언급한 바와 같이 득표력 측면에서 영국의 양대 정당체제를 위협하는 정당이지만 여전히 1위대표 선거체제로 인해 의석 확보에 어려움을 겪고 있다. 2010년 선거에서 제2당인 노동당이 29.0%의 득표로 258석(39.7%)의 의석을 차지할 때, 제3당으로서 보수당과 연립정부를 구성한 자민당은 노동당과 불과 6.0% 차이인 23.0%의 득표로 57석(8.8%)의 의석을 차지하는 데 그쳤다. 비록 2011년 국민투표를 통해 대안투표제로의 개혁을 이끌어내는 데는 실패했지만, 자민당이 영국의 선거체제 개혁에 가장 적극적일 수밖에 없는 이유는 뚜렷하다.[4)]

4) 고든 브라운(Gordon Brown), 에드 밀리반드(Ed Miliband) 등 노동당 리더들은

반면 영국에서 멀지 않은 북해에는 인구 약 33만의 작은 나라 아이슬란드가 있는데 득표율 23%가 영국에서와는 전혀 다른 정치적 힘을 가진다. 1933년 아이슬란드의 진보당(Progressive Party)은 23.9%의 득표로 33.2%의 의석을 차지하여 정국을 주도했고, 최근 2013년에는 24.4%의 득표로 30.2%(19석)의 의석을 차지하여 공동 제1당으로서 연립정부의 수상 직을 차지했다. 비슷한 맥락에서 핀란드의 중도당(Center Party of Finland)은 2015년 선거에서 21.1%의 득표로 24.5%(45석)의 의석을 얻었지만 최대 정당의 위치를 차지했다. 또한 독일의 자민당(Free Democratic Party)은 두 자릿수에도 미치기 어려운 지지기반을 가지고도 1949년 이후 1993년까지 44년 동안 계속 제3당의 자리를 지켰고, 1998년까지 약 5년의 기간을 제외하고는 줄곧 연립정부의 일원으로서 집권당의 위상을 유지했다.[5] 비례대표제와 다수대표제의 차이를 드러내는 예들이다.

선거체제는 정치체제의 수많은 요소 가운데 변화와 개혁이 상대적으로 쉬운 경우에 해당된다(Sartori 1968; Taagepera and Shugart 1989, 4). 또한 선거체제는 정치와 사회현상에 관련된 제도적 요소 가운데 기능과 효과에 대한 예상이 가능한 요소이기도 하다. 물론 쉬운 작업도 아니고, 선거체제가 작용하는 '사회적 맥락'에 따라 예상 밖의 결과를 초래할 수 있음을 부정하기 어렵다. 따라서 선거체제 선택의 시행착오를 막고 선거체제 이론의 현실적 효용성을 높이기 위한 체계적 연구와 지식의 축적이 더욱 절실히 요구되는 것이다.

대안투표제로의 개혁에 찬성해 왔지만 2011년 국민투표에서 노동당은 찬반이 크게 갈렸고 개혁에 소극적이었다. www.theguardian.com 2011/5/6 기사 검색 참고.

5) FDP는 2013년 9월 선거에서 1949년 이후 처음으로 5% 최소조건(threshold)에 못 미치는 4.8%를 득표함에 따라 의석수 0의 의석 없는 정당으로 전락하였다.

III. 선거체제의 정략적 활용

1. 특정 정치세력의 약화

선거체제가 정치세력들 간의 타협을 통해 정해질 경우 타협의 과정에서 제도적 요소의 유·불리가 충분히 검토되는 것이 보통이다. 하지만 타협을 통하지 않고 어느 한 정치세력에게 일방적으로 유리한 선거체제, 즉 중립성(neutrality)의 원칙에 벗어나는 선거체제를 만드는 예도 의외로 많다. 물론 이러한 예의 대부분을 차지하는 것은 비민주주의적 국가들의 사례이다. 하지만 별도로 유럽 국가들의 사례에 초점을 맞추어 살펴보면, 특별히 주목을 끄는 것이 공산당, 나치당 등 특정 정치세력(특히 반체제적 정당)을 약화시키기 위해 의도적으로 선거체제를 조작하는 경우이다.

일례로 2차 대전 후 공산화의 위기를 겪었던 그리스는 좌파 정당에게 불리한 선거체제를 다양하게 만들어 온 사례이다. 1956년 카라만리스(Constantine Karamanlis)가 이끄는 그리스의 우파 집권당은 당세가 강한 농촌에서는 1위대표제를 사용하고 당세가 약한 도시지역에서는 비례제를 사용하는 선거체제를 탄생시켰다. 그 결과 1956년 총선에서 카라만리스의 당은 득표율로는 좌파 야당에 47% 대 48%로 뒤졌지만, 55%의 의석을 차지하는 승리를 거두었다(Harrop and Miller 1987, 61).

프랑스 대통령 선거에 결선투표제를 도입한 드골(de Gaulle)의 의도 역시 공산당이 대통령에 당선될 수 없도록 하는 데 있었다. 즉 결선라운드에서 비공산당표가 결집되기 때문에 공산당 후보가 절대다수 이상의 득표를 하기가 사실상 불가능하다는 계산 아래 실질적 의미의 최소조건을 활용한 사례라 할 수 있다.

비례대표제를 사용하는 국가에서 아예 높은 법적 최소조건(legal threshold)을 통해 노골적으로 특정 정치세력의 의회 진출을 막는 경우도 있다. 스위스와 오스트리아 사이의 소국 리히텐슈타인(Liechtenstein)이 1939년 18%라는 높은 의석배정 최소조건을 규정해 나치당의 의회 진출을 저지한 것이 대표적 사례이다(6장 내용 참고). 리히텐슈타인이 현재 8%로 최소조건을 낮춘 반면 터키(Turkey)는 10% 최소조건으로 가장 높은 기준을 유지하고 있다. 터키의 경우 2002년 선거에서 7개 정당이 높은 최소조건의 벽을 넘지 못함에 따라 비례제를 사용하는 국가임에도 약 46%의 사표가 발생하는 극단적인 예를 경험했다.[6)]

비례대표제를 사용하는 국가의 또 다른 예로 스웨덴의 최대 정당인 사회민주당이 의석배정 방식을 활용해 최소 정당인 공산당을 약화시킨 사례를 들 수 있다. 1952년 사민당은 연립정부 파트너인 농민당(Agrarian Party)을 희생시키지 않으면서 공산당의 의석을 줄이기 위해 교묘한 수학적 방법(생 라그 방식의 첫 나눔수 1 대신 1.4를 사용)을 고안해 냈는데, 이것이 대체로 중간 크기 정당에 유리하다고 평가되는 이른바 '수정 생 라그' 의석배정 방식이다(6장 내용 참고). 실제 다음 총선에서 공산당은 3석을 잃은 반면, 사민당과 농민당은 각각 2석과 4석을 추가하여 소기의 목적을 달성하게 된다(Sarlvik 1983).

끝으로 선거체제에 의한 의도적 차별화는 아니지만 비슷한 효과를 기대하는 법률적 차별화 조치의 예로 독일과 북아일랜드의 사례를 들 수 있다. 독일의 경우는 직접적인 방법으로 정당법에 아예 반체제 정당의 설립 자체를 금지하고 있는 사례이고, 북아일랜드의 경우는 정당법 이외의 법률적 제약을 통해 신페인당(Sinn Fein)의 활동을 약화시키는 사례이다(Farrell 1997, 10-11).

6) 터키의 2002년 선거 결과는 electionresource.org, aceproject.org 등 검색 참고.

2. 선거인의 불공정 배분(malapportionment)

불공정 배분의 문제는 선거구별 인구 총수에 차이가 있음을 뜻한다.[7] 예를 들어 1석 선거구인 A와 B 선거구의 인구가 각각 50,000명과 100,000명이라면 결국 B 선거구민들의 1표는 A 선거구민의 1표의 절반에 해당하는 가치를 가지게 된다. 즉 표의 등가성(等價性; 1인 1표 1가치)을 보장하는 '평등선거'의 원칙을 현실적으로 위반하는 경우라 할 수 있다.

아래 글상자에 정리한 1인 1표 1가치의 원칙에 따라 선거구 획정은 선거인 수에 비례해 이루어져야 하지만, 현실적으로 다른 원칙을 동시에 지키면서 공정하게 선거구별 인구수를 맞추기란 여간 힘든 일이 아니다. 따라서 실제 원칙에서 부분적으로 벗어나는 것이 어느 정도 용인될 수밖에 없는 현실이고, 대개 국가별로 이러한 용인의 수준을 정하는 것이 보통이다.

선거구 획정의 공정성 기준[8]

① **'1인 1표 1가치'의 원칙**: 평등선거의 원칙을 달리 표현한 것으로 1인 1표의 권리행사라는 단순한 형식의 차원을 넘어, 선거에서 활용되는 1표의 가치까지도 동등할 수 있도록 인구비례에 의한 선거구 획정이 이루어 져야 함을 강조하는 대원칙.

② **인접성(contiguity)의 원칙**: 선거구 전체가 하나의 모양으로 연속되어 있어야 한다는 원칙.

③ **밀집성(compactness)의 원칙**: 선거구 내의 지역간 거리가 합리적 수준이어야 한다는 원칙.

---

7) 인구수 대신 선거인수를 기준으로 삼는 것이 선거권의 원리에 부합된다고도 볼 수 있으나 실제 인구수를 기준으로 삼는 것이 일반적이다.

8) 선거구 획정의 공정성을 판단하는 이 기준은 미국 등 다인종, 다문화 국가에서 소

④ **지역(행정) 경계의 반영(attention to local subdivision) :** 선거구 획정시 지역의 행정적 경계를 최대한 반영해야 한다는 원칙.[9)]

참고로 미국은 두 개의 대법원 판결을 통해 악명 높았던 선거구 인구편차를 해결하는 법적 기초를 다졌다.[10)] 하나는 1962년 판결(*Baker v. Carr*)로 선거구 획정이 '사법적 판단의 대상(justiciable)'이라는 입장을 명시하여 미국의 주 의회들이 선거구 획정에 대한 접근 방법을 바꾸는 계기를 제공했다. 두 번째는 1964년 대법원 판결(*Reynolds v. Sims*)로 이른바 'one person, one vote'라는 엄격한 기준을 제시하였다. 당시 대법원장 얼 워렌(Earl Warren)은 "의원들은 나무나 토지가 아니라 사람을 대표한다(Legislators represent people, not trees or acres)"는 표현으로 1인 1표의 헌법적 기준이 타협의 대상이 아님을 분명히 했다.[11)] 1964년 대법원 판결의 엄격한 기준은 이후 판례에도 적용되어 미국은 특히 동일 주 내에서는 편차 1% 이내의 평등성을 지향하고 있다 할 수 있다.[12)]

물론 각 주별 최소 1인의 하원 의원을 보장하는 미국의 선거구 재분배의 원칙과 방법, 주별 인구 분포의 차이 등에 따라 선거구 간 인구의 차이가 나타날 수밖에 없다. 2010년 센서스 기준으로 재분배된 미

수 인종의 대표권 보장 등을 고려하는 특수한 원칙과 구별하여 기본적 원칙이라 할 수 있다. 흔히 전통적(traditional) 기준이라고도 한다. Baker(1986, 275-276), aceproject.org 검색 참고.

9) 지역(행정) 경계의 반영 원칙 대신 '이해관계의 공동체(communities of interest)' 원칙을 제시하는 경우도 있는데 크게 다르진 않지만 후자가 좀 더 포괄적 표현이라 할 수 있다. aceproject.org 선거구 획정 관련 검색 참고.

10) *Baker v. Carr* 직전의 조사 결과에 따르면, 주 의회 지역구 별 인구편차가 가장 극심한 사례는 987 대 1이었고, 1960년 센서스에 따른 1961-1962 연방 하원 지역구 재분배(reapportionment)와 재획정(redistricting) 이후 최대 인구편차는 5.4(951,527명; Texas) 대 1(177,431명; Michigan)로 나타났다(Baker 1986, 258).

11) supreme.justia.com 판례 검색 참고.

12) 이러한 기준 적용에 대해서는 *Karcher v. Daggett*(1983)와 aceproject.org 검색 내용 참고.

국 연방 하원 435개 지역선거구(congressional districts)의 인구수에 따르면, 주 전체에서 1명의 하원 의원을 선출하는 몬태나(Montana) 주의 989,415명 선거구가 가장 크고, 주 전체 인구가 1,052,567명이지만 재분배 규칙에 의해 2명의 하원을 선출하는 로드아일랜드(Rhode Island) 주의 526,283명 선거구가 가장 작다. 두 선거구의 인구수는 1.88 대 1에 해당한다.[13)]

일본의 경우 지바현(Chiba prefecture)의 최대 선거구와 효고현(Hyogo prefecture)의 최소 선거구의 차이가 4.4 대 1에 이르는 등 불균형이 심화됨에 따라 1985년 7월 일본 대법원은 이러한 불공정 배분에 대해 위헌 판결을 내렸고, 이후 최대와 최소 선거구 인구 차이를 2 대 1 이하로 제한해 왔다(Curtis 1988, 49-51). 1985년 판결 이후에도 일본 대법원은 총 네 차례(1995, 1999, 2001, 2007) 최소 2.17 대 1, 최대 2.82 대 1 등 2 대 1을 초과하는 선거구 획정에 대해 합헌 판결을 내려 혼란을 초래했으나 2011년 다시 2 대 1의 기준을 엄격히 제시하였다. 즉 과거 선거의 결과는 인정하여 정치적 문제를 최소화하되 향후 선거는 2 대 1의 기준을 엄격히 적용하는 헌법적 기준을 명확히 한 것이다(Christensen 2013, 139-140).

한국의 헌법재판소는 1995년, 2001년, 2014년 등 총 세 차례 판결을 통해 선거구 획정의 인구 편차 기준을 각각 상하 60%, 50%, 33.3%로 점차 강화해왔다. 1995년 헌법재판소의 판결은 최대와 최소 선거구 인구 차이를 4 대 1까지로 제한하는 한편, 지역적 인구밀도의 차이를 감안하여 도시 또는 농어촌 동일 지역 내 선거구 간 차이는 3 대 1로 강화해 적용하도록 하였다. 2001년 헌재 판결은 상하 편차 50%와 3 대 1의 기준을 전국적으로 적용하도록 하였다. 특히 헌재의 2001년 판결은 1996년 개정된 독일 연방선거법이 상하 편차 25%에서 15% 원칙

13) 2010년 인구 통계 www.census.gov 검색과 Christensen(2013, 141) 참고.

으로 한 예를 들면서 국제적 추세를 반영하고 다른 나라와의 격차를 점진적으로 해소하는 차원에서 우리나라도 일정 기간이 지난 후에는 상하 편차 33.3%와 2 대 1의 기준으로 강화할 필요성을 강조하였다. 헌법재판소의 2014년 판결은 13년 전 예고했던 2 대 1의 기준을 적용하도록 했다는 의미를 가진다.[14)]

이처럼 불공정 배분의 문제를 완전히 해결하는 것이 거의 불가능하기 때문에 정당들은 일반적으로 이를 정략적으로 활용하기 위해 노력한다. 정당들의 기본적인 전략은 지지기반이 공고한 지역에서는 선거인의 수를 최대한 줄이고, 반대로 지지기반이 취약한 지역에서는 선거인의 수를 최대한 늘리는 것이다. 즉 자기 정당의 표가 상대적으로 많은 지역에서 선거인의 수를 줄인다는 것은 선거구의 수가 늘어난다는 것이고, 이것은 궁극적으로 획득 가능한 의석수가 자연히 증가한다는 것을 의미한다. 따라서 역으로 다른 정당의 지지세가 강한 지역에서의 지배적 전략은 선거인의 수를 늘려 획득하기 어려운 의석수를 최대한 줄이는 것이다.

특별히 심각한 의석 불균형 사례는 도시와 농어촌간의 관계에서 주로 발견되는 것이 여러 나라의 공통적 현상이다. 도시화의 영향으로 농어촌 인구가 주로 도시로 이주함에 따라 농어촌과 도시의 인구 밀도 격차가 확대되어 왔기 때문이다. 따라서 농어촌지역에서 압도적 우위를 지켜 온 각국의 보수 정당들은 농어촌지역 선거구 선거인의 수를 줄여 선거구의 수를 늘리는 기본 전략을 유지해 왔다. 일례로 일본의 자민당이 전후 40여 년 간 유지해 온 선거구 전략은 농어촌 선거구의 선거인 수를 그대로 두는 것이었다. 즉 농어촌인구가 계속 감소함에도 불구하고 선거구 조정을 회피함으로써 의석수를 증가시키는 간접적 효

14) 법제처 국가법령정보센터 www.law.go.kr 헌법재판소 '국회의원 선거구' 관련 결정 참고.

과를 기대할 수 있었던 것이다(Curtis 1988, 49-51).

진보적 정당들은 도시화된 지역의 지지기반이 공고하기 때문에 도시지역의 의석수를 늘리기 위해 적극적인 선거구 조정을 주장할 수밖에 없었던 반면, 대다수 국가의 보수적 정당들은 도시화에 따른 선거구 인구의 불균형을 해결하는 데 소극적이었다. 법원 또는 독립된 선거구 조정위원회가 불공정 배분 문제에 개입하고 있음에도 불구하고, 보수 정당 또는 기득권 정당들의 소극적 태도로 인해 도시와 농어촌간 의석 불균형의 문제는 여전히 쉽지 않은 해결 과제이다. 물론 이러한 불공정 배분의 문제는 쉽게 발견되고 원칙적인 해결 방법이 존재하지만, 현실적으로 문제를 해결하는 것이 결코 쉬운 일은 아니다. 특히 불공정 배분으로부터 이익을 취하여 당선된 현역의원이 문제해결에 소극적인 데다가 각 정당의 이해관계가 개입되기 때문에 더욱 어려운 과제로 남게 된다. 우선 문제의 해결을 문제의 당사자에게 맡기는 모순을 극복하는 것이 해결의 첫걸음일 것이다.

3. 게리맨더링과 툴리맨더링

게리맨더링(Gerrymandering)은 정당 지지표의 효율성을 극대화하기 위해 선거구의 경계를 조작하는 행위를 일컫는 말이다. 1812년 미국 매사추세츠(Massachusetts) 주지사였던 게리(Elbridge Gerry)가 자신이 지지하는 후보들의 당선을 위해 불도마뱀(salamander)처럼 구불구불하면서 좁고 긴 형태의 선거구를 고안한 것을 빗대, 상대후보들과 언론인들이 게리의 맨더(Gerry's Mander)라고 부른 데서 비롯된 용어이다.

표 3.1 게리맨더링의 가정적 사례

〈표 3.1-a〉 투표구별 정당지지 분포

① 30-60	② 80-30	③ 40-50	④ 70-40
⑤ 40-60	⑥ 80-30	⑦ 30-50	⑧ 30-80

〈표 3.1-b〉 A정당(3) : B정당(1)

①+② 110-90	③+④ 110-90
⑤+⑥ 120-90	⑦+⑧ 60-130

〈표 3.1-c〉 A정당(1) : B정당(3)

①+⑤ 70-120	②+⑥ 160-60	③+⑦ 70-100	④+⑧ 100-120

먼저 게리맨더링 게임을 이해하기 위해 위의 <표 3.1>과 같은 예를 들 수 있다. <표 3.1-a>는 동일한 인구를 가진 8개의 투표구를 가정한 모델이며, 한 투표구에서 A정당과 B정당을 선호하는 인구의 분포를 30(A)-60(B)으로 나타낸 것이다. 따라서 두 정당은 8개의 투표구를 모두 합친 이 지역 전체적으로 400대 400의 대등한 지지기반을 가지고 있는 셈이 된다.

이 8개의 투표구를 인접성의 원칙에 따라 둘씩 합하여 4개의 선거구를 획정한다고 가정하면, A정당은 우선 <표 3.1-b>에 나타난 것처럼 가로로 두 투표구씩 합할 경우 3개 선거구에서 승리하고 1개 선거구를 B정당에게 내주게 된다. 반대로 B정당은 <표 3.1-c>에 나타난 선거구 획정대로 세로로 둘씩 합치는 것이 3개 선거구에서 승리하여 최선의 결과를 얻는 방법이다. 즉 게리맨더링의 기본 전략은 '패배를 전제로 1개 선거구를 완벽하게 포기하는 것'이다. A정당은 60-130으로 1개 선거구를 내주고 3석을 획득하는 것이 최선의 게리맨더링 전략이고, B정당은 160-60으로 1개 선거구를 완벽하게 포기함으로써 3석을 안전하게 얻는 것이 최선이라 할 수 있다.

A, B 두 정당 모두 이를 잘 알고 있다면, 두 정당은 서로 자기 정당에 최선의 결과를 제공하는 선거구 획정을 위해 충돌하게 된다. 하지만 두 정당이 선거구 획정에 동등한 영향력을 가졌을 경우라면, 두 정당 공히 2개 선거구에서 의석을 획득하는 타협을 할 가능성이 크다. 만약 A정당이 <표 3.1-a>의 정당지지 분포에 대한 정보를 가지고 있는 반면 B정당은 그렇지 못할 경우, A정당은 B정당이 인식하지 못하는 가운데 3개의 의석을 쉽게 차지할 수 있도록 게리맨더링을 활용할 가능성이 크다.

민주주의 질서가 공고한 정치체제에서 나타나기 힘든 경우이긴 하지만, 게리맨더링의 활용 가능성이 커지는 또 다른 상황은 A, B 두 정당 중 한 정당이 선거구 획정에 일방적 영향력을 가지고 있는 경우이다. 선거구에 대해 비교적 정확한 정보를 가진 집권당이 선거구 획정의 독점적 영향력까지 가지고 있다면, 게리맨더링의 유혹에서 벗어나기 힘들다고 볼 수 있다.

게리맨더링의 가능성이 가장 큰 선거체제는 1석 선거구를 활용하는 다수제의 경우이다. 1위대표제를 사용하는 미국은 게리맨더링의 고향답게 여전히 풍부한 사례를 제공하고 있다(Baker 1986, 272-276, 273). 2012년 연방 하원 선거에서 공화당이 선거구 획정을 주도한 주에서 공화당은 72%의 의석을 차지했고, 민주당 역시 주도권을 가진 주에서 71%의 의석을 차지했다.[15] 미국에서 게리맨더링 사례가 많이 발견되는 가장 큰 이유는 기본적으로 선거구 획정이 정치적 산물이라는 시각과 문제가 발생하면 법원에서 해결하면 된다는 관념이 널리 공유되어 왔기 때문이라 할 수 있다.[16] 즉 사법적 기준으로 자리매김한 '1인 1표의 원칙'이 지켜지는 한, 인접성, 밀집성, 지역경계, 이해관계의

15) usatoday.com "congress-maps" 검색 참고.
16) aceproject.org 미국의 선거구 획정 관련 내용 참고.

공동체 등 다른 기준들은 주 의회의 정치적 상황과 현역 의원들의 기득권을 고려한 정치적 협상의 결과라는 인식이 팽배했다는 것이다.[17] 그래서 각 주 의회의 다수당이 선거구 획정의 권한을 남용하는 사례가 많았는데 실제 1982년 선거를 앞두고 공화당은 투표구 단위 선거구 정보를 토대로 고도의 컴퓨터 기술까지 동원해 게리맨더링을 시도한다는 것을 공개적으로 자랑하기까지도 했다(Jacobson 1983, 13-14).

미국 남부 텍사스(Texas) 주의 사례는 130년 간 게리맨더링에 의존해 지속되어 온 민주당 우위 체제가 연방과 주 공화당의 전면적인 재획정 노력으로 공화당 우위 체제로 역전된 예라 특별히 주목을 받는다. 우선 전형적인 연방 하원 선거구 게리맨더링의 예라 할 수 있는 1990년 텍사스 연방 하원 선거에서 민주당은 1,083,351표로 14석 중 10석을 차지한 반면, 공화당은 이 보다 2,563표 모자라는 1,080,788표를 얻고서도 4석을 얻는데 그쳤다(Amy 1993, 44). 이 1990년 선거 결과는 공화당이 TRMPAC, 즉 '공화당 다수를 위한 텍사스 연대(Texans for a Republican Majority)'라는 정치행동위원회(PAC)까지 조직해서 와신상담하는 계기가 되었다.

2000년 센서스 시기까지 공화당은 주지사(George W. Bush 전 대통령)와 부지사(현 릭 페리 주지사) 등 텍사스 행정부를 장악하고 주의 상원에서 다수당의 지위를 차지할 수 있었다. 이러한 힘을 바탕으로 공화당은 2000년 센서스에 따른 선거구 재획정 문제를 사법적 조정으

17) 이러한 인식이 잘 드러나는 예가 메릴랜드(Maryland) 제3 지역구(MD-3)의 게리맨더링에 대한 당시 주역의 인터뷰 내용이다. 메릴랜드 주의 전 국무장관(Secretary of State)이었던 윌리스(John T. Willis)는 MD-3의 획정라인이 의도된 것이 아니라 인구수를 따지다가 만들어진 결과일 뿐이고 "우리 주의 [8개] 하원 지역구들은 모두 한 명 이상 차이나지 않는다(All of our congressional districts don't deviate by more than one person)"는 주장으로 인구수 기준에 화살을 돌리고 있다. pjmedia.com "maryland 3" 검색 내용 참고. 아울러 미국 대법원은 현역 의원의 기득권을 인정하는 관례가 위헌이 아니라고 판결한 바 있으며, 실제 공화・민주 양당의 현역 의원들은 선거구 획정에서 상당한 혜택을 누리고 있다(Dixon 1982, 16-18; *White v. Weiser* 1973, 783; 김광수 1997, 72).

로 몰고 가서 유리한 결론을 얻고자 했지만, 정치적 문제로 판단한 판사들의 소극적 입장 때문에 1991년의 연방 하원 선거구가 거의 그대로 유지되었다. 그 결과 2002년 연방 하원 선거에서 공화당은 55% 대 45%로 투표수에서 앞서고서도 17 대 15로 하원 의석의 다수를 민주당에 내주는 어려운 상황에 처하게 되었다. 그러나 다행히 공화당은 2002년 130년 만에 처음으로 텍사스 하원에서 다수당이 되었고, 텍사스 출신의 연방 하원 다수당 리더(Majority Leader) 톰 딜레이(Tom Delay), 릭 페리 주지사 등 공화당 지도부의 힘이 바탕이 되어 선거구 재획정안을 저지하기 위해 도망까지 친 민주당 소속 텍사스 주 상·하원 의원들의 반대를 극복하고 이른바 유례없는 '선거구 재재획정(mid-decade redistricting)'을 통과시켰다. 2004년 연방 하원 선거의 결과는 21 대 11, 공화당의 승리였다.[18]

아래 [지도 3.1]은 2010년 센서스에 따른 선거구 재획정 이후 미국에서 '가장 심한 게리맨더링 사례(America's most gerrymandered

지도 3.1

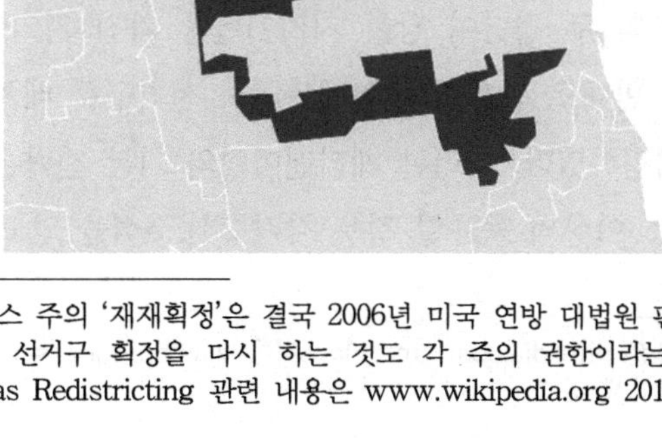

18) 텍사스 주의 '재재획정'은 결국 2006년 미국 연방 대법원 판결로 이어졌는데 대법원은 선거구 획정을 다시 하는 것도 각 주의 권한이라는 결론을 내렸다. 2003 Texas Redistricting 관련 내용은 www.wikipedia.org 2015/7/15 수정 자료 참고.

districts)' 톱 10 가운데서도 1위를 차지한 일리노이(Illinois) 제4 지역구(IL-4)의 모습이다. IL-4는 294번 고속도로로 인접성 내지 연속성을 유지하면서 푸에르토리코와 멕시코 계로 나뉘어 살아온 두 개의 히스패닉 타운을 하나로 묶어 하원 지역구를 만든 경우이다. 선거구 재획정 문제에 깊숙이 개입해온 미국의 사법부는 정치적 응집력을 가진 소수 인종 인구가 하나의 지역구를 형성할 만큼 충분히 크고 지리적으로 밀집되어 있지만 대표성을 박탈당하는 경우, 이른바 히스패닉 지역구로서의 IL-4와 같은 소수 인종 지역구를 획정할 수 있도록 해왔다. IL-4의 경우 각 타운의 공동체 인구가 충분히 크지 않고 지리적 인접성과 밀집성의 원칙을 무시했기 때문에 "가장 터무니없는 지역구(the most preposterous district)"라는 조롱의 대상이 될 정도로 문제의 소지가 많았다. 하지만 이 지역구에 대한 사법적 문제가 제기되지 않았고 결국 정치적으로 수용되었다. 이 역시 미국 정치의 현실이다.[19)]

비례대표제의 경우 게리맨더링의 여지가 거의 없지만, 특별히 3석 내지 5석 선거구 STV제를 사용하는 아일랜드에서는 선거구 의석수를 조작하는 게리맨더링의 활용 사례가 발견된다. 아일랜드 공화당(Fianna Fáil)의 게리맨더링에 의해 피해를 보아 온 아일랜드 통합당(Fina Gael)과 노동당의 연립정부는 1974년 선거구 재획정을 담당하는 부처의 장관이었던 툴리(James Tully)의 주도로 새로운 게리맨더링을 시도하였다.

툴리는 연립정부의 두 정당이 강한 지지기반을 가진 지역에는 3석 선거구를 집중하고, 반대로 약세인 지역에는 4석 선거구를 배치하는 형식으로 선거구를 획정하였다. 이러한 게리맨더링의 기본 전략은 3석 선거구에서 50%, 75% 이상의 득표일 경우 각각 2석, 3석을 얻고, 4석 선

19) IL-4에 대한 내용은 pjmedia.com "maryland 3", washingtonpost.com "most gerrymandered" 검색 참고.

거구에서는 40%의 득표로도 절반인 2석을 얻을 수 있도록 한다는 것이었다. 하지만 툴리가 게리맨더링의 기준을 삼았던 예상 수치가 일단 어긋나면서 툴리의 계획과는 정반대로 오히려 공화당이 보너스 의석을 대거 차지하는 결과가 되었다. 이 때부터 툴리맨더링(Tullymandering)이라는 새로운 용어가 등장하여 '노골적인 게리맨더링의 궁극적 실패'를 의미하게 된 것이다(Sinnott 1993, 9; Harrop and Miller 1987, 65-66).

위에 설명한 선거인의 불공정 배분과 마찬가지로 게리맨더링을 찾아내는 작업이 그리 어려운 것은 아니다. 특히 선거 결과를 분석함으로써 게리맨더링의 존재 여부는 비교적 쉽게 발견할 수 있다. 그러나 게리맨더링을 방지하고자 하는 노력이 많았음에도 불구하고 여전히 그 사례가 어렵지 않게 발견된다는 점은 그 만큼 게리맨더링을 없애기가 힘들다는 것을 말해 준다. 물론 영국의 선거구 조정위원회(Boundary Commission)와 같은 중립적 기구에 의한 선거구 획정도 경우에 따라서는 의도하지 않은 게리맨더링을 조장할 수 있지만, 정치인들에 의한 선거구 획정에서 비롯되는 문제점을 극복하는 유일한 방법은 어쨌든 공정한 중립 기구에 의지하는 것이라 할 수 있다. 최선의 방책은 이러한 중립적 기구가 공정한 원칙에 따라 일관성 있게 원칙을 적용하는 데 있을 것이다.

IV. 후보자 선정 - 선거과정의 시작

후보자 선정(candidate selection)은 '정치적 충원'이라는 핵심적 역할을 수행하며, 정당 내부의 갈등과 권력투쟁이 표출 또는 조절되는 과정이다(Ranney 1981, 103; Gallagher 1988, 2). 이 과정은 정당의 일상 활동이나 정책 결정과정에서 나타나는 대립보다도 강렬한 갈등이 야기되는 공간이기도 하다. 갤러거(Gallagher and Marsh 1988)가 후보자 선정과정을 '영국 정치의 비밀 정원'이라고 표현했듯이, 후보자 선정은 대중의 참여가 제한된 상태에서 정당 내부적으로 은밀히 진행되는 것이 보통이다. 따라서 후보자 선정은 정치과정의 핵심적 부분으로 인식되고 있지만, 이에 대한 구체적인 연구는 대체적으로 미흡한 실정이다.[20]

후보자 선정이란 정당을 대표하여 선거에 출마하고자 하는 다수의 지원자 중에서 유권자의 지지를 얻고 나아가 정당의 정책을 실현할 수 있는 사람을 공식적 과정 또는 비공식적 절차를 통해 선정하는 것을 의미한다.[21] 한국에서는 후보자 선정을 주로 '공천'으로 표현하고 있는데, 이는 후보자의 선정보다는 입후보 방식과 관련된 용어로서 개인의 자격으로 선거에 출마하는 무소속 후보와 정당의 공식적인 추천을 받아 선거에 출마하는 정당 출마자를 구별하는 의미를 가진다.

현대 민주주의 정치의 요체가 정당정치라는 점을 고려할 때 실질적인 선거과정의 시작은 정당이 후보를 선정하는 데서 시작된다. 하지만 대부분의 선거체제가 정당의 일차적 후보자 선정권을 인정함에 따라 유권자는 제한된 선택권만을 부여받는다고 볼 수 있다. 즉 후보자 선정과정에 참여할 수 없는 일반 유권자의 선택대상은 정당이 이미 선정한 좁은 범위에 한정된다는 것이다. 따라서 정당의 후보자 선정과정은 선거결과에 절대적인 영향력을 끼칠 뿐만 아니라, 의회와 정부의 구성, 정당의 정책 기조, 정치인들의 행태, 나아가 정치의 전반적 수준을 좌우하는 결정적 변수라 할 수 있다(Gallagher 1988, 1, 265-275; Perez-Mares 2012, 5-8). 대통령제의 경우 대통령 후보 선정 과정이 특별히 주목을

20) Hazan and Rahat(2006, 109)은 후보자 선정 관련 연구의 "결핍(dearth)"을 정당 내부 프로세스라는 특성에서 비롯되는 "경험적 데이터의 부족과 비접근성(the lack and inaccessibility of empirical data)"에서 찾고 있다.

21) 이러한 과정을 미국에서는 지명(nomination)이라고 표현하고 유럽에서는 주로 후보자 선정(candidate selection)이라고 하지만, 정당을 대표하여 선거에 출마하는 후보자를 선출하는 과정이라는 의미에는 큰 차이가 없다.

끌지만, 이 절에서는 주로 의회 의원 후보의 선정 과정을 중심으로 살펴보고자 한다.

1. 후보자 선정 과정에 영향을 미치는 변수

후보자 선정과정은 법적 규정, 정부조직, 선거체제, 정치문화, 정당의 성격 등에 영향을 받는다(Gallagher 1988, 8). 이들 요소 중에서 후보자 선정과 관련된 특정한 법 규정이 존재한다면 당연히 모든 정당의 선정과정에 영향을 주는 지배적 변수가 될 수밖에 없다. 후보자가 될 수 있는 기본 조건을 정한 '피선거권' 규정이 가장 일반적인 예일 것이다. 법으로 선정과정을 규정하면 선정된 후보자의 정당성이 법에 의해 확실히 보장될 뿐만 아니라 정치과정의 안정화를 촉진시키는 효과가 기대되기도 한다. 또한 정당 내에 다수의 이해집단이 존재하여 갈등과 반목이 심한 경우 법 규정을 통해 선정과정의 투명성을 제고할 수도 있다. 하지만 미국, 독일, 노르웨이, 핀란드를 제외한 대부분의 국가들은 법보다는 정당의 내부 규정에 의해 후보자 선정 과정을 진행하고 있고 정치적 충원의 자율성을 존중하는 전통을 유지하고 있다.[22)]

정부구조도 후보자 선정과정에 상당한 영향을 끼치고 있다. 정당의 분권화는 정부구조에서 권력 분권화와 관련되어 있는데, 일반적으로 미국, 독일, 캐나다, 스위스 등 연방국가(federal states)들이 한국, 프랑스, 이탈리아, 일본 등 단일국가(unitary states)보다 지역 정당조직이 막강한 권한을 보유하고 있으며 그 영향력이 후보자 선정과정에도 강하게 작용한다. 물론 연방국가인 인도의 국민의회당(indian National

22) 미국, 독일, 노르웨이, 핀란드 등만이 선정 과정을 법으로 규정하고 있으며 나머지 국가들은 정당의 당헌이나 관습에 의해 후보자를 선정한다. 미국의 경우는 주로 후보자 선정 과정이 법에 의해 "광범위하게(extensively)" 규제되는 사례이고, 독일, 노르웨이, 핀란드 등은 후보자 선정의 "기준(criteria)"을 법적으로 구체화한 사례들이다. Hazan and Rahat(2006, 109) 참고.

Congress), 오스트리아의 사회당(Socialist Party) 등이 매우 중앙집권적 특성을 가지고, 단일국가인 영국, 벨기에의 정당들이 분권화되어 있듯이 연방-단일 정부구조의 영향을 일반화하기는 어렵지만, 연방국가의 경우 단일국가에서보다 선정과정의 분권화가 촉진되는 것이 보통이다(Gallagher 1988, 257-258).

다음으로 선거체제는 후보자 선정을 포함하여 한 국가의 정치과정에 적지 않은 영향을 끼치고 있다. 명부식 비례대표제를 채택한 국가의 경우에는 정당의 지도자가 후보자의 선택에 결정적인 권한을 보유하는 예가 많다. '다석(多席) 선거구제'를 채택하고 있는 비례제 국가에서는 '1석 선거구제'에서 보편화되어 있는 지구당의 참여가 제한될 수밖에 없다(Epstein 1980, 225-6). 예를 들어 전국이 단일 선거구화 되어 있는 이스라엘은 명부식 비례대표제로 의원이 선출되는데, 후보는 중앙당 조직에 의해서 선정된다. 명부에 기재되는 후보의 이름과 순위는 중앙당 집행위원회에서 결정하는데, 이 위원회는 지역적 대표성을 고려하긴 하지만 중앙집권적 특성이 강하게 유지된다.

명부식 비례대표제는 후보자 선정 과정의 중앙집권화 가능성이 큰 반면에 1위대표제를 채택한 국가에서는 상대적으로 후보자 선정 과정이 분권화되고 정당 지도자와 후보들 간에 민주적 관계가 유지될 가능성이 더 크다(Castles 1981, 25). 그러나 이러한 주장에 반하는 증거도 적지 않기 때문에 이를 일반화하기는 어렵다. 실제 정당의 중앙집권화에 대한 선거체제의 영향은 불확실하며, 명부 비례제 국가의 실제 선정과정에서 중앙집권적 영향력의 행사가 제한적이라는 주장도 있다(Duverger 1964, 59-60; Gallagher 1988, 258). 아울러 한국의 1위대표제 지역구 공천 과정에 비추어 볼 때, 비례제에 비해 중앙당의 영향력이 적을 수는 있지만 1위대표제 역시 정당의 민주화 정도에 따라 큰 편차를 나타낸다는 데 주목할 필요가 있다.

정치문화도 후보자의 선정에 일정한 영향을 끼치고 있다. 참여의 정치문화가 발달한 국가에서는 중앙집권화의 정도가 상대적으로 낮고 분권화가 특별히 강조되는 특성이 나타날 가능성이 크다. 반대로 "위계적 질서에 의존적인 정치문화(hierarchical political culture)"가 발달해 있다면 중앙집권적 질서가 지배적인 상황에서 "반참여적(non-participatory)" 특성이 후보자 선정 과정의 주요 변수로 작용할 가능성이 크다.[23)]

정당의 성격도 중요한 변수로서 작용한다. 정당을 이념적 유형에 따라 '합리적 · 효율적 정당(rational-efficient party)'과 '정당 민주주의형(party democracy type)'으로 구분한 라이트(Wright 1971a, 7; 1971b, 44-45)에 따르면, 합리적 · 효율적 정당은 정책의 수행보다는 선거의 승리에 주된 목적을 두고 있기 때문에 투표자의 지지를 이끌어낼 수 있는 후보를 선정하기 위해서 정당 밖의 외부 인사를 충원하기도 한다. 반면 정당 민주주의형은 정책지향적(policy-oriented)이고 대체로 이데올로기적 특성이 강하다. 그래서 이러한 정당은 정당에 대한 충성도와 조직의 목표에 대한 신념을 후보자 선정의 중요한 요소로 고려하고 민주주의적 선정 방식을 높이 평가한다. 같은 맥락에서 정책지향적인 이념정당들은 후보자 선정과 관련된 기준을 엄격하게 적용할 가능성이 큰데 반해 선거지향적(election-oriented) 실용정당들은 대중적 인기와 당선 가능성을 고려해 후보를 선정하기 때문에 기준이나 그 적용 면에서 비교적 유연하다고 볼 수 있다(Seligman 1967, 303; Gallagher 1988, 261-64).

23) aceproject.org 'candidate selection' 2015/7/1 검색 참고.

2. 후보자 선정의 유형

래니(Ranney 1981)는 서구 민주주의 국가의 후보자 선정과정을 중앙당이나 중간 레벨 지역당의 감독 아래 지구당에서 이루어지는 유형, 지구당과 지역당의 의사를 고려하여 중앙당이 선정하는 유형 등으로 나누었고, 지구당이 선정하는 선출 유형도 지구당의 결정 과정에 대한 당원과 투표자의 참여 정도에 따라 다양하게 나타난다고 보았다. 웨어(Ware 1996)는 후보자 선정 유형을 분류하는 기준으로 세 가지를 제시하고 있다: ① 선정 규정을 국가가 공식적으로 법에 규정하고 있는가? 정당 자체에서 제정하고 있는가? ② 정당의 중앙조직에 의해서 중앙집권적으로 선정되는가? 지역 조직에 의해서 분권적으로 선정되는가? ③ 선출 권한이 의사 결정조직의 일부 엘리트에게 집중되어 있는가? 일반 당원에게 분산되어 있는가?

갤러거(Gallagher 1988)의 분류 기준 역시 래니나 웨어의 기준과 크게 다를 바가 없지만 광범위한 국가별 사례와 데이터를 바탕으로 더 포괄적이고 비교정치학적인 접근을 제시하고 있다. 갤러거는 중앙집권화(centralization)와 참여(participation)의 정도라는 두 가지 차원으로 나누고 중앙당의 영향력 행사, 선정과정에서 당원의 참여 정도, 지구당의 자율성 등을 중심으로 분류하고 있다.

라핫과 헤이잔(Rahat and Hazan 2001)은 갤러거의 기준을 네 가지 차원으로 세분화하되 혼합형(mixed method)이나 다단계형(multi-stage method) 등 복잡성은 가중치를 적용하는 방식으로 단순화하여 하나의 연속선(continuum) 상에서 비교할 수 있도록 하였다. 그 첫째는 “입후보 자격(candidacy)”의 차원으로 ‘누가 후보자가 될 수 있는가?’를 포괄성(inclusiveness) 또는 배타성(exclusiveness)의 정도에 따라 연속선 상에 분류하는 것이다. [그림 3.2]의 세로 축과 같이, 가장 포괄성이 높은 '모든 시민(all citizens)'을 한 극으로 하고 가장 배타성이 높은 '당원+부가조건(additional requirements)'을 다른 한 극으로 하는 차원이다. Rahat and Hazan(2001, 301)은 부가조건의 예로 벨기에 사회당의 조건을 들고 있는데, 최소 5년간의 당원 자격, 사회주의 협동조합에서의 최소 구매 조건 충족, 사회당 신문의 정기 구독, 자녀들의 비카톨릭 국립학교 진학, 부인과 자녀들의 사회당 조직 입회 등의 조건으로 사회당에 대한 충성도를 가늠하는 것들이라 할 수 있다.

그림 3.2 **후보자 선정의 포괄성-배타성**(Rahat and Hazan 2001, 301)

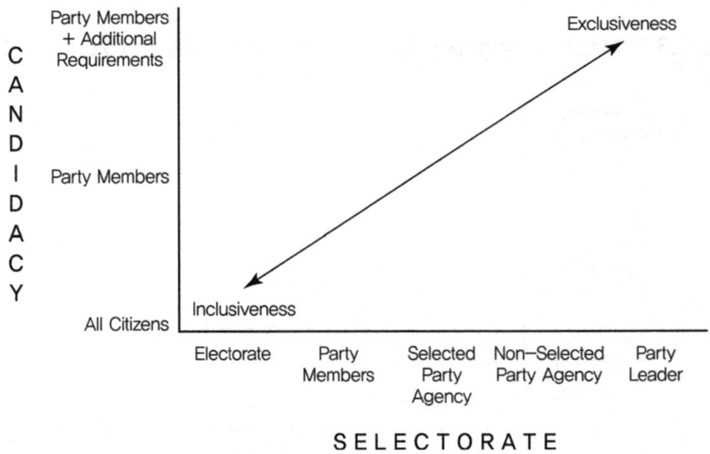

두 번째는 "선정권자(selectorate)"의 차원으로 '누가 후보자를 선정하는가?'를 기준으로 역시 포괄성이나 배타성의 정도에 따라 연속선상에 분류하는 것인데, 가장 포괄성이 높은 한 극에 '모든 선거권자(electorate)'에게 선정권을 부여하는 유형을 두고 가장 배타성이 높은 다른 한 극에 정당 지도자 1인이 선정권을 독점하는 유형을 배치한다. [그림 3.2]의 가로 축과 같이, 양 극단의 사이에는 우선 당원(party members)이 선정권한을 가지는 정당 예비선거가 있고, 이보다 포괄성을 낮추는 간접적 방법으로 대의원 대회(convention)나 중앙위원회(central committee) 등 선출형 정당 기구(selected party agency)에 선정권한을 부여할 수도 있다. 이 경우 정당 기구에 참여하는 인원의 크기가 클수록 더 포괄성이 높다고 볼 수 있을 것이다. 배타성을 더 강화하는 방법으로는 후보선정특별위원회(special selection committee) 같은 비선출형 정당 기구(non-selected party agency) 등이 있는데 이러한 특별위원회에 누가, 어떤 형식으로 선정권을 부여하느냐에 따라 배타성의 정도를 구분할 수 있을 것이다.

그림 3.3 **후보자 선정의 중앙집권-분권**(Rahat and Hazan 2001, 305)

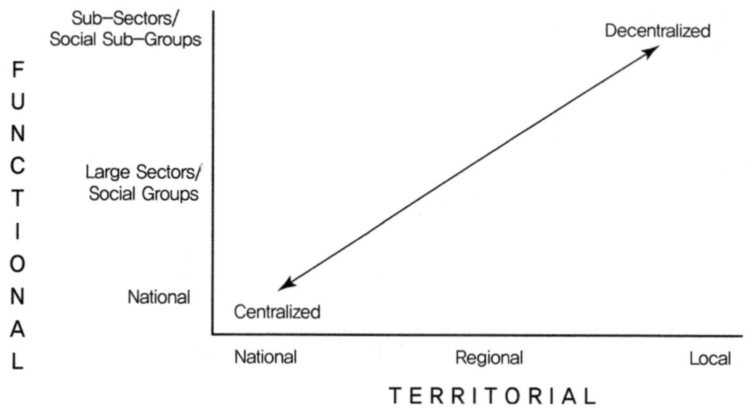

첫 번째와 두 번째 차원이 포괄성-배타성의 차원으로 한 평면을 공유할 수 있다면, 세 번째 차원과 네 번째 차원은 각각 "지역적(territorial)" 차원과 "기능적(functional)" 차원으로 나뉘는 한편 중앙집권(centralization)과 분권화(decentralization)의 정도라는 차원에서 한 평면을 공유할 수 있다. 즉 [그림 3.3]과 같이, 지역적 차원에서 중

앙-지역(regional)-지구(local)의 후보자 선정권한의 분권화 정도를 보거나 기능적 차원에서 상중하 또는 중앙-부문(sector)-단위(sub-sector) 그룹 선정권의 분권화 정도를 가늠하는 것이다(Rahat and Hazan 2001, 300-306).[24]

그림 3.4 후보자 선정 유형의 포괄성-배타성

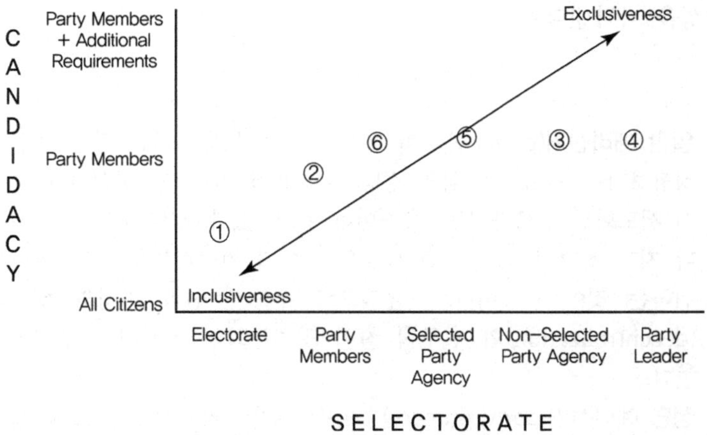

아래 글 상자는 민주주의 국가의 많은 정당들이 공유하는 대표적 유형들을 분류한 것이고, [그림 3.4]는 Rahat and Hazan(2001)의 'candidacy-selectorate'의 2차원 공간에 이들 유형을 대략적으로 배치해 본 것이다.[25] 즉 주로 선정권자의 포괄성-배타성 차원에서 ① 미국식 일반 예비선거의 다양한 유형, ② 유럽의 정당 예비선거, ⑥ 지구당 중심형, ⑤ 중앙당 중심형, ③ 파벌 중심형, ④ 정당 지도자 중심형 등의 순서로 배치한 후, 동일 범주 내에서 입후보 자격 요건의 포괄성-배타

---

24) Rahat and Hazan(2001)은 이들 네 가지 차원 이외에 지명제(appointment system)-투표제(voting system)라는 차원을 추가하여 대표성 통제력(representational control)의 증감을 설명하고 있다.

25) 아래 글 상자의 유형들은 Gallagher(1988)의 유형을 참고해 분류한 것이다.

성 차원을 함께 적용하여 다수 정당들의 상대적 위치를 하나의 2차원 공간에서 종합적으로 비교할 수 있도록 하였다. 가장 포괄성이 높은 유형은 미국 각 주에서 실시되고 있는 예비선거라 할 수 있는데, 그 가운데서도 연기명 예비선거(blanket primary)와 비당원 톱2 예비선거(non-partisan top 2 primary)의 포괄성이 제일 높고, 개방형 예비선거(open primary)와 혼합형(hybrid 또는 semi-closed)이 순서대로 높은 포괄성을 나타낸다.[26)]

① **일반 예비선거(primary)**: 이 유형은 당비를 납부하는 당원 중심의 정당보다는 지지자 중심의 정당이 양대 정당체제를 형성한 미국에서 제도화된 후보자 선정 유형이라 할 수 있다. 정당의 단순 지지자나 지지 정당이 없는 일반 대중의 참여가 가능하도록 개방 형식을 취하는 것이 보통이다. 근본적으로 후보자 선정 과정의 분권화(decentralization)와 민주적 참여 정치문화의 형성이 선행되어야 한다.

② **정당 예비선거(party primary)**: 일반 예비선거에 의한 후보자 선정과 달리 정당의 책임성이라는 측면에서 일반 유권자의 참여를 배제하고, 당원만이 참가하여 후보를 선정하는 정당 예비선거가 많이 사용되고 있다. 다수의 지원자 중에서 정당조직이 예비심사를 통해 소수의 인원으로 압축한 다음, 당비를 납부하는 당원이 예비선거에 참가하여 후보를 선출한다. 유럽의 이념정당에서 많이 나타나는 유형이다.

③ **이익(사회)집단 또는 파벌 중심형(interest groups, social groups, factions)**: 정당의 공식적 구조 밖에 위치한 이익집단이나 파벌이 결정권을 가지는 유형이다. 이 유형에서는 대부분의 후보가 집단 간의 협상으로 선정되며, 정당 조직은 단순히 이들 집단에게 경쟁과 협상의 장소만을 제공하는 역할을 한다. 정당의 중요한 결정은 비공

26) 미국의 예비선거에 대한 자세한 논의는 아래 4소절 참고.

식적으로 이루어지고, 공식 기구는 단지 결정을 추인하는데 그치는 유형이다.

④ **정당 지도자 중심형**(party leader) : 정당 지도자 1인에 의한 후보자 선정으로써 여러 유형 중에서 가장 강력한 중앙집권화가 나타난다. 이 유형은 선정과정의 분권화가 전혀 이루어지지 않으며 또한 당원의 참여가 완전히 배제된다. 정당 지도자가 사적인 회의에서 일방적으로 후보를 선택한 후 정당의 공식회의에 제시하면, 당원들과 대의원들이 후보들을 승인하는 형식을 취한다.

⑤ **중앙당 중심형**(national party) : 중앙당 집행조직에 의한 후보자 선정의 유형이 있는데, 중앙당 집행조직은 지역조직에서 선출된 후보를 거부하거나 또는 후보를 직접 선출할 수 있다. 지역적 분권화(territoral decentralization)가 대세를 이루면서 이 유형을 활용하는 정당이 많이 줄어들긴 했지만 여전히 중앙집권적 구조를 가진 정당들은 중앙당 중심의 후보 선정 방법에 의존한다.

⑥ **지구당 중심형**(regional or district party) : 가장 대중화된 유형으로써 지역 선거구 위원회나 대의원이 참여하는 지역 선거구의 당원조직이 후보를 선정하는 유형이다. 1위대표 선거체제를 사용하는 국가의 정당들이 이 유형으로 후보를 선정하는 경우가 많으며, 비례제를 채택하고 있는 유럽의 정당에서도 지구당 중심의 후보 선정 유형이 크게 증가하였다.

다음은 미국의 예비선거 중 민주당 또는 공화당에 대한 지지를 밝히고 등록한 유권자들만 참여할 수 있도록 하는 폐쇄형 예비선거(closed primary)와 유럽의 정당 예비선거(party primary)를 어떻게 구분하느냐의 문제가 남는다. 위에서 언급했듯이 두 예비선거 유형의 가장 큰 차이점을 정당의 당원 구조와 특성에서 찾는 것이 타당하다고 본다. 굳이 정당 예비선거를 달리 표현하자면 정당 당원 예비선거(party membership primary)라 할 수 있고, 이 경우 미국의 폐쇄형 예비선거를 당원 예비선거로 보는 데는 무리가 따른다는 것이다. 폐쇄형 예비선거로 후보를 선정하는 뉴욕 주의 경우 운전면허증을 신청할 때 '유권자 등록(voter registration)' 신청을 함께 하는데, 이 때 여러 정당들 가운데서 하나의 정당을 선택해야만 당원(member)으로서 예비선거에 참여할 수 있다고 하여 정당 '입회(enroll)'를 유도하고 있다.[27] 이러한 '입회'를 통한 당원 자격은 유럽의 당원 예비선거 자격에 비해 당비 납부나 당원 활동 등 조건이 상대적으로 가볍고 그 수는 훨씬 크다는 점에서 분명한 차이점을 보인다.[28]

이익(사회)집단 또는 파벌 중심형은 이익(사회)집단(sector, social group) 또는 파벌(faction)의 의석을 협상에 의해 먼저 정해두고(reserved place mechanism) 이익집단이나 파벌 내에서 다양한 방식으로 후보자를 선정하는 유형이다. 이익집단이나 파벌 내부 선정권자의 참여 폭은 내부 방식에 따라 어느 정도 확대될 가능성도 있지만, 협상 과정이 흔히 배타적 소수에 의해 이루어지기 때문에 선정권자 차원에서는 포괄성이 낮은 유형으로 분류된다(Rahat and Hazan 2001, 304-306). 과거 단기비이양식(SNTV) 선거체제 하에서 일본의 자민당(Liberal Democratic Party)은 대표적인 파벌중심 후보 선정 유형으로 분류되었고, 벨기에의 기독민주당(Christian Democratic Party)은 사회적 집단 중심의 후보 선정이 이루어지는 대표적 예라 할 수 있다(Gallagher 1988, 244-245; Rahat and Hazan 2001, 305-306).

정당 지도자 중심형은 1인 또는 소수 지도자가 강력한 영향력을 행사하는 유형으로 선정권자 차원의 배타성이 극단적이고, 또 그렇기 때문에 정당 민주주의가 제도화된 국가에서 흔히 볼 수 있는 유형은 아니다. 대중적 인기가 높은 유력 정치 지도자가 정당의 설립이나 지지기반 확대를 주도할 경우, 후보자, 당원, 지지자 등 정당의 인적 구성이

27) 뉴욕 주 유권자 등록 양식은 dmv.ny.gov/forms/mv44.pdf 참고.
28) 비슷한 맥락에서 Gallagher(1988, 237-239)는 "정당 지지자(party voters)" 선정 유형으로 큰 틀에서 미국의 예비선거와 유럽의 정당 예비선거를 구분하고 있다.

이 유력 인물의 이념과 정책 노선을 중심으로 이루어지기 때문에 후보자 선정 역시 같은 맥락에서 이루어질 가능성이 크다. 과거 우리나라 권위주의 정권의 기반을 제공한 집권 정당들이 대표적인 예이고, 이른바 '3김 시대'의 정당들도 대권 주자들을 중심으로 공직 후보자 '공천'이 이루어졌다고 할 수 있다. Degel HaTorah, Agudat Yisrael 등 이스라엘의 정통 유대교 정당들은 1인 라비(Rabbi) 또는 소수 종교 지도자들(Council of Sages)에 의해서 정당 명부(list)가 작성되는 전통을 유지해왔다(Rahat and Hazan 2001, 303).

정당의 민주화(democratization)가 대세를 이루면서 후보자 선정 과정 역시 민주화되는 흐름을 형성해왔다. 후보자 선정 과정의 민주화는 지역적, 기능적 분권화(decentralization)와 함께 입후보 자격과 선정권자 차원의 포괄성이 높아지면서 투표제가 확산되는 현상이라 할 수 있다. 따라서 중앙위원회, 후보선정특별위원회 등 다양한 형태의 중앙당 기구를 활용하거나 중앙당의 리더십이 강력한 영향력을 행사하는 중앙당 중심형보다는 지구당 중심형이 확산되어 왔고 이러한 추세가 지속될 전망이다. 아래 4소절의 미국, 영국, 독일, 노르웨이, 캐나다 등의 예를 통해 지역적 분권화와 지구당 중심 후보 선정 과정을 충분히 검토할 것이다.

3. 후보자 선정의 기준

대부분의 민주주의 국가에서 후보자의 자격은 시민권, 연령, 거주지 등의 기본적 조건만을 필요로 한다. 이론상으로는 기본적 자격을 갖춘 국민은 누구든지 정당의 후보가 될 수 있는 것이다. 그러나 실제로 일반 유권자가 후보로 선정되기 위해서는 정당의 예비심사를 통과해야 선정될 가능성이 있는 후보자 군에 일단 포함될 수 있고, 다시 일반투표자든 정당 지도자든 선정권자를 만족시키기 위해 경쟁을 해야 하는 힘든 과정을 겪어야 한다.[29] 후보자 선정은 선거의 객관적 변수를 고려하지 않는다면, 선정권자의 선호를 직접적으로 반영한다고 할 수 있다. 따라서 후보자 선정의 기준이 사전에 구체적으로 설정되어 있는 것은 아니지만, 선정된 후보자나 지원자에 대한 자료를 분석함으로써 선정 기준을 예상해 볼 수 있을 것이다.

표 3.2 후보자 선정의 주요 요소 비교

요소	영국(%)	아일랜드(%)	이탈리아(%)
지역구 접촉	16	32	38
정치적 경륜	23	36	17
이익집단의 후원	5	0	21
개성	22	0	4
정치적 견해	16	4	8
정당지도자의 지지	8	25	8

· 자료: Katz(1980, 98)

후보자 선정의 기준은 국가와 지역에 따라 상당한 차이가 있다. <표 3.2>는 영국, 아일랜드, 이탈리아의 정당들이 후보자 선정에서 가장 중요하게 고려하는 요소를 조사한 것이다. 영국의 경우 정치적 경륜과 개성이 후보자 선정에 있어 상대적으로 중요하게 나타나는 반면, 아일랜드에서는 후보의 개성이 중요한 요소로 전혀 고려되지 않는다는 점을 보여주고 있다. 이탈리아의 경우 정치적 경륜이나 개성보다 지역구 접촉이 후보자 선정에 가장 중요한 요소로 나타나 있다. 이처럼 후보자 선정의 기준이 국가마다 차이가 있을 수 있으나 대개 아래 다섯

29) 실제 선정 과정에서 자격을 갖춘 사람들의 99.96%가 탈락하고 0.04%만이 후보자로 선정되어 선거에 나설 수 있다는 경험적 연구 보고가 있다(Pesonen 1968, 348).

가지 일반적인 기준으로 요약될 수 있을 것이다.

① 후보자로 선정되기 위한 기본적 준거는 정당 조직과 지역구에서의 활동경력이다. 실용정당은 선거구에서 적당한 후보자가 없을 경우 정당 밖에 있는 후보를 선정하기도 하지만, 대부분의 정당은 내부에서 후보자를 선정한다. 그러므로 정당활동 경력은 선정권자인 당원이나 정당조직이 지원자를 객관적으로 판단할 수 있는 기준이 된다. 지원한 후보 중에서 현역의원은 가장 완벽한 활동 경력을 갖고 있기 때문에 다른 지원자에 비해 후보로 선출될 가능성이 높다.

② 한 정당을 대표하여 후보자가 되기 위해서는 선거에서 유권자의 지지를 이끌어 낼 수 있는 능력을 갖추어야 한다. 평범한 당원이 정당에 대한 충성도와 재정 지원의 보답으로 후보로 선정되기도 하지만, 대부분의 '전취정당(catch-all party)'은 선거에서 승리하기 위한 전제적 기준이라 할 수 있는 당선가능성을 우선적으로 고려한다. 유권자의 지지를 최대한으로 유도하기 위하여 당선가능성이 높은 후보가 선정되는 것은 당연한 이치라 하겠다.

③ 정치적 견해 역시 후보자 선정과정에서 중요한 변수로 작용한다. 후보자가 선거에서 당선되어 정책을 입안할 때, 소속 정당의 정치적 견해에 일치 또는 동조해야 정당이 의회 내에서 소기의 정치적 목적을 달성할 수 있다. 그러므로 지원자의 정치적 견해는 후보자 선정을 위한 평가 기준에서 중요한 위치를 차지한다.

④ 선정과정에서 후보자에 대한 객관적 기준 역시 중요하게 고려되는데, 이러한 기준으로는 후보자의 지역기반(local roots)을 들 수 있다. 지역기반에 대한 중요성은 국가, 지역, 정치문화, 선거체제 등에 따른 정도의 차이는 있지만, 지역 선거구를 중심으로 선거가 진행되는 대다수의 국가에서 선정과정의 중요한 고려 대상이 되고 있다.[30] 지역

30) 영국의 경우는 1위대표제 국가 중 특별한 예라 할 수 있다. 영국의 후보자 선정과

기반을 강조하는 이유는 지역 선거구 출신의 후보가 타 지역 출신 후보보다 유권자에게 널리 알려져 있으며, 유권자와의 정서적 동질감을 향유하여 득표에 유리하기 때문이다.

⑤ 현역의원인지의 여부는 선정과정에 특별한 영향을 끼치는데, 일반적으로 현역의원은 후보자 선정과정에서 절대적으로 유리한 입장이다. 현역의원은 지난 선거에 출마하여 당선된 인물이기 때문에 유권자의 검증을 이미 받은 상태이고, 또한 지역구 유권자에게 잘 알려져 있으므로 유권자의 지지를 얻기가 용이하다는 장점을 가진다. 따라서 현역의원은 정치신인보다 상대적으로 당선가능성이 높으며, 이 때문에 후보자로 선정되는 데 유리한 고지를 차지하고 있다고 볼 수 있다. 특히 1위대표제를 채택한 국가에서 현역의원의 재공천율과 재당선율이 높게 나타난다.

영국에서는 일단 의원으로 당선된 이후에는 선거에서 패배하거나 지역 선거구가 선거구 획정위원회에 의해 폐지되지 않는 한 대부분 계속해서 후보자로 선정된다(Harrop and Miller 1987, 57). 미국의 하원 선거(1946 - 2014)에서도 현역의원의 90% 이상이 재당선되어 왔기 때문에 당선가능성이라는 현실적 측면에서 현역의원을 후보자로 선정하는 경우가 대부분이다.[31] 당 총재 등 정당 지도자 중심의 공천과 중앙

정에서 지역기반에 대한 고려가 부족하다는 지적이 제기되는데, 72%의 후보가 자신의 지역 선거구에 살고 있지 않으며 지역 선거구에서 10년 이상 거주한 후보는 단지 19%에 불과했다는 점이 이를 잘 나타내 준다(Katz 1980, 96-97).

31) 1946년 이후 대략 평균 90% 이상의 하원 의원과 75% 이상의 상원 의원이 재선에 성공해왔다고 할 수 있다. 약 85%의 재당선율을 기록한 1970년과 2010년 하원 선거, 재당선율이 70% 아래로 떨어졌던 1976-1980 기간의 상원 선거가 오히려 "비정상(aberration)"이라는 분석이 있을 정도로 미국 상·하원 현역 의원의 재당선율은 매우 높았다. 2014년 선거에서 14%에 지나지 않는 지지율(approval rate)을 보인 하원이지만, 그 현역 의원들은 95%를 상회하는 재당선율을 기록한 바 있다. 미국의 '유권자들은 의회는 싫어하지만 자기 지역 의원은 좋아한다(Voters hate Congress but like their own member)'는 익숙한 표현에 잘 어울리는 수치이다. politico.com, polifact.com, outsidethebeltway.com 등 'reelection rate' 검색 참고.

당 중심의 공천이 여전히 영향력을 발휘하는 우리나라의 지역구 현역 의원의 재당선율은 여기에 미치지는 못하지만, 선정 과정의 분권화가 이루어지고 일반 당원과 유권자의 참여가 확대됨에 따라 18대 총선에서 약 70%에 이른 재당선율의 증가 추세가 계속될 것으로 보인다.

4. 후보자 선정과정

후보자 선정과정은 중앙당과 지방조직의 관계, 당원의 참여나 개방성의 정도 등에 따라 국가나 정당별로 상이하며 그 결과 역시 다양하게 나타난다. 후보자는 정당 지지자들의 투표에 의해 선출되는 경우도 있고, 정당의 총재나 당수에 의해 지명되기도 한다. 또한 지역구 당원, 지역구 핵심조직, 중앙당 고위 당직자, 중앙당의 파벌 보스, 이익집단 등이 선정권이나 선출권을 가지는 경우도 있다. 특정한 선정 방법의 선택은 주로 선거체제, 정치문화, 정당의 전통 등에 따라 달라지는데, 미국, 영국, 독일, 일본 등의 예를 통해 살펴보기로 한다.

(1) 미 국

미국의 상·하원 의원, 주지사 등 선출직 공직의 후보자 선정은 1900년 이후 예비선거(primary election)라는 독특한 후보자 '지명' 과정으로 보편화되었다.[32] 주(state)의 법 규정에 따르기 때문에 각 주별로 차이를 보이지만, 예비선거는 크게 '개방형 예비선거(open primary)'와 '폐쇄형 예비선거(closed primary)'로 구분되고 이 두 유형의 중간

32) 특별한 형식의 예비선거로 대통령 선거의 후보 지명 전당대회에 참석할 대표를 선출하는 '대통령 후보 예비선거(presidential primary)'가 있는데, 선거가 있는 해의 2월 아이오와(Iowa)와 뉴햄프셔(New Hampshire) 주에서 시작하여 6월 캘리포니아(California) 주 예비선거에 이르기까지 각 주별로 실시된다. 특이한 점은 일부 주에서 예비선거 대신 여전히 '투표구 간부회의(precinct caucus; 개방형과 폐쇄형으로 분류)'를 사용하고 있다는 것이다. 이 제도는 투표구별로 당원들(폐쇄형의 경우)이 한 장소에 모여 선호하는 후보별 그룹(preference group)을 만든 후, 그룹의 인원수를 집계해 전당대회에 참여할 대표(delegate)를 선출하는 방식이다.

에 존재하는 다양한 형태의 '복합형(hybrid)'이 다수 존재한다.[33] 먼저 개방형 예비선거는 정당 가입이나 지지 여부에 관계없이 참여할 수 있는데 투표자들은 사전에 정당 선호 여부를 선언할 필요는 없지만 한 정당의 예비선거에만 투표할 수 있다. 따라서 특정 정당 지지자가 타 정당에 투표하는 '교차투표(crossover voting)'가 가능한데 이에 대한 찬반이 개방형에 대한 선호와 비선호를 가른다고 할 수 있다. 개방형 예비선거를 실시하는 주들은 대개 유권자 등록 시에 정당 지지나 가입 관련 의사를 밝힐 필요가 없도록 한다. 반면 폐쇄형 예비선거를 실시하는 주들은 유권자로 등록할 때 한 정당을 선택해 가입하도록 유도하고, 이렇게 정당에 가입한 유권자에게만 투표권을 부여하는 방식이다.

복합형 예비선거는 어떤 형태로든 정당에 가입하지 않은 이른바 무당파(independent 또는 unaffiliated) 유권자들의 예비선거 참여를 가능하게 하는 형식으로 개방성을 높이거나 정당에 가입한 유권자의 교차투표를 못하게 하여 개방성을 낮추는 방식으로 절충한 중간형이라 할 수 있다. 50개 주 가운데 14개 주의 연방 의회 예비선거가 복합형에 해당한다.

'연기명 예비선거'(blanket primary; 혹은 그 의미를 담아 'free love' 또는 'wide open' primary라 불리기도 함)는 개방형 예비선거의 범주에서도 가장 자유로운 투표를 허용하는 방식으로 2015년 현재 알래스카(Alaska) 주에서만 사용되고 있다. 투표자는 모든 정당의 후보 명단이 함께 인쇄되어 있는 투표용지를 받아 한 직책 당 한 정당의 후보를 선택하는 방법으로 여러 정당에 투표할 수 있다. 즉 상원 의원 후보는 민주당, 하원 의원 후보는 공화당 후보를 선택하는 형식이다. 2000년 캘

33) 복합형(hybrid)에 대해서는 ncsl.org 'state primary election type' 검색 참고. 정당 선택 방법, 개방의 정도 등에 나타나는 각 주별 차이를 세분화하여 복합형 대신 '준개방형(semi-open)'과 '준 폐쇄형(semi-closed)'으로 나누기도 한다. fairvote.org 'congressional and presidential primaries' 검색 참고.

리포니아(California) 주의 연기명 예비선거가 대법원의 위헌 판결을 받음에 따라 당시 워싱턴(Washington) 주와 알래스카 주의 연기명 예비선거도 문제가 된 바 있다.[34)]

주 정부가 정당에게 연기명 예비선거를 강요하거나 후보들의 정당 이름 사용이 '정당 가입(affiliation)'을 의미하는 것이라면 이는 '수정헌법 1조 결사의 자유(First Amendment freedom of association)'를 침해한다는 입장에서 위헌이라는 판결이었다. 즉 한 정당의 당원이 아니거나 그 정당에 적대적인 유권자가 그 정당의 후보를 선출하는 것은 그 정당의 권리에 대한 침해라는 것이다. 매우 애매하고 어려운 법률적 논리이지만 이후 워싱턴 주와 캘리포니아 주의 이른바 '톱2 예비선거(top 2 primary)'라는 새로운 제도가 2008년 합헌 판결을 받는 과정에서 두 법률 사례의 차이가 보다 명확해졌다. 후보들의 정당 이름 사용이 '정당 가입(affiliation)'이 아니라 단순한 '선호(preference)'를 밝힌 것일 경우 합헌이라는 판결이었다. 즉 특정 후보가 한 정당에 대한 선호를 밝힌 것을 유권자들이 '그 정당이 이 후보를 지지 또는 보증(endorse)한다고 생각하게 만들 것'이라는 증거가 없다는 것이다.

따라서 주 정부가 정당에게 이른바 '비당원 연기명 예비선거(non-partisan blanket primary) 또는 톱2 예비선거(top 2 primary)'의 실시를 강요하지 않는 한, 또 후보들의 정당 이름 사용이 정당의 지지 또는 보증이 아니라 단순한 자기 선호라는 사실을 알릴 경우 정당의 색채를 뺀 '비당원(nonpartisan)' 선거가 되어 헌법에 위배되지 않는다는 것이다. 현재 워싱턴 주와 캘리포니아가 이른바 '톱2 예비선거'를 실시하고

34) 알래스카 주의 경우 대법원 판결에 따라 주 정부가 정당들에게 연기명 예비선거의 실시를 강요하지 않는 형식으로 실시하기 때문에 독자적으로 복합형 예비선거를 실시하는 공화당을 제외한 정당들이 연기명 예비선거를 실시하고 있다. 사실 공화당과 민주당의 양대 정당체제에서 공화당이 빠진 연기명 예비선거는 그 의미가 퇴색될 수밖에 없다. fairvote.org 'congressional and presidential primaries' 검색 참고.

있다. 이 두 개 주의 '톱2' 예비선거와 루이지애나(Louisiana) 주에서 1970년대부터 실시해오던 '결선 예비선거(runoff primary)'가 같은 것이라는 혼동이 있지만, 이 루이지애나 식은 11월 총선 일에 1라운드 선거를 실시하여 50% 이상 득표자가 있을 경우 당선이 확정되고, 없을 경우 12월에 결선라운드 선거를 실시한다는 점에서 '톱2' 예비선거와는 구분되는 특징을 가진다.[35]

결론적으로 미국의 후보자 선정 과정은 일반 대중이 예비선거에 참여하는데 있어 정당 가입이나 지지 여부의 필요 정도와 선정 과정에 정당의 영향력 행사 정도 등에 따라 분류될 수 있다(Eldersveld 1982, 210-211). 아래의 <표 3.3>은 미국의 각 주에서 시행되는 후보자 지명 방식의 유형을 대중의 참여 정도와 정당의 영향력 행사 정도에 따라 분류해 정리한 것이다.

표 3.3 미국 각 주의 예비선거

State	Congressional Primaries				Presidential Primary or Caucus			
	Closed	Open	Semi-Closed	Other	Closed	Open	Semi-Closed	Primary or Caucus
Alabama		✓				✓		Primary
Alaska			R	D		✓		Caucus
Arizona			✓		✓			Primary
Arkansas		✓				✓		Primary
California				✓	R		D	Primary
Colorado	✓				✓			R: Convention D: Caucus
Connecticut	✓				✓			Primary
Delaware	✓				✓			Primary

35) 예비선거의 다양한 유형에 관한 논의는 fairvote.org, ncsl.org, aceproject.org 등 검색 참고. 대법원의 *California Democratic Party v. Jones, Washington State Grange v. Washington State Republican Party* 등 판례는 supreme.justia.com 검색 참고.

District of Columbia	✓							R: Convention D: Primary
Florida	✓				✓			Primary
Georgia		✓				✓		Primary
Hawaii		✓			D	R		Caucus
Idaho	R	D			R	D		R: Primary D: Caucus
Illinois		✓					✓	Primary
Indiana		✓				✓		Primary
Iowa	✓				✓			Caucus
Kansas	✓				✓			R: Caucus D: Convention
Kentucky	✓				✓			R: Caucus D: Primary
Louisiana				✓	✓			Primary
Maine	✓				✓			Caucus
Maryland	✓				✓			Primary
Massachusetts			✓				✓	Primary
Michigan		✓				✓		Primary
Minnesota		✓				✓		Caucus
Mississippi		✓				✓		Primary
Missouri		✓				✓		Primary
Montana		✓				✓		Primary
Nebraska			✓				✓	R: Primary D: Caucus
Nevada	✓				✓			Caucus
New Hampshire			✓				✓	Primary
New Jersey	✓				✓			Primary
New Mexico	✓				✓			Primary
New York	✓				✓			Primary
North Carolina			✓				✓	Primary
North Dakota		✓			R	D		R: Convention D: Caucus
Ohio		✓				✓		Primary
Oklahoma	R		D		✓			Primary
Oregon	✓				✓			Primary
Pennsylvania	✓				✓			Primary

Rhode Island			✓				✓	Primary
South Carolina		✓				✓		Primary
South Dakota	R		D		R	D		Primary
Tennessee		✓				✓		Primary
Texas		✓				✓		Primary
Utah	R		D		R	D		Caucus
Vermont		✓				✓		Primary
Virginia		✓				✓		Primary
Washington				✓	R		D	R: Primary D: Caucus
West Virginia			✓				✓	Primary
Wisconsin		✓				✓		Primary
Wyoming	✓				✓			Causus

· 자료: fairvote.org 'congressional and presidential primaries'; ncsl.org 'state primary election type'; www.thegreenpapers.com/P16/events.phtml 검색(2015/10/1) 참고.

예비선거에서 후보자 선정 과정의 개방성과 관련하여 개혁론자들은 일반 시민의 참여를 허용하고 있는 예비선거가 정당정치를 강화하기보다는 반대로 정치적 책임감의 부재를 초래하고 있다고 지적한다. 반면 예비선거를 지지하는 학자들은 중앙당이 후보자 선정과정에서 영향력을 행사하지 못하는 분권화(decentralization)가 바로 "미국 정당들의 특징"이라는 점을 강조한다(Key 1964, 453).[36)]

미국의 후보자 선정방식은 정당의 분권화를 상징하는 한편, "정당

36) 일반 시민의 예비선거 참여는 '시민의 참여(citizen involvement)'와 '당 조직에 대한 책임의식(organizational responsibility)'이라는 두 가지의 시각에서 접근할 수 있다. 예비선거를 지지하는 주장은 전자의 긍정적 시각을 강조하는 것으로 예비선거가 첫째 지명 결정에 직접적인 대중의 참여를 허용하고; 둘째 정당 조직을 통제하는 정당 지도자에 대하여 반대할 수 있는 기회를 제공하며; 셋째 정당 가입 여부를 테스트함으로써 당원 의식을 고취시킬 수 있다는 것이다. 반면에 예비선거가 정치적 책임의식의 결여를 초래한다는 부정적 시각을 강조하는 예비선거 반대론자들은 첫째 예비선거 참여자가 정당의 지지자들을 대표하지 않으며; 둘째 예비선거는 정당을 다원화시켜 갈등을 초래하며; 셋째 정당 조직 밖에서 지명이 이루어지기 때문에 당원의 의미가 적어진다는 점을 강조한다(Eldersveld 1982, 215).

통제력의 일반적인 약화"에 기여한 면도 없지 않다(Epstein 1980, 209). 예비선거에서 정당이 행사할 수 있는 권한이 법적 규정에 의하여 제약받고 있고, 실제로 후보자 중심의 캠페인, 미디어 정치, 이익집단의 영향력 행사 등으로 인하여 예비선거 과정에서 정당이 수행하는 역할은 축소되어 왔다(Vogler 1983; Crotty 1984; Grodizins 1985).

요컨대 1970년대 이후 두드러지게 나타난 정당의 약화 현상은 1990년대 이후 정당 일체감의 약화로 이어져 이른바 무당파가 급격히 증가하는 현상을 촉진하고 있는 것이 사실이다. 물론 이러한 현상이 전적으로 예비선거의 영향에서 비롯된 것은 아니지만, 미국의 전통적 양대 정당체제가 약화되는 데 개방형 예비선거가 부분적으로 영향을 끼쳤다고는 볼 수 있다. 그러나 또 다른 시각에서 보면 미국 특유의 예비선거는 정당의 약화나 분권화 현상 외에도 지지자 중심 정당으로 자리 잡은 민주, 공화 양당체제의 특성에서 비롯된 측면도 있다. 지지자 중심 정당의 성격을 가진 한국에서 국민경선이 도입되어 실시되고 개방형 예비선거 논의가 활발한 것이나 개방형 예비선거가 정당의 약화 현상을 따라 국제적으로 확대되는 추세를 나타내는 것도 비슷한 맥락에서 이해될 수 있을 것이다(안순철 2005, 157-160).

(2) 영 국

미국과는 달리 영국의 후보자 선정은 정당 자체의 사적 업무(private affairs)로 인식되고 있다. 미국의 예비선거는 일반 대중의 폭넓은 참여가 허용되지만 영국의 후보자 선정은 기본적으로 회비를 납부하는 당원(dues-paying membership)과 정당 조직에 의해 결정된다.[37] 보수당(Conservative Party)과 노동당(Labour Party)의 후보자

37) 정당 조직은 크게 중앙당과 지역구 조직으로 구성되어 있으며, 지역구 조직을 보수당은 지역구 협회(CA; Constituency Association), 노동당은 지역구 노동당(CLP; Constituency Labour Party)이라 부른다.

선정과정은 대체로 비슷하지만, 노동당이 보수당보다 상대적으로 강한 중앙당의 권한을 나타낸다.

먼저 보수당의 경우, 후보자 선정과정의 감독과 협력을 담당하는 중앙사무국(Central Office)이 지원자의 개인 정보를 심사하여 예비 후보자 명단(centrally approved list)을 작성한다.[38] 보수당의 이 심사과정(central assessment process)은 한 번 통과하기 위해 많은 사람들이 여러 차례 실패를 경험하기도 할 만큼 매우 까다로운 과정으로 평가된다.[39] 더욱이 이 심사에서의 평가 결과는 예비 후보들의 지역구가 정해지는 과정에서 결정적 역할을 한다. 높은 평가를 받은 예비 후보의 지역구 선택 폭이 그만큼 넓다는 것이다.

현역 의원은 보통 재출마를 원할 경우 거의 예외 없이 재선정된다. 현역 의원이 재출마를 포기하거나 타 정당 현역 의원에 도전할 새로운 후보 선정이 필요한 경우 지역구 협회의 선정 과정이 시작된다. 지역구 협회에는 정당 지부, 여성위원회, 청년당원, 보수당 클럽 등의 대표자와 협회의 직원으로 구성된 선정위원회가 있으며, 이 위원회는 중앙사무국으로부터 지원자의 명단을 받아 그들을 평가한다. 그리고 후보자로서 적합한 3~5명의 지원자 명단이 작성되면, 이 명단은 지역구 협회에 구성되어 있는 집행위원회(executive council) 특별회의에 제출된다. 중앙당이 엄격한 자격 심사를 하기 때문에 입후보 관련 포괄성은 낮은 수준을 유지하는 반면, 보수당 역시 후보 선정권자의 폭을 넓

38) 정당 내 경쟁과 심사 과정에서의 초점에는 차이가 있지만, 자유민주당(Liberal Democrats) 역시 보수당과 거의 유사한 후보 선정 과정을 거친다. 자유민주당의 후보였던 나오미 스미스(Naomi Smith)는 어떤 형태로든 국고에서 보조하는 선거공영제의 필요성을 주장하면서 양대 정당에 비해 지지 기반이 취약한 자유민주당의 경우 부유한 사람이 후보로 선정될 가능성이 크다는 생각을 강조한다. bbc.com "The costly process of becoming an election candidate" 2015/8/25 검색.

39) 실제 여러 차례 실패를 경험한 후 통과한 후보들은 이 과정을 "도전(challenge)" 또는 "매우 지루한 과정(drawn-out process)"이라 표현할 정도로 어려운 심사를 겪는다. bbc.com "The costly process of becoming an election candidate" 2015/8/25 검색.

히는 일반적 흐름에 합류하였다. 지역구 당원이면 누구나 투표에 참여할 수 있는 당원 예비선거 형태로 선정권자의 포괄성을 높인 것이다. 특히 보수당은 각 지역구 협회가 원할 경우 당원이 아닌 지지자들까지도 후보 선정 투표에 참여할 수 있도록 허용할 만큼 선정권자의 포괄성을 높이는 데 적극성을 나타내고 있다.[40]

지역구 노동당은 현역 의원이 있을 경우 이른바 '시동 투표(trigger ballot)'를 통해 새로운 후보 선정 과정을 시작할지 아니면 현역 의원을 재선정할지를 먼저 결정하는데 보통 현역 의원의 재선정이 유력하다. 현역 의원이 없거나 현역 의원이 시동 투표에 의해 신임을 받지 못할 경우 새로운 후보 선정이 시작된다. 후보 지원자는 우선 노동조합 지부, 정당 지부, 사회주의자 협회에 의해 지명을 받은 후 지역구 노동당에 통보된다. 지역구 집행위원회(constituency executive committee)는 4~6명으로 압축하여 지명된 지원자 명부를 작성하고, 이 명단은 지역구 노동당의 총회(AMM; All Member Meeting 또는 GC; General Committee)에 제출된다. 지역구 노동당의 당원들의 투표로 후보를 선정하는 데 지역 선거 연설회(hustings)에서의 투표와 우편투표 방식을 활용한다. 노동당의 선거운동 일정은 현재 9주~13주인데 이러한 긴 일정이 신진 인사들의 후보 지원을 억제하기 때문에 4주~8주 정도의 짧은 일정으로 줄여야 한다는 개혁안이 검토되고 있다.[41]

노동당의 경우는 우선 중앙당조직이 작성하여 제출한 예비 후보자

---

40) 수잔 스캐로우(Susan Scarrow) 교수는 보수당이 적극성을 보이는 한 이유로 미국식 개방형 예비선거 식으로 포괄성을 높이는 후보 선정 방법에 대한 영국 유권자들의 호의적 여론을 들고 있다. 실제 2013년의 한 여론조사에 따르면 응답자의 60%가 지지자로서의 참여 의지를 표현했고, 심지어 38%의 응답자는 투표를 위해 최소한의 비용을 부담할 의지까지 밝혔다. britishpoliticsgroup.blogspot.kr "Candidate Selection for the 2015 Election" 검색 참고.

41) 선거운동 일정 외에도 신진 인사들의 도전을 유도하기 위해 당원 명부를 조기에 제공하는 문제, 광고물 제한과 같이 선거운동 방법의 형평성을 제고하는 문제 등이 개혁 과제로 제기되고 있다. 이와 관련해서는 newstatesman.com "No more parachutes: how Labour is opening up selections" 검색 참고.

의 명단을 중앙집행위원회(NEC; National Executive Committee)가 심사한다. 노동당의 NEC가 심사하여 승인한 후보 명단(approved panel)에서 지역구 노동당이 후보를 선정하는 경우에는 문제가 없지만, NEC 후보 명단에 없는 후보가 선정되는 경우에는 역으로 NEC의 최종 심사 과정이 필요하다. 보통 중앙당이 정한 일정 시점이 지난 후에 지역구 노동당의 후보 선정 과정이 시작될 경우에는 NEC의 최종 심사를 위한 시간이 충분하지 않기 때문에 NEC의 후보 명단에서 후보를 선정하도록 하고 있다.

요컨대 영국의 보수당과 노동당은 각각 지역구 협회의 집행위원회나 후보 선정회의(selection conference)가 행사하던 후보 선정권을 지역구 당원 예비선거 형식으로 확대하여 포괄성을 높였다. 영국 정당들의 후보 선정 과정에서 나타나는 중요한 특징은 여전히 중앙당의 입후보 자격 심사가 엄격성이 유지되고 있다는 것이다. 아울러 중앙당은 후보자 선정에서 지역구에서 요청하는 경우, 올바른 선택을 할 수 있도록 '조언(advice)'하는 역할을 수행한다.

지역구에 대한 중앙당의 조언은 대개 세 가지 형태로 진행된다(Epstein 1980, 218). 첫째는 특정인을 반대하는 조언이다. 중앙당은 지역구의 결정에 반대할 만한 분명한 사유가 있을 경우에는 무제한적인 권한을 행사할 수 있다. 이러한 조언은 아주 예외적인 경우이며, 일례로 노동당의 중앙당은 공산주의자라고 여겨지는 후보자에 대해 승인을 거부한 적이 있다.

둘째는 특정인을 지지하는 조언이다. 중앙당은 의회 활동에 필요한 주요 정치인을 지지할 수 있다. 그러나 중앙당의 활동에 절대적으로 필요한 후보자라 하더라도 지역구에 그 후보자를 선출하도록 강요할 수는 없다. 중요한 정당 지도자라 할지라도 후보자로 선정하기 위해서는 지역구를 설득하여야 한다. 특정 인사에 대한 중앙당의 지원과 지지도 상당한 제한을 받는다고 할 수 있다.

셋째는 후보자의 유형(type)과 관련된 중앙당의 조언이다. 중앙당은 선호하는 후보자의 유형에 대한 일반적인 언급과 후보자 명부에 대한 승인을 통해서 영향력을 행사한다. 중앙당 지도자들은 특정 인사의 의회 진입을 위해 당선이 유력한 지역구에 후보자의 선출을 조언할 수 있다. 하지만 중앙당의 권한이나 통제에 관계없이 지역구는 일반적으로 중앙당의 목적에 부합되는 후보자를 선출한다. 조직의 중앙집권화 없이도 중앙집권화의 효과가 나타날 수 있다는 것이다.

(3) 독 일

위에서 언급했듯이, 독일의 후보 선정 과정은 법적 기준에 따라 이루어지는 드문 사례 중 하나이고, 그렇기 때문에 독일의 정당들은 비슷한 선정 과정을 공유한다고 할 수 있다. 우선 1949년 기본법(Basic Law)은 정당들이 민주적 원칙을 따르도록 규정하였고, 1967년 정당법 17조는 후보 선정이 선거구 단위에서 전체 당원들의 직접, 비밀투표에 의해 이루어지거나 민주적으로 구성된 선정위원회에 의해 이루어지도록 했다. 같은 법적 맥락에서, 독일 선거법 21조와 27조는 각각 1석 선거구 후보자와 주(Land) 단위 명부(list) 후보자의 선출에 관하여 구체적인 절차를 규정하고 있다.[42)]

1석 선거구 후보자는 모든 당원이 참여할 수 있는 당원 총회에서 투표로 선출하거나 당원에 의해 민주적으로 선출된 대의원들이 지역 대의원 대회(delegate convention)를 통해 선정한다(연방선거법 21조). 가장 일반적인 유형은 선거 전에 당원들의 직접투표로 대의원을 선출하고, 이들로 구성된 지역 대의원 대회에서 후보자를 선정하는 것이다(Roberts 1988, 99-100). 이러한 과정을 통해 선정된 1석 선거구 후보

42) 독일 연방 선거법은 http://www.bundeswahlleiter.de 영문(engl.pdf) 참고.

자에 대해 주 정당 집행위원회(executive committee)가 거부권을 행사할 수 있는데, 이 경우 동일한 선정 과정을 다시 거치지만 결정된 후보가 최종 선정된다(연방 선거법 21조 3항).

명부 후보자 선정은 지역 대의원들이 주 단위 대의원 대회를 통해 결정하거나 후보 선정을 위해 소집되는 주 정당 특별 회의(party conference)를 통해서 결정한다. 대략 250명 정도의 대의원들이 모여서 비밀투표에 의해 각 주 정당 명부의 높은 순위부터 절대다수제로 결정하는데 경우에 따라서는 결선투표를 실시하기도 한다(Roberts 1988, 101-102). 주 단위의 명부 후보자를 선정할 때는 명부를 제출하는 주 정당 조직이 중앙집권적인 통제력을 발휘하는데 특히 상위 5명 또는 안정권까지에 대한 영향력은 더욱 크다.[43] 1석 선거구와 주 정당 명부에 중복 입후보가 허용되어 있고, 독일식 (연동)혼합형의 의석 배분이 주 정당의 정당투표(제2투표) 득표율에 의해 우선 결정된 후, 1석 선거구의 승패에 따라 주 정당 명부에서의 의석 확보(초과의석 포함)가 결정되기 때문에 주 정당의 전략적 판단과 후보 배치를 존중하는 경향도 존재한다. 주 단위 명부 후보자 선정과정에 중앙당은 거의 영향력을 행사하지 않는다. 중앙당은 지구당 지도부의 교체에는 영향력을 행사하지만, 후보자 선정은 근본적으로 하부조직의 일로 인식하고 있다. 만약 중앙당이 특정 후보자의 선출을 강요한다면 이는 "지역 조직의 고유권한에 대한 개입"으로 평가되는 것이 보통이다(Kaack 1971, 596).

요컨대 독일의 경우 후보자 선정 과정의 중앙집권화는 선거가 시행되는 단위의 중앙집권화라 할 수 있다. 후보자 선정은 지구당과 주 단위의 지역당이 권한을 행사하고 있으며, 특히 후보 선정 과정에 참여하는 당원들이 많지 않기 때문에 활동적인 당원과 지도부의 영향력이

43) 각 주 정당들은 안정권 의석 후보 선정에 여성 대표성, 주 내부의 지역적 균형 등 전략적 요소를 고려한다. Roberts(1988, 106-112) 참고.

강하게 나타나는 특징을 나타내고 있다(Roberts 1988, 116-117). 이렇듯 지역구와 주별로 구성되어 있는 지역 정당 조직이 후보자를 선정하지만, 중앙당의 목적에 부합하는 인사를 선택함으로써 중앙당과 지역 정당 조직 간에는 매우 높은 정당 일체감이 유지되고 있다.

(4) 노르웨이 · 스웨덴 · 네덜란드

노르웨이 역시 독일과 비슷하게 법으로 후보 선정 절차를 규정하고 있는 나라이다. 1920년 단원제 의회(Storting) 의원 선거체제를 1석 선거구 1위대표제를 현행 명부식 비례대표제로 개혁하면서 미국의 과거 전당대회(convention) 모델을 적용한 이른바 공천법(the Norwegian Act of Nominations)을 제정한 바 있다. 흥미로운 점은 법 규정이지만 선거법을 지키는 한 강제성은 없다는 것이고, 강제성은 없지만 오슬로(Oslo)시를 제외한 18개 지역 선거구에서 정당들이 이 법 규정을 지켜왔다는 것이다(Valen 1988, 210-212).[44] 이 법에 따르면 노르웨이의 정당들은 19개 지역 비례 선거구의 대의원 전당대회에서 후보 명부를 결정한다.

적게는 20명, 많게는 150명 정도가 참여하는 지역 선거구 전당대회의 대의원들은 당비를 납부하는 모든 당원의 투표로 선출한다. 대의원들은 코뮌(commune)으로 불리는 자치 지역별로 절대다수 선거체제에 의해 선출된다. 이때 지역 조직의 지도자들은 대의원의 선출에 대해서 관여하지 않는다. 또한 중앙당의 직접적인 영향력 행사는 제한되어 있으며, 실제 선정과정에서도 영향력을 행사하지 않는다.

선정 과정을 보면 예비 선정위원회가 개별 당원과 지역 조직, 주요

44) 후보 선정을 위한 전당대회 비용을 공적 자금으로 충당하기 위해서는 정당들이 이 공천법을 꼭 지켜야 한다는 조건이 정당들의 법 준수에 영향을 주었을 가능성도 있지만, 강제성 여부와 관계없이 공천법의 원칙이 오랜 기간 널리 수용되어 왔다는 설명이 설득력을 얻고 있다(Valen 1988, 212).

단체나 직업 그룹 등이 제안한 후보자를 심사하여 지역 선거구의 예비 후보를 선정한다. 이 과정에서 소수의 지구당 지도자가 상당한 역할을 수행하기는 하지만 대개의 경우 지역 조직 안에서 지역 추천을 위해 실시되는 투표 결과가 전당대회에 제출되는 예비 명부의 순서에 영향을 줄 가능성이 크다(Valen 1988, 213). 대의원 전당대회에 제출된 예비 명부는 다시 대의원들의 논의와 투표를 거쳐 확정되는데 명부의 상위 순위부터 절대다수제 방식으로 결정한다.

스웨덴에서는 예비선거로 단원제 의회(Riksdag) 의원 후보를 선정한다고는 하지만, 미국의 예비선거와는 완전히 다른 방식이다. 스웨덴의 예비선거는 정당의 고유 업무이며, 회비를 납부하는 당원만이 투표에 참가하는 당원 예비선거(party primary)의 전형적인 예이다. 규모가 큰 사회민주당(Swedish Social Democrats)은 투표 대신에 대의원이 후보자를 선출하기도 하며, 이 과정에서 소수에 의한 과두제가 다소 나타나기도 한다. 공식적인 승인의 필요성과 관계없이 후보자의 최종 명부 작성에 있어서 정당 지도자들이 영향력을 보유하고 있으나 이들의 영향력은 지역의 권한보다는 약하다(Epstein 1982, 227-228).

네덜란드 의회(Staten-Generaal)의 하원(Tweede Kamer) 의원 후보 선정 역시 정당의 고유 업무이기 때문에 각 정당별로 다양한 유형을 선보인다. 하원 의석 150석을 전국 단일 명부식 비례대표제로 선출하지만 네덜란드 선거법이 19개 지역별 명부 작성을 허용하기 때문에 정당들은 전국 명부 대신 19개 지역 명부를 활용하는 전략적 선택을 하기도 한다(Perez-Mares 2012, 22). 스웨덴과 마찬가지로 중앙당 보다는 지역 정당의 후보 선정권한을 존중하는 가운데 어쨌든 전국 단일 명부를 작성하기 때문에 중앙당의 전략적 판단과 선택이 상대적으로 존중된다고 할 수 있다.

특히 2015년 현재 제1당으로서 노동당과의 연립정부를 주도하고 있는 자유민주국민당(People's Party for Freedom and Democracy)의 경우는 중앙당의 당수가 지역 대의원들로 구성되는 선거위원회(Election Council)의 의장을 맡아 후보 선정권을 행사한다. 물론 지역 정당과 중앙당 리더십의 협상을 통해 지역 조직의 추천을 반영하지만, 중앙당이 명부 순위의 초안 작성에서 주도권을 가진다는 면에서 안정권 의석에 대한 중앙당의 영향력이 크게 반영된다고 볼 수 있다(Koole and Leijenaar 1988, 200-201).

네덜란드 정치의 지역 중심 성향을 감안할 때, 자유민주국민당의 중앙당이 가지는 영향력이 오히려 예외적인 것이라 할 수 있다. 야당인 66민주당(Democrats 66)은 지역 정당에 후보 선정권한을 주고 당원 예비선거를 통해 명부를 작성하는 철저한 지역 중심 유형이다. 네덜란드 노동당과 기독교민주당은 중앙당의 자문 기능을 활용하는 예이다. 지역 정당별로 선출된 선정위원회가 19개 지역 명부 작성을 주도하는 가운데 중앙당 기구가 이른바 권고 명부(advisory list)를 작성해 지역 정당에 자문하는 형태를 취한다. 그러나 네덜란드 특유의 지역 중심 정치구조에서 이러한 권고 명부가 영향력을 발휘하기는 어렵다는 평가이다(Koole and Leijenaar 1988, 201-203).

(5) 일본 자민당

일본 정당들의 후보 선정 과정은 1994년 1월 새로운 선거체제가 도입된 이후 기본적으로 '민주화'의 큰 흐름을 따르는 한편, 각 정당들의 역사성과 특수성이 일부 지속되는 특징을 나타낸다. 자민당(LDP; Liberal Democratic Party)은 1993년과 2009년부터 각각 1년에 못 미치는 짧은 기간을 제외하고는 줄곧 집권당의 위상을 지켜왔기 때문에 자민당의 후보 선정 과정은 당내 경쟁이 치열할 수밖에 없었다. 더욱이 과거 SNTV 선거체제 아래서 자민당은 한 지역구(3~5석)에 둘 이상의 후보를 공천하였고 이들 후보들 간의 경쟁이 자민당 특유의 파벌 정치와 무관치 않다는 분석이 많았다.[45)]

물론 파벌정치의 주요 무대는 총리로 선출될 자민당의 총재 선출 과정이나 주요 당직과 내각 배분 과정이었지만, 1994년 개혁 이전의 파벌정치는 중의원과 참의원 후보 선정 과정에도 영향을 줄 수밖에 없었다. 각 현(縣)지부(prefectural branch)에서 지역구별 후보를 정해서 중앙당의 선거조정위원회(Election Steering Committee)에 추천하고, 이 위원회의 안을 30인 집행위원회(Executive Committee)가 최종 승인하는 형식을 유지하였지만, 후보 선정 과정과 관련된 파벌의 이해관계는 현 지부 차원의 추천 단계부터 조율되는 경우가 많았다.[46)] 특히 후보 선정이 현 지부, 선거조정위원회, 집행위원회 등 단계를 거치는 과정에서 결론을 내리지 못할 경우에는 총재 등 당의 파벌 지도자들이 협상을 통해 최종 결론을 내렸다(Shiratori 1988, 172-173).

1994년 현행 혼합형 선거체제로의 개혁 이후 자민당의 후보 선정 과정은 현 지부 중심의 공모제(公募제; kobo system)를 통한 지역화(localization)와 민주화라는 흐름으로 특징지을 수 있다. 1석 선거구나 현 지부와 직·간접으로 연결된 자민당 주요 인맥의 영향력을 배제할 수는 없지만, 2004년 중의원 선거를 앞두고 자민당 중앙당이 공모제를 개혁의 핵심으로 수용한 이후 자민당의 공모제는 '입후보 자격' 차원의 포괄성을 높이고 선정권자들의 폭을 넓히는 민주화의 흐름을 이어가고 있다.[47)] 하지만 여전히 입후보 자격의 포괄성이나 선정권의 포괄성 정

45) SNTV 선거체제에 관해서는 4장 5절의 내용 참고.

46) 여기서 縣 지부는 일본의 광역자치단체(prefectures)인 도도부현(都道府縣)의 도쿄都, 홋카이道, 오사카府, 교토府 등과 43개 縣의 지부를 말한다. 30인 집행위원회는 중의원 15명, 참의원 7명, 총재 지명 8명으로 구성되었다(Shiratori 1988, 172-173).

47) 일본 정당 중 처음으로 공모제를 실시한 정당은 1992년 당시 일본신당(Japan New Party)이고, 자민당의 공모제가 처음 실시된 것은 1995년 참의원 선거 당시 이시가와(Ishkawa) 현의 후보 선정 과정이다. 자민당에서 공모제가 크게 활성화되

도는 지역별로 편차가 크다.

2010년 참의원 선거의 경우, 고치(Kochi), 구마모토(Kumamoto) 현 등은 입후보 자격의 포괄성을 헌법의 피선거권 기준으로 높이고 모든 당원들에게 투표권을 주는 당원 예비선거(primary)를 실시한 반면, 나가노(Nagano) 현의 경우는 입후보 자격 조건을 엄격히 하고 10명 내외의 소규모 선정위원회를 활용하기도 했다. 또 아오모리(Aomori), 야마가타(Yamagata), 도토리(Tottori), 히로시마(Hiroshima) 현 등의 경우는 엄격한 입후보 자격을 적용하는 대신 후보 선정권은 당원 예비선거를 통해 대폭 넓히고 있고, 시즈오카(Shizuoka), 나라(Nara) 현 등은 반대로 입후보 자격을 헌법 기준으로 하는 대신 선정권을 소규모 선정위원회에 일임하였다.[48)]

공모제 운영이 지역별로 이렇듯 다양한 양태를 보이고 있기 때문에 자민당의 후보 선정 과정을 일반화해서 설명하기는 어렵다. 또 현역 의원이 재출마할 경우, 대부분 공모 없이 현역 의원을 후보로 선정하고 여전히 당원 예비선거의 비중이 50%에 못 미치기 때문에 후보 선정 과정의 민주화라는 차원에서는 개선의 여지가 많다. 2009년 중의원 선거에서 대패한 후 자민당은 공모제의 강화를 공식화했다. 2012년 중의원 선거의 경우, 183명의 신진 후보 가운데 80명이 공모제를 통해 선정되었고 당원 예비선거도 확대되는 추세를 보이고 있다. 도치기(Tochigi) 현의 경우는 2010년 중의원 선거 후보를 선정하는 과정에서 자민당 당원 예비선거 결과에 비당원 지지자의 투표를 당원표의 20%로 환산해 합산하는 형식으로 개방성을 높이기도 했다(Tsutsumi 2013, 10). 요컨대 1994년 선거체제 개혁 이후 자민당의 후보 선정은

기 시작한 선거는 1994년 선거체제 개혁으로 1석 선거구의 수가 129석에서 300석으로 늘어난 1996년 중의원 선거이다. Tsutsumi(2013, 3) 참고.

48) 2013년 참의원 선거의 자민당 후보 선정 방법에 대해서는 Tsutsumi(2013, 20 Appendix B) 참고.

입후보 자격과 선정권자 차원에서 포괄성을 높이는 방향으로 민주화되는 흐름을 지속하고 있다고 할 수 있다.

제 4 장

1위대표제(FPTP)

Ⅰ. 1위대표제의 운용
Ⅱ. 1위대표제의 제도적 효과
Ⅲ. 1위대표제의 장 · 단점
Ⅳ. 결론: 1위대표제의 비판
Ⅴ. 다(多)석 선거구 다수제: 블록투표제, 집적투표제, 제한투표제, SNTV

FPTP(first past the post) 선거체제는 '1위(다수)대표제(一位多數代表制)'로 번역될 수 있는데, 선거를 경마에 견주어 결승점 표주(標柱; winning post)를 넘어서는 1등이 당선된다는 것을 의미한다(Taagepera and Shugart 1989, 21). 1위 당선자가 '절대다수제'의 경우처럼 유효투표의 '절대다수(50%+1)'를 얻을 필요는 없다는 뜻에서 이 1위대표제 대신 '상대다수제(relative majority)'라는 용어를 선호하는 학자도 있다. 또한 학자들의 용어선택에 따라 '다수제(plurality)', '1석 선거구 단순다수제(single member simple plurality)' 등 다양한 이름으로 불리기도 하는데, 이 책은 그 뜻이 직접 전달되는 FPTP제 또는 (1석 선거구) '1위대표제'라는 용어를 사용하여 다(多)석 선거구에서 활용되는 다수제(multi-member plurality)와 구분해 다루고자 한다.

1위대표제는 영국제도의 영향을 받은 미국, 캐나다, 인도 등의 국가에서 채택되어 사용되고 있다. 한국의 제헌국회 선거법(미군정법령 175호; 1948년 3월 17일)은 입법의원의 대다수를 차지했던 우파세력과 미군정 측이 기초한 안(案)이 미국의 FPTP 선거체제를 따랐다는 점에서 특별히 미국의 영향을 받았다고 볼 수 있다.[1] 이후 대통령, 국회의원, 지방자치단체장 및 의원 선거 등 각급 선거제도를 채택할 때마다 1위대표제가 거의 유일한 대안이자 당연한 선택으로 받아들여져 왔고,

1) 제정과정에서 선거권, 피선거권, 기표방식, 선거구 획정, 특별선거구의 도입 등을 둘러싼 민선과 관선 입법의원들 사이의 대립이나 UN 한국위원회와 미군정 측 사이의 논란은 있었지만, 1석 선거구 FPTP제는 비교적 쉽게 확정되었다. 물론 미국 측이 좌파세력을 봉쇄하기 위해 결선투표제를 검토한 바 있고, UN 한위 제3분과위원회의 벨기에 출신 간사 슈라이버(Shreiber)가 네덜란드형 비례대표제를 제안하였지만, 미군정 측과 우파세력의 최초안인 FPTP제는 결국 그대로 수용되었다(박찬표 1997, 266-293 참조). 여기서 입법의원은 '남조선과도입법의원'(미군정법령 118호; 1946년 8월 24일)을 말하며, 입법의원 90명 중 관선의원 45명은 군정장관이 임명하였고, 민선의원 45명은 차별적 선거권(납세액 기준)을 적용하여 4단계 간접선거에 의해 선출하였다(*Summation* of United States Army Military Government Activities in Korea no. 13, part II, October 1946, pp. 13-15; *ibid.*, 211-218).

이러한 정치선거체제는 다시 사회적으로도 광범위한 영향을 끼쳤다.

초등학교 반장 선거에서 대학의 과대표 선거까지 학교 교육기간에 경험하는 거의 모든 선거가 이 1위대표제에 의한 것이라 해도 과언이 아니다. 이러한 정치사회화 과정을 거친 성인들이 사회에서 경험하는 선거 역시 마찬가지였다. 친목회 회장 선거에서 대규모 이익단체의 회장에 이르기까지 우리 사회의 각종 선거에 있어 이 제도의 관성(慣性; inertia)은 충분히 증명되어 왔다. 정치학자들의 모임인 '한국정치학회'의 회장 선거 역시 1위대표제라는 점이 시사하는 바가 크다. 과연 모임의 목적과 성격을 감안해 사회적 선택의 방법을 정했다고 할 수 있을까? 어쩌면 우리 사회는 이 제도의 장·단점에 대한 논의 자체가 부자연스러울 정도로 친숙해져 있고, 사회적 선택의 방법이 이 1위대표제뿐인 듯 생활하고 있다.

영국과 미국의 제도적 영향으로 20세기 들어 독립한 많은 나라의 의회 선거에서 광범위하게 채택되었던 1위 대표 선거체제가 점차 그 인기를 잃어 가고 있다는 점에 주목할 필요가 있다. 영국 모델의 전형이었던 뉴질랜드가 지난 1993년 독일 모델의 비례대표제를 택하였고, 남아프리카 공화국 역시 명부식(名簿式) 비례대표제를 도입하였다. 더욱 흥미로운 것은 헌팅턴(Samuel P. Huntington)이 '제3의 물결'이라 일컬을 정도로 많은 유럽국가들(스페인, 그리스, 포르투갈, 헝가리, 폴란드, 체코, 슬로바키아, 루마니아, 불가리아, 러시아 등)이 민주화되는 가운데 어느 한 국가도 1위대표제를 채택하지 않았다는 사실이다.

대통령 선거의 경우 1명을 선출하는 특성상 1위대표제가 일반적이었으나 이 역시 1980년대 이후 절대다수대표체제(majoritarian system), 특히 프랑스형 결선투표제(runoff)로의 전환하는 추세가 두드러지게 나타나고 있다. 브라질, 칠레, 에콰도르, 엘살바도르, 과테말라, 페루 등 중남미 국가들이 모두 그러한 예이고, 동유럽이나 아프리카 국가 중직선 대통령을 선출하는 국가들도 대부분 마찬가지이다(Shugart and Carey 1992, 217 참조).

I. 1위대표제의 운용

1위대표제는 기본적으로 1석 선거구에 적용된다.[2] 영국의 경우 총 650개, 미국의 경우 총 435개의 하원 의석수와 같은 수의 1석 선거구가 있다. 우리 한국의 19대 총선의 경우 246개 1석 선거구에서 같은 수의 지역구 의원을 선출했다. 물론 1994년까지 일본 하원(중의원) 선거에서 사용하던 단기비이양(單記非移讓) 선거체제(SNTV; single non-transferable vote)의 경우나 현행 스페인 상원의 제한투표제(制限投票制; limited vote)의 경우 1석 이상 다석 선거구에서 1위대표제와 마찬가지로 상대다수에 의해 의석배정을 하는 경우도 있다.[3] 하지만 이 두 가지 선거체제의 실제 운용이나 정치적 영향의 성격이 1위대표제와 상당한 차이를 나타내기 때문에 구별할 필요가 있다. 또한 이것이 '상대다수제' 보다는 '1위대표제'라는 표현이 적절한 이유이기도 하다.

1위대표제는 후보자에 대한 제1선호(選好)만을 묻는 '범주형(範疇型; categorical)' 투표를 기본으로 한다. 유권자는 정당뿐만 아니라 후보들 개인에 대한 선호도를 투표 선택의 고려 대상으로 할 수 있다는

---

2) 1석 선거구에서의 운용이 바로 비례대표제와 FPTP제를 포함하는 다수대표제를 가르는 분기점이 된다. 다수대표제 방법 중 1석 이상의 선거구에서 운용되는 선거체제는 '준(準)비례대표제(semi-proportional system)'로 불리기도 하지만 실제 '비례성'은 이러한 표현이 어울리지 않을 만큼 오히려 FPTP제 보다도 낮은 예가 많이 발견된다(Farrell 1997, 14; Farrell 2011, 40-42; Lijphart, Pintor, and Sone 1986, 163-164).

3) 일본 하원의 SNTV제 선거의 경우 선거구 크기는 3-5석이었고, 스페인 상원의 제한투표제의 경우 4석 선거구를 기본으로 한다. 단 스페인의 도서지역선거구(the island province)의 경우 7개의 1석 선거구, 2개의 2석 선거구, 3개의 3석 선거구를 가지고 있다(Lijphart, Pintor, and Sone 1986, 156).

점에서 주로 정당투표를 유도하는 명부식 비례제(list PR system)와 차이를 나타낸다. [그림 4.1]에서 볼 수 있듯이 1위대표제 투표용지의 일반적 형태는 우리 한국의 각급 선거 투표용지와 비슷하다. 후보자들의 이름을 세로 순으로 나열하느냐 또는 가로 순으로 나열하느냐의 차이가 형태상 비교적 큰 변이사항이다. 그 외 소속정당명을 어떤 방법으로 표기하느냐 또는 투표자가 제1선호 후보를 어떻게 표시하느냐 등의 차이가 있을 뿐이다. 의도적으로 집권당에 유리하도록 만들어질 수도 있지만, 대개 선거가 행해지는 사회의 정치문화나 교육수준에 따라 약간의 차이가 나는 것이 일반적이다.

그림 4.1 **투표용지의 예: 영국**

VOTE FOR ONE CANDIDATE ONLY

1	후보이름 주소 정당	
2	후보이름 주소 정당	
3	후보이름 주소 정당	
4	후보이름 주소 정당	
5	후보이름 주소 정당	

'절대다수' 즉, 50% 이상의 득표 여부와 관계없이 제1위 다수득표자가 선출되는 1위대표제의 의석배정 방식은 굳이 설명을 필요로 하지 않을 만큼 간단하다. 하지만 이러한 의석배정 방식의 정치적 영향은 심대하여 실제 1위대표제의 장·단점을 규정하는 대표적 요소이다. <표 4.1>과 <표 4.2>는 각각 한국과 영국의 선거에서 1위대표제의 의석배정 방식이 초래할 수 있는 문제점을 단적으로 나타내는 예라 할 수 있다.

표 4.1 근소표차 당선의 예: 경기도 안양시 만안구 선거구 (1996년 15대 총선)

후 보 자	유효득표수	득표율(%)[a]
권수창(자유민주연합)	29,612	28.5
박종근(신한국당)	29,262	28.2
이준형(새정치국민회의)	29,013	28.0
김준용(통합민주당)	8,183	7.9
김관렬(무소속)	739	0.7
김규봉(무소속)	2,657	2.6
김선배(무소속)	1,107	1.1
김종박(무소속)	3,181	3.1
투표수	103,754	
투표율		58.8

· a: 득표율은 소수점 둘째자리에서 반올림했음.
· 자료: 중앙선거관리위원회(1996, 652-3)

<표 4.1>의 경기도 안양시 만안구의 결과는 1위와 2위, 1위와 3위의 표차이가 각각 350표와 599표에 불과한 예이다. 무소속 4명의 총 득표율은 불과 7.5%에 그친 가운데 1, 2, 3위의 득표율이 모두 28%대에 머무르면서 '소수대표(少數代表)'와 '근소표차(僅少票差)'의 극단적

현상이 나타났다. 한국의 역대 국회의원 선거 사상 최소표차는 2000년 16대 총선 당시 경기도 광주 지역 선거구에서 기록된 2표차 승부였고, 2012년 19대 총선에서는 약 5% 가까운 지역구 선거가 1,000표 이내의 접전이었다.[4] <표 4.2> 역시 1위대표제를 사용하는 영국의 한 선거구에서 나타난 현상으로 4명의 당선가능 후보 간 치열한 경쟁에 따른 문제점을 보여 주고 있다. 더 큰 문제는 이러한 현상이 1석 선거구 하나에서 그치는 것이 아니라 전국적으로 누적되어 선거의 총체적 왜곡현상을 초래한다는 것이다.

표 4.2 영국: 근소표차 당선의 예(1992년 총선)

후 보 자	유효득표수	득표율(%)
Johnston, Sir Russell(자유민주당)	13,258	26.0
Stewart, D.(노동당)	12,800	25.1
Ewing, F. S.(스코틀랜드민족당)	12,562	24.7
Scott, J.(보수당)	11,517	22.6
Martin, J.(녹색당)	766	1.5
총투표수	50,903	
투표율		73.3%

· 선거구: Inverness, Nairn and Lochaber
· 자료: Wood and Wood(1992, 143)

1987년 민주화 이후 총선(13대-19대)의 당선득표율을 비교 분석한 <표 4.3>과 <표 4.4>에 나타나듯이, 13대 총선부터 17대 총선까지는 50% 미만의 '소수대표' 당선비율이 50%를 상회하였다. 특히 1996년 15대 총선의 경우 68.6%의 선거구에서 50% 미만의 득표자가 당선되

4) 이 초박빙 승부에서 한나라당 박혁규 후보와 통합민주당 문학진 후보 간 표차는 개표 당시 3표였으나 법원의 재검표 결과 표차가 2표로 줄었다. <문화일보> 2008/4/9, 중앙선거관리위원회 19대 국회의원 선거 총람, 383 참고.

었고, 40% 미만의 득표로 당선된 후보만도 전체 지역구 당선자의 36.7%에 이르렀다. 반면 지역 텃밭 기반의 제3당 득표율이 약세를 보인 18대와 19대 총선에서는 '소수대표' 비율이 각각 45.7%와 30.1%로 줄어드는 추세를 보였는데 향후 정당 경쟁구도의 변화에 따라 '소수대표'의 문제가 다시 심화될 가능성도 있다.

<표 4.5>에 나타난 영국의 예가 이러한 소수대표 문제의 '재심화' 가능성을 잘 나타내고 있다. 전통적인 노동당-보수당의 양당 구도 선거에서는 '소수대표' 현상이 크게 두드러지지 않았지만, 자유당, 자유-사민 연합, 또는 자유민주당(Liberal Democrat)이 18.3%-25.4%의 득표율로 선전한 1974년 2월과 10월, 1983년, 2005년, 2010년 총선에서는 최대 66.6%까지 '소수대표' 당선비율이 늘어나는 현상을 보였다.

표 4.3 **50% 미만의 득표로 당선된 국회의원 현황**

구 분	의원정수[a]	의원수	비율(%)
제13대총선(1988)	224	129	57.6
제14대총선(1992)	237	141	59.5
제15대총선(1996)	253	174	68.6
제16대총선(2000)	227	119	52.4
제17대총선(2004)	243	130	53.5
제18대총선(2008)	245	112	45.7
제19대총선(2012)	246	74	30.1

· a: 비례대표 의원을 제외한 지역선거구 의원수임.
· 자료: 중앙선거관리위원회 역대 선거 총람

표 4.4 득표율별 당선 현황

구 분	의원 정수[a]	30% 미만	40% 미만	50% 미만	60% 미만	70% 미만	80% 미만	80% 이상
제13대총선	224	13	50	66	53	22	12	8
제14대총선	237	2	62	77	57	24	11	4
제15대총선	253	13	80	81	31	23	14	11
제16대총선	227	4	25	90	61	30	10	7
제17대총선	243	0	18	112	83	21	7	0
제18대총선	245	1	16	95	76	34	16	7
제19대총선	246	0	9	65	132	30	8	2

· a: 비례대표 의원을 제외한 지역선거구 의원수임.
· 자료: 중앙선거관리위원회 역대 선거 총람

표 4.5 50% 미만의 득표로 당선된 하원의원 현황: 영국(1918~2010년)

	당선의원수[a]	당선비율[b]
1918	97	14.5
1922	173	30.0
1923	203	35.2
1924	124	21.5
1929	310	53.8
1931	34	5.9
1935	58	10.1
1945	174	29.0
1950	187	29.9
1951	39	6.2
1955	37	5.9
1959	80	12.7
1964	232	36.8
1966	185	29.4
1970	124	19.7

1974 2월	408	64.3
1974 10월	380	59.8
1979	207	32.6
1983	334	51.4
1987	283	43.5
1992	258	39.6
1997	310	47.1
2001	312	47.3
2005	414	64.1
2010	430	66.6

· a: 50% 미만의 득표로 당선된 의원수임.
· b: 전체 의원중 50% 미만의 득표로 당선된 의원수의 비율임.
· 자료: Punnett(1991); Wood and Wood(1992)에 최근 선거결과를 추가하여 재구성

II. 1위대표제의 제도적 효과

1. 1위대표제의 비비례적(非比例的) 특성

1위대표제나 결선투표제 등의 다수대표제가 낮은 수준의 비례성을 나타낸다는 점은 여러 선거체제와의 단순비교나 득표율과 의석확보율과의 차이를 통해 쉽게 발견될 수 있는 특성이다(Rae 1967; Gallagher 1991; Lijphart 1994; Farrell 1997). 9장의 <표 9.1; 9.2>와 [그림 9.1; 9.2]는 이러한 특성을 명확히 나타내 주고 있다. 1위대표제를 사용하는 국가들이 맨 아래쪽에 낮은 순위에 몰려있고 이들 국가들의 비비례성이 현저하게 높은 수준임을 나타내주고 있다.[5)]

또한 앞서 거론된 '소수대표'의 문제점도 1위대표제의 비비례적 특성을 단적으로 나타내는 것이라 할 수 있다. '소수대표'나 비비례성을

5) 9장에서 논의하는 비비례성의 수준은 갤러거(Gallagher 1991)가 발전시킨 최소제곱지수(LSq; least-squares index)를 사용해 계산한 것이다. 계산방식과 자세한 설명은 9장 내용과 Lijphart(1994) 참고.

비판하는 중요한 논리적 근거는 '등가성(等價性)의 원칙'이다. 바꾸어 말하자면 "1인 1표; 1표 1가치(one man one vote; one vote one value)"라는 밀(J. S. Mill)의 금언을 실천하는데 있어 1위대표제가 가지는 근본적 불가능성에 주목하는 논리라 할 수 있다(Taylor, Gudgin, and Johnston 1986). 한 예로 <표 4.6>에 근거할 때 서울특별시 강남구 갑 지역구민의 1표와 광주광역시 동구 지역구민의 1표가 국회에서 같은 가치를 가진다고 볼 수는 없다.

표 4.6 19대 총선: 최다 · 최소 득표수 당선 현황

	후보자	선거구	선거 인수	투표수[a]	득표수	최다최소 득표차
최다 득표수	심윤조 (새누리당)	서울 강남구 갑	253,525	127,181	82,582	67,210
최소 득표수	박주선 (무소속)	광주 동구	89,255	49,239	15,372	

· a: 유효투표수임.
· 자료: 중앙선거관리위원회 제19대 국회의원 선거 총람, 845, 892.

1996년 15대 총선은 신한국당과 새정치국민회의라는 여야 구도에 전국적으로 고른 득표력을 가진 통합민주당과 지역 중심의 자민련 등이 가세해 경쟁한 선거로서 1위대표제의 특유의 제도적 효과를 골고루 드러내는 사례라 할 수 있다. 15대 총선 결과를 분석한 <표 4.7>은 정당별 의석 당 투표수의 차이를 극명하게 보여준다. 즉 신한국당의 경우 지역선거구 1석을 얻는데 56,063표만을 필요로 한 반면 통합민주당의 경우는 무려 245,299표를 필요로 했다. 정당별 의석수나 정당별 1표의 가치라는 관점에서 비교해볼 때 통합민주당에 표를 던진 투표자의 표는 신한국당에 투표된 표의 약 5분의 1에 해당하는 가치밖에 인정받지 못한 결론이 된다. 물론 이러한 문제는 근본적으로 1위대표제의 비비례적 성격에서 비롯된다. 하지만 더욱 중요한 것은 1위대표제가 신한국당, 국민회의, 자민련 등 지역적으로 집중된 지지기반을 가진 정당에 유리한 반면 통합민주당과 같이 지지기반이 분산되어 있는 정당에 매우 불리하게 작용한다는 점이다. <표 4.7>에 나타난 통합민주당의 보너스율(-8.0%)과 올러리 비례지수(32)는 이러한 현실을 그대로 반영하고 있다.

표 4.7 **제15대 국회의원 선거 결과 분석**

정 당	득표수	득표율(%)	의석수		의석률(%)		보너스율(%)[a]		비례지수[b]		1석당득표수	
			지역구	전체	지역구	전체	지역구	전체	지역구	전체	지역구	전체
신한국당	6,783,730	34.5	121	139	47.8	46.5	+13.3	+12.0	139	135	56,064	48,804
새정치국민회의	4,971,961	25.3	66	79	26.1	26.4	0.8	+1.1	103	104	75,333	62,936
통합민주당	2,207,695	11.2	9	15	3.6	5.0	-8.0	-6.2	32	45	245,299	147,180
자유민주연합	3,178,474	16.1	41	50	16.2	16.7	0.1	+0.6	101	104	77,523	63,569
무소속	2,328,785	11.8	16	16	6.3	5.4	-5.5	-6.4	53	46	145,549	145,549
기타	182,428	0.9	-	-	-	-	-0.9	-0.9	-	-	-	-
총계(평균)	19,653,073	99.8	253	299	100.0	100.0	-0.2	0.2	-	-	77,680	65,729

· a의 계산은 보너스율 = 의석률 - 득표율
· b는 올러리(O'Leary) 비례지수(= 의석률 / 득표율 × 100)[6)]

2. 3승(乘) 규칙(cube rule)

이른바 '3승(乘) 규칙'은 1910년경 영국의 1위대표제가 조장하는 비비례성의 패턴을 설명하기 위해 만들어졌다고 전해진다(Kendall and Stuart 1950; Taagepera and Shugart 1989, 150에서 재인용). 요약하자면 1위대표제의 경우 득표를 의석으로 전환하는 과정에서 두 정당의

6) 올러리 비례지수에 관한 자세한 설명은 7장 참고.

득표비율이 L : S라면 그 의석비율은 대략 $L^3 : S^3$에 가까울 것이라는 것이다.[7] 이를 두고 다수의 정치학자들이 '법칙(cube law)'으로 부르고는 있지만 그 법칙성에서 벗어나는 경험적 사례가 많아 실제 '법칙'으로 부르는 데는 무리가 따른다.[8] 하지만 3승 규칙은 규칙성의 진위(眞僞)를 떠나 1위대표제를 채택한 여러 나라의 비비례성을 비교하는 척도로서의 효용가치는 높다고 할 수 있다.[9]

3승 규칙

A식 : $y = x^3$

- $y = S_S / S_L$; $x = V_S/V_L$; S는 의석수, V는 득표수,
- L은 득표수가 많은 정당, S는 L보다 득표수가 적은 정당 표시

B식 : $y = x^n$ $(n = \log V / \log E)$

- V는 총 투표수, E는 선거구수

위의 A식은 3승 규칙을 수식화한 것이고, 아래 일반규칙 B식의 "특별한 경우"라고 할 수 있다(Taagepera and Shugart 1989, 165). 앞서 밝힌 대로 A식의 규칙성에서 벗어나는 경험적 사례가 많은데, 이는

7) L을 득표수가 많은 정당으로, S를 L과 비교해 득표수가 적은 정당으로 규정하면, 이 규칙이 대정당에 유리하게 작용하는 이유와 아래 수식을 이해하는데 도움이 될 것이다. 이 경우 수식 A의 x, y는 1 보다 작은 수가 되는 것이 보통이다. 만약 y가 1 보다 크다면 이는 적은 득표를 한 정당이 의석을 더 확보한다는 의미이다. 대·소정당의 유·불리에 관해서는 Rae(1971, 88-92) 참고.

8) 이런 의미에서 타게페라와 슈가트는 '앵글로 색슨 의회 선거의 3승 규칙(cube rule of Anglo-Saxon parliamentary elections)'이라고 부르고 있다(Taagepera and Shugart 1989, 158).

9) 3승 규칙($y = x^3$)은 1석 선거구 1위대표제에서만 적용될 수 있다. 비례선거체제는 일단 비례성을 높이는데 초점을 맞추기 때문에 비비례성을 전제로 하는 3승 규칙의 적용은 무의미하다. 비례제의 목표가 득표율과 의석확보율이 같은 '완전비례'라고 볼 때, 완전비례는 곧 $y = x$를 의미하는 것이고 비례제에 굳이 승수 규칙을 만든다면 '1승 규칙'이 된다.

선거구수와 총 투표수를 감안하지 않았기 때문으로 분석한다. B식은 3승 규칙을 총 투표수와 선거구수를 포함하는 'n승 규칙'으로 일반화한 것으로 일단 높은 예측율을 나타내는 것으로 평가받고 있다(*ibid*., 161-167).

<표 4.8>은 제14, 15, 18대 총선 결과이며, <표 4.9>는 이 결과를 위의 A식과 B식에 따라 분석한 것이다. 우선 B식의 일반규칙을 적용할 때 14대 총선의 경우 n = 3.080, 15대 총선의 경우 n = 3.035, 18대 총선의 경우 n = 3.030의 값이 구해진다. 이 세 가지 값에 미루어 볼 때 한국의 의석전환(seat-vote conversion) 패턴은 실제 3승 규칙에 매우 근접할 것이라는 일반적 예측이 가능하다. 하지만 이러한 일반규칙에 의한 예측과는 달리 <표 4.9>의 경험적 검증 사례에서 n은 3보다 작은 1.105(18대 총선 한나라당과 자유선진당의 비교)에서 1.684(18대 총선 한나라당과 통합민주당의 비교)에 이르는 범위의 값을 나타내고 있다. 락소(Laakso 1979)에 따르면 영국의 경우는 대략 2.5의 규칙성을 가진다. 이와 비교해 최대득표 정당인 신한국당이 가지는 '이득률(利得率)'이 영국의 대정당(노동당과 보수당)에 비해 높지 않다고 할 수 있다.

15대 총선의 경우 충청지역에 튼튼한 지역기반을 가진 자민련은 지역기반이 없는 민주당에 비해 상대적으로 득을 보았다고 볼 수 있다. 또한 이러한 지역적 투표행태와 선거에 참여한 '효과적 정당수(effective number of parties)'가 상대적으로 많다는 점이 함께 변수로 작용함으로써 이득률을 전반적으로 낮추었다는 분석도 가능하다.[10)]

10) 한국의 '효과적 정당수'는 15대 총선의 경우 득표를 기준으로 계산할 때 4.5 정당, 국회 의석을 기준으로 3.2 정당에 이른다. 이 수치는 허핀달-허쉬만(Herfindahl-Hirschman)의 집중지표(集中指標)를 사용해 계산한 것이다. N(효과적 정당수) $= 1 \ / \ HH = 1 \ / \ \Sigma P_i^2$ 여기서 P_i는 각 정당의 득표율 또는 의석확보율을 말한다(Taagepera and Shugart 1989, 77-91). 더 자세한 설명은 9장의 <표 9.1; 9.2> 참조.

표 4.8 **제14, 15, 18대 총선 결과 비교**

선거	정당	득표수	득표율 (%)[a]	의석수[b]	의석률 (%)
14대 총선	민주자유당	7,923,719	38.5	116	48.9
	민주당	6,004,577	29.2	75	31.6
	통일국민당	3,574,419	17.4	24	10.1
	신정당	369,044	1.8	1	0.4
	공명민주당	21,007	0.1	0	0
	민중당	319,041	1.5	0	0
	무소속	2,372,005	11.5	21	8.9
	총 계	20,583,812	100.0	237	99.9
15대 총선	신한국당	6,783,730	34.5	121	47.8
	새정치국민회의	4,971,961	25.3	66	26.1
	통합민주당	2,207,695	11.2	9	3.6
	자유민주연합	3,178,474	16.1	41	16.2
	무소속	2,328,785	11.8	16	6.3
	기타	182,428	0.9	0	0
	총 계	19,653,073	99.8	253	100
18대 총선	통합민주당	4,977,508	28.9	66	26.9
	한나라당	7,478,776	43.5	131	53.5
	자유선진당	984,751	5.7	14	5.7
	민주노동당	583,665	3.4	2	0.8
	창조한국당	72,803	0.4	1	0.4
	친박연대	637,351	3.7	6	2.4
	무소속	1,907,326	11.1	25	10.2
	총 계	17,415,666		245	99.9

• a: 득표율은 소수점 둘째자리에서 반올림했음.
• b: 비례대표 의석은 제외
• 자료: 중앙선거관리위원회(1992, 139; 1996, 163; 2008, 286)

표 4.9 3승 규칙의 적용

선거	공식	적용대상	y	x	n
14대 총선	A식	민주자유당 : 민주당	0.647	0.758	1.571
		민주자유당 : 통일국민당	0.207	0.451	1.978
		민주자유당 : 신정당	0.009	0.047	1.541
	B식				3.080
15대 총선	A식	신한국당 : 새정치국민회의	0.545	0.733	1.954
		신한국당 : 통합민주당	0.074	0.325	2.317
		신한국당 : 자유민주연합	0.339	0.469	1.429
	B식				3.035
18대 총선	A식	한나라당 : 통합민주당	0.504	0.666	1.684
		한나라당 : 자유선진당	0.107	0.132	1.105
		한나라당 : 민주노동당	0.015	0.078	1.646
	B식				3.030

대정당과 소정당의 유 · 불리

대정당과 소정당을 구분할 때 득표율과 의석점유율을 근거로 하는 것이 일반적이다. 이 경우 대정당은 "긍정적 경향(a positive bias)"에 따라 유리해지고 소정당은 "부정적 경향(a negative bias)"에 따라 불리해 지는데, 특별히 1위대표제의 경우 비례제에서 보다 대정당에 요구하는 득표율이 높다(Sprague 1980). 스프라그(Sprague)는 래(Rae)의 데이터를 토대로 1위대표제의 유 · 불리가 교차하는 최소점(B; unbiased threshold point)을 0.32(득표율 32%)로 계산한 바 있다. 즉 1위대표제의 경우 최소한 약 3분의 1 이상의 득표력을 가져야만 의석확보에 유리해진다는 것이다. 반면 비례제의 경우는 0.12(득표율 12%)로 유리한 쪽으로 옮겨가는 교차점이 한결 낮다고 스프라그는 분석한다.

3. 듀베르져(Duverger)의 법칙

'듀베르져(Maurice Duverger)의 법칙'은 주로 위의 3승 규칙적 비비례성이 작용하여 1위대표 선거체제가 대정당 중심의 양대정당(兩大政黨)체제를 촉진한다는 점을 강조하는 것이다. 듀베르져의 표현을 그대로 빌리자면 "국가적 · 사회적 변수들과 상호작용하여 단순히 기본적 추세를 규정하는", "3가지 사회학적 법칙"을 학자들은 통상 '듀베르져의 법칙'이라고 불러왔다: "(1) 비례대표제는 독립된 다당제를 유도하는 경향이 있고, … (2) 2표(라운드)제 다수체제는 서로 연립된 다당제를 유도하며, … (3) 상대다수제[1위대표제]는 양당제를 촉진하는 경향이 있다"(Duverger 1955, 113; 1986, 70).[11] 특히 듀베르져는 "제도적 효과(mechanical effect)"와 "심리적 요인(psychological factor)"이 제3당을 불리하게 함으로써 1위대표제가 양대정당제를 유도한다는 이론적 이유를 밝힌다(Duverger 1963; Riker 1986, 33에서 재인용). 이 듀베르져의 법칙은 많은 논란을 일으키는 한편 이 분야의 연구를 활발하게 하는 촉진제의 역할을 한 것으로 평가된다. 이 법칙이 처음 학계에 발표된 후 50여 년이 지난 오늘날까지 이 '법칙성'에 대한 논란은 계속되고 있으나 여기서는 사르토리(Giovanni Sartori)와 라이커(William H. Riker)의 논의를 중심으로 그 적실성(適實性)과 효용성(效用性)을 검토한다.

---

11) 이 인용문은 듀베르져 자신이 1955년 파리에서 출간한 저서에 사용했던 내용을 1986년(실제 논문은 1982년 불어로 출판)의 영문 논문에 재인용한 것이다. "(1) Proportional representation tends to lead to the formation of many independent parties, … (2) the two-ballot majority system tends to lead to the formation of many parties that are allied with each other, … (3) the plurality rule tends to produce a two-party system."

표 4.10 정당체제와 선거체제의 복합적 영향

정당체제	선거체제	
	강성	연성
강성 (구조화)	(Ⅰ) 선거체제의 감소 효과	(Ⅱ) 정당체제의 상쇄-장애 효과
연성 (미구조화)	(Ⅲ) 선거구 차원의 억제-감소 효과	(Ⅳ) 영향력 없음

· 자료: Sartori(1986, 61)

우선 사르토리의 경향적 법칙은 첫째 "1위대표제(plurality formulas)는 양당제를 촉진하며, 역으로 다당제를 억제한다"와 둘째 "비례대표제(PR formulas)는 다당제를 촉진하며, 역으로 양당제를 유도하기는 거의 어렵다"는 것이다(Sartori 1986, 64). 즉 사르토리는 듀베르져 법칙의 선거체제와 정당체제의 '인과(因果)관계(causality)'가 명확치 않음을 지적하고 이러한 측면에서 재구성했다고 볼 수 있다. <표 4.10>은 선거체제와 정당체제의 상호작용에서 어떤 선거체제적 '효과(effect)'가 작용하는지를 나타내고 있다.

간략히 요약하면, (Ⅰ)의 경우 대표적인 선거체제가 1위대표제이고 정당체제가 공고히 구조화된 상태에서 1위대표제는 정당의 수를 줄이는 '감소효과(reductive effect)'가 크다는 것이다.[12] 반면 (Ⅱ)는 비례대

12) 사르토리는 오스트리아와 몰타의 경우를 제외한 모든 양당체제를 (Ⅰ)의 범주에 분류한다. 참고로 '구조적(structured)'이라는 표현은 정당체제의 구조(역할의 집합체로서)가 분화와 공고화(consolidation)의 과정을 거쳤다는 의미이다. 사르토리는 구조강화가 헌팅톤의 '제도화(institutionalization; 적응성, 자율성, 복잡성, 응집성이 높아지는 것을 의미)'와 유사한 의미를 가지지만 좁은 의미로 해석되어야 함을 강조하면서 특별히 대중정당의 존재 유무를 구조강화의 한 기준으로 삼는다(Sartori 1976; Huntington 1968, 12-24). 구조강화가 이루어지지 않은 '연성(軟性; feeble 또는 unstructured)정당체제'의 구체적인 사례로 투표자가 인물지향적이고 정당의 명칭 자체가 그리 중요한 변수로서 역할을 하지 못하는 경우를 들고 있다(Sartori, G. 1986).

표제가 이미 구조적으로 공고해진 정당체제에서 채택될 경우를 상정하는 것으로 이 경우 오히려 정당체제의 '장애효과(blocking effect)'로 인해 새로운 원내정당의 등장이 어렵다는 것이다. 사르토리는 비례대표제에도 불구하고 양대 정당체제를 유지하고 있는 오스트리아와 몰타를 전형적인 예로 들고 있다.[13)]

결국 사르토리는 1위대표제의 양대 정당체제 촉진효과와 비례대표제의 다당제 유도효과를 '경향적 법칙'이라는 다소 법칙성이 완화된 표현으로 받아들이고 있다. 하지만 특기할 것은 선거체제적 효과가 무엇인지를 밝힘으로써 선거체제와 정당체제의 인과관계를 규명하고자 했다는 점이다: 1) 양대 정당체제가 1위대표제에 의해 유지될 수는 있지만 그 형성은 구조적으로 공고한 정당체제와 결합됐을 때 장기적 과정을 거쳐 이루어진다; 2) 1위대표제를 채택하더라도 다른 사회적 균열구조(언어, 인종, 이데올로기 등을 중심으로 하는)가 존재하고 이러한 균열구조가 지역적으로 높은 집중도를 나타낼 경우 양대 정당체제의 성립은 불가능하다; 3) 1위대표제에서 비례대표제로의 전환이 이루어졌을 경우 (정당체제의 장애효과에도 불구하고) 새로운 원내정당이 등장한다면, 그 실질적 원인은 1위대표제가 없어지면서 생기는 '부수효과(side effects)'에 의한 것임을 강조하고 있다(Sartori 1986, 58).

다른 각도에서 듀베르져의 법칙을 검토하는 방법은 "전략적 투표(strategic 또는 sophisticated voting)"의 유무를 검토해 보는 것이다. 우선 1위대표제가 나타내는 비비례적 특성은 크게 두 가지에서 비롯되는데, 첫째는 득표수를 의석으로 전환하는 방식 자체에서 비롯되는 것

13) (III)의 예로는 인도를 들고 있는데, 이 경우는 FPTP제와 연성정당체제와의 조합으로 선거체제가 전국적 수준에서 정당체제에 작용하기보다는 지역선거구 차원에서의 '감소효과'만 강하게 나타나는 것으로 보고 있다. 끝으로 (IV)의 경우는 비례대표제와 연성정당체제의 조합으로 특별히 두드러진 체제적 효과가 없기 때문에 신생 정치체제가 원자화된 정당체제를 극복하고 구조강화를 실현하는 데 좋은 조건이 아님을 강조한다(Sartori 1986, 61-62).

이고, 둘째는 당선가능성을 나름대로 예측해 자기 투표의 효용성을 최대한 높이고자 하는 투표자의 심리적 측면에서 기인할 수 있다. 이 두 가지를 듀베르져는 각각 "제도적 효과"와 "심리적 요인"으로 규정하고, 이 두 요인을 중심으로 제3당이 불리해지는 이론적 이유를 밝힌다(Duverger 1963; Riker 1986, 33에서 재인용). 첫 번째 '제도적 효과'는 대정당에게 유리하게 작용하는 3승 규칙의 경험적 검증과정에서 그 존재가 충분히 입증되었다. 이 제도적 효과는 다시 심리적 요인에 작용해 심리적 효과를 증대시키는 특성을 나타내고, 이러한 심리적 효과는 전략적 투표행태를 조장하게 된다(Riker 1986, 19-42; Blais and Carty 1991 참고).

먼저 '전략적 투표'의 개념을 규정하기 위해 투표의 유형을 살펴볼 필요가 있다. 우선 2후보간 경쟁에서 지배적 전략(dominant strategy)은 후보의 당선 가능성에 관계없이 1차 선호 후보를 선택하는 '진실한 투표(sincere voting)'이다.[14] 다자간 경쟁에서 지배적 전략은 아니라 할지라도 당선 가능성에 대한 고려 없이 1차 선호 후보를 선택하는 것도 '진실한 투표'라 할 수 있다. 1차 선호도와 당선 가능성 선순위 후보가 일치하고 그 후보에게 투표하는 유형은 '진실한 투표'와 구별해 '똑바른 투표(straightforward voting)'라 명명할 수는 있지만 상당수 투표자들이 1차 선호 후보의 당선 가능성을 높게 평가하는 경향이 다분해 '똑바른 투표'의 경우 그 수가 부풀려질 소지가 크다(Abramson et al. 1992, 59; 안순철 1996, 173-174).

후보가 3명 이상일 경우 '진실한 투표'가 지배적 전략일 필요는 없으며, 전략적 움직임의 여지가 있다. '전략적 투표자'는 자신의 선호도 순위와 후보의 당선 가능성을 함께 고려하여 선호도 순서가 낮지만 당

14) 투표 유형에 관한 논의는 Farquharson(1969), Abramson et al(1992), Ordeshook (1986, 243-301), 안순철(1996), 안순철(2001), 조진만(2009) 등 참고.

선 가능성에서 앞설 경우 후자에 치중한 투표를 한다. 이러한 투표는 사표(死票)를 방지하고자 하는 투표자의 행태로도 설명된다. 또한 같은 맥락에서, 한 투표자가 자신의 1차 선호 후보의 당선 가능성이 충분하지 않다고 인식함과 동시에 자신이 가장 싫어하는, 즉 선호도가 가장 낮은 후보의 당선을 막기 위해 2차 또는 3차 선호도의 후보에게 투표하는 경우도 마찬가지 전략적 투표 행태의 범주에 해당한다.[15] 즉 전략적 투표 행태의 다양한 유형 또는 동기는 실제 제3자에 의한 경험적 설명이나 구별이 거의 어렵기 때문에 하나의 큰 범주를 설정하여 '전략적 투표'라 이름하는 것이 보통이다.

표 4.11 투표 행태의 유형[16]

선호도	당선가능성			
	1	2	3	4
1	똑바른 투표	똑바른 투표	진실한 투표	진실한 투표
2	전략적 투표			
3	전략적 투표		비합리적 투표	비합리적 투표
4	비합리적 투표	비합리적 투표	비합리적 투표	비합리적 투표

· 자료: 안순철(1996, 174)

15) 또 다른 가능성으로 '편승(便乘) 효과(bandwagon effect)'에 영향을 받는 투표 행태를 고려할 수 있다. '편승 효과'라는 용어는 투표자들이 다른 사람들에 의해 낙선이 예견되는 후보보다는 당선이 기대되는 후보에게 투표하고자 하는 현상을 의미하는 것이다(Simon 1957, 79-80). 이와 반대되는 현상은 '약자 편승 효과(underdog effect)'라 이름한다. 이 두 가지 효과의 존재는 수많은 여론조사와 실험조사를 통해 확인되었다고는 하지만 실제 그 원인과 정확한 증거를 전하는 경험적 연구는 거의 없는 상태이기 때문에 많은 학자들이 과학적 분석의 범주를 넘어선 "비합리적이고 예측 불가능한" 현상이라고까지 평하기도 했다(Zech 1975, 117).

16) 공란으로 남긴 부분은 행태의 특이성에 대한 정보가 없어 분류할 수 없는 유형으로 처리한다. Abramson et al(1992, 59)은 3후보간 경쟁에서 후보 선호도 순서와 당선 가능성을 토대로 <표 4.11>과 유사한 3 × 3 분류표(typology)를 제공하고 있다.

결국 전략적 투표행태는 유권자의 합리성을 전제로 하는 것이고, 따라서 듀베르져의 법칙 역시 은연중에 이러한 합리성을 전제하고 있다는 점을 알 수 있다(Riker 1986, 33-35). 합리적 선택이론 역시 투표자 인지력의 한계와 정보 환경의 문제점을 인정하지만 유권자들이 비교적 합리적이고 효율적으로 유용한 정보를 활용하고 정치인에 대하여 지속적인 평가를 유지하고 있다는 점을 강조한다.[17] 다수의 투표자들이 선호도, 당선 가능성, 만족도 등을 고려해 전략적인 투표 행태를 보이며, 여기에는 특히 정치엘리트와 정치자금을 제공하는 정치적 관심층의 정치적 계산이 전략적 투표의 환경을 조성하는 데 선도적 역할을 할 수 있다.[18] 실제로 이러한 전략적 투표행태의 존재를 입증하는 증거들은 영국, 캐나다, 독일, 미국, 한국 등의 경험적 연구사례에서 많이 발견되고 있다. 투표자로 하여금 전략적 투표를 결정하게 하는 요인이 무엇이냐는 데 대한 논란의 여지는 남아있지만 1위대표제와 전략적 투표의 높은 상관관계를 의심하기는 어렵다. 이러한 맥락에서 라이커는 듀베르져가 말하는 '심리적 요인'의 존재를 확인함으로써 그 법칙성을 타당한 것으로 받아들이고 있으며, 대다수의 정치학자들이 이에 동의하고 있다는 점을 강조한다(Riker 1986, 35-38, 42 각주 5 참조).

---

17) 반면 유권자들의 자질을 의심하는 사회심리학적 시각은 투표자의 선호도 자체가 이성적·합리적 사고의 산물이 아니라 "감정과 성향(sentiment and disposition)"의 표현일 뿐이라는 입장을 유지한다(Berelson et al. 1954, 305-21). 따라서 사회심리학적 이론의 측면에서 볼 때, 무관심, 정보 부족, 제한된 인지력 등의 영향으로 투표자들이 정치적 현실에 대해 잘 모르기 때문에 전략적 투표란 거의 존재하지 않는다(Converse 1964).

18) 투표자들이 사회적 선택의 과정에서 큰 역할을 할 수는 없지만 최소한 바라지 않는 후보의 당선을 저지하는 차원에서 개인의 '만족도'를 계산해 투표하는 경우도 전략적 투표의 예가 될 수 있고(Ferejohn and Fiorina 1974); 정치적 영향력의 확대를 원하는 정치엘리트와 정치자금원들이 양대 정당에 집중되고 또한 이들이 제3당을 배제하는데 선도적 역할을 함으로써 전략적 투표의 환경이 조성될 수도 있다(Riker and Ordeshook 1968). 그 외 전략적 투표행태에 관한 연구는 Downs (1957); Riker and Ordeshook (1968, 1973); Aldrich (1976, 1980); Enelow and Hinich (1982, 1984); Abramson et al. (1992); An (1995); 안순철 (1996) 등 참조.

끝으로 듀베르져의 법칙의 감소효과를 1위대표제 대통령 선거와 관련해 생각해 볼 수 있다. 듀베르져 법칙의 연장선에서 1위대표제가 후보의 난립을 방지하는 경향적 효과를 가져야만 그 '법칙성'이 타당하다고 할 수 있을 것이다. 이와 같은 맥락에서 슈가트와 커리(Shugart and Carey 1992, 209)는 1위대표제가 대통령 선거과정에서 "두 개의 큰 연합(broad coalition)을 형성케 하는 경향을 가지며, 이 두 개의 연합이 평균 85% 정도의 투표를 점유한다"는 점을 경험적 연구를 통해 밝히고 있다. 또한 이들은 위에서 설명한 '감소효과', '심리적 요인', '전략적 행태'(투표자와 후보자 모두의) 등과 관련하여 연구결과를 이론적으로 뒷받침하고 있다.

4. 3승 규칙과 듀베르져 법칙의 실질적 효용성

이와 같이 3승 규칙과 듀베르져의 법칙을 근거로 1위대표제의 비비례적 성격이 양대 정당제를 유도하는 경향적 효과를 가지고 있다는 일반적 결론에 다다를 수 있다. 또한 선거체제와 정당체제의 관계를 경험적 경향(tendency)을 바탕으로 단순화하였기 때문에 이해를 도와주는 "학습지도 도구(a heuristic tool)"로서의 가치를 가지기도 한다(Sartori 1986, 51). 하지만 사르토리와 라이커를 포함하는 대다수 정치학자들이 '양대 정당제 유도효과'에 동의하고 듀베르져 법칙의 '경향적' 타당성을 인정하면서도 실제 그 '적실성(適實性)'에 관한 한 유보적 태도를 취하고 있다는 점에 주목해야 한다. 즉 장기적인 촉진효과는 있지만 실제 양대 정당제가 성립되는데 있어 1위대표제가 충분조건은 아니라는 것이다.

특히 사르토리가 법칙성의 부정적 조건으로 내세운 사회적 균열구조가 지역적 변수와 함께 작용하는 사례가 많기 때문에 실제 듀베르져 법칙의 실질적 효용성에는 한계가 있다. 더구나 1위대표제 자체가 지역주의 선거행태 또는 지역적 투표블록(regional voting bloc)의 형성을 조장하는 경향도 나타나고, 실제 영국과 캐나다에서 정당별 득표의 지역적 불균형이 심화되고 있다는 연구결과도 있다(Bogdanor 1983, 247-262; Pattie 외 1992; Dunleavy 외 1993). 또 한국의 지역주의적 선거행태 역시 1위대표제와 깊이 관련되어 있다는 것 역시 이미 주지의 사실이다.

듀베르져 법칙의 감소효과를 대통령 선거에 적용하는 것도 지역적 투표블록 현상이 어느 정도인가에 따라 한계를 가질 수밖에 없다. 또한 심리적·전략적 요인에 의한 감소효과도 실제 대통령 선거를 '일회(一回性) 게임(one-shot game)'으로 볼 때에만 타당성을 가질 수 있다. 즉 연합을 통해 받는 '보상' 보다 출마를 통해 얻을 수 있는 정치적 이익이 크다고 할 경우 '방해 입후보자(spoiler)'의 의지를 꺾기 어려울 것이기 때문이다. 더군다나 17대 총선 이전 한국의 예처럼 지역적 기반에 주로 의지하는 다정당체제일 경우 승리를 위한 '최소조건(threshold)'이 매우 낮아져 후보 난립을 초래할 가능성이 있고, 인물위주 정당의 성격은 정치적 '지분'을 형성해 차기를 겨냥해 대통령 선거를 '다회(多回性) 게임(multiple-shot game)'으로 여기는 분위기를 조성할 가능성도 많다.

III. 1위대표제의 장단점

1위대표제를 비롯한 다수대표제와 비례대표 선거체제는 장점과 단점의 많은 부분을 반대로 나누어 가진다. 또한 장단점으로 지적되는 것들의 상당부분은 선거의 정치철학적 의미를 가지기 때문에 단순한 제도적 논의에서 다루기 어려운 경우도 있다. 우선 각각의 선거체제를 다루는 과정에서는 주로 많이 주장되는 장·단점을 요약하고, 다음 절에서 따로 1위대표제에 대한 비판론을 소개하고자 한다.

1. 장 점

1위대표제의 장점

① 단순하고 쉽다.
② 지역대표성을 보장함으로써 선거구 유권자들과 의원간의 친밀도가 높게 유지됨
③ 양당제를 유도하고 안정된 정부구성의 촉진
④ 정치적 책임의 소재가 명료

1위대표제는 첫째 '단순하고 쉽다'는 장점을 가진다. 단순성은 1위대표제의 최강점(最强點)이라고도 할 수 있을 만큼 거센 선거체제 개혁 요구에도 불구하고 1위대표제가 지속적으로 유지되는데 제도적 관성(慣性; inertia)을 공급하는 중요한 특징이다. 뒤에 논의되는 비례대표제 선거체제의 투표방식이나 의석배정 방식과 비교하면, 그 상대적 단순성과 용이성이 자연 돋보일 수밖에 없다는 것이다. 투표자는 제1선호 후보란에 단순히 X표와 같은 간단한 방법으로 자신의 선택을 표시하면 되고, 당선자를 확정하는 방법도 유효표를 선호 후보별로 나누어 셈하는 단순 작업에 불과하다. 따라서 투표자들의 교육수준이 전반적으로 낮은 정치체제에서 특히 1위대표제의 단순성과 용이성에 대한 매력을 느낄 수 있다.

둘째, 1위대표제를 채택하고 있는 국가들은 이 제도가 제공하는 '지역대표성(constituency representation)'에 대해 전통적으로 강한 심리적 '애착(愛着)'을 가지고 있다. 앞서 논의한 대로 '대표(representation)'라는 개념은 '소세계적(小世界的; microcosm)' 의미로 접근하거나 '대리

인(代理人; principal-agent)'의 의미로 해석하는 두 가지 갈래로 개념화된다. 1위대표제의 경우는 우선 '대리인'적 의미에 비중을 두고, 이들 대리인들이 모이는 의회는 '누가 구성원이 되느냐' 보다는 '유권자들을 대리해서 어떤 일을 하느냐'에 중점을 둔다. 높은 비례성을 통해 사회와 닮은꼴 의회를 만들고자 하는 비례대표제보다는 구체적으로 식별되는 '지역선거구'에서 의원을 선출해 책임을 지우는 1위대표제가 요구된다는 것이다.

또한 같은 맥락에서 1위대표제는 구체적으로 지역선거구민이 식별되기 때문에 의원과 의원을 선출한 유권자들과의 친밀도가 높다는 장점을 강조한다. 물론 현대사회에서 정치와 정치인 일반에 대한 불신과 반감은 원인과 정도의 차이만 있을 뿐 거의 모든 국가에 공통된 현상이라고 해도 과언이 아니다. 미국의 경우 많은 정치학자들이 1960년 이후 정치적 반감, 무관심, 정치 불신이 지속적으로 심화되어 왔음을 보고하고 있다(Miller 1974, 951-72; Nie, Verba, & Petrocik 1976; Hill & Luttbeg 1983, 23-26). 하지만 1위대표제를 주창하는 기성 정치인들은 이러한 정치 환경에서도 미국 유권자들이 자기 주의 상원의원이나 지역구 하원의원에 대해서는 비교적 호의적이라는 점을 강조하고, 이를 1위대표제가 가지는 지역대표성에서 비롯되는 장점으로 내세우고 있다.[19)]

이러한 주장은 실제 한국정치 환경에서도 쉽게 접할 수 있는 것이다. 한국의 1위대표제가 지속적으로 유지되어 오는 과정에서 특수한 형태의 지역적 기반을 토대로 1위대표제의 혜택을 독점해온 기성 정치

19) 선거구민과의 '밀접성'은 1위대표제의 장점이지만 미국 연방하원 의원들의 경우 선거구민의 수가 "선거구민과의 밀접성을 기대할 수 없는 합리적인 수준"을 넘었다고 보면서 19,500을 대표하는 뉴질랜드의 경우와 비교하는 견해도 있다(김광수 1997, 191). 하지만 정치커뮤니케이션의 발달을 감안할 때 선거구민의 수나 지역구의 크기가 큰 변수가 될 수 없고, 더구나 여기서 친밀도라는 개념은 단순한 '호감' 내지는 '친숙함의 정도'로 보는 것이 타당할 것이다.

인들이 지역대표성을 주장하면서 유권자와의 친밀도를 내세워 '손해 볼 것 없는 선거체제'를 옹호해왔다고 볼 수 있다.

셋째, 정치적 효율성과 안정성 역시 1위대표제의 장점으로 특별히 강조된다. 1위대표제 주창자들은 높은 비례성(proportionality)을 추구하느냐 아니면 정부 구성의 효율성과 정치적 안정을 추구하느냐의 문제가 비례대표제와 다수대표제의 근본적 차이점이라고 주장한다. 앞서 살펴본 바와 같이 3승 규칙적 비비례성이 대정당에게 유리하게 작용하기 때문에 1위대표제는 단일정당이 정부를 구성하는데 효과적이라는 것이다. 선거의 진정한 존재이유가 바로 '정부의 선택'이고, 따라서 단일 정당에 의한 정부 구성이 그 만큼 중요하다는 논지이다. 1위대표제는 곧 '정치적 안정'이라는 등식을 내세우는 한편, 비례대표 선거체제는 '비례성'을 보장하기 위해 '정치적 불안'을 감수해야 한다고 주장한다. 비례제에 있어서는 연립정부의 형성이 불가피하고, 연립정부의 낮은 위상이 정치불안을 초래하기 쉽다는 것이다.

끝으로 정부 구성의 효율성과 같은 맥락에서 강조되는 1위대표제의 장점이 책임정치의 실현이다. 민주주의는 유권자에게 민감한 정당을 필요로 하며, 양대 정당체제가 바로 선거를 통해 유권자의 무서움을 알릴 수 있는 체제라는 점이 특별히 강조된다(Popper 1988, 28). 정부의 구성뿐만 아니라 정부를 바꾸는 것도 유권자의 권리이고, 이러한 권리를 보장해주는 체제가 양대 정당체제를 유도하는 1위대표제라는 것이다(Norton 1997, 84-85). 아울러 1위대표제를 주창하는 학자나 정치인들은 연립정부가 정당 지도자들 간의 밀실합의(密室合意)에 의해 정부가 구성되기 때문에 정책 공약의 실천이나 국정운영에 있어 책임 소재가 불분명해진다는 점을 지적한다.

2. 단 점

1위대표제의 단점

① 소수대표 현상
② 비비례성과 '만들어진 다수'의 형성
③ 국가이익 보다는 지역서비스 위주의 의원활동
④ 여성과 정치적 소수 그룹의 대표성이 낮음
⑤ 게리맨더링의 가능성이 높음

1위대표제를 반대하는 학자나 정치인들이 내세우는 1위대표제의 가장 큰 단점은 낮은 비례성과 소수대표 현상이다.[20] 앞의 2절에서 3승 규칙, 듀베르져의 법칙 등 제도적 효과와 함께 이러한 단점에 대해서는 충분히 논의된 바 있으므로 그 외 단점들을 살펴본다. 첫째 1위대표제가 국가이익 보다는 지역서비스 위주의 의원활동을 조장한다는 점이다. 즉 1위대표제의 현실적 환경이 의원들을 지역서비스 위주의 대중주의(populism)에 쉽게 물들게 할 가능성이 크다는 것이다.

미국의 경우 좋게 말하면 '초당적(超黨的)' 행태이지만 실제로 의원 행태의 이면을 살펴보면 대개 지역선거구 중심의 행태를 미화하는 것에 불과한 경우가 많고, 이러한 의원 행태는 1970년대 이후 의회의 '분권화(分權化; decentralization)', 정당의 쇠퇴, 후보자 중심의 미디어 정치 등의 현상이 심화되면서 더욱 심해진 것이 사실이다(Vogler 1983; Crotty 1984; Grodizins 1985). 영국 하원 의원들의 행태에 대한 다양

20) 1위대표제가 '소수대표' 현상을 초래한다는 의미에는 과반수 이하의 지지를 받았다는 뜻과 더불어, 1인 의원이 선거구민의 다양한 견해를 대표하기 어렵다는 의미를 함축한다. 즉 1석 선거구 자체에서 비롯되는 근본적 문제점을 지적하는 것이라 할 수 있다.

한 연구들 역시 지역서비스 위주의 의원활동이 점차 늘어나고 정당과 정책 위주의 팀플레이(team play)가 쇠퇴하는 추세를 보고하고 있다(Norton and Wood 1993, 1990; Cain 외 1987 등 참고).

둘째로 1위대표제와 같이 1석 지역선거구를 가지는 선거체제의 공통된 단점이 게리맨더링에 취약하다는 것이다. 인구가 조밀한 도시 지역과 인구 밀도가 낮은 지역의 1표가 같은 가치를 갖도록 하면서 지리적, 행정적 구역이라는 변수를 동시에 만족시키는 선거구 획정은 이상에 가까운 것이 사실이다. 따라서 원칙을 벗어난 선거구 획정과 선거구별 인구수의 불균형(malapportionment) 가능성이 그 만큼 높다는 것이다. 설사 고의적이지 않더라도 선거구 획정 여부에 의해 선거에서의 유불리가 결정될 소지가 많다는 지적을 면하기 어렵다.

끝으로 1위대표제가 지역적 투표블록의 형성을 촉진한다는 점을 지적할 수 있다. 즉 1위대표제는 여성과 정치적 소수그룹의 대표성은 봉쇄하는 반면, 지역적으로 집중된 표에 과도한 대표성을 보장하는 경향이 있기 때문에 결국 지역적 투표블록의 형성을 유도한다는 것이다. 보그다노(Bogdanor 1997, 81-82)가 이를 일컬어 1위대표제의 아킬레스 건(Achilles heel)이라 했을 만큼 실제 영국에서 이러한 지역적 집중 현상이 두드러지게 나타나고 있다. 물론 지역적 집중 현상 자체가 1위대표제의 단점이라는 것은 아니다. 문제는 이러한 지역적 집중 현상이 누적되면서 지역을 기반으로 하는 지역 정당이 경쟁력을 가질 경우 1위대표제를 뒷받침하는 양대 정당체제 자체가 붕괴될 수 있다는 점이다.[21]

---

21) 영국의 2015년 총선 결과는 이러한 우려가 현실화되었다는 의미를 가진다. 스코틀랜드국민당(SNP; Scottish National Party)은 불과 4.7%의 득표율로 무려 56석(8.6%)을 차지하여 제3당의 위상을 확보한 반면 2010년 선거에서 제3당으로서 보수당의 연정 파트너였던 자유민주당(Liberal Democrat)은 7.9%의 득표율로 8석(1.2%)을 얻는 데 그쳤다. 노동-보수 양대 정당의 득표율은 67.3%로 2005년 총선 이후 계속해서 70%에 미달하는 최근 추세를 이어갔다.

IV. 결론: 1위대표제의 비판

1. 단순성

'단순하고 쉽다'는 특징은 1위대표제의 최강점이라고도 할 수 있을 만큼 1위대표제 주창자들이 강조하는 특징이다. 특히 의석배정 방식을 놓고 비례제의 경우와 비교하면, 그 상대적 단순성과 용이성이 자연 돋보일 수밖에 없다. 하지만 '투표자가 할 일'이라는 측면과 개표와 의석배정의 측면을 분리해서 이 문제에 접근할 필요가 있다. 의석배정의 복잡한 계산과정을 일반 투표자가 꼭 이해해야 할 필요가 있는가라는 의문을 가질 수 있다.

자신이 던진 표가 사표가 되기를 바라는 유권자는 없을 것이다. 유권자의 입장에서는 자신의 선호도가 최대한 반영되기를 바랄 뿐이다. 민주적 정치체제로서 한 사회가 추구하는 선거의 목적에 어떤 선거체제가 더 부합하느냐의 문제가 초점이 되어야 할 것이다. 아울러 의석배정 방식이 아무리 '복잡하다'고 하는 선거체제일지라도 실제 선거사무에 종사하는 사람들의 입장에서 볼 때는 단순한 작업이라는 점, 또한 컴퓨터 프로그램을 이용함으로써 아무리 복잡한 의석배정 과정도 훨씬 신속하고 정확해질 수 있다는 점 등에도 주목해야 할 것이다.

따라서 문제의 핵심은 투표자의 측면에서 볼 때, 과연 1위대표제 이외의 다른 선거체제가 얼마나 더 복잡하고 어려운 일을 요구하느냐라는 것이다. 비례제 선거체제의 주창자들도 순수 폐쇄형(閉鎖型) 명부비례제 또는 폐쇄형 명부비례제와 1위대표제를 혼합한 선거체제 역시 단순하다는 주장을 편다. 단지 범주형 투표를 2회 한다는 것이 복잡할 이유가 없다는 것이다. 또한 현재 채택돼 운용되는 선거체제 중 가장 복잡한 일을 요구하는 선거체제는 투표자로 하여금 정당과 후보자를 고려해 선호도의 순서를 1, 2, 3 …의 수로 표기하도록 요구하는 형태라 할 수 있다.[22] 1위대표제를 주창하는 학자나 정치인들은 투표자들에게 선호순서(rank-order)를 정하도록 하는 것이 상당한 부담이 된다고 주장한다.

그러나 실제 투표자들이 느끼는 부담은 그리 크지 않다는 연구 결과도 있다(Dunleavy외 1992). 이 연구에서 학자들은 영국의 1992년 총선과 때를 맞추어 1위대표제 선거만을 경험해 온 영국 유권자들을 대상으로 아일랜드식 STV제 선거를 실험적으로 실시하였다.[23] 연구결과는 '무효표'의 증감에 변화가 거의 없었다는 점을 근거로 영국의 일반 투표자들이 STV제의 '순서형(順序型)' 투표에 쉽게 적응하였다는 결론을 내리고 있다. 투표율과 무효표율을 조사해 비교하는 것도 투표자들이 느끼는 부담감을 간접적으로 측정할 수 있는 접근방법이다.

Lijphart(1994, 6-7 표 1.1)의 연구는 복잡하다고 하는 비례선거체제의 투표율이 1위대표제를 포함한 다수선거체제 보다 9%나 높았다고 보고하고 있다. 또한 <표 4.12>가 보여주듯이 비례선거체제의 무효표율 역시 다수제에 비해 특별히 크게 증가하지 않았고, 오히려 강제투표제가 무효표를 증가시키는 중요 변수로 작용해 강제(强制)투표제를 채택한 페루, 브라질, 파나마, 룩셈부르크, 오스트레일리아, 벨기에 등의 국가에서만 높은 무효표율이 나타나고 있다(Mackie and Rose 1991; McAllister and Makkai, 1993).[24]

---

22) 단기이양식(STV), 대안투표(alternative vote) 등이 요구하는 '순서형(ordinal) 투표'에 대해서는 5장과 7장 참조. 1900년대 초 스위스나 핀란드에서 사용되었던 '연기식' 역시 상대적으로 높은 교육수준을 요구하지만 현행 선거체제가 아님으로 논의의 범위에서 제외하였다. 연기식에 관한 논의는 김광수 1997, 255-256 참고.

23) 이러한 실험적 방법은 시뮬레이션(simulation) 또는 모의(模擬)조사(mock-ballot survey) 등으로 불리며, 연구자들은 1992년 당시 영국의 634개 1석 선거구를 123개의 다석 선거구(대부분 5석 선거구)로 재구획하여 모의조사를 실시하였다(Dunleavy외 1992).

24) 이탈리아의 구 선거체제는 강제투표를 제도화하지는 않았지만, 투표를 하지 않은 유권자의 이름을 기록으로 남기는 관례가 심리적으로 투표를 강요한다고 볼 수 있다.

표 4.12 다양한 선거체제의 무효표율과 투표율 - 최근 의회 선거

국가	선거	무효표율(%)	투표율(%)
페루*	2011	23.1	83.8
브라질*	2014	14.0	80.6
파나마**	2014	7.9	75.2
룩셈부르크*	2013	6.8	91.6
오스트레일리아*	2013	5.9	93.2
벨기에**	2014	5.8	89.4
멕시코**	2012	4.9	62.5
아르헨티나*	2013	4.5	77.2
포르투갈	2011	4.1	58.0
이탈리아	2013	3.6	75.2
우루과이*	2014	3.3	89.6
나우루*	2013	3.2	96.9
그리스*	2015	2.4	63.6
코스타리카**	2014	2.3	68.4
프랑스	2012	2.1	55.4
오스트리아	2013	1.9	74.9
스위스	2011	1.8	48.3
일본	2005	1.7	67.5
독일	2013	1.6	71.5
몰타	2013	1.3	92.9
스페인	2011	1.3	68.9
한국	2008	1.2	46.0
덴마크	2015	1.2	85.9
이스라엘	2015	1.0	72.3
영국	2010	1.0	66.1
아일랜드	2011	1.0	70.1
스웨덴	2014	0.9	85.8
캐나다	2011	0.7	61.1
노르웨이	2013	0.5	78.2
핀란드	2015	0.5	66.9
뉴질랜드	2014	0.5	76.9

네덜란드	2012	0.4	74.6
미국	2006	0.4	47.5
아이슬란드	2013	0.3	81.4

· www.idea.int/vt 검색일: 2010/7/9
* 강제투표제 실시 국가
** 강제투표 법률 규정은 있으나 실제 집행하지는 않는 국가

위 Dunleavy 등 학자들의 모의조사는 영국적 환경에서 실시된 것이기 때문에 그 결과를 일반화하는 데는 무리가 따른다. 우리 한국의 경우처럼 1위대표제를 실시하는 나라가 다른 형태의 선거체제를 도입하기 위해서는 별도의 모의조사를 통해 점검할 필요가 있다. 필자가 유사한 형태의 '순서형'을 활용해 조사한 바에 따르면 '선호하는 후보 순서'를 1(가장 선호하는 후보)부터 5(가장 선호하지 않는 후보)의 수로 답해 달라는 설문에 6.5%(352명 중 23명)의 응답자가 조사의도에 어긋나는 답을 하였다. 이 6.5% 중 대부분은 '선호후보'를 밝히는 것 자체를 원하지 않은 경우이거나 자신이 가장 선호하는 후보만을 밝힌 경우이고, 실제 설문의 의도를 이해하지 못한 응답자는 극히 소수에 불과했던 것으로 추정된다.[25] 모의 투표용지를 활용하는 조사와의 차이점, 여론조사 자체의 한계 등을 전제로 한 대략적 추정이기 때문에 이러한 자료를 근거로 명백한 결론을 내리는 것은 어렵다. 하지만 한국의 교육수준에 비추어 볼 때 영국 사례와의 차이는 크지 않을 것이라는 예상이 무리는 아니다.

결론적으로 1위대표제의 '단순성'과 '용이성'은 인정하나 실제 장점으로서 내세우는 데는 한계가 있다. 오히려 '단순성'에 대한 심리적 효

25) 지난 1997년 대통령 선거를 앞두고 선거관계 면접조사(1997. 10. 18-25; 서울)를 수행하는 과정에서 '전략적 투표행태' 조사를 목적으로 '순서형' 투표와 유사한 설문을 응답자가 직접 작성해보도록 하였다. 물론 조사 의도나 과정이 달라 이 자료를 통해 정확한 결론을 내리기는 어렵지만 응답자의 적응정도를 파악하는 대략적 자료로는 활용될 수 있다.

과가 1위대표제의 지속적 유지에 대한 호의적 반응을 유도하고 있다고도 볼 수 있다. 따라서 1위대표제의 첫 번째 장점으로 단순성을 강조하는 것은 보기에 따라서는 유권자의 정치의식과 능력을 경시하는 정치적 주장으로 비추어 질 수 있다. 선거체제 개혁과정에서 필요한 것은 1위대표제의 '단순성'을 내세우는 소극적 논의가 아닐 것이다. 오히려 대안으로 제시되는 선거체제에 '유권자가 적응하는 데 어떤 문제가 있느냐'를 검토하는 적극적 형태의 논의가 필요할 것이다. 이러한 적극적 사고가 전제되어야만 '과연 어떤 선거체제가 기존 선거체제에서 파생되는 정치체제적 문제를 극복하고 나아가 '체제적 능력(capacity)'을 향상하는 데 유리할 것이냐'는 궁극적 문제에 접근할 수 있는 것이다.

2. 지역대표성과 지역선거구민과의 친밀도

1석 선거구제를 채택하고 있는 국가들은 '지역대표성'에 대해 심리적 '애착'을 가지고 있다. 1위대표제를 사용하는 영국이나 미국의 개혁 논쟁이 1석 선거구를 유지하는 것을 거의 전제로 하는 이유도 여기에 있다. 1위대표제 주창자들에 따르면, 구체적으로 식별되는 1석 선거구의 경우 의원이 유권자에 대한 책임의식을 가지고 유권자와의 친밀도를 유지하면서 지역 선거구를 위해 일할 수 있도록 하는 반면, 다석 선거구를 사용하는 비례제의 경우 의원의 지역적 책임의식이 드러날 수 없다는 것이다.

반면 지역대표성을 주장하는데 대한 반론은 크게 두 가지로 나누어 볼 수 있다. 우선 첫째는 1위대표제만이 지역대표성을 가지는 것이 아니라는 주장으로 이는 일단 '장점'임을 인정하는 것이라 할 수 있다. 이러한 주장은 '지역대표'에 대한 "향수적 형상(nostalgic imagery)"을 가지고 있는 영국적 환경에서 특히 강하게 제기되고 있고, 이 때문에 영국의 선거체제 개혁 논의는 비례대표제보다는 현행 1위대표제와 유사한 형태의 '지역선거구'를 유지할 수 있는 '대안투표제(alternative vote system)', 'STV제', '독일식 2표제(현행 1인 선거구제의 비율을 일정 수준으로 낮추지만 1위대표제는 유지)' 등으로 한정될 수밖에 없었다(Farrell 1997, 28).

둘째는 아예 1위대표제 지역대표성의 근원적 약점인 '소수대표' 문제를 제기하는 견해이다. 앞에서 <표 4.3>과 <표 4.5>를 바탕으로 살펴보았듯이 어떠한 이유건 선거구민의 과반수 이상이 원하지 않는 후보가 당선되는 일이 너무 많다는 것이다. 즉 경기도 안양시 만안구 선거를 예로 들자면, 자유민주연합 권수창 후보의 경우 어쨌든 선거구민의 16% 정도가 실제 투표로서 지지를 표한 경우이고, 존스턴(Johnston) 경의 경우는 19%의 선거구 투표를 받은 경우이다(표 4.1과 표 4.2 참조). 과연 이들 당선자가 '지역대표성'을 가지느냐는 것이 '지역대표'의 근본적 문제점을 제기하는 견해의 논리적 근거라 할 수 있다.

<표 4.13> 역시 이러한 견해를 뒷받침해주는 대조적 사례이다. 충남 논산, 계룡, 금산군 지역구민들이 이인제 의원에게 느끼는 친밀도와 광주시 동구민들이 박광태 의원에게 느끼는 친밀도에는 차이가 있을 것이다. 일반화하자면 유권자들이 자신의 투표로 당선된 후보에게 느끼는 친밀도와 그렇지 않은 당선자에게 느끼는 친밀도가 다를 수밖에 없다는 논리가 무리는 아니다. 이러한 맥락에서 '소수대표'의 문제점을 근원적으로 따지는 이들은 유권자와 대표와의 '친밀도'를 1위대표제의 일반적 장점으로 내세우는 견해에 반론을 제기한다고 볼 수 있다.

표 4.13 **최다 · 최소 득표율 당선 현황: 18대 총선**

	후 보 자	선거구	선거인수	투표수[a]	득표수	득표율	최다최소 득표율차
최다 득표율	박주선 (통합민주당)	광주 동구	89,403	39,468	34,625	88.7	61.0
최소 득표율	이인제 (무소속)	논산, 계룡, 금산	176,075	86,402	23,595	27.7	

· a: 유효투표수임.
· 자료: 중앙선거관리위원회 18대 국회의원 선거 총람, 629, 721.

3. 안정된 정부구성의 촉진과 책임정치의 실현

높은 비례성(proportionality)을 추구하느냐 아니면 정부 구성의 효율성과 정치적 안정을 추구하느냐의 문제는 비례대표제와 다수대표제의 근본적 갈림길로 여겨져 온 것이 사실이다. 과연 비례성과 효율성 · 안정성은 동시에 추구될 수 없는 상반된 가치인가? 1위대표제는 곧 '정치적 안정'이라는 등식이 고정관념처럼 받아들여져 온 것도 사실이다. 반대로 비례대표 선거체제는 '비례성'을 보장하기 위해 '정치적 불안'을 감수해야 한다는 관념이 지배적이었다. 비례제는 연립정부(coalition)의 형성을 필요로 하며, 이 경우 정당 지도자들간의 밀실합의에 의해 정부가 구성되기 때문에 정책 공약의 실천이나 국정운영에 있어 책임 소재가 불분명해진다는 것이 1위대표제를 주창하는 학자나 정치인들의 논리적 근거였다.

비판을 제기하는 학자들도 1위대표제의 제도적 · 심리적 효과가 절대다수 정당을 조작해 정부 구성을 촉진한다는 점은 통계적으로 명백한 사실임을 인정한다. 하지만 비례제를 사용하는 다른 다섯 나라(아이슬란드, 아일랜드, 오스트리아, 네덜란드, 룩셈부르크)가 1위대표제를 사용하는 영국 보다 오히려 긴 정부의 수명(壽命)을 나타내 온 것 역시 사실이다. 물론 '정부의 수명'이 곧 '정치적 안정'이라는 등식에 이의가 있을 수 있고 1위대표제의 일반적 장점을 부정하기도 어렵지만, 꼭 1위대표제만이 정치적 안정을 촉진한다고 결론을 내리는데도 무리가 따른다고 볼 수 있다(Gallagher 외 1995, 327-328).

공약의 실천이나 국정운영의 책임 소재를 명백히 한다는 측면에서도 반론이 제기된다. 실제 비민주적 '밀실야합'이라고 부르는 연립정부의 형성 과정도 다른 각도에서 접근하면 결국 '투표자에 의한 정부구성'이라는 것이다. 즉 일반적으로 유권자들이 선거체제의 특성상 연립정부의 불가피성을 인지하고 있고 나아가 연정의 파트너가 어떻게 짜여질 것인가를 대개 인지한 상태에서 투표하는 것이 보통이라는 지적이다(Gallagher 외 1995, 303).

또한 1위대표제가 가지는 소수대표의 문제점도 '정치적 안정'이라는 측면에서 결코 긍정적 역할을 할 수 없다는 점도 흔히 지적된다(Farrell 1997, 156). 1위대표제의 제도적 · 심리적 효과가 만들어내는 '만들어진 다수(manufactured majority)'는 대개 40% 정도의 지지를 얻는 것이 보통이다. 더구나 영국의 경우 우선 '만들어진 다수'의 주인이 바뀌는 기현상이 1951년과 1974년 2월 선거에서 벌어진 바 있다. 지역선거구 차원에서의 소수대표 문제가 아니라 전국적으로 적은 득표를 한 정당이 의회에서 더 많은 의석을 차지하게 된 것이다.[26]

반면 비례제의 경우 대개 55% 내지 75% 정도의 실질적 다수가 지지한 정당이 연립정부를 구성하기 때문에 오히려 정치적 안정에 유리하다는 것이다.[27] 이러한 연립정부의 형성이 일반적으로 정책의 '연속

---

26) 1951년에는 48.8% 대 48.0%로 노동당이 득표율에서 앞섰으나 의회 의석은 보수당이 51.4%를 차지하였고; 1974년 2월 선거에서는 보수당이 37.9%로 37.2%를 득표한 노동당을 0.7% 앞섰지만 의석은 노동당이 0.6% 많은 47.4%로 (상대적)다수당이 된 바 있다(Mackie and Rose 1991).

성'을 유지하는 데 효과적이라는 연구결과가 있다(Lijphart 1984). 따라서 정부의 교체에 따라 정책이념과 기조가 극단적으로 변화하는 것을 막아 오히려 정치적 안정에 도움을 준다는 점에 주목할 필요가 있다.

요컨대 1위대표제 하에서 '만들어진 다수'가 정치적 안정을 이끄는 데 효과적이라는 관념도 보는 시각에 따라서는 설득력 있는 반론에 부딪치고 있다. 위의 반론들은 대개 양대 정당체제의 유지를 전제로 한 경우이지만, 만약 양대 정당체제 자체가 무너질 경우라면 문제는 더욱 심각해진다. 즉 1위대표제의 제도적 · 심리적 효과에도 불구하고 경쟁력 있는 제3당, 제4당이 등장하는 다정당체제가 유지될 경우라면 1위대표제의 장점은 비비례적 특성, 소수대표의 문제, 지역선거구 위주의 의원활동 등과 복합적으로 작용하여 거꾸로 최대의 단점이 될 가능성이 크다는 것이다.

영국은 노동-보수 양대 정당의 독주 속에서 자유민주당, 스코틀랜드, 웨일즈, 북아일랜드 등의 지역정당이 경쟁하는 체제이다. 2001년 총선까지는 양대 정당이 대개 70-75%의 득표로 90-95%의 의석을 차지해 왔지만, 2005년 총선 이후 양대 정당의 득표율이 68%에 미달하는 가운데 지역정당이 경쟁력을 발휘하면서 양대 정당이 안정적 절대다수를 형성하는 것이 점차 어려워지고 있다. 2010년 총선에서 자유민주당은 노동당의 29.0% 득표율에 불과 6.0% 뒤지는 23.0%의 득표율로 57석을 차지하였고 총 650석 가운데 306석을 차지한 보수당과 연립정부를 구성한 바 있다.

2004년 17대 총선까지 한국의 경우는 다정당체제에 가까웠다. 앞서 밝힌 대로 한국의 '효과적 정당수'는 1996년 15대 총선 득표를 기준으

27) 영국의 1992년 총선에서 보수당은 41.9%의 득표로 다수당이 되었다. 혼합형이지만 실질적 의미에서는 비례제 국가인 독일의 연립정부는 1990년 선거에서 54.8%를 득표하였고, 네덜란드(1989년 선거)와 오스트리아(1990년 선거)의 경우는 각각 67.2%, 74.9%의 득표를 차지하는 연립정부가 구성되었다(Farrell 1997, 156).

로 4.5 정당, 의석을 기준으로 3.2 정당에 가까웠는데 이는 '지역주의적 투표행태'와 무관치 않았다.[28] 즉 한국정치의 특별한 변수라 할 수 있는 지역주의적 투표행태와 인물중심 정당구조로 인해 1위대표제의 '감소효과'가 나타나지 못한 것으로 분석할 수 있다. 따라서 15대 총선 당시 민주당과 같이 지역기반이 없는 소정당은 1위대표제의 감소효과와 부정적 바이어스에 의해 최대의 피해를 보는 데 반해, 지역기반이 있는 자민련은 그 득표력에 비해 의석확보에 불리한 영향을 받지 않는 현상이 나타난 것이다(Sprague 1980). 즉 자민련은 스프라그가 유·불리의 교차점으로 계산한 32%에 훨씬 못 미치는 16.1%의 득표율을 얻었지만 같은 16.2%의 지역구 의석을 얻었고, 전국구를 포함하면 오히려 0.5%의 이득을 봐 전체 국회의석의 16.7%를 차지하였다(표 4.7 참조).

2004년 17대 총선 이전까지 한국에서 '여소야대(與少野大)'는 당연한 현상으로 받아들여졌다. 1위대표제로 253명(84.6%)의 지역구의원을 선출하는 현행 선거체제와 지역주의적 투표행태의 결합은 결국 선거에 의해 '만들어진 다수' 조차 형성하기 어렵게 만들었다. 당시 국정을 책임지는 '절대다수'를 형성하기 위해 여당은 타당 의원의 당적을 바꾸는 편법에 의지했다. 한국에서의 1위대표제는 '듀베르져의 법칙성'에서 벗어난 예외적 사례로 보였다. 그러나 2004년 17대 총선 이후 충청권을 기반으로 한 자유민주연합이나 자유선진당(18대, 19대 총선)이 득표력의 한계를 보이면서 여당이 세 차례 계속해서 의석의 50%를 넘기는 선전을 해왔고, 이 과정에서 효과적 정당수 역시 2008년 18대 총

28) 효과적 정당수의 계산방식과 자세한 논의는 Taagepera and Shugart(1989, 77-91)와 이 책의 9장 내용 참고. 한국의 지역주의적 투표행태에 관해서는 이갑윤(1990), 김형국(1990), 조중빈(1993), 박찬욱(1993), 조기숙(1996), 이남영(1996), An(1997), 안순철(1997), 안순철(2001), 강원택(2003), 최준영·조진만(2005), 이동윤(2009) 등 참고.

선 이후 2.93(의석 기준) 정당으로 축소되는 양상을 보였다. 영남과 호남 지역 기반을 중심으로 하는 양대 정당체제의 흐름이 계속 이어질 것인가를 가늠해 보는 것도 향후 한국정치의 미래를 그려보는 데 있어 매우 흥미로운 관심사라 할 수 있다.

V. 다(多)석 선거구 다수제: 블록투표제, 집적투표제, 제한투표제, SNTV

다수제를 1석 선거구가 아닌 다석 선거구에서 활용하는 대표적인 방법으로는 블록투표제(bloc votes), 집적투표제(cumulative votes), 제한투표제(limited votes)와 SNTV제 등이 있다. 우선 블록투표제는 유권자가 의석수만큼의 후보를 선택해 각 1표씩 투표할 수 있게 하는 방법이다. 현재 자유민주주의 체제로 분류되는 88개 국가 가운데 영연방(Commonwealth of Nations) 국가인 모리셔스(Mauritius)와 투발루(Tuvalu) 2개국이 블록투표제를 활용하고 있는데, 모리셔스의 경우 20개의 3석 선거구와 1개의 2석 선거구에서 총 62명의 의원을 선출한다. 모리셔스의 3석 선거구 유권자들은 3명의 후보에게 각각 1표씩 3표를 모두 행사해야 유효표로 인정받을 수 있다.[29)]

모나코(Monaco)와 몽골(Mongolia) 역시 블록투표제를 사용하다 독립혼합형(MM-Independent)으로 개혁한 사례인데, 선거체제 개혁의 주된 요인이 심각한 비비례성의 문제였을 만큼 블록투표제는 비례성을 크게 왜곡하는 것으로 분석된다. 특히 대다수 유권자가 1개 정당 후보에게 이른바 일원투표(straight-ticket voting)를 하는 경향이 있기 때문에 비비례성이 증폭된다는 것이다(Farrell 2011, 40). 보통 선거구의

---

29) 모리셔스의 선거제도 관련 논의는 International IDEA 데이터베이스, www.idea.int/db 참고.

의석 규모가 늘어날수록 비례성이 높아진다는 경험적 패턴에서 벗어나는 예라 할 수 있다.

집적투표제는 블록투표제의 비비례성 문제를 보완하기 위한 변형적 다수제 방법이다(Lijphart 1986, 120-123). 집적투표제는 블록투표제와 마찬가지로 유권자에게 선거구 의석수만큼 투표할 수 있는 권리를 줌과 동시에 투표자가 '선호하는 강도'를 투표수로 표시할 수 있도록 하는 제도이다. 예를 들어 4명을 선출하는 선거구라면, 투표자는 4표까지 행사할 수 있는데, 투표자가 어느 특정 후보를 매우 선호한다면 주어진 4표 모두를 이 한 후보에게 행사할 수도 있고, 그렇지 않을 경우 2명 내지 4명의 후보에 분산해서 4표를 행사할 수도 있다. 만약 이 선거구에서 1석이라도 얻고자 한 명의 후보를 공천한 소수당이 있다면 이 소수당의 입장에서는 선거구의 당원들이 4표를 모두 몰아주도록 유도할 것이고, 당원들의 결속력이 강할 경우 의석획득에 그 만큼 유리해진다 할 수 있다. 결국 집적투표제는 소수당에 의석 획득의 기회를 제공하기 위한 제도적 배려라 할 수 있다. 1980년까지 미국 일리노이 주(州) 의회 선거에서 사용된 적은 있으나 현행 국가 단위의 사용 예는 없다(Taagepera and Shugart 1989, 13; 정요섭 1993, 266-267; 김광수 1997, 229; Farrell 2011, 41).

제한투표제는 블록투표제의 비비례성 문제를 완화하기 위해 유권자의 투표수를 의석수보다 1표 적게 '제한'하는 방법을 적용한다. 스페인 상원 선거에 활용되는 제한투표제는 일부 도서지역선거구(island provinces)를 제외하고는 4석 선거구를 기본으로 하는데 유권자는 후보 3명을 선택해 각각 1표씩 투표권을 행사한다. 대다수 스페인의 유권자들 역시 블록투표제의 일원투표 경향과 비슷하게 가장 선호하는 정당의 후보들에게 3표를 행사하는 일원적 투표행태를 보이기 때문에 대다수 선거구에서 4석 가운데 3석은 제1당이, 남은 1석을 제2당이 차지하는 결과가 빚어진다. 물론 지역별로 일부 소수파 정당이 남은 1석을 차지하는 것이 블록투표제보다는 다소 유리하지만, 제한투표제 역시 비비례성의 문제를 해결하는 데 있어서는 극히 '제한적'인 효과에 그친다고 할 수 있다. 일례로 2011년 스페인 총선에서 국민당(People's Party)은 명부식 비례제인 하원 선거에서 44.6%의 정당투표를 얻는 정당지지율로 선출직 상원 의원 208명 중 135명(65.4%)을 당선시킬 수 있었다.[30)]

1993년 선거까지 일본 하원(중의원)의 선거제도였던 SNTV(단기비이양)제는 의석수보다 투표수가 적다는 점에서 제한투표제의 특수형이라 할 수 있다.[31)] SNTV제 하에서 일본 중의원 지역 선거구는 3-5석이었는데 일본의 유권자들은 1명의 선호 후보에게 1표만을 행사할 수 있었다. 당선자의 득표수와 상관없이 3석 선거구라면 1, 2, 3위가 당선되는 방법이기 때문에 사실상 당선 조건이 낮아지고 그만큼 비례성이 높아진다는 경험적 분석이 있다(Farrell 2011, 41-42). 일본의 SNTV제는 제한투표제의 투표수 '제한성'을 최대로 높여 1인 1표제로 하였기 때문에 비비례성의 문제를 어느 정도 완화할 수 있었던 반면, 기본적으로 같은 정당 후보 간의 선거구 내 경쟁이 불가피한 상황에서 정당 내부의 파벌정치가 심화되고 정당 조직보다는 후보들의 개인 네트워크가 비정상적으로 확대되는 부작용도 있었다. 7장에서 논의하는 STV제와의 비교를 통해 이러한 부작용의 원인이 더욱 명확히 드러날 수 있을 것이다.

---

30) www.electionresources.org 스페인 선거 결과 참고.

31) SNTV제는 현재 88개 자유민주주의 체제 국가 중 남태평양의 도서국인 바누아투(Vanuatu)에서 유일하게 활용되고 있는 제도이다.

제 5 장

절대다수대표제 (majority system)

Ⅰ. 결선투표제(runoff)

Ⅱ. 결선투표제의 변형 - 1라운드 승리의 최소조건(threshold)

Ⅲ. 대안(代案)투표제(alternative vote system)

Ⅳ. 보완(補完)투표제(supplementary vote system)

소수대표(minority representation) 현상은 1위대표제의 의석결정 방식에서 비롯되는 근본적 문제점이다. 4장 <표 4.1>과 <표 4.2> 등을 바탕으로 설명한 바와 같이 정도의 차이는 있지만 1위대표제를 사용하는 국가들이 공통으로 안고 있는 문제이기도 하다. 특히 1위대표제에도 불구하고 양대정당체제와는 거리가 먼 정당체제(즉 효과적 정당수가 많은 정당체제)라면 소수대표 현상은 더욱 심화될 것이고, 그 결과가 전국적으로 누적될 때는 선거체제의 차원을 넘어 정치체제의 총체적 문제로 나타나게 될 것이다. 1위대표제의 장점이라고 주장되는 안정된 정부구성은 어려워지는 반면 제도의 특성상 대립과 갈등만 심화될 가능성이 높다. 4장에서 논의한 바 있는 한국의 현실 정당체제가 이러한 가능성을 그대로 나타내고 있다고 볼 수 있다.

결국 소수대표 문제는 1위대표제가 지난 70년대 이후 민주화의 과정에서나 선거체제 변화 과정에서 점차 채택 대상에서 제외되는 근본적 이유이기도 하다. 4장에서 설명했듯이 FPTP제의 장점으로 내세워지는 단순성과 용이성, 지역대표성과 유권자와의 친밀도, 양당제의 유도와 안정된 정부구성 등의 특성을 유지하면서 소수대표의 문제점을 극복하고자 하는 '타협'의 귀결이 본 장에서 논의하고자 하는 '절대다수(絶對多數) 대표제'[1]라 할 수 있다. '절대다수(absolute majority)' 즉 총 유효표의 1/2 이상을 얻어야만 당선되는 체제, 또는 기본적으로 이러한 '절대다수'를 지향하는 체제를 일컫는다. 1위대표제와 절대다수대표제는 둘 다 비(非)비례(non-proportional) 체제로서 지역선거구의 크기(district magnitude; 의석수)가 1, 즉 1석 선거구에서 주로 사용된다.[2]

1) 아래 프랑스의 예에서 볼 수 있듯이 제2라운드(결선라운드)에 진출하는 후보가 둘 이상이 될 경우 당선자가 유효표의 1/2이상을 얻지 못하는 예도 있으므로 '절대다수 지향체제(absolute majority-oriented)'라는 표현이 적절할 수 있지만 이 책에서는 편의상 일위대표제와 구별하는 의미에서 '절대다수(대표)제'라는 용어로 통일해 사용한다.

2) 4장에서 별도로 논의한 '다석 선거구 다수제'를 상기할 필요가 있다. 한국의 경우

우선 절대다수제의 대표적인 예로 일컬어지는 프랑스 형 2라운드제(결선투표제; runoff 또는 second ballot system)와 호주 하원의원 선거에서 시행되고 있는 대안투표제(alternative vote)의 운용을 개관하고 장·단점을 중심으로 한 찬반론을 검토한다. 이어서 2라운드제와 대안투표제의 중간형이라 할 수 있는 '보완투표제(supplementary vote)'를 논의한다.

I. 결선투표제(runoff)

결선(決選)투표제는 경우에 따라서는 '2회 투표제(second ballot system)'나 '2라운드제(two round system)'으로 불리기도 한다. 이 책은 1라운드 선거에서 일정 조건을 충족시킨 후보 간의 결선이라는 의미가 직접 전달되는 '결선투표제'로 통일해 사용하고자 한다. 결선투표제는 '프랑스식'이라고 불릴 만큼 프랑스의 대통령 선거와 의회 선거가 국가 단위 선거제도의 대표적 사례라 할 수 있다. 대통령 선거의 경우 1980년대 이후 중남미, 아프리카, 동유럽의 많은 국가들이 민주화 또는 재민주화(redemocratization) 과정에서 대거 결선투표제를 채택함으로써 대통령 선거체제 중 가장 널리 사용되는 체제로 자리잡았다.[3] 이 책에서 다루는 88개 자유민주주의 체제 국가 가운데서는 프랑스 외

흔히 '중선거구제'로 불리던 제5공화국 당시의 국회의원 선거제에서 '2석 지역선거구제'에서 1, 2위대표제를 사용했었다. 1994년 일본의 선거체제 개혁 이전 흔히 '단기비이양식(SNTV; single non-transferable vote)'으로 불리는 선거제도는 '다(多)석 선거구 다수제'를 사용한 경우에 해당한다.

3) 현재까지 1위대표제를 유지하고 있는 국가는 도미니카 공화국, 니카라과, 베네수엘라, 필리핀, 미국(선거인단), 한국 등이고, 아일랜드와 스리랑카는 대안투표제를 사용한다. 대통령제를 택한 그 외 대부분의 국가들(프랑스, 오스트리아, 핀란드, 폴란드, 포르투갈, 러시아, 우크라이나, 말리, 브라질, 칠레, 콜롬비아, 에콰도르, 엘살바도르, 과테말라, 페루 등)은 현재 결선투표제를 채택해 사용하고 있다(Shugart and Carey 1992, 217 참고). 미국의 대통령 선거체제에 대한 자세한 논의는 1장 각주 11 참고.

에 키리바시(Kiribati)와 말리(Mali)가 중앙 의회 선거에서 결선투표제를 채택하고 있고, 헝가리와 불가리아는 '혼합형 체제(mixed member system)'의 일부로서 결선투표제를 사용하고 있다(8장 내용 참조).

1. 결선투표제의 운용

결선투표제의 1라운드 선거는 형식상 1위대표제와 다를 바 없다. 1라운드 선거의 '1위'가 1라운드에서 승리할 수 있는 '최소조건(threshold; 이하 T)'을 만족시키지 못할 경우 정해진 얼마간의 시간을 두고 2라운드 선거를 실시한다. 최소조건 T는 이론적으로는 0에서 100(%)의 값을 가질 수 있다. T = 0이라는 것은 모두가 0표를 얻을 경우 1표로도 당선될 수 있다는 것으로 1위대표제를 의미한다. 반대로 T = 100%라는 것은 만장일치가 아니면 당선될 수 없다는 것을 의미한다. T는 선거제도의 목적에 따라 정하기 나름이고, 경우에 따라서는 단순한 득표율(%)이 아닌 다른 조건을 사용할 수도 있다. 결선투표제의 변형은 이러한 T의 변형에 따르는 것으로 그 중 세 가지 중요한 변형 체제는 다음 절에서 논의된다. 여기서는 우선 T = 50% + 1 즉 절대다수(absolute majority)를 최소조건으로 하는 프랑스식 선거체제를 중심으로 주요 사항을 검토한다.

절대다수 최소조건(T = 50% + 1)은 실제 매우 높은 조건이지만 '과반수'라는 민주주의적 정당성에 부합된다는 의미에서 가장 보편적으로 사용되는 조건이다. 즉 1라운드에서 50% + 1표를 획득한 후보는 1명 이상 존재할 수 없고 따라서 당선자로 확정된다.[4] 만약 이러한 후보가 없다면, '어떤 조건으로 2라운드 진출 후보를 정하느냐'의 문제가

---

4) 프랑스 의회 선거의 경우 1988년에는 22%, 1993년에는 12%, 최근 2007년에는 19.1%(110/577)의 지역 선거구에서 1라운드만으로 절대다수 당선자가 확정되었다(Goldey 1993; electionresources.org 검색 참고).

남는다. 어떻게 규정을 만들든 이 결선 진출조건은 '임의적(任意的) 조건'임에 틀림없다.[5] 가장 널리 사용되는 방식은 1라운드의 1위와 2위 득표자로 하는 것인데, 이 경우 2라운드의 승자는 절대다수의 득표율을 보장받게 된다. 따라서 앞서 1위대표제의 소수대표 문제를 극복한다는 목적에 부응하는 방법이라 할 수 있다. 프랑스 대통령 선거의 결선 진출조건이고, 신한국당이 1997년 대통령 선거를 앞두고 실시한 당내 후보 경선에서 사용한 결선 진출조건이기도 하다(아래 표 5.1 신한국당 경선 참조).

1, 2위 진출조건 대신 사용할 수 있는 방식은 1라운드에서 일정한 '득표율' 이상을 기록한 후보에게 결선 진출을 허용하는 것이다. 프랑스 의회 선거에서 사용되는 방식으로 '등록 유권자(registered voters)'의 12.5% 이상을 얻은 후보에게 결선 진출의 권리가 주어진다. '유효투표'에 대비한 득표 기준이 아니라는 것이 특이한 점이라고 할 수 있고, 1993년과 2007년 총선의 전국 평균 투표율 69%와 60.4%를 적용해 환산하면 각각 평균 약 19%와 20% 이상의 득표율에 해당하는 기준임을 참고할 수 있다(Farrell 1997, 41; Farrell 2011, 47). 따라서 결선라운드 진출자가 3명 이상일 경우 당선 기준은 1위대표제가 되어 당선자가 절대다수 이하의 득표율로 당선될 수 있게 된다.[6]

위의 12.5% 득표 기준은 이론적으로는 무려 7명 이상이 결선에 진출할 수 있다는 것을 의미한다. 하지만 실제 프랑스에서는 한 1석 선

---

5) 즉 투표자의 입장에서 볼 때 사회적 선택의 대상이 임의적으로 정해진다는 것이다. 임의적으로 선택의 대상을 둘로 만들어 단순다수결정(simple majority decision)의 방법론적 우월성을 주장할 때 '여관에 든 손님의 다리를 잘라 침대 크기에 맞추었다'는 프로크루스테스(Procrustes)의 우화에 빗대 이러한 임의성을 비판하기도 한다(Riker 1982, 65) 참고.

6) 래(Rae 1967)는 이 12.5% 규칙을 근거로 프랑스 하원 선거체제가 진정한 의미의 '절대다수대표제'가 아니라고 주장한다. 반면 다른 시각에서 타게페라와 슈가트(Taagepera and Shugart 1989, 22)는 이 12.5% 규칙이 특별히 정치적 "거래의 형성(the formation of bargains)"에 도움을 주기 위한 것으로 설명하고 있다.

거구 내에서의 연합은 물론이고 각 정당들이 여러 1석 선거구를 대상으로 상호 유리한 형태의 거래("cross-district deals")를 할 수 있도록 허용하고 있기 때문에 대개 결선은 2명의 후보 간에 이루어지는 것이 보통이다(Shugart and Carey 1992, 214). 1993년 선거의 경우 총 1석 선거구 수의 약 3%에 해당하는 15개 선거구에서 3명의 후보간 결선이 있었을 뿐이다(Goldey 1993).

그 외 프랑스 선거에서 특기할 만한 것은 투표용지에 관한 사항이다. 아래 그림과 같은 후보 고유의 투표용지를 사용하며, 투표자는 선호하는 후보(당)의 투표용지 1장을 선택해 정해진 봉투에 넣어 투표함에 넣도록 되어 있다. 아래 [그림 5.1]의 예는 환경연합후보인 마르띤느 - 뻬레의 투표용지(10cm×15cm)로 후보자의 정당을 상징하는 그림(맨 아래)과 직업("Journaliste")을 담고 있다. 또한 보궐선거를 치루지 않기 위한 방편으로 필요시 의원직을 맡을 교체후보의 이름을 포함하는 특징이 있다(Holliday 1994).

그림 5.1 프랑스 투표용지

ÉLECTIONS LÉGISLATIVES - SCRUTINS DE MARS 93

Département du NORD - 13e Circonscription

ENTENTE DES ÉCOLOGISTES

GÉNÉRATION ÉCOLOGIE - LES VERTS

Mme DOMINIQUE MARTIN-FERRARI

Journaliste

Suppléant : RENAUD JOUGLET

Conseiller Municipal de Téteghem

GÉNÉRATION ÉCOLOGIE

2. 결선투표제의 장단점

결선투표제의 장점

① 단순성, 용이성
② 지역대표성, 지역선거구민과의 높은 친밀도
③ 소수대표 현상의 극복
④ 2라운드 선택의 명시성

결선투표제의 단점

① 비비례성
② 일률성(monotonicity)과 콩도르세(Condorcet) 기준의 위반
③ 1, 2라운드 투표율의 차이 - 2라운드 기권표와 무효표의 증가
④ 선거비용의 증가

결선투표제는 같은 다수제로서 1위대표제의 장단점을 많은 부분 공유한다. 우선 1위대표제 주창자들이 내세우는 선거체제의 단순함과 쉬운 투표 방식, 1석 지역선거구의 존재에 따른 지역대표성의 유지, 지역선거구민과의 친밀도 등은 결선투표제의 경우에도 장점으로 강조될 수 있다. 반면 4장에서 검토한 바 있는 비판 역시 그대로 적용된다. 대정당을 유리하게 하는 비비례적 성격과 지역서비스 위주의 의원활동에 대한 우려가 많다는 것, 빈번한 콩도르세 기준의 위반을 지적하는 비판을 받는다는 것 등도 1위대표제와 마찬가지이다.[7] 단 이렇게 많은 장단점을 공유하지만 정치체제나 정당체제에 미치는 종합적인 파장은 다를 수 있으므로 아래에서 별도의 논의를 하기로 하고, 우선 의석확

7) 결선투표제의 비비례성 수준은 9장의 <표 9.1>, <표 9.2>에 나타난 프랑스의 예를 참고. 콩도르세 기준에 대한 설명은 1장 내용과 '용어 해설' 참고.

정 방식의 차이와 2라운드 투표 방식에서 오는 몇 가지 독특한 특성을 구분해서 검토하고자 한다.

먼저 1위대표제와 비교할 때 가장 두드러지는 장점은 소수대표 문제의 극복이다. 바로 이것 자체가 결선투표제의 존재이유 또는 제도적 목표라고도 할 수 있다. 일단 결선투표를 통해 T = 50% + 1을 넘는 절대다수의 대표를 선택함으로써 어쨌든 지역선거구민을 대표하는 의원의 위상을 높일 수 있다는 점이 강조된다. 물론 1위대표제의 '지역대표성' 자체에 대한 의문과 정치철학적 반론은 그대로 적용된다. 하지만 경기도 안양시 만안구 선거의 예 <표 5.1>처럼 1위대표제를 통해 지역선거구민 소수(유효 득표율 28.5%)의 지지를 받고 당선된 소수대표의 위상과 비교할 때, 지역대표성을 주장할 수 있는 최소한의 근거를 제도적으로 보장한다는 의미를 가진다.

사르토리는 1994년 저서에서 결선투표제가 제공하는 선택의 명시성을 높이 평가하고 있다(Sartori 1994, 63). 많은 선거체제 중 오직 결선투표제만이 두 번의 기회를 주는 체제("two-shot system")라는 점을 강조하면서, 한 번의 기회가 "어둠" 속에서 허비되는 것과 달리 두 번째 기회는 밝고 명시적(明視的)인 상황에서의 선택이라고 비유한다. 이러한 선택의 명시성이 바로 둘 중 하나를 선택하는 '단순다수제(simple majority)'의 가장 큰 장점이다. 또 이러한 장점은 1950년 미국정치학회의 정당연구위원회가 "민주적이고, 책임이 분명하고, 효과적인(democratic, responsible, effective)" 양대 정당체제를 지지하는 근거가 되었다(Riker 1982, 61에서 재인용).

2라운드에서 선택의 명시성이 높다는 것은 결선투표제가 가지는 분명한 장점이다. 하지만 이 명시성을 꼭 선거체제 선택의 우선적 목적 또는 근거로 내세우기는 어렵다. 더구나 이러한 명시성이 결선투표제의 임의적 장치에 의해 '만들어진' 것이기 때문에 '이항적(二項的) 선택(binary choice)' 자체가 장점을 가진다는 것과는 구별할 필요가 있다. 즉 이 경우 선택의 명시성은 선택의 '제한(制限)'을 통해 얻어지는 것이기 때문이다. 앞서 밝힌 대로, 이항적 선택은 쉽고 명시적이라는 장점은 있지만, 선택의 대상이 둘로 좁혀 지는 과정에 임의적 제한이 가해질 경우 공정성(fairness)이라는 민주주의적 관념에 위배된다는 점을 염두에 둬야 한다(Riker 1982, 64).

표 5.1 1997년 신한국당 대통령 후보 경선 결과

구분	순위	후 보 자	유효득표수	득표율(%)[a]
1차투표	1	이 회 창	4,955	41.1
	2	이 인 제	1,774	14.7
	3	이 한 동	1,766	14.6
	4	김 덕 룡	1,673	13.9
	5	이 수 성	1,645	13.6
	6	최 병 렬	236	2.0
		총 계	12,059	99.9
결선투표	1	이 회 창	6,922	60.0
	2	이 인 제	4,622	40.0
		총 계	11,544	100.0

· a: 득표율은 소수점 둘째 자리에서 반올림했음.
· 자료: 동아일보(1997/7/21), 조선일보(1997/7/21)

선택의 명시성 또는 '제한' 문제와 연관해 특별히 주목해야 할 문제는 2라운드에서 투표율은 낮아지고 무효표율은 증가할 가능성이 있다는 점이다. 물론 선거가 치열한 접전의 양상이 될 경우 '한 표'의 가치가 극대화된다고 느끼는 투표자가 많아져 투표율은 오히려 1라운드보다도 높아질 수도 있다.[8] 하지만 대개(특히 관심도가 낮은 의회 선거의 경우) 지지하는 후보가 2라운드에 진출하지 못했을 때 투표를 포기하는 유권자가 증가하는 것이 보통이다.[9] 특별히 1, 2라운드 투표율의 차이가 클 경우 결선투표제의 '다수대표' 목적에 부응하지 못하는 부작용을 예상할 수 있다. 한편 2라운드에서 무효표가 현저하게 증가하는 것이 일반적이다. 선택의 대상이 제한된 상황에서 투표자는 '둘 중 하나'에 범주형 투표를 해야 하는데, 이런 경우 투표자의 "불만(dissatisfaction)"을 무효표로서 표시하는 예가 많아진다는 것이다(Farrell 1997, 44-45).

3. 결선투표제의 정치적 영향

결선투표제가 정당체제를 포함한 정치체제 전반에 미치는 제도적 효과는 무엇일까? 서로 상반된 두 가지 견해가 있다(Shugart and Carey 1992, 206-225 참조). 첫째는 긍정적 시각으로 주로 프랑스에서 나타난 결선투표제의 정치적 영향에 근거한 설명이라고 볼 수 있다. 이 설명에 따르면 다차원의 이념으로 분화되어 있었던 프랑스 제4공화국 당시의 정당체제가 좌우(左右) 양대 블록으로 구조적 안정을 이루는데 결선투표제가 긍정적 영향을 끼쳤다는 것이다. 1965년 제5공화국 대통령 선거에 결선투표제를 사용하면서 다차원(多次元)의 이념적 혼돈이 사회경제적 차원으로 통합화되었고, 진보와 보수(liberal-conservative)의 좌우 두 이념 블록 내에서 정당체제가 공고화되었다는 주장이다.[10] 즉 결

8) 참고로 2007년 프랑스 대통령 선거의 경우 2라운드 투표율이 0.2% 오히려 높아진 반면 무효표율은 2.8%나 증가해 2라운드의 무효표율은 4.2%에 달했다(Farrell 2011, 49, 표 3.1 참조).

9) <표 5.1>의 신한국당 대통령 후보 경선의 예가 이에 해당한다. 같은 날 같은 장소에서 2라운드를 진행했음에도 불구하고 지지하던 후보가 탈락함에 따라 1라운드 투표자의 약 4.3%에 해당하는 515명의 대의원이 2라운드에서 기권을 했다고 볼 수 있다.

10) 특히 '두 블록 간 경쟁(two-bloc competition)'으로 불리는 이러한 구조적 공고화(consolidation)는 실제 많은 나라들이 1980년대 이후 FPTP제 대신 결선투표제를 채택하는 데 긍정적 영향을 끼쳤다(Shugart and Carey 1992, 213-214).

선투표제 대통령 선거 과정에서 나타나는 광범위한 이념적 연대가 이러한 형태의 정치체제적 안정을 이루는 데 기여하였다고 설명한다.

대통령 선거보다는 결선투표제에 의한 의회 선거가 이러한 연대를 공고히 하는 데 더 큰 영향을 끼쳤다고 보는 견해도 많다. 1, 2라운드 사이의 연합형성이 1석 선거구 내에서뿐만 아니라 여러 1석 선거구에 걸쳐 자유롭게 진행될 수 있었다는 점에 주목하는 것이다. 특히 이러한 주장은 내각이 의회의 신임에 의지하는 프랑스 통치구조와도 깊이 관련되어 있다. 의회의 신임을 유지하기 위해선 선거 과정에서 자유롭게 유도된 연합이 유지되어야 하는데, 바로 이 연합의 형성과 유지과정 자체가 두 블록 경쟁체제가 안정되는 데 기여한 직접적인 요인이라는 것이다.[11)]

이러한 연합이 형성되고 유지되면서 구조적으로 안정되는 과정에서 한 가지 주목해야 할 제도적 효과는 결선투표제의 2라운드가 특별히 '구심적(求心的; centripetal)' 투표성향을 촉진한다는 것이다. 따라서 사회당(1997, 2012), 공화연합(1993), 대중운동연합(2002) 등 주요 정당들이 20% 내외의 의석 보너스를 차지하는 반면, 이념적으로 극좌와 극우 정당으로 인식되는 프랑스 공산당과 민족전선(National Front) 등은 결선투표제가 가지는 비비례적 특성의 최대 피해를 보는 것이 일반적 추세라 할 수 있다. 아래 <표 5.2>에 나타나듯이 1993년, 2002년 총선 1라운드에서 10% 이상의 표를 얻었던 민족전선이 궁극적으로 단 1석도 획득하지 못하는 결과가 이러한 추세를 잘 대변해 준다.

---

11) 츠벨리스(George Tsebelis)는 게임모델을 적용하여 프랑스의 좌우파가 공고화되는 현상을 좌우 두 블록의 득표력이 비슷한데서 비롯되는 것으로 분석하고 있다. 즉 두 블록의 득표력이 비슷할 경우 이념적 연합의 응집력이 공고해 지고, 득표력이 불균형을 이룰 경우 연합에서의 이탈이 늘어난다는 것이다(Tsebelis 1990, 187-132 참고).

표 5.2 프랑스 총선(1962~2012년): 득표율과 의석률의 차이 (단위: %)

년도	사회당[a]			공산당[c]			드골주의당[d]			프랑스민주연합			민족전선		
	득표율	의석율	차이	득표율	의석율	차이	득표율	의석율	차이	득표율	의석율	차이	득표율	의석율	차이
1962	19.8	22.5	+2.7	21.9	8.8	-13.1	33.7	49.5	+15.8						
1967	18.9	25.1	+6.2	22.5	15.3	-7.2	33.0	40.6	+7.6						
1968	16.5	12.1	-4.4	20.0	7.0	-13.0	38.0	60.0	+22.0						
1973	19.1	18.8	-0.3	21.4	15.4	-6.0	26.0	37.6	+11.6						
1978	22.8	21.5	-1.3	20.6	18.1	-2.5	22.8	30.0	+7.2	22.0	26.2	+4.2	0.3	0.0	-0.3
1981	36.6	56.5	+19.9	16.1	9.2	-6.9	21.2	16.9	-4.3	18.9	12.4	-6.5	0.2	0.0	-0.2
1986[b]	31.3	35.6	+4.3	9.7	5.8	-3.9	26.8	26.3	-0.5	15.8	23.0	+7.2	9.8	6.3	-3.5
1988	36.6	46.8	+10.2	11.2	4.3	-6.9	19.1	22.2	+3.1	18.6	23.4	+4.8	9.8	0.2	-9.6
1993	19.1	9.9	-9.2	9.1	4.0	-5.1	20.2	44.5	+24.3	19.6	37.3	+17.7	12.7	0.0	-12.7
1997	23.5	44.2	+20.7	9.9	6.1	-3.8	15.7	24.1	+8.4	14.2	19.4	+5.2	14.9	0.2	-14.7
2002	24.1	24.2	-0.1	4.8	3.6	-1.2	33.3	61.9	+28.6	4.9	5.0	+0.1	11.3	0.0	-11.3
2007	24.7	32.2	+7.5	4.3	2.6	-1.7	39.5	54.3	+14.8				4.3	0.0	-4.3
2012	29.4	48.5	+19.1	6.9	1.7	-5.2	27.1	33.6	+6.5				13.6	0.4	-13.2

· a: 1962~8년의 수치는 급진사회당(Radical Socialist Party)을 포함하고 있음.
· b: 1986년 총선은 비례대표제
· c: 2012년 총선에서 공산당은 좌파 정당들과 연합하여 좌익전선(Left Front) 결성
· d: 드골주의 보수 세력은 공화연합(RPR, Rally for the Republic)으로 이어지다 2002년 대중운동연합(UMP, Union for a Popular Movement)으로 외연을 넓혔고, 2002년 총선 이후 프랑스민주연합과 합당
· 자료: Mackie and Rose(1991); Godley(1993); Ysmal(1994); Farrell(1997, 51) 등에 최근 선거 결과를 추가해서 재구성

요컨대 프랑스에서 결선투표제의 긍정적 결과가 나타난 이유는 결선투표제 대통령 선거와 의회 선거의 복합적인 제도적 효과가 내각제적 통치구조의 성격과 잘 조화되었기 때문으로 보는 것이 결선투표제의 정치적 영향을 긍정적으로 보는 견해의 핵심이라 할 수 있다.

반대로 이와 상반된 제도적 효과와 경험적 사례를 근거로 부정적 시각을 나타내는 견해가 있다. 결선투표제가 오히려 정당체제의 공고화를 저해하고 정치체제를 분화시킨다는 것이다. 프랑스의 예에 정반대되는 주장이지만, 프랑스의 예에서와 같이 내각제적 통치구조와 조화를 이루는 예가 없기 때문에 프랑스의 예와 같은 맥락에서 비교하기는 어렵다. 즉 모든 경험적 연구가 결선투표제 대통령 선거를 중심으로 이루어졌기 때문에 프랑스의 사례를 근거로 하는 위의 긍정적 견해와 굳이 대비시킬 필요가 없다는 뜻이다. 프랑스에서 나타난 긍정적 결과는 오히려 특별한 사례에 해당되는 것으로 간주하고, 결선투표제의 부정적 효과에 접근하는 것이 더 바람직하다고 할 수 있다.

결선투표제가 정치체제의 분화(分化; fragmentation)를 조장한다는 주장은 1라운드에서 직접 승리하는 최소조건에 대한 분석에서 출발한다. 즉 T = 50% + 1이라는 조건(절대다수) 처럼 최소조건이 너무 높을 경우 이 조건을 만족시킬 만한 후보가 드물고, 따라서 결선투표제 대통령 선거가 1라운드에서 마무리되기를 기대하지 않기 때문에 후보가 난립하는 양상을 보인다는 것이다.

아래와 같이 입후보를 고무시키는 여러 가지 상황을 상정해 볼 수 있다.

1) 상대적으로 최소조건이 낮은 결선 2라운드 진출의 가능성을 기대하고 궁극적으로 '차선(second-choice)'의 결집을 목표로 하는 경우.
2) 1라운드에서 당선이 확정되는 것을 전략적으로 막고자 하는 경우.
3) 설사 가능성이 없더라도 장기적인 정치적 목표를 달성하기 위한 발판을 만들고자 하는 경우.

4) 지지기반이 작더라도 일정 득표를 통해 2라운드 진출 후보와의 정치적 거래를 목적으로 하는 경우.
5) 1라운드 선거운동 과정에서 정당의 인지도를 높이고 지지기반을 넓히려고 후보를 내는 경우.
6) 단순히 정치적 항의(protest)를 목적으로 하는 경우 등.

특히 결선투표제 대통령 선거의 경우 기존 정당체제의 유력 정당이 내세우는 후보들, 즉 실제로 1라운드 또는 2라운드에서의 당선 가능성을 가지고 입후보한 후보들 이외에 기존 정치권에 도전하는 세력("outsiders")들이 후보를 내세움으로써 후보 난립의 여지가 많다고 볼 수 있다. 보통 가장 유력한 후보가 1위는 할 수 있지만 '절대다수'의 지지를 받지는 못하고 있는 경우, 이러한 도전세력들은 2라운드에서 1위 후보를 반대하는 투표자들의 '차선'의 선택이 결집되면 당선이 가능하다는 데 고무된다.[12]

가장 대표적인 예가 1986년 포르투갈 대통령 선거이다. 1라운드에서 1위 프레이타스 도 아마랄(Diego Freitas do Amaral)은 46.3%를 얻은 반면 2위 소아레스(Mario Soares)는 25.4%를 얻는 데 그쳤다. 무려 20.9%의 격차에도 불구하고 2라운드에서 소아레스는 결국 3위(20.9%) 지지자들의 차선투표를 거의 모두 획득함으로써 51.4% 대 48.6%로 프레이타스 도 아마랄을 누르고 당선되었다(Taagepera and Shugart 1989, 21-22).

결론적으로 1라운드 승리의 최소조건이 절대다수로 높게 정해진 결선투표제의 경우, 1, 2라운드 사이의 시간(대개 1-2주)이 특히 중요

12) 신한국당 대통령 후보 경선의 예가 비슷한 예에 해당한다. 1위로 유력시되었던 이회창 후보가 절대다수를 확보하지 못했다는 예상 하에 후보가 난립하는 양상을 보였다고 볼 수 있다. 특히 흥미로운 것은 후보들의 출마 동기를 분석해 보면 위의 6가지 경우에 해당하는 사례를 적지 않게 발견할 수 있다는 점이다.

한 의미를 가진다. 바로 이 시간의 존재 자체가 일단 독자적으로 입후보해 1라운드를 치루자는 동기를 부여한다고도 볼 수 있다. 즉 1위대표제라면 선거 입후보 이전에 이루어질 정치적 거래, 흥정, 연합 등이 1라운드 결과에 따라 이루어지기 때문에 입후보자의 수가 증가하는 특징을 보인다.

후보자 수의 증가는 자연히 투표자들을 이념적, 정책적으로 좁은 범위에 결집하는 결과가 되고, 이에 따라 1라운드 1, 2위 후보의 평균 득표율은 1위대표제에 비해 10% 이상 저하되는 것이 보통이다 (Shugart and Carey 1992, 211, 표 10.1 참고). 결국 결선투표제의 정치적 영향을 부정적으로 보는 견해의 핵심은 2라운드를 필요하게 하는 높은 최소조건의 제도적 효과가 부정적이라는 것이다. 이 제도적 효과가 후보 난립의 1차적 요인으로 작용하고, 궁극적으로는 정치체제의 분화 요인이 될 가능성이 더 크다고 보는 것이다.

II. 결선투표제의 변형 – 1라운드 승리의 최소조건 (threshold)

1. 코스타리카의 40% 규칙

코스타리카의 대통령 선거체제는 T = 40%라는 최소조건의 결선투표제이다. T = 40%라는 것은 1라운드에서 1위가 40% 이상을 득표한 경우에는 당선되지만, 1위가 40% 미만일 경우에는 1위와 2위간에 결선투표를 다시 해야 한다는 것을 말한다. 물론 1위, 2위 모두 40% 이상을 얻을 가능성도 있지만 이 경우 1위는 최소조건을 만족했기 때문에 2위와의 차이와 관계없이 당선된다.

앞 절에서 T = 50% + 1이라는 높은 최소조건이 ‘아무도 1라운드에서 승리할 수 없다'는 기대심리를 부추기고, 결국 이 때문에 후보 난립과 정치체제의 분화 등 부작용을 낳는다는 부정적 견해를 살펴보았다. 그렇다면 코스타리카의 경우와 같이 최소조건이 40%로 낮아질 경우에는 어떤 기대심리가 작용할까? 절대다수 최소조건과는 반대로 '누군가 1라운드에서 승리할 가능성이 있다'는 기대감이 높아질 것이다. 따라서 당선 가능성이 적은 정당이나 정치세력의 입장에서 볼 때 절대다수 결선투표제와는 매우 다른 정치적 계산을 통해 입후보를 포기할 가능성이 크다고 볼 수 있다.13)

코스타리카의 실제 사례는 이러한 예상에 거의 부합하는 것으로 나타난다. 1라운드에 입후보를 내서 얻는 이익보다는 일찌감치 연합 형성에 가담해서 얻는 정치적 이익이 더 클 것이라는 합리적 계산 아래 광범위한 연합이 형성되어 왔다. 1953년에서 1986년 사이 9번의 대통령 선거 모두 결선투표 한번 없이 1라운드에서 당선자를 확정했고, 1위와 2위의 평균 득표율이 각각 50.3%와 41.2%라는 사실이 이를 잘 말해주고 있다(Shugart and Carey 1992, 288-292).

1990년부터 1998년까지 3번의 대통령 선거 역시 1라운드에서 당선자를 확정했지만, 1, 2위 간의 경쟁 양상이 훨씬 치열해지는 변화를 보였다. 이 3번의 대통령 선거에서 1위와 2위의 평균 득표율이 각각 49.4%와 46.5%였고 1994년 선거는 1, 2위 간 격차가 1.9%에 그치는 박빙의 승부였다. 사회당 계열인 국민독립당(National Liberation

13) 왜 하필 40%이냐는 질문이 가능하다. 연합 형성이 가장 어렵다는 3개의 투표블록을 모델로 하여 40%의 타당성을 설명할 수 있다(Shugart and Carey 1992, 288-292, Appendix A). 이론적으로 3명 누구나 1라운드에서 승리하는 문제점이 없도록 최소한 T = 33% 이상이어야 한다. 하지만 이 경우 최소조건이 너무 낮아 3명 모두 당선될 수 있다는 기대감을 가지게 되고 이 때문에 연합 형성이 어려워질 뿐만 아니라 일위대표제와 다를 바가 없어 소수대표가 당선될 가능성이 크다. T = 50% + 1의 절대다수 조건은 반대로 너무 높아 2라운드를 염두에 둔 후보 난립의 가능성이 크다. 따라서 33%와 50%의 산술평균 41.5%에 가까운 40%를 최소조건으로 활용하는 것은 T값이 너무 높거나 낮아서 연합 형성이 어려워지는 문제를 해결하기 위해 중용의 타협점을 선택했다는 의미를 가진다.

Party)과 중도우파를 표방하는 사회기독통합당(Social Christian Unity Party)의 양대 정당구도에서 비롯된 변화라 할 수 있다. 2002년부터는 중도우파 세력이 분열 양상을 보이고 반부패를 기치로 결성된 시민행동당(Citizen's Action Party)이 제3당으로 등장하면서 처음으로 대통령 선거에서 2라운드 선거를 치르는 결과를 낳았다.[14] 2006년과 2010년 대통령 선거는 1라운드에서 1위를 한 후보가 각각 40.9%와 46.8%를 얻어 당선을 확정지었지만, 2014년 선거는 1라운드에서 표가 분산되어 다시 2라운드 선거를 통해 당선자를 확정한 사례가 되었다.

2. 최소격차(隔差) 조건

코스타리카의 40% 규칙은 1위대표제와 절대다수대표제의 문제점을 동시에 해결하고자 하는 취지의 타협점이라고도 할 수 있다. 하지만 40% 규칙이 적용될 경우 1위와 2위가 모두 40% 대의 득표율을 함께 기록하면서 그 차이가 근소해질 수 있다는 문제가 남는다. 1위는 50%를 넘기지 못했을 뿐만 아니라 2위와의 차이가 근소함에 따라 정치적 부담을 느끼게 될 것이다. 정해진 게임의 규칙에서 비롯된 결과임에 틀림없지만, 현실적으로 막강한 정치적 라이벌의 존재와 소수대표라는 위상이 주는 정치적 부담 등을 고려할 때, 코스타리카의 40% 규칙이 과연 바람직한 해결 방법인가라는 의문을 가질 수 있다.

이러한 맥락에서 "이중보완규칙(the double complement rule)"이라는 새로운 타협점이 제시되는데, 여기서는 '최소격차(隔差)조건'이라는 직접적인 표현으로 이해를 돕고자 한다. 최소격차조건은 '1위(V1)의 득표율과 절대다수선 50%의 차이를 2배한 것보다 2위(V2) 득표율

14) 2002년 대통령 선거의 1라운드에서 1, 2, 3위 후보는 각각 38.6%, 31.1%, 26.2%를 얻는 데 그쳤다. 시민행동당 후보였던 오톤 솔리스(Otton Solis)는 3위로 결선에 진출하지 못했지만 의회 내 제3당의 위상을 굳혔다. 코스타리카 선거 관련 데이터는 IFES Election Guide (www.electionguide.org) 데이터 참고.

과 절대다수선 50%의 차이가 커야 한다'이고, 이를 수식으로 표현하면 아래와 같다(ibid., 216-218).

$$50\%-V_2 > 2(50\%-V_1)$$

만약 1위(V1)가 절대다수 이상의 득표를 하거나 위의 최소조건을 만족하면 1라운드에서 당선이 확정되지만 그렇지 못할 경우 1위와 2위 간의 2라운드 선거를 치루게 하는 것으로 득표율의 차이와 50%선을 함께 강조하는 결선투표제의 변형 체제라 할 수 있다. 이 최소격차조건은 단순할 뿐만 아니라 정치체제의 분화를 방지하는 데 효과적이라 할 수 있다.

III. 대안(代案)투표제(alternative vote system)

대안투표제는 1870년대 미국 매사추세츠 공대(MIT)의 웨어(W. R. Ware)라는 교수가 고안한 제도로 알려져 있다. 투표자가 가장 선호하는 후보를 표시하는 범주형(範疇型) 투표와는 달리 차 선호(次選好) '대안(代案; alternative)'을 묻는다는 의미에서 대안투표제라는 명칭이 (특히 오스트레일리아 이외의 지역에서) 일반적으로 사용된다.[15] 이 밖에 선호순서를 표시한다는 의미에서 '선호투표제(preferential vote system)', 또는 절대다수제의 변형이라는 의미에서 '절대다수-선호투표제(majority-preferential vote system)'로 불리기도 한다(Wright

15) 영국의 2010년 총선 이후 보수당이 자유민주당(Liberal Democrat)과 연정에 합의하면서 대안투표제로의 선거체제 개혁안을 국민투표에 부치기로 하였고, 그에 따라 2011년 5월 5일 국민투표가 실시된 바 있다. 국민투표는 67.9%의 반대로 부결되었지만 현행 1위대표제의 문제가 부각될 때마다 선거체제 개혁 논쟁은 계속될 전망이다. www.theguardian.com "Electoral reform: Liberal Democrats push for 2011 referendum on AV" 2010/5/25 기사 검색 참고.

1980). 실제 오스트레일리아 하원 선거의 경우 아래 [그림 5.2]의 투표용지에서처럼 투표자가 모든 후보자들의 선호순서를 전부 기입해야만 유효표가 되기 때문에 대안 하나를 묻는다는 인상을 주는 대안투표제보다는 선호투표제가 옳은 표현일 것이다(Farrell 1997, 45). 하지만 이 책은 용어상의 혼동을 피하기 위해 대안투표제라는 이름을 사용하고자 한다.

그림 5.2 파렐 46 오스트레일리아 투표용지

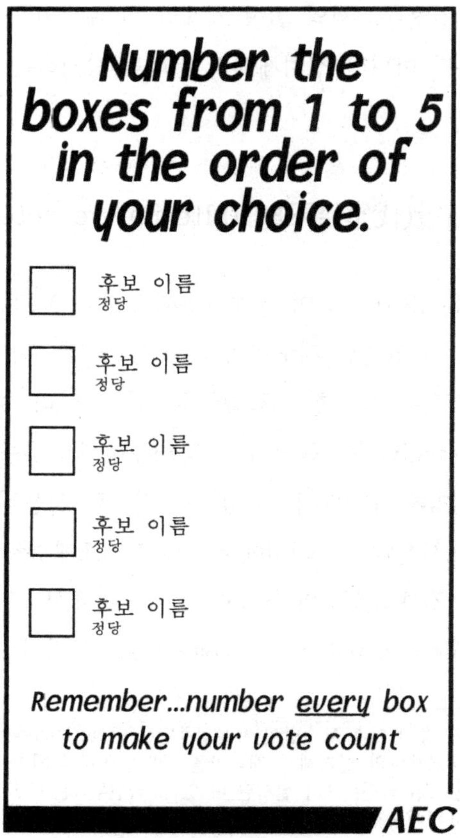
Number the boxes from 1 to 5 in the order of your choice.

후보 이름
정당

후보 이름
정당

후보 이름
정당

후보 이름
정당

후보 이름
정당

Remember...number every box to make your vote count

AEC

1. 투표 및 의석결정 방식

대안투표제는 특별히 오스트레일리아식이라 불리기도 할 만큼 오스트레일리아 하원 선거에서 오랜 기간(1918년부터) 사용되어 온 선거체제이다.[16] 현재는 오스트레일리아 하원 선거 외에 아일랜드 대통령 선거에 이 제도가 사용되고 있다. 위의 [그림 5.2]의 투표용지는 무어(Moore)라는 1석 지역선거구의 예이다. “당신의 선호 순서에 따라 [후보명 왼쪽] 사각란에 1에서 5의 번호를 적으시오”라는 안내문과 맨 아래에 다시 “당신의 표가 무효표가 되지 않도록 모든 사각란에 번호를 적었는지 확인하시오”라는 안내문이 특히 주목을 끈다.[17] 물론 이렇게 모든 선호도를 적어야만 유효표로 인정하는 강제규정 때문에 무효표가 비교적 많은 것이 사실이지만, 이렇게 함으로써 ‘이양불가능표(移讓不可能票; non-transferable)’의 수를 크게 줄일 수 있다는 장점도 있다(아래 개표 과정 설명 참조). 1993년 3.0%였던 무효표는 매 선거마다 증가 추세를 보여 왔고 2013년 총선에서는 5.91%까지 증가하였으며, 대표적인 무효표의 형태는 공백(blank), 모두 1번 기입(number 1 only), 랭거 투표(Langer-style), 불연속 수 기입(non-sequential), √ 또는 ×기호(ticks and crosses) 등이다.[18]

---

16) 오스트레일리아에서 처음 이 대안투표제를 사용된 것은 이 보다 25년 앞선 1893년 퀸즈랜드 주 의회 선거에서부터였다.

17) 오스트레일리아 선거법은 1998년 이후 이른바 랭거(Albert Langer) 투표를 무효표(informal votes)에 포함하고 있다. 랭거 투표는 제1선호 이후 선호 순서에 1, 2, 3, 3, 3 형식으로 같은 수를 반복하여 선호하지 않는 정당으로의 이양을 불가능하게 만드는 투표를 말한다. 1, 2, 3, 3, 3 형식의 랭거 투표에서 1, 2 선호까지는 이양이 가능하지만 3 선호부터는 이양을 불가능하게 한다는 취지이다. 노동당에 대한 반대 운동의 일환으로 이러한 투표 운동을 주창했던 랭거는 한 때 짧은 옥고를 치르면서 국제사면위원회(Amnesty International)의 ‘정치적 양심수’ 명단에 오른 바 있다. wikipedia.org ‘Albert Langer’ 검색 참고.

18) 무효표에 대한 논의는 www.australianpolitics.com 검색 참고. 참고로 위 또는 아래부터 1, 2, 3, 4, 5…… 순서를 매기는 이른바 동키(donkey) 투표는 유효표로 분류된다.

표 5.3 대안투표제 당선 확정 과정 사례 – 1993년 오스트레일리아 하원 선거

	계산 1	다음 계산	계산 2	다음 계산	계산 3	다음 계산	계산 4
Dave Cox (무소속)	2,028	+864	2,892	탈락			
Ian Buchanan (민주당)	1,824	탈락					
Phil Archer (노동당)	29,773	+562	30,335	+1,605	31,940	+1,035	32,975
Stephen Ward (자유당)	13,681	+140	13,821	+392	14,213	탈락	
John Sharp (국민당)	23,942	+256	24,198	+872	25,070	+13,174	38,244(당선)
이양불가능표		2		23		4	

· 자료: Australian Electoral Commission(1993)
· New South Wales의 Hume 선거구

위의 <표 5.3>은 1993년 뉴 사우스 웨일즈(New South Wales) 주(州) 흄(Hume) 지역선거구 하원 의원선거의 개표과정을 나타내고 있다. 5명의 후보가 입후보하여 총 71,248표의 유효표가 집계되었기 때문에 당선자는 최소한 절대다수(50%+1표)인 35,625표의 지지를 받아야만 했다. 다음은 <표 5.3>에 나타난 대안투표제의 의석확정 과정을 순서대로 정리한 것이다:

① 우선 각 후보가 1번으로 선호된 유효표를 셈한다.
② 만약 ①의 셈에서 절대다수를 획득한 후보가 있으면 그 후보의 당선이 확정된다.
- 이에 해당하는 후보가 없을 경우, ①의 셈에서 가장 적은 표를 얻은 후보(Ian Buchanan)의 표를 제거하면서 이 표에 표시된 2번 선호 후보별로 이양한다.
③ 위 ②의 과정을 반복. 즉 1차 이양 후에도 절대다수를 득표한 후보가 없기 때문에 다시 가장 적은 득표를 한 후보의 표를 제거하면서 다음 선호 후보별로 이양.
- Dave Cox의 표를 제거하는데 이 경우 2,028표는 2차 선호 후보별로, Buchanan으로부터 이양 받은 864표는 3차 선호 후보별로 이양되는 점에 주목 해야 한다.
④ 위 ③의 과정 반복(Stephen Ward의 표 제거 후 이양)
- 마찬가지로 Ward를 1번으로 선택한 표(13,681)는 2차 선호 후보별로, 이미 제거된 Buchanan과 Cox로부터 이양 받았던 표들은 3차 또는 4차 선호 후보별로 이양해야 한다.
⑤ 계속 절대다수 득표자가 없을 경우 두명의 후보만 남을 때까지 위의 과정이 반복된다(Ward의 표를 이양한 후 John Sharp의 당선이 확정된다).

2. 대안투표제의 장단점

대안투표제의 장점

① 소수대표 현상 극복
② 지역대표성, 지역선거구민과의 높은 친밀도
③ FPTP제 국가에서 채택 가능성이 높은 현실적 '대안'
④ 투표자 선호도를 최대한 반영
⑤ 시간, 비용면에서의 높은 효율성
⑥ 투표자의 선호도를 통해 정당의 전략과 정책 수립

대안투표제의 단점

① 비비례성
② 정당이 선거전에 전략적 투표 유도
③ 무효표의 증가

먼저 대안투표제의 장점으로 주장될 수 있는 것들을 살펴보자. 첫째, 절대다수대표제의 변형이기 때문에 소수대표의 문제를 해결한다는 점은 위 결선투표제와 만찬가지이다. 둘째, 1석 지역선거구에서 사용된다는 측면에서는 1위대표제의 장점으로 강조되는 지역대표성과 지역선거구민과의 높은 친밀도 역시 그대로 주장된다. 특히 영국과 같이 지역 대표적 전통이 강한 나라에서는 지역에 대한 책임의식(local accountability)이 특별히 강조되기 때문에 비례대표제에 비해 더 선호받는 경향이 있다(Hain 1997, 124-126 참고).

셋째, 대안투표제 주창자들은 대안투표제가 현재 1위대표제를 사용하는 국가에서 수용될 수 있는 가장 현실적인 '대안'이라는 점을 강조한다. 즉 1위대표제와 가장 유사한 선거체제이고, 현역 의원의 재당선에 가장 유리하기 때문에 의회에서 충분한 지지를 받을 수 있다는 것이다. 1위대표제 지역선거구에서 선출된 의원들이 지역선거구가 폐지되는 비례제를 선호할 리 없다는 점, 지역대표성과 지역에 대한 책임의식의 문제 등을 함께 고려할 때 대안투표제만이 현실적 설득력을 가진다는 주장이다.

넷째, 투표자의 선호도가 최대한 반영된다는 것이 1위대표제나 결선투표제와 특별히 다른 장점으로 강조된다. 물론 소정당 지지표가 궁극적으로 사표가 될 가능성은 많지만, 투표 이전에 사표를 방지하고자 선호도보다는 당선가능성에 따라 전략적으로 투표하는 것을 방지하고 소정당의 실질적 지지층을 드러나게 함으로써 소정당의 정치적 입지를 강화하는 데 도움을 줄 수 있다.

다섯째, 1-2주 후에 2라운드를 치뤄야 하는 결선투표제와 비교할 때 시간, 비용의 효율성 면에서 장점을 가진다고 볼 수 있다. 끝으로 위에서 설명한 바와 같이 대안투표제의 의석결정 과정은 투표자들이 인식하는 정당간의 이념적 또는 정책적 거리를 이해하는 데 도움을 준다. 학문적 연구에 도움을 줄뿐만 아니라 각 정당이 연합과 같은 정치적 전략을 수립하거나 정책행태를 결정하는 데 척도를 제공함으로써 궁극적으로는 정당체제의 구조적 공고화에 긍정적 효과로 작용할 수 있다.

반면 가장 큰 단점은 역시 비비례성이 높다는 것이다(아래 표 5.4와 9장의 비비례성 비교 참고). 선호도를 최대한 반영하긴 하지만 소정당에 대한 선호도를 '표현한다'는 의미일 뿐, 비비례성이 다른 다수제 방법에 비해 개선되는 것은 아니다. 특히 지역적 지지기반이 정치적 유·불리에 큰 변수로 작용한다는 점에서 1위대표제와 유사하다. 아래의 <표 5.4>가 보여주듯이 오스트레일리아의 경우 득표율과 의석획득율의 비비례가 오히려 심해져 득표율에서 앞선 정당이 의회 다수당의 자리를 내주는 현상이 자주 일어나고 있다(1949, 1955, 1958, 1963, 1975, 1977, 1980, 1983, 1996, 2001, 2013년 결과 참고). 즉 '만들어진 다수(manufactured majority)'현상이 매우 두드러지게 나타나기 때문에 한 정당만으로 정부를 구성할 확률이 높다는 것이 장점이라면 장점일 수 있다.[19]

두 번째 단점으로는 각 정당이 자당을 지지하는 투표자에게 선거일 이전에 선호 순서가 일치하는 전략적 투표방법을 미리 알려주고 권함으로써 대안투표제 본래의 목적을 흐리게 한다는 것이다. 물론 단점으

19) 노동당이 단독으로 집권한 2007년과 일부 중도파의 도움으로 집권을 유지한 2010년 총선의 경우, 노동당은 득표율보다 10% 이상 높은 의석률을 기록하여 '만들어진 다수'를 형성한 바 있다.

로 지적할 수 있는 문제이긴 하지만 실제 투표자의 '합리성'에 좀더 낙관적 견해를 가진다면 굳이 단점이라고 보기보다는 어떤 선거체제에서나 나타날 수 있는 선거운동 차원의 행태로 볼 수 있을 것이다.

끝으로 오스트레일리아의 경우 모든 후보에 대한 선호도를 명기해야 유효표가 되기 때문에 복잡하다는 것이 단점으로 제시될 수 있다. 물론 범주형 투표에 비해 단순하지 않은 것은 사실이지만, 앞의 4장에서 논의했듯이 투표자의 입장에서 볼 때 큰 부담으로 작용한다는 주장은 설득력을 갖지 못한다. 오히려 보다 중요한 점은 강제성의 문제일 것이다. 오스트레일리아 선거체제에서 강제성을 고집하는 근거는 '이양불가능표'를 줄이기 위해 부득이 3차, 4차 등의 하위 선호도가 필요하고, 또 그래야 목적한 '절대다수대표'의 선출이 가능해진다는 점일 것이다.

하지만 위 <표 5.3>의 예를 기준으로 2차 선호까지만 안다는 가정하에서 이양불가능표를 추산해보면 최대 총 유효표의 약 2%에 해당하는 1,425표가 되어 절대다수 당선을 위협하지는 않는다. 물론 특정한 지역선거구의 예이지만 1차와 2차 선호 후보까지만 강제규정을 둘 경우 대안투표제의 근본 목적에 크게 위배되지 않는 결과를 기대할 수 있다. 이 점은 다음 절에 설명하는 '보완투표제(supplementary vote system)'가 대안투표제 자체의 대안이 될 수 있다는 기대의 근거이기도 하다.

표 5.4 오스트레일리아 하원 선거(1949-2013년): 득표율과 의석률의 차이

	노동당			자유당			국민당			민주노동당			오스트레일리아 민주당		
	득표율 (%)	의석률 (%)	차이 (%)	득표율 (%)	의석률 (%)	차이 (%)	득표율 (%)	의석률 (%)	차이 (%)	득표율 (%)	의석률 (%)	차이 (%)	득표율 (%)	의석률 (%)	차이 (%)
1949	46.0	38.8	−7.2	39.4	45.5	+6.1	10.9	15.7	+4.8						
1951	47.6	43.0	−4.6	40.6	43.0	+2.4	9.7	14.0	+4.3						
1954	50.0	47.1	−2.9	38.6	38.8	+0.2	8.5	14.1	+5.6						
1955	44.6	38.5	−6.1	39.7	46.7	+7.0	7.9	14.8	+6.9	5.2	0.0	−5.2			
1958	42.8	36.9	−5.9	37.2	47.5	+10.3	9.3	15.6	+6.3	9.4	0.0	−9.4			
1961	47.9	49.2	+1.3	33.6	36.9	+3.3	8.5	13.9	+5.4	8.7	0.0	−8.7			
1963	45.5	41.0	−4.5	37.1	42.6	+5.5	8.9	16.4	+7.5	7.4	0.0	−7.4			
1966	40.0	33.3	−6.7	40.2	49.6	+9.4	9.7	16.3	+6.6	7.3	0.0	−7.3			
1969	47.0	47.2	+0.2	34.8	36.8	+2.0	8.6	16.0	+7.4	6.0	0.0	−6.0			
1972	49.6	53.6	+4.0	32.1	30.4	−1.7	9.4	16.0	+6.6	5.2	0.0	−5.2			
1974	49.3	52.0	+2.7	34.9	31.5	−3.4	10.8	16.5	+5.7	1.4	0.0	−1.4			
1975	42.8	28.4	−14.4	41.8	53.5	+11.7	11.3	18.1	+6.8	1.3	0.0	−1.3			
1977	39.6	30.7	−8.9	38.1	54.0	+15.9	10.0	15.3	+5.3	1.4	0.0	−1.4	9.4	0.0	−9.4
1980	45.1	40.8	−4.3	37.4	43.2	+5.8	8.9	16.0	+7.1	0.3	0.0	−0.3	6.6	0.0	−6.6
1983	49.5	60.0	+10.5	34.4	26.4	−8.0	9.2	13.6	+4.4				5.0	0.0	−5.0
1984	47.5	55.4	+7.9	34.4	30.4	−4.0	10.6	14.2	+3.6				5.4	0.0	−5.4
1987	45.8	58.1	+12.3	34.6	29.1	−5.5	11.5	12.8	+1.3				6.0	0.0	−6.0
1990	39.4	52.7	+13.3	35.0	37.2	+2.2	8.4	9.5	+1.1				11.3	0.0	−11.3
1993	44.9	54.4	+9.5	37.1	33.3	−3.8	7.2	10.9	+3.7				3.8	0.0	−3.8
1996	39.2	32.4	−6.8	39.0	52.0	+13.0	8.2	12.2	+4.0				6.7	0.0	−6.7
1998	40.1	45.3	+5.2	33.9	43.2	+9.3	5.3	10.8	+5.5				5.1	0.0	−5.1
2001	37.8	43.3	+5.5	37.4	45.3	+7.9	5.6	8.7	+3.1				5.4	0.0	−5.4
2004	37.6	40.0	+2.4	40.5	49.3	+8.8	5.9	8.0	+2.1				1.2	0.0	−1.2
2007	43.4	55.3	+11.9	36.6	36.7	+0.1	5.5	6.7	+1.2	자유국민당			0.7	0.0	−0.7
2010	38.0	48.0	+10.0	30.5	29.3	−0.8	3.4	4.0	+0.6	9.1	14.0	+4.9			
2013	33.4	36.7	+3.3	32.0	38.7	+6.7	4.3	6.0	+1.7	8.9	14.7	+5.8			

· 자료: Mackerras(1996); 1998-2013 총선 데이터는 IFES Election Guide (www.electionguide.org) 참고.

IV. 보완(補完)투표제(supplementary vote system)

'보완투표제(supplementary vote)'는 흔히 '조건부투표제(contingent vote)'라고도 불리는 방법으로 투표자에게 선호하는 2명의 후보, 즉 가장 선호하는 후보와 그 다음으로 선호하는 후보를 선택하게 하는 선거체제이다. 이러한 측면에서 오히려 대안투표제라는 명칭이 그대로 어울리지만, 설명한 바와 같이 이미 대안투표제가 '선호투표제'나 '절대다수-선호투표제'와 같은 것으로 인식되고 있기 때문에 이 책에서는 부득이 영국에서 창안될 당시의 원뜻을 살려 '보완투표제'라는 이름을 사용하고자 한다.[20]

보완투표제는 1993년 영국 노동당의 '선거제도개혁위원회'가 제안한 제도로 노동당 출신 하원 의원 캠벨 세이버(Dale Campbell-Savours)가 창안했다고 전해진다.[21] 아래 [그림 5.3]의 모의 투표용지에서 볼 수 있듯이, 투표자는 후보이름 옆의 사각 란에 정해진 표시(예를 들어 X)를 함으로써 자신의 제1 선호 후보와 제2 선호 후보를 선택한다. 따라서 현재 1위대표제를 사용하고 있는 국가의 유권자 입장에서 가장 쉽게 적응할 수 있는 제도라는 장점을 가진다.

---

20) 굳이 그 의미가 직접 전달되는 이름을 고른다면 '2차선호추가제(2次選好追加制)'가 적당할 듯하다.

21) *Report of the Working Party on Electoral Systems* (London: Labour Party, 1993) 참고. 위원장이었던 플랜트(Raymond Plant) 경의 이름을 따서 일명 플랜트 리포트(Plant Report)로 불리우는 이 보고서는 영국이 선택할 수 있는 다양한 선거체제의 장·단점에 대한 분석을 바탕으로 보완투표제를 영국 선거제도의 개혁안으로 추천하고 있다. 아울러 플랜트(Plant 1995)의 "The Plant Report: A Retrospective"도 참고.

그림 5.3 **보완투표제 투표용지의 예**

신한국당 제15대 대통령 후보 경선

기호	후보	제1선호	제2선호
1	김 덕 룡		
2	이 인 제		
3	이 수 성		
4	이 한 동		
5	이 회 창		
6	최 병 렬		

· 신한국당 대통령 후보 경선에서 보완투표제를 사용했을 경우를 상정한 예

투표방식 뿐만 아니라 의석결정 방식도 위의 대안투표제보다 훨씬 단순하다고 할 수 있다. 일단 제1 선호 후보별로 1차 개표와 셈을 하는 것은 대안투표제 등 다른 다수대표제와 다를 바 없다. 하지만 여기서 1위와 2위를 제외한 3위 이하 모든 표를 제거한다는 것이 대안투표제와 크게 다른 점이다. 즉 1차 개표에서의 3위 이하 모든 표를 다시 제2 선호 후보별로 재분류하고, 이 표들 중 1차 개표의 1위와 2위 후보를 제2 선호 후보로 선택한 표를 이양하는 방법으로 단순화한 것이다.

대안투표제를 설명하면서 예로 들었던 1993년 오스트레일리아 흄(Hume) 지역선거구의 결과에 보완투표제의 의석결정 방식을 적용해 보자. <표 5.3>의 제1계산에서 1위인 노동당의 아처(Phil Archer)와 2위인 국민당의 샤프(John Sharp)를 제외한 모든 후보의 표가 제거되면서 이양된다. 즉 3위인 워드(Ward)의 13,681표, 4위인 콕스(Cox)의

2,028표, 5위인 뷰캐넌(Buchanan)의 1,824표 등 총 17,533표(24.6%)를 이제 제2 선호 후보별로 다시 분류하는 것이다. 이 17,533표 중 아처나 샤프를 제2 선호 후보로 한 경우 이들 두 후보의 총 득표수에 가산되어 최종 당선자가 확정되게 된다.

이러한 맥락에서 보완투표제는 결선투표제나 대안투표제의 장·단점을 대부분 공유한다고 볼 수 있다. 결선투표제나 대안투표제보다 나은 점이 있다면 그것은 두 선거체제의 형식상의 문제점을 해결한다는 것이다. 즉 대안투표제의 복잡한 이양과정을 결과상의 큰 차이 없이 단순화하는 한편, 결선투표제와 비슷한 효과와 행태를 기대하면서도 2라운드를 치루는 번거로움을 없앨 수 있다는 것이다. 물론 실제 보완투표제를 채택한 국가가 없기 때문에 결과를 단정할 수는 없지만, 실제 대안투표제 선거 결과와 보완투표제를 적용한 결과와의 차이가 단 1석에 지나지 않았다는 던리비 외(Dunleavy 외 1992)의 연구 결과가 보완투표제의 효용성을 보여준다고 할 수 있다.

프랑스 결선투표제의 대안이 될 수 있느냐는 특히 단정하기 어려운 문제이다. 프랑스의 의회 선거의 경우 12.5% 규칙과 1, 2라운드 사이의 시간이 여러 면에서 활용되는 정치적 전통을 가지고 있기 때문에 단정적인 예상을 하는데 무리가 따른다. 하지만 대통령 한 자리를 선출하는 경우는 1위와 2위 간 결선투표를 적용하고 있고 2라운드에서 후보 간, 정당 간 '연합'행태가 전통적 이념과 정책행태를 크게 벗어나기 어렵다는 점에 주목할 필요가 있다. 이 경우 유권자는 장기간에 걸친 정당의 행태를 인지하고 충분히 합리적으로 차선의 후보를 선택할 수 있다는 예상이 가능하다.[22]

한국의 대통령 선거는 여야 정당 내 경선 이후에도 각 대선 구도의

22) 장기간에 걸친 정당행태의 유지, 유권자의 정당행태 인지, 합리적 선택 등에 관해서는 (Downs 1957, 8장 참고).

정치세력별로 후보 통합을 둘러싼 갈등이 많았다. 1987년 야권 후보 단일화의 실패, 이인제 후보의 경선 불복 출마, 노무현-정몽준 후보의 여론조사 단일화, 문재인-안철수 후보의 단일화, 이정희 후보의 사퇴 등 갈등과 대립이 극대화되는 대통령제 체제에서 대선 본선 진출을 둘러싼 제도 외적 주목거리가 유난히 많았다고 할 수 있다. 1위대표제에서 비롯되는 다양한 문제점에도 불구하고 한국의 정치권에서 대선 결선투표제 도입 논의가 뜨겁지 않은 것도 의외의 현상이다.[23] 보완투표제가 도입되었다면 지난 대선들은 어떤 결과가 되었을까? 대통령 선거의 경우라면 보완투표제가 결선투표제나 대안투표제의 장점을 공유하면서 두 선거체제의 단점을 보완하는 대안으로 제시될 수 있다고 본다.

23) 한국 대통령 선거제도의 문제점과 대안에 대한 논의는 강원택(2005, 1장) 참고.

제 6 장

명부식 비례대표제 (List PR)

Ⅰ. 명부식 비례대표제란?
Ⅱ. 의석배분 방식
Ⅲ. 투표 방법과 입후보 방법
Ⅳ. 비례대표제의 장단점
Ⅴ. 결　　론

비례대표제는 정치적 안정을 해친다는 부정적 관념의 뿌리가 깊다. 한 예로 비례대표제는 "민주주의를 멸망케 하는 트로이의 목마(Trojan horse)"이고, 바이마르(Weimar) 공화국의 예를 들어 나라를 망하게 하는 선거체제라고 주장한 학자도 있다.[1] 또 비례대표제는 복잡하다는 이유를 들어 현실적으로 사용하는 데 대한 부정적 시각도 많다. 과연 비례대표제는 이상일 뿐인가? 왜 그 많은 부정적 관념에도 불구하고 1970년대 이후 민주화의 물결은 비례대표제를 향했는가? 이러한 의문점에 대한 논의가 본 장의 초점이다. 우선 명부식(名簿式) 비례대표제의 역사, 개념 등을 간략히 정리한 후, 2절에서는 의석배분 방식에 대해 검토하고자 한다. 배분방식의 수리적 원리에 대한 정확한 이해가 선행됨으로써 다른 제도적 변수나 정치적 영향의 성격에 대한 논의가 용이해 질 것이다. 다음으로 투표자의 입장에서 어떻게 무엇을 대상으로 '선택'해야 하는가의 문제를 검토한다. 끝으로 비례대표제의 제도적 효과와 장·단점을 살펴보고 결론을 맺고자 한다.

I. 명부식 비례대표제란?

일위대표제로 일관한 영국과 바로 비례대표제를 채택하는 북구의 덴마크, 핀란드, 스웨덴을 제외한 대다수 유럽국가들의 선거체제는 절대다수 대표체제로 시작되었다. 선거에서의 관심이 절대다수의 지지를 받는 대표를 선출해야 한다는 데 집중되어 있었다고 할 수 있다. 하지만 보통선거권이 확대되고 이어서 대중정당이 등장하면서 절대다수제가 가지는 비(非)비례성의 문제가 부각되기 시작하였다. 특히 스위스, 벨기에 등 민족, 언어, 종교 등 사회적 갈등을 내포하고 있던 국가에서

1) 독일 바이마르 공화국의 예와 비례대표제에 대한 비판은 정요섭(1993, 284-287, 286의 인용문) 참조.

는 비례제를 관철시키기 위한 협회가 결성되기에 이르렀다.

1880년대 이들 협회를 중심으로 '비례성'을 전제로 한 선거체제 연구가 활발해지면서 영국의 헤어(Thomas Hare), 스위스의 하겐바흐-비숍(Hagenbach-Bischoff), 벨기에의 동트(Victor d'Hondt), 프랑스의 생 라그(Sainte-Laguë) 등 학자들의 비례제 의석배분 방식들이 창안되었다. 1899년 국가단위로는 벨기에가 처음으로 자국의 법학자 동트가 창안한 체제를 근간으로 하는 비례대표제를 채택하였다. 뒤이어 핀란드와 스웨덴이 각각 1906년과 1907년에 명부식 비례대표제를 채택하였고 1919년 스위스에 이르기까지 대다수 유럽국가들은 비례대표 선거체제로 전환하였다.

같은 명부식 비례제이긴 하지만 이들 유럽국가들이 채택한 의석배분방식은 다양한 양상을 나타냈고, 이후에도 명부식 비례대표제라는 범주 안에서 많은 변형체제(variants)가 창안되어 왔다. 경우에 따라서는 선거의 목적에 맞추어 의석배분 방식, 선거구의 크기, 최소조건, 투표 및 입후보 방법 등 선거체제적 변수들을 합리적으로 조합함으로써 비례대표제의 새로운 변형체제를 창안할 수도 있다. 즉 그 만큼 명부식 비례대표제의 폭이 넓다고 할 수 있다. 이렇게 변형체제가 다양하다 보니 용어상의 혼란이 빚어졌고, 이에 따라 비례대표제는 '복잡하다'라는 고정관념이 광범위하게 자리잡고 있는 것이 사실이다(Lijphart 1994, 2). 하지만 실제 사용되거나 논의될 수 있는 대부분의 비례대표제는 비례성을 보장하기 위해 만들어진 수리적 원리의 범주에서 운용되기 때문에 세부적인 부분에서 다양한 규칙이 적용될 뿐이다. 즉 같은 원리의 범주에서 추구되는 세부 규칙의 '다양성(variousness)'과 원리 자체의 '복잡성(complexity)'은 구별해야 한다. 우선 기본적으로 다수대표제와는 출발점이 다르다는 점을 인식하고 비례대표제의 개념과 원리를 충분히 이해하는 것이 필요하다.

앞서 2장에서 '누가 의회의 구성원이 되어야 하느냐'라는 원칙과 대표(representation)라는 개념을 논의하면서 '소세계(小世界; microcosm)'적 대표 개념과 '대리인(代理人; principal-agent)'적 대표 개념을 비교한 바 있다. 비례대표제는 전자의 대표 개념에 충실한 선거체제라 할 수 있다. 즉 한 정치사회의 축소판(닮은꼴)과 같은 의회가 구성되어야 한다는 제도적 원칙에 비중을 둔다는 것이다.

이러한 원칙을 실천하는 방법이 바로 '비례제'의 원리이다. 비례제라 함은 이 다석 선거구에서 각 정당이 얻은 득표율에 비례해서 의석을 나누어 갖는다는 것을 의미한다. 2012년 제19대 총선에서 새누리당, 민주통합당, 자유선진당, 통합진보당은 각각 42.8%, 36.5%, 3.2%, 10.3%의 정당투표 득표율을 기록했지만, 네 정당은 총 246개 지역구 의석 중 각각 127석(51.6%), 106석(43.1%), 3석(1.2%) 7석(2.8%)의 의석을 획득했다. 예를 들어 이 총선이 전국을 한 선거구(300석)로 하는 비례대표제였다는 가정 하에 현행 공직선거법의 의석 배분 규정(3% 최소조건, 최대잔여투표순)을 따를 경우, 각 정당은 위 정당투표 득표율에 비례해 138석(46.0%), 118석(39.3%), 11석(3.7%), 33석(11.0%)의 의석을 획득하게 된다. 그만큼 정당투표 득표율과 국회 내 의석 비율이 비슷해진다는 것이다.

다수제의 경우 1석 선거구에서 1명을 선출하지만, 비례대표제는 비례적 배분이라는 성격상 다석(多席) 선거구에서의 운용된다. 따라서 비례대표제에서 선거구는 그 크기(의석수)가 커지고, 지역적으로도 광역(廣域)에 걸치는 것이 보통이다. 투표자의 입장에서는 1석 선거구에서 후보 1명을 선택하는 대신 하나의 '후보그룹'을 선택하는 것이라 보면 된다. 현대 대의민주주의에서 이러한 그룹은 정치적 목적을 같이하는 정당의 형식을 갖추고 있기 때문에 결국 정당별 후보그룹에 투표하게 되는 것이다. 투표자와 후보자가 일대일의 직접적 관계를 가지는 1

석 선거구 다수제와 달리 투표자는 정당을 매개로 후보자를 선택하는 간접적 관계를 가지는 것이다. 이제 이 단순한 원리를 실천하는 문제만이 남는다. 우선 정당별 후보그룹에 던져진 투표의 수(득표율)에 비례해서 이 그룹에서 몇 명이 당선되느냐를 결정하는 의석배분 방식(allocation rule)이 필요하다.

선거연합*(apparentement)*

명부식 비례제를 사용하는 국가들 가운데 정당간의 카르텔(cartel) 또는 아빠항뜨망(*apparentement*)이라 불리는 '선거연합'을 허용하는 경우가 있다. 선거연합은 의석배정에 유리하다고 판단될 경우 둘 이상의 정당이 공식적으로 연합을 선언함으로써 성립된다. 이는 단순히 의석배정을 위한 연합이기 때문에 투표자나 투표절차에 아무런 변화나 영향이 없고, 또 선거 이후 정당의 정치적 행보와도 관계가 없다.

특히 네덜란드, 스위스, 이스라엘 등 동트식을 사용하는 국가에서 선거연합을 허용하는 경우가 많은 것은 동트식이 다른 의석배정 방식에 비해 상대적으로 비례성이 낮기 때문에 이를 '보상'하는 의미라 할 수 있다. 또 과거(1940년대) 동트식을 사용했던 스웨덴, 노르웨이 등에서 선거연합을 허용한 것도 이와 비슷한 맥락에서 해석된다.

반면 소정당의 사표를 줄여 비례성을 높이고자 하는 위의 예와는 반대로, 프랑스 제4공화국의 1951년과 1956년 총선에서 선거연합은 유효투표의 50% 이상을 득표한 연합에 다석 선거구 의석 전체를 차지하게 함으로써 의석의 집중을 유도하는 의미에서 허용된 경우이다. 비슷한 예로 1953년 이탈리아 총선 역시 전국 총유효투표의 50% 이상을 득표하는 선거연합에 의회 전체 의석의 3분의 2를 할당하여 유사한 의석 집중 효과를 기대한 경우라 할 수 있다.

II. 의석배분 방식

1. 나눔수제(divisor system)

나눔수제란 미리 정해진 일련의 나눔수(divisor; $s + 1$)로 각 정당의 득표수(v)를 나누어 몫(a)이 큰 순서대로 의석을 배분하는 방식이다.

$$a = \frac{v}{s + 1}$$; a는 몫, v는 득표수, s는 배분된 의석수

즉 나눔수는 실제 의석수에 1을 더한 의미를 가진다고 할 수 있고, 이 경우 몫(a)은 그 의석수를 얻는데 필요한 평균득표수의 의미를 가진다. 이 때문에 나눔수제라는 용어 대신 최고평균법(highest average)이라고 부르기도 한다. 위의 식은 가장 흔히 쓰이는 나눔수 방식으로 벨기에의 법학자인 동트(Victor d'Hondt)의 이름을 따 동트식이라 부른다.[2] 동트식의 나눔수열은 의석수 0, 1, 2, 3, 4 …에 1을 더한 1, 2, 3, 4, 5 …의 자연수열이 된다.

다음의 <표 6.1>은 총의석수가 10석인 선거구에서 A, B, C, D 4개 정당의 폐쇄형 명부(closed list)에서 당선자를 확정하기 위해 동트식을 사용한 예이다.[3] 각 정당의 득표수를 동트 분모수열에 의해 나눈 후, 그 몫의 크기를 비교해 순서대로 의석을 배분하였다. A당은 1, 4, 5, 8번째 4개 의석, B당은 2, 6, 9번째 3개 의석, C당은 3, 7번째 의석, D당은 마지막 10번째 의석을 배정받게 되었다.

2) 동트식은 미국의 제3대 대통령이었던 제퍼슨(Thomas Jefferson; 1743-1826; 대통령 재임은 1801-1809)의 이름을 붙여 제퍼슨식(Jefferson rule)이라고도 한다. 동트식이 사용되기 이전에 제퍼슨이 미국 하원 의석을 각 주별로 배분할 때 이미 동트식과 같은 방법을 썼다는 이유 때문이다(Taagepera and Shugart 1989, 32).

3) 폐쇄형 명부와 그 외 입후보 방법에 관해서는 3절 내용 참고.

나눔수 방식에 의한 의석배분 사례

- 총 의석수가 10석인 선거구
- 총 유효표 10,000표
- A, B, C, D 4정당이 구속명부 입후보
- 득표: A당 4,243표, B당 2,721표, C당 2,160표, D당 876표
- 괄호안의 수는 의석배정 순위

표 6.1 동트 방식

나눔수	A당	B당	C당	D당
1	4,243 (1)	2,721 (2)	2,160 (3)	876 (10)
2	2,121 (4)	1,360 (6)	1,080 (7)	438
3	1,414 (5)	907 (9)	720	292
4	1,060 (8)	680		
5	848			

표 6.2 생 라그 방식

나눔수	A당	B당	C당	D당
1	4,243 (1)	2,721 (2)	2,160 (3)	876 (6)
3	1,414 (4)	907 (5)	720 (8)	292
5	848 (7)	544 (10)	432	175
7	606 (9)	388	308	
9	471			

표 6.3 수정 생 라그 방식

나눔수	A당	B당	C당	D당
1.4	3,030 (1)	1,943 (2)	1,542 (3)	625 (8)
3	1,414 (4)	907 (5)	720 (7)	292
5	848 (6)	544 (10)	432	175
7	606 (9)	388	308	
9	471			

동트식의 1, 2, 3, 4 …에서 '나눔수간의 차이'를 d라 할 때 수열은 1, $1+1d$, $1+2d$, $1+3d$ …가 되고 동트식에 있어 $d=1$이 된다. 만약 d = 2라면 수열은, 1, 3, 5, 7 …의 순이 된다. 이 나눔수열을 사용하는 방식을 프랑스인 생 라그(Sainte-Laguë)의 이름을 붙여 생 라그식이라 하고, 주로 북구의 덴마크, 노르웨이, 스웨덴에서 먼저 사용되었기 때문에 스칸디나비아식이라고도 하는데, 뉴질랜드와 독일이 각각 1996년과 2009년 총선부터 생 라그 방식을 사용함에 따라 더욱 큰 관심을 끌고 있다.[4] <표 6.3>은 생 라그 방식을 다시 변형시킨 것으로 '수정 생 라그(modified Sainte-Laguë)'라 부르며, 생 라그식 수열의 첫째 수 1 대신 1.4를 사용하고 있다.

위의 <표 6.1; 6.2; 6.3>은 나눔수열의 차이에도 불구하고 똑같이 A, B, C, D당에 각각 4, 3, 2, 1석씩을 배분하고 있다. 하지만 각 정당이 의석을 차지하는 순서는 차이점을 나타내고 있다. 생 라그 방식에 의한 결과(표 6.2)에서 우선 1석을 차지하는 D당의 의석배정 순위가

4) 라이파트(Lijphart 1984, 435-436)는 생 라그가 이 방식을 사용하기 전에 이미 미국의 정치인이었던 웹스터(Daniel Webster; 1782-1852)가 같은 방식을 미국 하원의 주별 의석배정에 사용했기 때문에 웹스터 방식이 되어야 한다고 주장한다. 2009년 총선부터 독일에서 사용되는 의석배정 방식은 보통 생 라그/쉐퍼스(Schepers) 방식으로 불리는데 이는 생 라그 방식과 같은 결과를 내지만 계산 방법이 다른 쉐퍼스(Hans Schepers; 독일 물리학자)의 방식을 사용하기 때문이다.

빨라지는 것을 발견할 수 있다. 동트식에서는 10번째 의석을 차지하였지만 생 라그식에서는 6번째로 의석을 배정받고 있다. 말하자면 D당은 동트식일 경우 가까스로 1석을 차지한 반면 생 라그식에서는 여유있게 의석배정을 받았다고 할 수 있다.

이 같은 결과는 d의 크기가 2배로 커진데서 비롯되는 것이다. 예를 들어 $d = 10$이라면 수열은 1, 11, 21, 31 …이 된다. 이 나눔수열을 적용하면 A, B, C 정당의 두 번째 몫(득표수 / 11)은 385, 247, 196으로 모두 D당의 876표 보다 작게 된다. 즉 의석을 배분하게 되면 D당은 A, B, C 어느 정당의 두 번째 의석보다 앞서 의석배분을 받게 된다는 것이다. 따라서 나눔수간의 차이인 d가 커지면 커질수록 최소득표를 한 정당은 빨리 의석배정을 받을 수 있다는 결론에 다다른다.

다시 말해 d가 커질수록 소정당이 그 만큼 유리해 진다는 것이다. 동트식이 대정당을 유리하게 하는 반면, 생 라그식의 $d = 2$는 (소정당을 유리하게 한다기보다는) 소정당에게 대정당과 동등한 기회를 부여한다고 해석하는 것이 옳다(Lijphart 1986, 174-175; Lijphart 1994, Appendix A 참조). 즉 동트식과 비교해 생 라그식은 소정당이 상대적으로 빨리 첫 번째 의석을 차지할 수 있는 기회를 제공하고 있다고 할 수 있다.

끝으로 <표 6.3>은 1.4, 3, 5, 7 …의 나눔수열을 사용하는 수정 생 라그 방식으로 의석을 배분한 예이다. <표 6.3>의 예에서는 크게 그 효과가 나타나지 않지만, 수정 생 라그식의 경우 소정당이 비교적 일찍 의석을 확보하는 기회를 없애는 한편, 중간 크기 정당을 유리하게 하는 경향을 나타내는데 실제로 이러한 목적에서 덴마크, 스웨덴, 노르웨이 등 스칸디나비아 국가들이 이 방식을 채택하였다.

2. 쿼타제(quota system)

쿼타(quota)는 '1석을 배정받는 데 필요한 득표수(율)'를 의미한다. 쿼타제 방식은 먼저 쿼타를 구한 후, 각 정당의 득표수를 쿼타로 나누어 그 '몫'과 '나머지(remainders)'를 구하는 것으로, 여기서 '몫'은 쿼타에 의해 그 정당에 배분되는 의석수를 나타낸다. 이렇게 각 정당에 일단 의석을 배분하고 나면 대개 '배분되지 않은 의석'이 남게 되는데, 이 나머지 의석들은 몫을 구하고 남은 각 정당의 '나머지 표'의 크기에 따라 순서대로 배분하는 것이 일반적이다. 이러한 나머지 의석 배분 방식을 '최대잔여투표순제(最大殘餘投票順制 또는 LRS; largest remainder system)'라 부른다.[5] LRS 이외에 '최대평균잔여투표순제(最大平均殘餘投票順制 또는 LAS; largest average system)'가 있다. LAS는 쿼타로 각 정당의 의석을 배정한 후, 이미 배정된 의석수에 1을 더한 수로 '나머지 표'를 나눈 결과가 큰 순서대로 잔여의석을 배정하는 방법이다. 스위스, 네덜란드 등에서 사용되는 방법으로 '나머지 표'가 같을 경우 표준쿼타에 의한 배정의석이 적은 소정당에 유리한 특성을 나타낸다.

쿼타 방식

· 헤어 쿼타(Hare Quota): $HQ = \frac{V}{M} = \frac{100\%}{M}$

(V는 총 유효표; M은 선거구 크기)

5) 실제 쿼타제와 LRS를 채택한 모든 국가들은 하위 선거구의 미배정 잔여의석을 모아 광역 또는 전국적으로 상위(上位)의 선거구(higher-tier district)를 형성한 후, 역시 잔여투표를 정당별로 집계해 다시 배정하는 '2단 선거구 체제(two-tier districting system)'를 사용하고 있다. 자세한 내용은 Lijphart(1994, 30-39)와 Gallagher 외(1995, 283) 참고.

- 드룹 쿼타(Droop Quota): $DQ = \frac{V}{M+1} + 1$
  (소수점 이하 있으면 버림)
- 하겐바흐-비숍 쿼타(Hagenbach-Bischoff Quota):
  $HBQ = \frac{V}{M+1}$ (다음 정수)
- 임페리알리 쿼타(Imperiali Quota): $IQ = \frac{V}{M+3}$
  (다음 정수)

쿼타를 구하는 방식에는 위의 네 가지 방식이 주로 사용된다. 헤어 쿼타는 총 유효표(V)를 선거구의 크기(M; magnitude 즉 선거구의 총 의석수)로 단순히 나누어 구하는 쿼타라는 의미에서 '단순 쿼타(simple quota)'로 불리기도 한다. 이 헤어 쿼타의 경우에는 V와 M을 그대로 사용하기 때문에 편의상 총 유효표(V) 대신 100%를 사용해도 마찬가지 결과가 된다.

드룹 쿼타는 총 유효표(V)를 선거구의 의석수에 1을 더한 수($M+1$)로 나눈 결과에 다시 1을 더하고 소수점 이하가 있으면 버림으로써 다음 작은 정수를 취하는 방법으로 구한다. 한편 하겐바흐-비숍 쿼타 역시 총 유효표(V)를 선거구의 의석수에 1을 더한 수($M+1$)로 나누는 것은 드룹 쿼타 방식과 같으나 이 결과에서 단순히 다음 정수를 취하기 때문에 결국 드룹 쿼타와 하겐바흐-비숍 쿼타는 같은 결과가 된다. 단지 사용되는 국가에 따라 이름만을 달리 부른다고 이해하면 불필요한 혼동을 피할 수 있을 것이다.[6)]

---

6) 헤어 쿼타를 보다 '일반화'한 결과로서 드룹 쿼타를 이해할 수 있다. FPTP제 선거에 헤어 쿼타를 적용할 경우 HQ는 100%/1이 되는 모순을 가진다. 단순히 선거구 의석수(M) 대신 $M+1$을 적용하면 정확히 50%(100%/2)가 되기 때문에 이론적으로 2명이 똑같이 50% 득표를 하는 가능성을 상정할 수 있다. 마찬가지로 비례대표제 4석 선거구의 경우에도 단순히 $M+1$을 적용해 얻는 100%/(4+1) 즉 20%라는

끝으로 임페리알리 쿼타는 이탈리아에서 1993년 현행 선거체제로 전환하기 전에 사용하던 것으로 총 유효표(V)를 선거구의 의석수에 3을 더한 수($M+3$)로 나눈 후 다음 정수를 취해 구한다. 드물긴 하지만 임페리알리 쿼타가 지나치게 작아져 선거구 의석수보다 많은 의석이 배정되는 현상이 나타날 수 있다. 이 경우 이탈리아에서는 특별히 그 선거구에 한해 다음 작은 정수 즉 ($M+2$)를 사용해 다시 쿼타를 계산한다.

쿼타 방식에 의한 의석배분 사례

- 총의석수: 10석
- 총유효표: 10,000표
- A, B, C, D 4개 정당이 구속명부 입후보
- 득표: A당 4,243표, B당 2,721표, C당 2,160표, D당 876표
- 헤어 쿼타 - LRS
  HQ = 10,000 / 10 = 1,000
  A당: 4,243 / 1,000 = 4.243; 4석
  B당: 2,721 / 1,000 = 2.721; 2석+1석
  C당: 2,160 / 1,000 = 2.160; 2석
  D당: 876 / 1,000 = 0.876; 0석+1석
- 드룹 쿼타(또는 하겐바흐-비숍) - LRS
  DQ = (10,000 / 11)+1 = 910
  A당: 4,243 / 910 = 4.66; 4석
  B당: 2,721 / 910 = 2.99; 2석+1석
  C당: 2,160 / 910 = 2.37; 2석
  D당: 876 / 910 = 0.96; 0석+1석

쿼타는 5석이 배분되는 이론적 가능성이 발생한다. 따라서 $M+1$로 나누어 얻은 결과에 1을 더하는 드룹 쿼타 방식은 이러한 이론적 가능성을 배제하기 위해 만들어졌다고 볼 수 있다.

위의 계산 사례는 예제를 쿼타 방식으로 배분해 본 것이다. 헤어 쿼타-LRS에 의한 의석배분의 경우 우선 HQ 1,000표를 적용하여 A, B, C당에 각각 4, 2, 2석을 배분하게 된다. 남은 2석은 LRS에 의해 나머지표가 많은 순서대로 배정하는데, 876표가 그대로 남은 D당과 721표가 남은 B당이 각각 1석씩 배정받게 된다. 따라서 최종적인 의석배분 결과는 위의 나눔수 방식이 세 가지 예와 같이 A당 4석, B당 3석, C당 2석, D당 1석이 되는 것이다.

드룹 쿼타 방식을 사용하는 경우 DQ는 HQ 보다 작아지기 때문에 일반적으로 미배정 잔여의석을 줄이는 결과를 가져오는 것이 보통이다. 위의 나눔수 방식에 의한 의석배분 사례는 헤어 쿼타 방식과 동일한 결과를 나타내지만 DQ로 각 정당의 득표수를 나눈 결과는 이러한 변화를 예측케 해준다. 쿼타가 907표일 경우라면 미배정 잔여의석은 1석으로 줄게 되고, 쿼타가 876표 이하가 되면 선거구의 10석이 모두 배정되어 LRS 과정이 불필요해지는 이치이다. 같은 맥락에서 이탈리아(1993년 이전)의 과거 방식대로 임페리알리 쿼타를 위 예제에 적용할 경우 의석수에 3을 더한 IQ_3(10,000 / 13 = 770)와 다음 아래 정수 2를 더한 IQ_2(10,000 / 12 = 834) 모두 정해진 의석수(10석)보다 1석씩 많은 11석을 배정하는 문제가 나타난다.[7]

3. 헤어-니이마이어(Hare-Niemeyer)식

헤어-니이마이어식 의석배정은 1998년 독일 총선의 실제 사례를 통해 경험할 수 있다. 전체 656석을 헤어-니이마이어식에 따라 우선 각 정당별로 배정하고, 다시 같은 방식을 사용해 각 주(州), 각 정당별

7) 위에서 설명한 바와 같이 이탈리아에서는 이런 문제가 있을 때 의석수에 다음 아래 정수인 1을 의석수에 더해 재계산을 하도록 규정하였다. 이 경우 IQ_1은 하겐바흐-비숍 쿼타를 구하는 것과 동일한 계산과정(10,000 / 11)을 통해 910표가 되고, 의석배정도 위 하겐바흐-비숍(또는 드룹) 쿼타의 예와 동일해 진다.

로 배정한다(의석배정에 관한 설명 참고).[8] 아래 계산은 SPD와 베를린(Berlin) 주의 예를 들어 제2투표수에 따라 의석수를 산정하는 예이다. 1998년 당시 독일 하원 총의석수인 656석에 SPD가 전국적으로 얻은 제2투표수를 곱한 결과를 최소조건(5% 또는 1석 선거구 3석)을 통과한 정당들이 얻은 총 제2투표수로 나눈 결과가 SPD의 하원 의석수(285석)가 된다(제①계산).

이렇게 SPD의 총의석수가 결정되면 이제 SPD의 의석을 차지할 의원을 정하기 위해 다시 각 주별로 의석수를 배정해야 하는데, 이때도 역시 같은 계산 방식을 사용한다. 베를린 주의 SPD 의석수는 우선 SPD의 의석수에 베를린 주에서 얻은 SPD의 제2투표수를 곱하고, 다시 그 결과를 SPD가 전국적으로 얻은 제2투표수로 나누어 구한다(제②계산). SPD는 베를린 주에서 이렇게 10석을 배분받았지만, 베를린 주의 1석 선거구에서는 단 1석도 차지하지 못하고 말았다. 따라서 베를린 주 SPD의 의석수(10석)에서 베를린 주의 1석 선거구에서 SPD가 차지한 의석수(0석)를 뺀 결과 10석이 베를린 주의 SPD 명부에서 당선될 비례의석수가 되는 것이다.[9]

---

8) 독일에서 흔히 헤어-니이마이어(Hare-Niemeyer)식으로 불리는 이 방법은 전체적인 비례성을 좀 더 높이고자 1985년에 동트식 대신 채택되어 2008년 총선까지 사용된 의석배정 방식이다. 실제 앞에서 설명한 헤어(Hare) 쿼타-최대잔여투표순(LRS)은 같은 방법이라 할 수 있다. 헤어-니이마이어식은 쿼타를 계산하는 과정과 쿼타로 정당의 유효득표수를 나누는 과정을 단지 합쳐 놓았을 뿐이다.

9) 참고로 1998년 독일 총선에서 SPD는 실제 285석을 배분받았지만 이 총선에서 발생한 초과의석 13석을 모두 확보해 총 669석의 하원 의석 중 298석을 차지했다.

헤어-니이마이어식 계산

① SPD의 총의석수

$$= \frac{\text{총의석수}(656) \times SPD \text{ 총제2투표수}(20{,}181{,}269)}{\text{총제2투표수}(46{,}408{,}690)} = 285.267963$$

② 베를린 주의 SPD 의석수

$$= \frac{SPD\text{의 총의석수}(285) \times \text{베를린주 } SPD \text{ 제2투표수}(740{,}915)}{SPD \text{ 총제2투표수}(20{,}181{,}269)}$$

$= 10.463206$

헤어-니이마이어식은 다양한 종류의 2단계 배분에 활용될 수 있기 때문에 가상의 선거 결과를 가지고 직접 의석배분을 해보고자 한다. <표 6.4>는 총 의석수를 50석, A, B, C, D정당이 K, L, M, N, O주에서 획득한 정당명부 득표의 총계가 10,000표인 선거를 가정한 예이다.

표 6.4 각 정당의 주별 정당명부 득표 사례의 가정

정당	각 주별 정당명부 득표수					
	K주	L주	M주	N주	O주	총유효득표수
A당	856	672	719	637	842	3,726
B당	617	824	699	488	546	3,174
C당	349	324	276	511	338	1,798
D당	178	107	477	348	192	1,302
계	2,000	1,927	2,171	1,984	1,918	10,000

<표 6.5>와 <표 6.6>은 헤어-니이마이어식 계산 방식으로 의석을 배정한 결과이며, 아래 ①에서 ④까지의 과정은 계산과정을 단계별로 설명한 것이다.

① A정당은 5개주에 총 3,726표를 득표하여 총의석 50석 중 우선 18석을 차지한다.

즉 $\frac{50 \times 3,726}{10,000} = 18.63$

② LRS에 의해 1석을 더 배정받아 결과적으로 총 19석을 획득한다.

③ 이 19석을 각 주별로 배분하는 과정 역시 동일한 계산방식에 따른다. A당은 K주의 경우 856표를 얻어 19석 중 4석을 배정받는다.

즉 $\frac{19 \times 856}{3,726} = 4.365$

④ 만약 K주 1석 선거구에서 A당이 이미 2석을 획득했다면, K주 A당 명부의 1, 2번 순위 후보가 비례의석을 배정받게 되는 것이다.

표 6.5 위의 가정에 따른 정당별 의석배분

정당	명부득표수	H–N식 계산결과[a]	배분의석수	LRS[b]	의석합계
A당	3,726	18.63	18	+1	19
B당	3,174	15.87	15	+1	16
C당	1,798	8.99	8	+1	9
D당	1,302	6.51	6		6
계	10,000	50.00	47	3	50

· a: 헤어-니이마이어식 계산 $= \frac{\text{명부득표수} \times \text{의석수}(50)}{\text{총투표수}(10,000)}$

· b: LRS는 최대잔여투표순을 의미

표 6.6 위의 가정에 따른 A당의 주별 의석배분

주	명부득표수	H-N식 계산결과[a]	배분의석수	LRS	의석합계
K주	856	4.36	4		4
L주	672	3.42	3	+1	4
M주	719	3.66	3	+1	4
N주	637	3.24	3		3
O주	842	4.29	4		4
계	3,726	18.97	17	2	19

· a: 헤어-니이마이어식 계산 = $\frac{K\text{주 } A\text{당의 명부득표수}(856) \times A\text{당의 의석수}(19)}{A\text{당의 총명부득표수}(3,726)}$

4. 최소조건(最少條件; threshold)

비례대표 선거체제의 의석배분 방식에 흔히 포함되는 중요 변수 중의 하나가 '법적 최소조건(legal threshold)'으로 '의석배분 대상이 되기 위해 필요한 최소조건'을 의미한다. 보통 '봉쇄조항'으로 흔히 불리는데, 이 표현이 비례대표제에서 이 변수가 운용되는 바, 즉 의석배분 대상에서의 '배제(exclusion)'라는 의미를 실제 잘 전달하고 있다고도 볼 수 있다. 하지만 '스레쉬홀드(threshold)'라는 용어는 다양한 맥락에서 쓰이기 때문에 단지 배제나 봉쇄의 의미 이상을 담는 경우가 많다. 부정적 의미로서의 봉쇄보다는 긍정적 의미로서의 최소조건, 즉 '당선에 필요한 최소득표율(a minimum vote share)'의 의미로 사용되는 예도 많다. 라이파트(Lijphart 1994, 25-30)가 하위 최소조건(lower threshold)과 상위 최소조건(upper threshold)으로 나누어 설명하는 것도 최소득표율의 의미를 담은 예라 할 수 있다. 따라서 다양한 맥락에서도 일관된 의미를 전달하는 데는 최소조건이라는 용어가 더 적절하다고 볼 수 있다.

최소조건은 비례대표제가 비례성을 보장하는 과정에서 부작용으로 나타나는 군소정당의 난립을 방지하기 위한 주요한 수단이고, 실제 이러한 목적의 실현에 상당히 효과적인 것으로 평가된다. 하지만 소정당이 입는 손해가 대정당의 의석을 부풀려 주는 방편이 되고, 결국 비례성을 왜곡시키는 부작용을 수반하게 된다(Gallagher 외 1995, 284). 어떤 명분을 내세우든 최소조건 자체는 임의의 수(arbitrary number)일 수밖에 없지만 제도적 효과와 정치적 영향력은 상당하다 할 수 있다. 대표적인 예로 2013년 독일 총선에서 자유민주당(Free Democratic Party)이 5% 최소조건에 못 미치는 4.8% 득표율로 0석 정당으로 전락한 것을 들 수 있다. 바이마르 공화국의 정치적 혼란을 경험한 독일이 2차 대전 후 선택한 5% 최소조건은 명분이 분명한 예로 이해되어 왔지만, 오랜 기간 기민당과 사민당의 연립정부 파트너로서 독일 정치의 중심에 서 있던 FDP가 0.2% 차이로 93석의 제3당에서 한 순간 0의석 정당으로 몰락하는 광경은 여전히 충격적이다.

최소조건의 실제 그 운용 방법이나 크기에 있어 다양한 양상을 띤다. 최소조건을 규정하는데 있어서는 득표율이 가장 많이 쓰이고, 그 외에 득표수, 쿼타 대비 득표율, 1석 선거구 FPTP 의석수, (상위 선거구 의석배분의 경우) 하위 선거구 의석수 등도 활용된다. 가장 낮은 최소조건의 예는 현재 전국 득표 0.67%를 적용하는 네덜란드이고, 가장 높은 최소조건은 과거 그리스의 규정(1981년)으로 1차 의석배분에서는 전국 득표 17%(정당), 2, 3차 의석배분에서 3당 연합에 30%를 적용한 바 있다(Seferiades 1986, 72; Gallagher 외 1995, 284). 높은 최소조건의 또 다른 예로 소국 리히텐슈타인(Liechtenstein)이 1939년 선거에서 나찌 정당의 의석 획득을 저지하기 위해 적용한 전국 18% 규정을 들 수 있다(Taagepera and Shugart 1989, 134). 리히텐슈타인은 현재도 8%로 매우 높은 수준의 최소조건을 적용하는 예이다. 현재 가장 높은 최소조건을 적용하는 예로 터키의 10% 최소조건을 들 수 있는데, 이 조건으로 인해 터키의 2002년 총선에서는 0.19%부터 9.54%까지의 득표율을 기록한 16개 정당의 유효표 46%가 사표가 되기도 했다.[10)]

그리스의 선거체제는 '강화된 비례대표제(reinforced PR)' 또는 '부담스런 비례대표제(loaded PR)'라고 불리어 왔다. 물론 이 '강화된 비례대표제'라는 용어는 40~50석의 프리미엄(premium) 의석을 제1당에게 할당하는 의미가 포함된 것이지만, 17%의 높은 최소조건 역시 실제 영국의 FPTP제에 버금갈 만큼 비례성을 왜곡시키는 요인이 되었다. 1981년 선거에서 최대정당인 PASOK은 48.1% 득표로 57.3%의 의석을 차지한 반면, 합쳐서 16.6%를 얻은 소정당들은 불과 4.3%의 의석을 차지하는 현상이 벌어져 심지어 비례제가 아니라는 주장이 제기되기도 했다. 1990년 채택된 새 선거체제는 다른 국가들의 예와 비슷한 전국 3% 최소조건 규정으로 변경하였으나 프리미엄 의석은 계속 유지되고 있다(Dimitras 1994; Gallagher 외 1995, 282-284, 표 11-3 참고).

또한 최소조건은 지역 선거구 내에서 적용되는 지역 선거구(district) 규정과 전국(nationwide) 규정으로 대별되는데, 전국 규정이 더 일반적이다. 전국 규정을 적용하는 사례로는 위의 네덜란드와 그리스 외에 덴마크(2%), 한국(3%), 스페인(3%), 오스트리아(4%), 이탈리아(하원 4%, 상원 8%), 스웨덴(4%), 독일(5%), 벨기에(5%), 헝가리(5%), 체코(5%), 폴란드(5%), 러시아(7%), 터키(10%) 등의 예가 있다.[11)] 체코의 전국 최소조건은 가장 정교하다는 평가를 받는데 그 이

10) 2002년 터키 총선의 최소조건 효과에 대해서는 aceproject.org 검색 참고.

11) 스웨덴의 전국 4% 규정은 상위 비례의석(adjustment seats) 선거구 의석배분의 최소조건이자 하위 지역 선거구에도 적용된다. 단 이 4% 최소조건을 만족시키지 못했지만 지역 선거구 득표율이 12% 이상이면 해당 지역 선거구에서는 의석배분

유는 정당연합의 경우 연합에 참여한 정당수에 따라 최소조건을 달리 하고 있기 때문이다. 두 정당 연합의 경우 최소조건은 7%가 되고, 이후 연합에 참여하는 정당이 하나씩 증가할 때마다 2%를 더한 최소조건을 적용한다(Farrell 1997, 71 참고). 이스라엘은 1992년까지 1% 전국 최소조건을 적용하다가 이후 계속해서 이 조건을 상향 조정해온 특이한 사례이다. 1992년부터 2003년까지는 1.5%, 2014년까지는 2%였고, 현재는 3.25%의 조건을 적용하고 있다.[12)]

지역 규정의 대표적인 예로는 1977년 이후 스페인이 적용하는 지역 선거구 내 3% 규정을 들 수 있다. 하지만 이 규정은 바르셀로나(Barcelona)나 마드리드(Madrid) 등 대도시 지역 선거구를 제외한 대부분의 지역 선거구 의석수가 많지 않기 때문에 효과적이지 못하다. 프랑스도 비례대표제로 치루어진 1986년 선거에서 5% 지역 선거구 최소조건을 둔 바 있으나 스페인과 마찬가지 이유로 파리를 제외한 지역 선거구에서는 효과적으로 최소조건의 기능을 하지 못하였다.

III. 투표 방법과 입후보 방법

일단 각 정당이 차지할 의석수가 정해진 배분방식에 의해 결정되면, 이제 각 정당 안에서 '어느 후보가 당선되느냐'의 문제가 남는다. 이 당선자 결정의 문제는 투표와 입후보 방법에 따라 달라지는데 크게

대상이 된다(Taagepera and Shugart 1989, 134). 독일의 경우 5% 규정 대신 1석 지역 선거구 의석 3석을 획득한 정당은 의석배분을 받는다. 한국의 경우 최소조건 3%에는 미치지 못하지만 지역구 의석 5석 이상을 얻는 정당의 경우 의석배분 대상이 된다. 공직선거법 제189조 1항 참고. 이렇게 지역구 의석으로 득표율 규정을 우회할 수 있게 한다는 의미에서 흔히 탈출조항(escape clause) 또는 후문루트(back door route)라 불린다.

12) 이스라엘의 네탄야후(Benjamin Netanyahu) 수상은 새로운 최소조건이 "강하고 안정된 정부"를 위해 필요한 것임을 강조한 바 있다. "Israel ups threshold for Knesset seats despite opposition boycott" www.reuters.com 2014/3/11 기사 검색 참고.

두 가지 형태로 나누어 살펴볼 수 있다. 첫째는 당선 순위가 이미 결정된 각 정당의 후보명부(list)를 대상으로 정당에 투표하는 '폐쇄형(閉鎖型) 명부제(closed list system)'이고, 둘째는 당선 순위(rank-order)의 결정에 투표자들의 선호도가 반영되는 '개방형(開放型) 명부제(open list system)'이다.[13] 개방형 명부제의 경우 그 개방의 정도나 투표용지의 모양, 투표와 입후보 방법 등 세부 운용 방법에 있어 큰 변화와 차이를 나타내기 때문에 획일적으로 설명하기 어렵다(Katz 1986, 88-91). 개방의 정도와 형태에 따라 나누어 접근하는 것이 각각의 특이점을 이해하는 데 도움을 줄 것이다.

1. 폐쇄형 명부제

'폐쇄형'이라 함은 투표자의 선호도가 반영되지 않는다는 것을 의미한다. 비례선거구별로 각 정당이 당선 순위를 정한 입후보 명부를 등록하고, 투표자들은 이를 근거로 정당에 한 표를 던지는 단순한 형태이다. 독일의 비례선거가 폐쇄형 명부제의 대표적인 사례이고, 한국의 전국구 비례대표 명부 역시 각 정당이 당선 순위를 정하는 폐쇄형이다. 그 외에 스페인, 포르투갈, 이스라엘, 코스타리카, 아르헨티나, 터키, 우루과이, 콜롬비아 등도 폐쇄형을 사용하는데, 사용국의 대부분이 "신생민주주의 국가(newer democracies)"라는 특징을 보인다(Farrell 1997, 73).

13) 'closed list' 대신 'fixed list'라는 용어가 사용되기도 한다. 또한 이러한 이름을 우리말로 표현하는 과정에서 폐쇄형과 개방형이라는 용어 대신 각각 구속명부, 자유명부라고 부르기도 한다.

그림 6.1 스페인 투표용지

ELECTIONS A CORTES GENERALES 1989
ELECTIONS A CORTS GENERALS 1989

DIPUTADOS
DIPUTATS

선거구

정당 로고 정당명

Doy mi voto a la candidatura presentada por:
Dono el meli vot a la candidatura presentada per:

정당명
(정당약칭)

후보이름 (정당)
후보이름 (정당)
후보이름 (정당)
후보이름 (정당)
후보이름 (정당)
후보이름 (정당)
후보이름 (정당)
후보이름 (정당)
후보이름 (정당)
후보이름 (정당)
후보이름 (정당)
후보이름 (정당)
후보이름 (정당)
후보이름 (정당)
후보이름 (정당)
후보이름 (정당)
후보이름 (정당)
후보이름 (정당)
후보이름 (정당)
후보이름 (정당)
후보이름 (정당)
후보이름 (정당)
후보이름 (정당)
후보이름 (정당)

Suplentes – *Suplents*

후보이름 (정당)
후보이름 (정당)
후보이름 (정당)

그림 6.2 남아프리카공화국 투표용지

PAN AFRICANIST CONGRESS OF AZANIA	PAC
SPORTS ORGANISATION FOR COLLECTIVE CONTRIBUTIONS AND EQUAL RIGHTS	SOCCER
THE KEEP IT STRAIGHT AND SIMPLE PARTY	KISS
VRYHEIDSFRONT - FREEDOM FRONT	VF-FF
WOMEN'S RIGHTS PEACE PARTY	WRPP
WORKERS' LIST PARTY	WLP
XIMOKO PROGRESSIVE PARTY	XPP
AFRICA MUSLIM PARTY	AMP
AFRICAN CHRISTIAN DEMOCRATIC PARTY	ACDP
AFRICAN DEMOCRATIC MOVEMENT	ADM
AFRICAN MODERATES CONGRESS PARTY	AMCP
AFRICAN NATIONAL CONGRESS	ANC
DEMOCRATIC PARTY DEMOKRATIESE PARTY	DP
DIKWANKWETLA PARTY OF SOUTH AFRICA	DPSA
FEDERAL PARTY	FP
LUSO - SOUTH AFRICAN PARTY	LUSAP
MINORITY FRONT	MF
NATIONAL PARTY - NASIONALE PARTY	NP
INKATHA FREEDOM PARTY - IQEMBU LENKATHA YENKULULEKO	IFP

폐쇄형 명부제일 경우 대개 두 가지 투표 방법이 사용되고 있다. 첫째는 당선 순위와 후보 명단이 적힌 각 정당의 투표용지 중 하나를 선택해 투표함에 넣는 방법이다. [그림 6.1]은 1989년 총선 당시 스페인 비례선거구에서 사용한 투표용지이다. 정당이 정한 순서에 따라 1번 후보에서 25번 후보에 이르는 25명의 후보가 적혀 있고 3명의 예비 후보 명단도 들어 있다.

둘째 방법은 선거일 이전에 당선 순위를 포함한 각 정당의 명부를 등록하고 투표자들에게 공고하는 과정을 거친 후, 선거 당일 투표자들로 하여금 각 정당명 옆의 공란에 X표하는 식으로 범주형 투표를 하게 하는 방법이다. [그림 6.2]의 남아프리카 공화국의 1994년 총선 투표용지가 이러한 방법을 적절히 나타내 준다. 우선 이 1994년 선거가 인종차별이 종식된 이후 치루어진 첫 선거였기 때문에 정당체제가 공고하지 못한 상태에서 19개나 되는 많은 정당이 명부 등록을 했다는 점이 주목을 끈다. 또 한 가지 특이한 점은 각 정당의 이름이 생소할 수 있는 투표자들을 위해 정당의 상징과 정당 대표의 사진을 함께 담고 있다는 점이다.

현행 한국 선거체제의 비례대표제 의석 배분은 2001년 헌법재판소 위헌 판결 이후 2004년 17대 총선부터 1인 2표제 정당투표 득표율에 따라 이루어지고 있다.[14] 2004년 총선 이전의 전국구 비례대표제는 투표자들이 전국구 배분을 위해 따로 정당에 투표할 필요가 없도록 단순화 시켰던 예이다. 즉 투표자들이 각 정당이 공천한 지역선거구 의원 후보에게 던진 표를 집계해 각 정당의 정당 득표율로 간주했기 때문에

---

14) 헌법재판소의 '공직선거 및 선거부정방지법 제146조 2항 위헌확인'(2000 헌마91; 2001-7-19) 결정요지에 따르면, 헌재는 과거 1인 1표제가 지역구 후보와 정당에 대한 자유로운 선택권, 비례대표 선거 관련 직접선거의 원칙; 무소속 후보 지지자의 평등권 원칙 등에 위배된다는 법리를 따르고 있다. 국가법령정보센터 헌재결정례 검색 참고.

특별히 이름을 붙인다면 '1표제 혼합형 선거체제'라 할 수 있다. 이 경우 투표자의 입장에서는 지역선거구 후보와 전국구 명부를 다른 시각에서 평가함으로써 정당선택을 달리할 수 있는 '이원 투표(split-ticket voting)'의 기회를 박탈당했다고 볼 수 있다.[15] 또한 2001년 헌재 판결이 지적하듯이, 지역선거구 후보 중 소속 정당이 무소속(independent) 후보에게 던져진 표는 전국구 배분에서 활용되지 않는다는 점에서 평등권의 원칙에 위배되기도 한다.

폐쇄형은 정당의 상부 핵심 지도자들이 명부 작성을 주도하게 함으로써 일단 정당의 리더쉽 기능을 강화한다. 물론 정당별로 의사결정 구조가 다를 수 있고 명부 작성에 있어 특별히 정당 내부적으로 하부 조직의 의사를 민주적으로 반영하는 제도화를 추구할 수도 있다. 하지만 정당이 가지는 특성상 대개 핵심 지도층이 정당의 정책결정을 주도하고, 이에 따라 정당의 리더십이 강화되고 정당조직이 공고해지는 효과가 나타나는 것이 일반적인 예이다.

정당의 리더들은 강화된 리더십과 비례대표제의 특성을 효과적으로 활용해 긍정적 기능을 활성화할 수 있다. 즉 여성이나 소수 인종 등의 대표성을 정치적으로 보장하고, 지역주의와 같이 선거를 통해 나타나는 정치체제 내 역기능을 제거하는 방편으로 활용할 수 있다. 반면 정당이 소수 핵심인사들의 주도로 운영되는 상명하복의 조직체계로 경직되는 결과를 초래한다. 유권자들의 입장에서 볼 때 이들 핵심 엘리트가 주도해 만든 명부만을 대상으로 투표함으로써 선택의 폭이 좁아

15) 말하자면 한국의 과거 1인 1표 선거체제는 '일원 투표(straight-ticket voting)'를 전제로 투표과정을 단순화한 것이다. 지역선거구의 비중이 높은 한국 선거체제에서의 일원 투표는 정당보다는 후보 중심의 선거문화를 조장하는 경향이 있다. 또한 독일과 같이 이원 투표가 가능한 폐쇄형 비례선거체제에서는 정당과 후보 사이에서 투표자가 정당의 당선가능 의석을 고려해 전략적 투표행태를 보일 수 있는데 반해, 한국의 1인 1표 선거체제는 이와 같은 전략적 행태의 여지를 근본적으로 제거한 예이다. 폐쇄형 비례대표제와 전략적 투표행태에 관해서는 Taagepera and Shugart(1992, 24) 참고.

지는 부정적 결과가 나타난다. 또한 특정 후보에 대한 투표자의 선호도가 반영되지 않기 때문에 선호하는 후보와 정당이 일치하지 않을 경우 투표자가 전략적으로 판단해 투표하는 문제가 발생한다.

궁극적으로 이러한 제도적 효과를 정당정치의 발전과 정당체제의 공고화라는 측면에서 장점으로 볼 것이냐, 아니면 소수 핵심 엘리트가 주도하는 정치, 유권자의 선택 대상을 제한하는 결과 등 역기능에 초점을 맞추어 단점을 부각시킬 것이냐는 근본적 판단의 문제에 다다른다. 물론 이러한 판단이 제도론적 시각에서 일반적으로 접근할 수 있는 문제는 아니다. '과연 정치체제의 목표가 무엇이냐'를 중심으로 현실적 시각에서 구체적으로 검토하는 것이 바람직한 접근방법이라 할 수 있다.

2. 개방형 명부제

(1) 최소개방형

최소개방형은 일단 투표자에게 정당 명부에 올라있는 후보 중 한 명을 선택할 수 있는 기회를 부여하는 형태이다. 대표적 사례라 할 수 있는 벨기에의 총선용 투표용지 샘플 [그림 6.3]을 보면, 1, 2 … 6 번호 아래(사각 공란은 각 정당의 이름이 인쇄될 부분)와 후보자들의 이름 옆에 투표자가 기표할 수 있도록 되어 있다. 즉 벨기에의 투표자는 폐쇄형에서와 같이 여러 정당명부 중 하나를 단순히 선택할 수도 있지만, 원한다면 선호하는 특정 후보의 당선순위를 상승시키기 위해 그 후보를 선택할 수도 있도록 한 것이다.

물론 개방의 정도가 가장 낮다고 하는 이유는 투표방법에 있는 것이 아니라 특정 후보에게 던져진 표가 당선 순위를 정하는 데 큰 영향을 미치지 못한다는 데 있다. 벨기에식 최소개방형의 경우 우선 각 정당 명부를 선택한 표와 각 정당 후보를 선택한 표를 합쳐 각 정당의 총득표수를 정하고, 이에 따라 정당별 의석수를 정한다. 정당별 의석수가 정해지면 각 정당별로 당선 순위에 따라 당선자를 확정하는데, 먼저 각 정당별로 정당내 당선 쿼타를 계산하게 된다. 쿼타는 각 정당의 총득표수를 이미 각 정당에 배분된 의석수에 1을 더한 수로 나누어 얻은 결과이다.

중요한 점은 정당 명부에 던져진 표를 일단 정당 명부 1번에 올라 있는 후보의 표로 간주하는 데 있다. 1번 후보가 당선 쿼타에 다다르면 남은 정당표는 명부상의 다음 순위인 2번 후보의 표로 승계되는 형식을 반복한다. 따라서 벨기에의 경우 투표자의 약 반수가 정당 명부에 투표하는 경향을 보이기 때문에 명부상 순위가 낮은 후보가 순위를 극복하고 당선되는 데 어려움이 있을 수밖에 없다(Katz 1986, 90; Farrell 1997, 76 참고). 특정 후보에게 선호하는 집합적 움직임이 있기 전에는 당선 순위의 변경이 어려운 정당내 의석배정 방식 때문에 실제 벨기에에서 당선 순위가 변경되는 사례는 매우 드물다(Katz 1986, 91; De Winter 1988, 37-42).

벨기에와 거의 같은 방법을 적용하는 사례로는 네덜란드를 들 수 있다.[16] 이외에 오스트리아, 노르웨이, 스웨덴의 경우는 정당 명부상의 순위가 반영되는 방법에서 약간의 차이를 나타내지만, 다섯 나라 모두 정당 명부상의 당선 순위가 지배적 영향을 발휘한다는 측면에서 벨기에와 같이 최소개방형의 범주로 분류된다. 또한 현행 체제는 아니지만 프랑스 4공화국의 비례대표제 역시 명부상 순위가 절대적이었다는 점에서 같은 범주에 해당하는 사례로 분류될 수 있다.

---

16) 한 가지 특기할 점은 네덜란드의 경우 특정 후보에게 던져진 표도 당선 쿼타를 넘는 잉여표가 생기면 정당투표와 마찬가지로 명부상의 순위에 따라 이양된다는 것이다(Katz 1986, 90; Taagepera and Shugart 1989, 25).

그림 6.3 벨기에의 투표용지

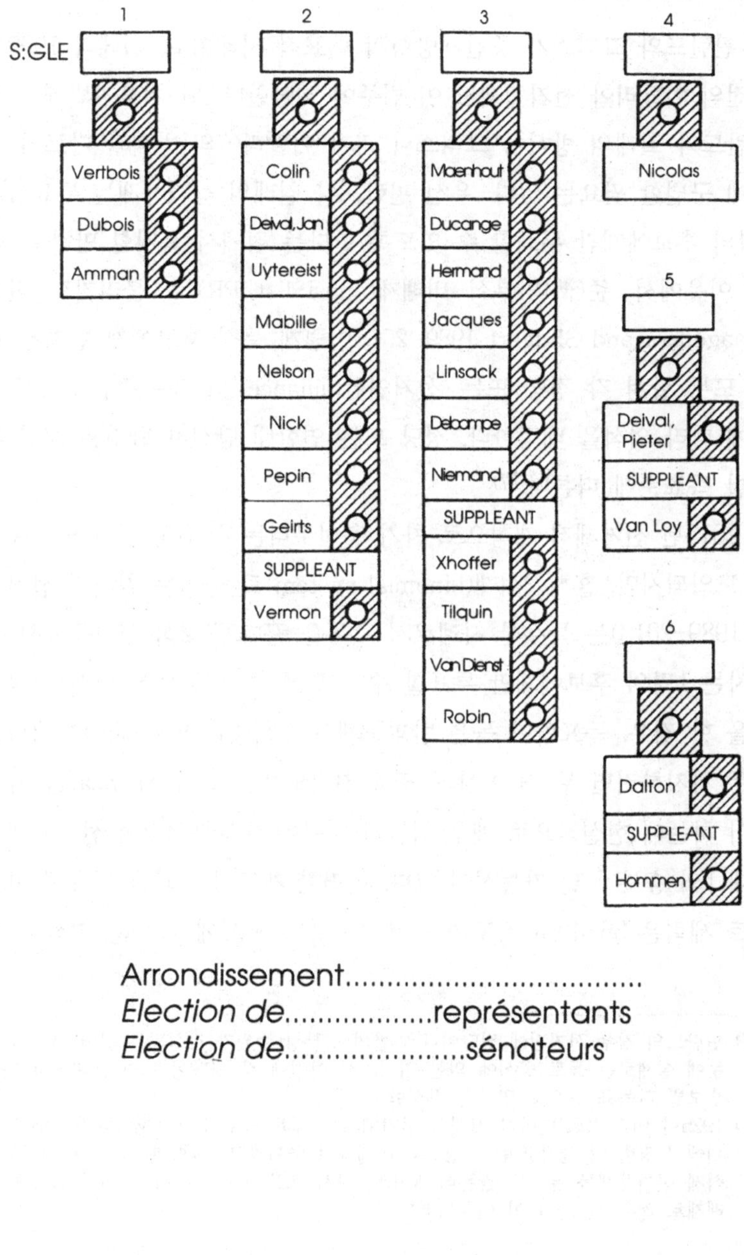

(2) 중간개방형

핀란드와 그리스가 중간개방형의 대표적 사례이고, 칠레와 1990년 이전의 이탈리아 선거체제도 이 범주에 해당한다. 단 투표방법에 있어 핀란드와 칠레의 방식이 그리스나 과거 이탈리아의 방식과 다르기 때문에 구별할 필요는 있다. 우선 핀란드나 칠레의 선거체제는 투표자가 1명의 후보에게만 투표할 수 있도록 한다는 점에서 특기할 만하고, 이런 이유에서 '준(準)명부식 비례제(quasi-list PR)'로 불리기도 한다 (Taagepera and Shugart 1989, 25). 이렇게 특정 후보에게 던져진 표를 모두 합쳐 각 정당 또는 '선거연합(alliance)'의 총득표수를 정하고 이에 따라 의석을 배정한다. 정당 또는 연합내 당선자 확정은 개인 후보별 득표순에 따른다.[17)]

2015년 선거체제 개혁으로 차기 총선부터는 2~8석 선거구 비례제가 도입되지만, 흔히 2석제(binomial system)로 불리는 칠레의 선거체제(1989-2013)는 특수한 사례로서 주목을 끈다.[18)] 2석 선거구에서 투표자는 1명의 후보에게만 투표할 수 있도록 하고 동트식 비례 의석배정을 할 경우, 득표력이 높은 반피노체트 연합(Concertacion)이 2석을 모두 차지하려면 두 배 이상의 표로 친피노체트 연합(Alianza)을 따돌려야 하는데 현실적으로 매우 힘들기 때문에 대부분의 2석 선거구에서 1 대 1의 승부가 날 가능성이 크다. 이러한 제도적 효과를 이용해 피노체트 세력은 35-40% 정도의 득표력으로도 50%에 가까운 의석을 차

17) 핀란드의 경우 선거전에 정당이나 연합의 명부상 순위가 작성되는 것이 아니기 때문에 실제로는 동트 방식에 의한 의석배정 이전에 각 정당이나 연합 내에서 개인 후보별 다득표 순으로 명부를 작성한다.

18) 1925년 이후 1958년까지 칠레의 선거체제는 폐쇄 명부식 비례제였다가 1958년에 위에 설명한 (중간개방형) 준명부식 비례제로 바뀌었고, 1989년부터 2013년까지 2석제 선거체제를 유지해 왔는데 2015년 다시 2017년 총선부터 2~8석 선거구 비례제로 전환하는 개혁이 이루어졌다.

지하는 정치적 이익을 얻은 것으로 분석된다(Siavelis 2005, 437-438).

그리스나 과거 이탈리아 선거체제가 핀란드식과 다른 점은 투표자가 일단 정당을 선택한 후, 원할 경우 선택한 정당 명부상의 후보 중 선호하는 후보 이름이나 기호를 표시할 수 있다는 것이다.[19] 정당투표의 득표수에 따라 정당별 의석이 배정되면, 정당 내에서 당선자를 확정하는 것은 핀란드와 마찬가지로 개인 후보별 득표순에 따른다. 단 득표수가 같을 경우 구 이탈리아 선거체제에서는 정당 명부상의 순위에 따르도록 한 바 있다.

요컨대 중간개방형은 폐쇄형과 달리 유권자에게 개인 후보에 대한 선택의 기회를 제공하고 있다. 또 최소개방형 명부제에서는 명부상 당선순위가 지배적 영향력을 발휘하는 반면, 중간개방형의 경우 개인 후보별 득표가 당선자 확정의 지배적 변수라는 특징을 가진다. 따라서 명부제 비례대표 선거체제이긴 하지만 결과적으로는 유권자에게 정당 명부 작성의 권리를 제공하고 있다고 볼 수 있다. 또 이러한 이유로 인해 같은 정당 내 후보들 간의 경쟁(intraparty competition)이 심화되고, 정당보다는 파벌과 인물 중심의 정치문화를 조장하는 경향이 나타날 가능성도 높다.[20]

(3) 최대개방형

룩셈부르크와 스위스의 유권자들은 위 중간형에서 보다 더 큰 선택의 권리를 누린다. 아래 [그림 6.4]의 룩셈부르크 투표용지 내에서 유

19) 몇 명의 개인 후보에게 투표할 수 있는가는 지역선거구의 의석수에 따라 달라진다. 과거 이탈리아 선거체제는 지역선거구 의석수에 따라 3명 또는 4명까지 선택할 수 있도록 하였고, 그리스 역시 의석수에 따라 1명 또는 2명까지 선택할 수 있도록 하고 있다(Katz 1986, 88).

20) 이렇게 인물이나 파벌 중심의 폐해가 심화된 예로 흔히 과거 이탈리아(특히 남부지방)의 정치적 경험을 드는 경우가 많다. 1983년 이탈리아 총선에서 포르노 스타였던 씨시올리나(La Ciciollina)가 높은 득표율로 당선된 사실은 이러한 제도적 효과와 관련해 특별히 주목을 받는 사례이다(Farrell 1997, 76).

그림 6.4 룩셈부르크 투표용지

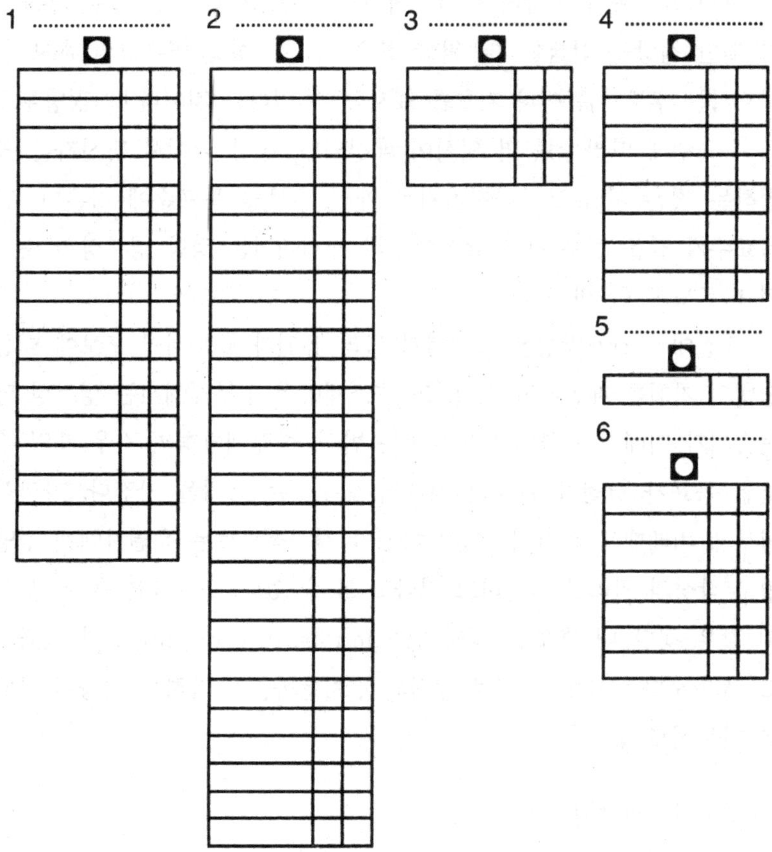

권자는 비례선거구의 의석수만큼 투표를 할 수 있다. 우선 정당 명부에 투표할 수 있는데(정당명 아래 공란에 표시), 이 경우 선택된 정당 명부의 후보는 모두 똑같이 1표를 받게 된다. 또 다른 방법으로 투표자는 투표수 범위에서 개인 후보에게 1표 또는 2표를 행사할 수 있다. 물론 최대투표수를 2표로 제한하긴 하지만 일종의 '집적투표(集積投票; cumulative vote)'라 할 수 있다.[21] 이 경우 투표자가 굳이 한 정당 명부내의 후보만을 선택할 필요는 없다. 이렇게 정당에 구분 없이 개인 후보에 대해 선호도를 표시할 수 있게 하는 제도를 '혼합(mix in)'이라는 뜻의 프랑스어 빠나샤즈(panachage)라는 용어로 부르는데, 비례대표제의 틀 안에서 운용되는 투표방법 중 유권자의 선호도를 가장 많이 반영하는 제도라 할 수 있다.

룩셈부르크나 스위스의 경우 각 정당 명부 내 후보별 득표수를 모두 합해 정당별 총득표수가 산출되면 동트 방식으로 정당별 의석을 배정한 후, 개인 후보별 득표순에 따라 당선자를 확정한다. 이 때문에 핀란드, 칠레, 과거 이탈리아의 선거체제처럼 이 최대개방형의 경우도 '준명부식 비례제'로 불린다(Taagepera and Shugart 1989, 26). 빠나샤즈가 허용됨에 따라 유권자는 자신의 표가 비례선거구 전체의 의원구성에 반영된다는 측면에서 투표의 효율성을 느낄 수 있는 반면, 비례대표제라는 이름에 어울리지 않을 만큼 정당 내외의 후보들 간 경쟁이 심화되고 인물 중심의 정치문화가 두드러지게 나타나는 경향이 있다.

---

21) 집적투표제는 투표자에게 선거구 의석수만큼 투표할 수 있는 권리를 줌과 동시에 투표자가 '선호하는 강도'를 투표수로 표시할 수 있도록 하는 제도이다. 집적투표제 관한 논의는 제4장 5절의 내용 및 Taagepera and Shugart 1989, 13; 정요섭 1993, 266-267; 김광수 1997, 229, Farrell 2011, 41 등 참고.

IV. 비례대표제의 장단점

1. 장　　점

비례대표제의 장점

① 높은 비례성을 통해 다양한 목소리를 의회에 반영
- 군소정당의 대표성 보장
- 여성과 소수 그룹의 대표성 보장
- 새로운 정치적 흐름을 반영하는 데 유리

② 타협과 통합의 정치문화 촉진
- 다수의 지지를 받는 연립정부 구성
- 극단적 지역 정당의 영향력 배제

③ 정당정치의 활성화

④ 정책적 일관성을 유지함으로써 정치적 안정 이룩

비례대표제라는 표현 그대로 높은 비례성은 대표적인 장점이다. 더 정확히 말해 제도적 목적이라 해야할 것이다. 19세기 절대다수 대표체제를 사용하던 유럽 국가들이 낮은 비례성의 문제를 극복하기 위한 해결책으로 채택한 제도이기 때문이다. 즉 유럽 각국은 비례대표제의 높은 비례성을 통해 소수 그룹의 대표성을 보장함으로써 다수제 선거과정에서 심화될 수밖에 없었던 민족, 언어, 종교 등 사회적 갈등을 치유하고자 했던 것이다.

특히 이러한 변화의 배경으로는 앞서 설명한 대표(representation) 개념에 대한 인식의 차이를 지적해야 할 것이다. 비례대표제는 소세계적(microcosmic) 대표 개념에 따라 사회와 닮은꼴적 관계를 가지는 의회를 만들어야 한다는 당위적 관념을 배경으로 존재하기 때문이다. 이러한 관념에 동의하지 않을 경우 높은 비례성은 장점이라기보다는 다양한 문제의 근원으로 비춰질 수밖에 없을 것이다. 아무튼 높은 비례성은 목적한 대로 군소정당을 의회로 끌어들이고, 여성과 소수 그룹의 대표성을 보장하는 효과를 거두고 있다.[22] 또 새로운 정치적 흐름을 무시하고 방치하기보다는 적극적으로 반영하는 데 유리하다는 측면이 강조되기도 한다(Nohlen 1978).

둘째, 비례대표제의 주창자들은 타협과 통합의 정치문화를 촉진한다는 장점을 강조한다. 일위대표제가 갈등과 대결의 정치, 승자 독점의 정치문화를 조장하는 것과는 정반대의 효과를 기대할 수 있다는 것이다. 비례대표제는 연립정부를 기본으로 하기 때문에 양보와 타협이 최선이라는 의식을 자연스럽게 고양한다는 논지이다. 또 같은 맥락에서 각 정당은 이념적으로 온건한 중도적 유권자들에 가까워지기 위해 극단적 정치행태를 삼가게 되고, 따라서 정치적 안정을 이루는 데도 비례대표제가 유리하다고 주장한다.

셋째, 명부제 비례대표제를 통해 정당의 리더십이 강화되기 때문에 정당정치의 활성화에 도움이 된다는 장점을 내세우기도 한다. 물론 반론의 여지가 많지만, 실제 정당의 리더쉽 기능이 강화됨으로써 나타나는 부정적 영향보다는 긍정적 영향에 비중을 두는 주장이라 할 수 있다. 또 명부작성에서 핵심 엘리트가 전횡(專橫)할 가능성은 있지만, 그러할 가능성이 있다면 그 가능성은 다수제에서도 마찬가지로 나타날 수 있다는 것이다. 실제 민주주의가 공고하고 정치적 윤리와 정당의 민주적 구조가 뒷받침할 경우 여성과 소외된 계층을 정치적으로 수용하는 데 효과적이라는 점을 강조한다.

끝으로 비례대표제는 연립정부를 기반으로 하기 때문에 정책적 연

22) 비례대표제가 비(非)비례대표제(non-PR system)에 비해 여성과 소수그룹의 대표성을 높이는 데 효과적이라는 경험적 연구사례로는 Lijphart(1994), Lane(1995), Norris(1996) 등 참고.

속성을 유지하는 데 유리하다는 장점을 강조한다. 즉 일위대표제의 경우 집권당의 변화 자체가 주는 파장이 크고 정책적 변화가 급격하기 때문에 정부 정책에 대한 신뢰가 낮아진다는 것이다. 반면 비례대표제는 정치적 연합을 전제로 하기 때문에 대개 중도적 정당이 정부구성에 참여하게 되고, 따라서 정책적 스윙의 폭도 작아지고 정책의 연속성이 유지된다는 주장이다.

2. 단 점

비례대표제의 단점

① 정부를 선택하고 바꾸는 유권자의 권리 박탈
- 밀실야합을 통해 정부구성
- 정치적 거래와 흥정
- 소정당에 과도한 정치 권력 부여

② 정치적 불안
- 군소정당의 난립
- 연립정부이기 때문에 비효율적

③ 정당 핵심 리더쉽의 권한이 커져 비민주적 구조화

④ 유권자와 의원간의 친밀도가 약함

비례대표제를 비판하는 학자나 정치인들이 가장 큰 단점으로 지적하는 것은 정부를 선택하고 바꾸는 유권자의 권리를 박탈한다는 점이다(Popper 1988, 28; Norton 1997). 밀실야합과 정치적 거래를 통해 정부가 구성되는 것 자체가 민주주의의 근본 원리인 유권자의 선택권을 빼앗는 결과라고 주장한다. 또 연립정부를 구성하는 과정에서 소정당들이 정치적 흥정 여하에 따라 의석수에 비해 과도한 정치권력을 부여받는다는 점도 같은 맥락에서 단점으로 강조된다.

둘째는 비례대표제를 통해 정치적 안정을 이루기 어렵다는 주장이다. 높은 비례성이 군소정당을 난립하게 하기 때문에 효율적으로 정부를 구성하기 힘들뿐만 아니라 군소정당들은 극단적 정치행태에 의지하는 경우가 많아 정치적 불안이 지속된다는 것이다. 특히 바이마르 공화국이나 프랑스 4공화국의 예를 들어 정부의 수명이 짧고 따라서 효율적인 국정 운영이 어렵다는 점을 강조한다.

셋째, 정당 핵심 엘리트의 권력을 강화하는 것이 결국 정당의 비민주적 구조화를 의미한다는 지적이다. 명부제의 경우 명부작성의 권리를 가지는 핵심 리더들이 자신들의 권력을 더욱 강화하는데 이를 이용하기 때문에 여성과 소외 계층을 대변하기보다는 주로 자신들과 유사한 배경을 가진 인물들을 선택한다고 주장한다. 또 같은 맥락에서 명부제의 특성상 정당을 갖지 않는 무소속 후보가 의회에 진출할 수 있는 권리를 배제하는 단점도 지적한다.

끝으로 비례대표제에 의해 선출된 의원들은 유권자들과 가까워질 수 없고 지역에 대한 책임의식(local accountability)을 결여하고 있다는 단점이 지적된다. 우선 비례선거구는 다수제의 1석 선거구에 비해 현저하게 크기 때문에 유권자들과의 지역적 연대감이 생길 수 없고, 지역문제에 대한 관심 수준이 낮아 지역적 이익을 의회에서 대변할 수 있는 채널이 없다는 것이다.

V. 결　　론

비례대표제가 지역대표성을 보장할 수 없다는 측면이 여러모로 강조되고 있고, 특히 선거구 활동에 익숙한 1위대표제 국가의 정치인들은 특별히 이러한 단점 때문에 비례제에 호의적 정향을 보이지 않는다. 하지만 현실 정치의 이해관계를 떠나 비례대표제를 평가할 경우 앞서 단점으로 지적한 바와 같이 정치적 안정을 유지하고 국정을 효율적으로 운영하는 능력에 초점을 두게 된다. 이 경우 비례제는 곧 정치적 불안을 초래한다는 평가 내지는 고정관념에 위배되는 경험적 사실이 많이 발견된다.

정치적 안정과 정부의 정책수행 능력에 있어 비례대표제 국가들의 성적은 다수제 국가들과 크게 다를 바 없는 것으로 나타난다. 우선 2차대전 이후 줄곧 비례대표제를 유지하고 있는 대다수 국가들은 공정한 대표성을 보장하면서도 다양한 경험적 지표들(정부의 수명, 연립정부의 정책수행 능력, 국정운영의 연속성 등)을 기준으로 볼 때 긍정적 수준을 유지해 왔고, 보는 시각에 따라서는 오히려 다수제 국가들보다 나은 평가를 받고 있다(Lijphart 1994, 8). 다수제는 '승자(勝者)'가 모든 것을 가지는 환경에서 날카로운 대립과 다양한 사회적 갈등을 조장하는 반면, 비례대표제는 극단적 소수세력까지 제도적 틀 속으로 흡수하고 온건한 타협의 정치행태와 정치문화를 촉진함으로써 정치적 안정에 오히려 도움이 된다는 주장도 설득력을 가진다.

물론 비례대표제 국가의 정치적 안정과 공공정책 수행 능력을 일반화하는 것은 옳지 않다. 또한 민주정치의 다원적 질서가 확립되지 않은 신생 민주주의 국가의 정치적 환경이나 정치문화를 무시하고 비례성을 강조하는 것은 다른 한편으로 정치적 효율성과 안정성을 해치는 처방이 될 수 있다. 하지만 비례성과 효율성·안정성을 동시에 추구될 수 없는 상반된 가치로 고정화하는 것 역시 경험적 근거가 뒷받침한다고 보기 어렵다. 비례대표제의 긍정적 효과를 부정하기보다는 다수제보다는 다른 정치체제적 변수들과의 복합적 작용에 민감할 수 있고, 또 이에 따른 부정적 효과가 크게 나타날 가능성이 있다고 보아야 할 것이다.

제 7 장

단기이양식 (Single Transferable Votes)

Ⅰ. STV제의 역사

Ⅱ. STV제의 운용

Ⅲ. STV제에서의 당선자 확정

Ⅳ. STV제의 장단점과 찬반론

단기이양식(單記移讓式), STV(single transferable votes)제는 이를 그대로 의석산정에 기여하지 못한 표, 즉 잉여표(剩餘票) 또는 사표(死票)를 투표자가 표시한 선호도의 순서에 따라 이양(移讓)함으로써 유권자의 의지를 최대한 반영하고자 하는 선거제도이다. 영국의 법학자인 헤어(Thomas Hare; 1806-1892)가 "영국의회 및 지역의원 선거제도 연구(Treatise on the Election of Representatives, Parliamentary and Municipal)"라는 논문을 통해 STV제 채택을 제안한 1859년이래 STV의 제도적 장점은 널리 인정받아 왔다. 물론 STV제의 '전국 선거구적 적용'을 전제로 한 주장이었지만 당시 최고의 철학자로 손꼽히던 밀(J. S. Mill)은 「대의제 정부」(*Considerations on Representative Government*; 1862)에서 STV제를 최선의 선거체제로 추천했고, 이후 많은 학자와 정치인들이 STV제를 지지해 왔다는 점에서 특별한 관심을 끈다(Hart 1992; Taagepera and Shugart 1989).[1)]

STV제는 우리가 앞서 논의한 다수제나 다른 비례제 선거체제와 비교할 때 독특한 제도임에 틀림없다. 1석 지역구는 아니지만 다수제의 지역대표성을 나름대로 유지하는 한편 여타 비례제에 버금가는 (정당별)비례성도 나타낸다. 투표자가 정당과 후보자 모두를 고려해 선택할 수 있다는 점에서 투표자의 참여폭이 상대적으로 넓다고 볼 수 있다. 현재 선거체제를 연구하는 학자들을 대상으로 각종 선거제도에 대한 평가를 요청해 종합해보면 아마 STV제에 대한 가장 높은 점수를 얻을 것이라는 견해도 있다(Farrell 1997, 110).

하지만 이러한 평가에도 불구하고 현재 STV를 채택해 사용하는 국가는 아일랜드, 몰타, 오스트레일리아(상원의원 선거) 등 극히 일부에 지나지 않는다. 심지어 의석산정의 복잡성을 빗대 현실에의 적용이 어

1) STV제를 높이 평가한 대표적 저작으로는 *Proportional Representation* (Hoag and Hallet 1926), *Voting in Democracies* (Lakeman and Lambert 1955), *How Democracies Vote in Democracies* (Lakeman 1974) 등이 있다.

려운 유토피안적 제도라는 평가마저 있다. 본 장은 우선 STV제의 유래와 역사를 돌이켜 보고, 대표적 적용 사례인 아일랜드 하원 선거체제를 중심으로 운용 방식을 검토한다. 다음으로 STV제의 당선자 확정 방식을 단계별로 자세히 살펴보고자 한다. STV제의 계산과정이 '복잡하다'는 선입관을 주는 것이 사실이지만, 실제로는 단순 작업의 반복이기 때문에 이해하는데 어려움은 크지 않다. 끝으로 STV제의 장·단점과 이에 대한 찬반론을 심도 있게 논의해 보고자 한다.

I. STV제의 역사

힐(Thomes Wright Hill; 1763-1851)이라는 수학자가 창안한 방법이 STV제와 유사한 것으로 주장되기도 하지만 실제 힐의 방법이 현재의 STV제와는 많은 차이가 있어 STV제의 기원으로 하기는 무리가 있다(Hart 1992; 6-9). 따라서 19세기 중반으로 거슬러 올라가 안드레이(Carl George Andrae; 1812-1893)와 헤어가 각각 창안한 방법을 대개 STV제의 기원으로 삼는다. 덴마크의 정치가이자 수학자였던 안드레이와 영국의 헤어는 동시대 인물이기는 하지만 서로 어떤 영향을 주고받지는 않았던 것으로 전해진다. 안드레이가 주창했던 STV제가 실제 1855년 덴마크 의회 선거에서 실험적으로 사용되었기 때문에 헤어의 제안이 시간적으로 뒤늦은 것이 사실이다. 하지만 실제 영국의 선거체제 논의 과정에서 STV제의 이론적 기틀을 제공한 것이 헤어의 1859년 논문이었다는 점에서 헤어-시스템(Hare system)으로 불릴 정도로 헤어의 영향이 더 크게 부각되고 있다.[2)]

2) 헤어가 내세웠던 STV제는 전체 하원의원을 하나의 지역구(전국)에서 선출하는 선거체제로 실제 운용이 거의 불가능한 체제였다. 반면 이를 통해 FPTP제 지역구 제도의 편협성을 극복함으로써 의회가 국가적 이익을 우선하고 국정 전반을 책임지는 이상적 형태의 '대의제'를 실현할 수 있다고 믿었던 밀(Mill)의 정치철학적 신념과는 조화를 이루었다고 볼 수 있다. 아울러 밀의 주목을 끌었던 또 한 가지 장

아일랜드는 STV제를 채택해 사용해온 대표적 케이스이다. 아일랜드는 18세기 후반 미국의 독립혁명의 영향 아래서 짧은 기간(1782-1800) 독립된 의회를 가졌을 뿐, 1921년 영·아일랜드간 조약에 의해 남부 아일랜드의 26개 군(county)이 영연방 자치령으로 독립될 때까지 영국의 통치하에 있었다. 하지만 아일랜드에서 STV제에 의한 선거가 최초로 실시된 것은 영국 통치하에서 영국 의회 의원을 선출한 1918년 선거로 거슬러 올라간다. 당시 스캔론(Thomas Scanlon)이라는 하원 의원의 제안으로 슬라이고(Sligo) 지역에서 처음으로 STV제에 의한 선거가 실시되었는데, 주된 명분은 지역 내 소수 신교도의 대표성을 보장한다는 것이었다. 실제 선거 결과 역시 목표대로 신교도의 대표성을 크게 신장시키는 것이었다.[3)]

이러한 슬라이고 지역의 선거 결과는 당시 영국의 조지(Lloyd George) 정부로 하여금 새로운 아일랜드 지배 전략을 마련하는 계기를 제공하였다. 즉 영국 정부는 아일랜드 독립을 외치는 신 페인(Sinn Fein; 이하 SF)당이 슬라이고 이외의 지역에서 압도적 승리를 할 수 있었던 것이 영국식 FPTP제의 효과라고 여기는 한편, 아일랜드 전역에서 STV제를 실시함으로써 SF당의 독주를 견제할 수 있다는 판단을 하게 되었다(Coakley 1991, 46). 이와 같은 영국 정부의 전략적 판단에 따라 1920년 아일랜드 지방선거는 STV제로 실시되었으나 영국은 북부 아일랜드에서 SF당의 독주를 견제하는 부분적 효과만

점은 STV제를 통해 선출되는 '의원'들이 모두 '같은 수의 같은 생각을 가진 유권자'를 대표하는 '시민의 대표'라는 점이다. 즉 '지역의 대표'에 대한 강한 거부감을 가지고 있던 밀의 입장에서는 지역적으로는 산재하면서도 같은 정치적 태도를 나타내는 사람들의 대표를 선출한다는 데 매력을 느꼈을 것이다.

3) 당시 '아이리시 타임스(*Irish Times*)'라는 신문은 이 슬라이고 지역에서의 STV제 선거를 "정치적·지역적 소수민의 대헌장(*magna charta*)"으로 비유하였고, 지역 신문인 '슬라이고 챔피언(*Sligo Champion*)'은 STV제를 "과거제도[FPTP] 만큼이나 단순하면서도 선거체제의 일대 개선을 가져온 절대적으로 공정한 체제"로 평가했다(Farrell 1997, 113).

을 얻었다. 하지만 이 1920년 STV제 선거의 경험은 독립 이후 아일랜드가 STV제를 자연스럽게 채택하도록 하는 계기가 되었다고 볼 수 있다.

흥미로운 사실은 1922년 헌법은 단순히 '선거체제를 비례대표제로 한다'는 것만 명기하고 있었다는 것이다. 이에 대한 해석은 여러 가지이나, 당시 다른 명부식 비례대표제에 대한 지식이 없었던 정치인들이 비례대표제(PR system)가 곧 STV제라는 생각을 가지고 있었기 때문이라는 견해가 설득력을 가진다(O'Leary 1979, 15). 현행 1937년 헌법은 아일랜드의 선거체제를 STV제로 명기함으로써 논란의 여지를 없앴을 뿐만 아니라 선거체제를 바꾸는 절차를 아예 까다롭게 만드는 결과가 되었다. 1959년과 1968년 두 차례에 걸쳐 STV제를 FPTP제로 바꾸고자 했던 공화당(Fianna Fáil)의 움직임이 헌법개정안에 대한 국민투표 과정에서 무산되고 만 것이 좋은 예이다.[4]

STV제는 영국에서 선거체제 개혁 논쟁이 진행될 때마다 가장 각광을 받던 제도이다.[5] 또한 1850년대 덴마크에서 실험적으로 사용된 것 외에는 영국의 영향하에 있던 지역에서만 사용되었다는 이유로 '앵글로-색슨(Anglo-Saxon)'식 비례제로 표현되기도 한다(Bogdanor 1984, 76). 라이파트(Lijphart 1987, 100) 역시 보그다노(Bogdanor)와

4) 두 차례 국민투표 모두 아일랜드 최대정당인 공화당이 주도하였다. 1959년에는 특히 공화당 출신으로 총리를 지낸 드 발레라(Eamonn de Valera)의 인기를 이용하기 위해 국민투표와 드 발레라의 대통령 선거전을 함께 실시했으나 개정안은 48% 대 52%로 부결되었다. 이후 1968년 다시 한 번 국민투표에 부쳤지만, 이번에도 아일랜드 국민들은 오히려 차이가 더 커진 39% 대 61%로 STV제의 손을 들어주었다(Sinnott 1993, 76).

5) 실제 1918년부터 1950년까지 영국의 7개 대학선거구 중 4개 선거구에서 STV를 채택해 사용했고, 1920년대와 1973년 이후 북 아일랜드 지역선거에서 활용되고 있다. 반면 2010년 총선 이후 영국 자유민주당(Liberal Democrat)이 보수당과 연정에 합의하면서 추진한 국민투표의 선거체제 개혁안은 대안투표제였다. 이는 현행 1석 선거구제를 유지해야 개혁의 실현가능성이 높다는 계산에서 비롯된 것으로 해석할 수 있다. www.theguardian.com "Electoral reform: Liberal Democrats push for 2011 referendum on AV" 2010/5/25 기사 검색 참고.

한 가지 주목할 점은 (정당의 수에 따라 차이는 있을 수 있지만) 후보의 수가 많아져 유권자가 선호도의 순서에 따라 투표하는 데 어려움을 주게 되고, 또한 투표용지 자체가 감당하기 어려울 정도의 분량으로 늘어나게 된다는 것이다. 오스트레일리아 Tasmania주 상원 선거의 경우 6석을 선출하는데 8개 정당에서 20명(무소속 1명 포함)의 후보를 공천한 예이다. 이 정도가 대개 STV제가 소화할 수 있는 최대한에 가깝다고 볼 수 있다.

반면 1995년 21명을 선출하는 오스트레일리아의 뉴 사우스 웨일즈(New South Wales) 주(州) 의회선거는 특별한 예에 해당한다. 이 선거에는 27개 정당이 총 99명의 후보를 공천했고, 투표용지는 100cm × 30cm나 되었다(Farrell 1997, 130). 또 다른 예로 1930년대 뉴욕(New York) 주 지역선거에서 STV제를 사용했을 당시 브루클린(Brooklyn) 지역의 경우 지역구가 너무 커져 위의 예와 똑같이 99명의 후보가 출마하게 되었고 당시 투표용지 역시 1m가 넘는 기현상이 벌어졌다(Hermens 1984).

이렇게 후보가 많을 경우 신문지 양면 크기의 투표용지도 문제이지만 투표자가 모든 후보들을 인지해 선호 순서를 정한다는 것은 결코 쉬운 일이 아니다. STV제의 사용에는 이러한 문제점을 해결하기 위해 지역구 의석수를 적절히 관리해야 하는 부수적 사항이 요구되기 때문에 비례성을 높이는 측면에서 무작정 지역구의 의석수를 늘릴 수 없다는 현실적 한계를 가진다.

III. STV제에서의 당선자 확정

STV의 당선자 확정 방식은 <표 7.1>의 예에서 보듯이 일견 매우 복잡하게 보여지는 것이 사실이지만, 실제로는 쿼타에 이른 당선자의 잉여표와 최하위 후보의 제거표(除去票)를 이양하는 과정이 여러 차례 반복될 뿐이다. 1992년 아일랜드 총선 당시 한 지역선거구의 예를 통해 쿼타 산정에서 당선자 확정에 이르는 전 과정을 단계별로 직접 검토해 보고자 한다. <표 7.1>은 도니갈(Donegal) 지방 남서부(South-West) 지역선거구의 예이다(Farrell 1997, 119-126 참고). 3석 선거구에 9명이 입후보하였고 총유효투표수는 29,808표로 집계되었다.

표 7.1 당선자 확정 과정

후보자	계산 1 득표수	계산 2 Gallagher 잉여표[a]	계산 3 McCluskey 투표[a]	계산 4 Coll 투표[a]	계산 5 Mooney 투표[a]	계산 6 Doherty 투표[a]	계산 7 Rodgers 투표[a]
Coll, Fred(무소속)	539	+12 551	+6 557	-557 -	-	-	-
Coughlan, Mary (공화당)	6,639	+276 6,915	+47 6,962	+71 7,033	+145 7,178	+139 7,317	+307 7,624
Doherty, Anna Rose(신페인당)	577	+6 583	+245 828	+27 855	+50 905	-905 -	-
Gallagher, Pat the Cope(공화당)	7,870	-417 7,453	7,453	7,453	7,453	7,453	7,453
McCluskey, John (신페인당)	409	+3 412	-412 -	-	-	-	-
McGinley, Dinny (아일랜드통합당)	5,504	+60 5,564	+12 5,576	+155 5,731	+124 5,855	+82 5,937	+651 6,588
Mooney, Benny (무소속)	700	+5 705	+6 711	+54 765	-765 -	-	-
Rodgers, Séamun (민주좌익당)	1,825	+38 1,863	+18 1,881	+93 1,974	+84 2,058	+143 2,201	-2,201 -
White, Jim (아일랜드통합당)	5,745	+17 5,762	+30 5,792	+44 5,836	+130 5,966	+43 6,009	+370 6,379
이양불가능표	-	-	+48 48	+113 161	+232 393	+498 891	+873 1,764
총계	29,808	29,808	29,808	29,808	29,808	29,808	

· a: 이양 결과
· 1992년 Donegal 남서부 지역선거구
· 자료: Election Returns; Farrell(1997, 120)에서 재인용

① 우선 드룹 쿼타를 산정한다[7]: [29,808 / (3+1)] + 1 = 7,453표
② 각 후보의 제1선호표를 집계: 제1계산
③ Gallagher는 7,870표로 ①의 드룹 쿼타를 초과했으므로 당선 확정
④ Gallagher의 잉여표(417표)를 제2선호에 따라 나머지 8명의 후보에게 이양: 제2계산

- 잉여표 이양 규칙
  ㉠ Gallagher의 7,870표를 제2선호 후보별로 집계
  ㉡ Gallagher를 제1선호, Coll을 제2선호 후보로 선택한 표가 227표로 집계일 경우: 7,870표 중 2.9%인 227표가 Coll로 이양될 수 있는 표이므로 417표중 2.9%인 12표를 이양[(417 / 7,870) × 227 = 12표]
  ㉢ 227표 묶음의 맨 위부터 12표를 Coll에게 실제 이양[8]
  ㉣ 위 ㉠, ㉡, ㉢의 과정을 다른 7명의 후보별로 반복

⑤ 잉여표 이양 후에도 쿼타에 다다른 후보가 없으므로 제2계산의 최하위 후보인 McCluskey의 표(412표)를 제거하고 나머지 7명의 후보에게 이양: 제3계산

- 제거표 이양 규칙
  ㉠ McCluskey를 제1선호한 409표는 제2선호에 따라 나머지 7명의 후보에게 이양
  ㉡ Gallagher로부터 이양된 3표(Gallagher가 제1선호, McCluskey가 제2선호 후보)는 제3선호 후보에게 이양
  ㉢ 위 ㉠, ㉡에 따라 총 412표를 7명 후보에게 실제 이양

⑥ 2단계 계산의 최하위 후보표 이양 후에도 쿼타에 다다른 후보가 없으므로 다시 제3계산의 최하위 후보인 Coll의 표(557표)를 나머지 6명의 후보에게 이양: 제4계산
⑦ 쿼타에 다다르는 당선자가 나올 때까지 위의 과정을 반복: 제5, 제6계산
⑧ 제6계산의 최하위 후보인 Rodgers의 표(2,201표)를 나머지 3명의 후보에게 이양: 제7계산
  ㉠ Coughlan이 7,624표로 쿼타(7,453)보다 171표 초과해 당선 확정
  ㉡ McGinley는 6,588표로 쿼타에 미치지 못하지만 White에 209표가 앞서 당선 확정[9]

IV. STV제의 장단점과 찬반론

장점

① 투표자의 선호도를 최대한 반영(투표자의 정치적 힘을 강화)
② 투표자의 정치적 선호 정보를 다양하게 활용(투표의 영향력 증대)
③ 상대적으로 높은 비례성
④ 유권자에 대한 의원의 책임의식(accountability) 증진
⑤ 이념적으로 다양한 정당체제(연립정부 구성시 다양성 반영)
⑥ 다수의 지지를 받은 정부구성
⑦ 유권자의 정치적 선별력 배양

단점

① 비례성의 보장이 불투명
② 정치적 고객주의(clientelism)와 지역서비스 위주의 의원 활동
③ 소지역주의(localism) 투표행태
④ 지역대표성 상실
⑤ 같은 정당 후보간의 경쟁이 심화(STV제에 대한 정치인들의 선호도가 낮은 이유)
⑥ 정당의 내적 응집력 약화(정당 정치의 위축)
⑦ 제도의 복잡성(complexity)과 이양과정에 우연성이 개입
⑧ 선거구 의석수가 많을 경우 사용이 어려움
⑨ 일률성과 콩도르세 원칙 위반

---

7) 드룹 쿼타에 관한 설명은 6장 내용 참고.

8) 이 이양방식의 문제가 STV제의 운용과정에서 나타나는 가장 큰 단점으로 지적된다. 여기서 '227표 중 어느 표를 어떻게 선택해서 이양하느냐'는 문제가 발생하는데, 227표의 선호도 순서가 모두 같지 않기 때문에 맨 위에 쌓인 표부터 셈해서 이양할 경우 '무작위적 우연성(random chance)'이 개입되는 것이다. 근소한 표차이로 당락이 결정된다면 이렇게 이양된 표들이 재차 이양되는 과정에서 결정적인 역할을 할 수 있다(Gallagher 1997, 5).

9) 만약 McGinley와 White의 표 차이가 ①의 Coughlan의 초과표 171표보다 적을 경우에는 다시 ④의 잉여표 이양 과정에 따라 171표를 실제 이양해 확인하는 과정이 필요하다.

STV제는 특히 영어 사용권 국가에서 선거체제 개혁 논쟁이 있을 경우 가장 많은 주목을 끄는 비례대표 선거체제라 할 수 있다. 또 실제 많은 정치학자들이 STV제를 '최선(best)'의 선거체제로 여기는 것도 사실이다(Taagepera and Shugart 1989, 27). 하지만 '실행의 대상이기보다는 논의의 대상'이라는 평을 들을 만큼, 무성한 찬반론에 비해 매우 드물게 사용되는 선거체제이다. 그래서 아직 "평가되지 않은(untested)" 선거체제라는 견해도 있다(ibid., 237). 어쩌면 역으로 평가를 위한 사례가 드물고 경험적 검증이 어렵기 때문에 이론적 찬반론이 유난히 많았다고 하는 것이 더 옳은 표현일 듯하다.

위에 정리한 장단점에서 엿볼 수 있듯이, 같은 제도적 효과나 정치적 결과를 보는데도 긍정적 시각과 부정적 견해가 함께 나타난다. 물론 효용성에 대한 인식의 차이는 있지만, 유권자들의 정치적 영향력이 증대된다는 점이 찬반론자들이 함께 공감하는 유일한 장점일 것이다. 그 외 주장되는 장 · 단점은 보는 시각에 따라 다양한 반론이 제기되고 있기 때문에 단지 장·단점만을 소개하기보다는 특별히 중요하게 부각되는 몇 가지 이슈를 중심으로 찬반론을 정리해 보고자 한다.

1. 유권자는 어떤 정치적 영향력을 가지는가?

다른 비례대표제, 특히 폐쇄형 명부식 비례제에 비해 STV제가 유권자의 정치적 권리와 힘(power)을 강화시킨다는 데는 반론의 여지가 별로 없다. 명부식 비례체제에서 정당의 리더십이 가지는 힘의 상당 부분이 유권자의 몫이 된다고 볼 수 있다. 유권자가 선호도 순위를 통해 후보를 직접 평가할 수 있는 권리를 가지기 때문이다. 또한 유권자는 정당의 경계를 초월해 후보들에 대한 선호도를 표시할 수 있고, STV제의 의석결정 과정에서 선호도 순서에 따라 실제 표를 이양하기 때문에 여기서 나타나는 정치적 '선호 정보(information)'는 정당이나 정치인들의 정치행태에 상당한 영향을 미치게 된다.

우선 한 정당 안에서도 이념, 정책, 능력, 스타일 등에 따라 당락이 좌우되기 때문에 정치인들은 정당 지지자들의 선호 패턴에 민감할 수 밖에 없고 향후 정치적 행태에 이를 반영하게 될 것이다. 결국 정당 내부의 역학 관계 역시 이러한 선호 패턴의 영향력과 무관할 수 없을 것이다. 따라서 궁극적으로 정당의 이념적 진로, 정책기조 등이 실제로 정확하게 표현되는 선호 정보에 영향을 받는다고 볼 수 있다.

또한 유권자의 선호 정보는 선거 이후 연립정부 구성에 직접적인 영향력을 발휘할 수 있다. 정당 지지자들의 선호도는 이념이나 이슈를 반영하는 것이 보통이다. 정당이 지지자들의 선호도를 무시하고 이념적으로 거리가 먼 정당과 연립한다는 것은 정치적 자멸 행위라 할 수 있다. 따라서 정당 지지자들이 나타내는 선호 패턴은 정부구성이나 정당 간 정치적 연합의 방향이 정해지는 데 결정적인 역할을 하게 된다.

표 7.2 1992년 아일랜드 총선: 정당 간 투표이양 현황

이양정당	인수정당	이양비율			
		FF	FG	PD	DL
LP	FF, FG(24)	19.2	39.5		
LP	FG, DL(13)		31.5		21.0
LP	FF, PD(13)	14.9		13.8	
PD	FF, FG(8)	21.0	48.5		
PL	FF, FG(21)	30.8	23.2		

· LP: 노동당 ; PD: 진보민주당 ; PL: 반낙태당 ; FF: 공화당 ; FG: 아일랜드통합당 ; DL: 민주좌익당(1998년 노동당에 합당)
· 이 수치는 경선에서 정당 A의 후보자가 남아있지 않은 경우에 정당 A에서 정당 B로의 최종 이양을 나타낸다. 괄호안의 수치는 이러한 최종 이양이 발생한 경우를 나타낸다.
· 자료: Gallagher(1993)

일례로 아래 이양과정 분석표에 나타난 투표자들의 선호 패턴에서 아일랜드통합당(Fine Gael), 진보민주당, 노동당 등의 연합행태가 예측될 수 있다는 것이다.

이러한 긍정적 견해에 대해서는 일반적으로 공감하는 반면, 정당 선호 정보의 효용성 평가와 관련해 일부 반론이 제기된다. 우선 유권자들의 대다수가 강한 정당 일체감을 가지고 있기 때문에 정당 라인을 무시하고 후보를 선호하는 경우가 많지 않다는 것이다(Dunleavy 외 1992, 10; Gallagher 1997, 2-3). 약 절반정도의 투표자들이 한 정당 이상의 후보에게 선호도 표시를 하지만, 대개 그 선호도의 순위가 낮은 경우에 해당하기 때문에 선호 정보의 효용성을 과장하지 말아야 한다는 주장이다. 또한 유권자들의 선호 패턴에 의해 정당의 행태가 정해지기보다는 정당의 연합행태가 오히려 반대로 유권자들의 선호 패턴에 영향을 줄 수 있다는 시각에서도 접근해 보아야 할 것이다.

이렇게 정당의 연합행태가 유권자의 선호 패턴에 일정 부분 영향을 준다고 볼 때, 1989년 이후 공화당이 보여 온 연합행태는 아일랜드 유권자에게 혼란을 주었을 가능성이 크다. 파렐은 공화당이 PD(1989), 노동당(1992), 아일랜드 녹색당(2009-10) 등과의 무차별적 연정을 해왔기 때문에 아일랜드 정당 정치에 대한 유권자들의 인식에 혼란을 야기했고, 궁극적으로는 공화당, 통합당, 노동당 중심의 2.5 정당체제가 다정당체제로 변화하는 결과로 이어졌다고 본다(Farrell 2011, 145). 일부는 무원칙한 정당 연합행태를 "마구잡이(promiscuity)"로 묘사하기까지 했고(Mair and Weeks 2005, 155), 갤러거는 1992년 공화당과 PD의 연정을 비판했던 노동당이 총선 후 공화당과 연정에 합의하는 표리부동한 행태가 유권자들에게 "불쾌감(horror)"을 주었을 것이라고 지적한다(Gallagher 2005, 526-527).

파렐(Farrell 2011, 145)은 공화당이 1989년에 PD와 연합정부를 구성함으로써 "루비콘 강을 건넜다(crossed the Rubicon)"고 지적한다. 1989년 이후 아일랜드의 유권자들은 최소한 1989년 이전에 비해 정당들의 행태에 혼란을 느끼고 정당 선택에 어려움을 겪고 있다고 할 수 있을 것이다. 결국 유권자들이 STV 선거에서 제공하는 선호 정보가 유권자의 영향력으로 이어지기 위해서는 정당들이 이러한 정보를 존중해서 적극적으로 활용해야 한다는 규범적 결론에 다다르게 된다.

2. 너무 복잡해서 사용하기 어려운가?

우선 너무 복잡하다는 것이 일반적인 고정관념이다. 언론에서조차 PR(비례제)이라는 용어 대신 꼭 수식어를 보태 "복잡한 형태의 PR(complex form of PR)"이라고 부르는 것이 일반적일 정도로 STV제를 포함한 비례제는 '어렵다'라는 고정관념이 퍼져 있다(Lijphart 1994, 2). 맥브라이드(McBride 1997, 11)는 영국 사회의 예를 들면서, FPTP제를 유지하기 위해 STV제를 "양자물리학 학위" 만큼이나 어려운 것처럼 과장해온 정치인들이 이러한 선입관을 확산시킨 장본인이라고 주장한다.

STV제는 FPTP제와 비교해 상대적으로 '복잡하다'고는 할 수 있고, 선거구 의석수가 많아져 후보의 수가 늘어날 경우 운용 자체가 어려워지는 문제가 발생한다. 하지만 투표자의 입장에서 볼 때, 현재 아일랜드나 몰타의 경우처럼 3석 내지 5석 선거구가 유지된다면 선호도의 순위를 매기는 STV제 투표가 그리 어려운 일은 아니다(Gallagher 1997, 5). 일례로 1973년 처음으로 STV제를 사용한 북아일랜드(Northern Ireland) 의회 선거는 70% 이상의 높은 투표율을 기록하면서 부작용 없이 치러졌고, 선거결과도 북아일랜드의 정치적 상황을 균형있게 반영했다는 평을 받은 바 있다.

실제 이 선거체제를 사용하고 있는 아일랜드의 예도 STV제에 대한 부정적 인식과는 거리가 있다. 아일랜드 국민들은 1918년 처음 STV제 선거가 실시된 이래 줄곧 이 제도를 부담 없이 받아들여 왔고, 지난 1959년과 1968년 두 차례에 걸쳐 실시된 선거체제 개혁을 위한 국민투표에서 STV제의 유지를 선호할 만큼 애착을 나타내 왔다.[10] 아울러 당선자 확정 방식도 크게 문제될 만큼 복잡한 과정은 아니다. 위에 살펴보았듯이 표를 세고 이양하는 과정이 이러한 업무에 익숙한 선거관리원에게는 단순작업에 지나지 않는 일이기 때문이다.

문제는 유권자가 선호순서형 투표(ordinal voting)를 할 수 있을 만한 '정치적 선별력'을 가지고 있느냐일 것이다. 영국의 선거체제 개혁 논쟁에서 유권자의 이러한 능력을 의심하는 주장이 나타나는 것도 무리는 아니고, 실제 정치적 선별력 없이 투표장에 가는 투표자도 상당할 수 있다. 하지만 현재까지 학자들의 경험적 연구 결과는 대개 유권자들이 투표과정에서 충분한 정치적 정보를 가지고 합목적적 행태를 보이고 있다는 데에 모아지고 있다. 정당이나 후보에 대한 판단과 향후 정치적 변화에 대한 유권자의 예측이 실제 STV제 선거를 통해 드러나는 선호정보에 대부분 반영된다는 것이다(Sinnott 1995, 199-216).

보다 긍정적인 시각으로 STV제를 바라볼 경우 STV제가 오히려 유권자들 스스로 평소 각 정당과 정치인에 대한 정치적 선별력을 배양하도록 유도하는 긍정적 효과를 가져 온다는 주장도 설득력을 가진다. 하지만 많은 긍정적 연구 결과에도 불구하고, 'STV제는 어렵다'는 부정적 관념을 허물기는 쉽지 않을 전망이다. 결론적으로 STV제는 실제보다 훨씬 복잡한 선거체제로 인식되고 있고, 이러한 선입관이 STV제의 확대를 가로막는 최대의 장애가 되고 있다.

---

10) 각주 4) 참고.

3. 높은 비례성을 보장하는가?

비례성은 선거체제와 선거구 의석수에 따라 결정된다. 선거체제 만을 놓고 이론적으로 분석할 경우, 헤어 쿼타-LRS와 생 라그 방식; 드룹 쿼타-LRS, STV제, 수정 생 라그 방식; 임페리알리-LRS와 동트 방식의 순으로 비례성이 높게 나타난다(Lijphart 1994, 159; 9장 표 9.3과 설명 참고). 즉 STV제는 이론적으로는 비례선거체제 중 중간형이라 할 수 있는 드룹 쿼타-LRS와 비슷한 수준의 높은 비례성을 나타낸다는 것이다.[11]

선거구 의석수를 포함한 경험적 연구 결과들 역시 이러한 분석을 뒷받침하고 있다.[12] 9장 <표 9.1>에서 볼 수 있듯이, 아일랜드와 몰타는 총 43개 선거체제 중 각각 18위, 23위로 중상의 비례성 순위를 나타내고 있다. 또 아래의 <표 7.3>은 FPTP제 영국과 STV제 아일랜드의 선거(1945-2015)에 나타난 정당별 비례성의 수준을 올러리(O'Leary)의 비례지수로 비교한 것이다(Coakely 1991, 47; O'Leary 1979 참고). 아일랜드의 경우 최대의 혜택을 본 아일랜드통합당이 평균 109, 최대의 피해를 본 공화당이 평균 104로 완전 비례에서 ±4-9%의 편차를 보이고 있는 반면, 영국의 경우 자유민주당은 100석을 얻을 선거에서 평균 31석 밖에 얻지 못하는 비비례적 특성을 나타내 대조를 이룬다.[13]

---

11) 라이파트(Lijphart 1994)는 STV제를 다른 PR체제와 함께 분석하기 위해 모든 표를 정당투표로 간주하였다. 즉 투표자들이 모두 한 정당 내에서 후보를 선택해 선호 순서 투표를 했다는 가정을 전제로 분석한 결과이다.

12) 경험적 분석은 비례성의 수준을 측정하기 위한 지수(index)를 필요로 하는데, (Lijphart 1994)는 갤러거(Gallagher 1991)의 최소제곱지수(*LSq*; Least-squares index; 이 책 9장 내용 참고)를 사용하여 27개국을 비교하였다. 이와 비슷한 비교 연구로는 Rae(1967), Loosemore and Hanby(1971), Gallagher(1991) 등 참고. 아울러 자세한 설명은 9장 내용 참고.

13) 2008년 경제적 위기를 겪은 후 치러진 아일랜드의 2011년 총선은 공화당의 참패와

O'Leary의 비례지수(IOP; index of proportionality)

$$IOP = \frac{\text{정당의석율}}{\text{정당득표율}} \times 100$$

표 7.3 아일랜드와 영국의 평균비례지수 비교: 1945~2015년

국가	정당	평균득표율	비례지수		
			평균	최소	최대
아일랜드	공화당	37.5	104	68	144
	아일랜드통합당	28.3	109	83	126
	노동당	13.6	107	71	119
영국	보수당	36.1	109	79	144
	노동당	36.3	135	94	157
	자유민주*	16.8	31	11	44

· 자료: Coakley(1991, 47)의 데이터에 1992~2015 선거 결과를 포함하여 분석한 결과

* 자유당, 자유-사민연합(1981~1988), 자유민주당(1988~2015)

이와 같이 STV제의 비례성이 높게 나타나고 있지만, 반론을 제기하는 학자들은 비례성에 대한 보장이 불투명하다고 주장한다. 즉 STV제가 후보중심의 선거체제이기 때문에, 정당투표를 전제로 하는 다른 비례체제와 같이 비례성이 보장되는 것도 아니고 비례성을 예측하기도

아일랜드통합당의 집권(노동당과의 연정)으로 요약되는 중대선거(critical election)로 분류될 수 있다. 공화당이 1927년 이래 처음으로 제1당의 위상을 빼앗기는 상황에서 위 <표 7.3>의 최소 비례지수 68이 나타내듯이 17.5% 득표율로 12.0%의 의석을 차지하는 데 그쳤다. 반면 아일랜드통합당과 노동당은 공화당의 손해를 이익으로 챙기면서 각각 126, 114 비례지수를 기록하는 결과를 얻었다. 이 2011년 선거를 통계적 아웃라이어(outlier)로 제외할 경우, 아일랜드에서는 공화당이 비례지수 110으로 통합당과 노동당에 비해 근소하게나마 가장 큰 이익을 기록해온 것으로 나타난다는 점을 참고할 필요가 있다. 아울러 주요 세 정당의 비례지수가 모두 100 이상을 기록하는 양상은 1992년 선거 이후 군소정당의 수가 늘어나면서 다정당체제로 변화하는 가운데 세 정당이 모두 군소정당의 손해를 흡수하는 결과가 반영된 것으로 볼 수 있다. 1990년대 정당체제의 변화 양상에 대해서는 위의 논의 참고.

어렵다는 것이다(Rae 1967, 38; Mair and Laver 1975, 491-500; Farrell 1997, 144-145). 물론 아일랜드나 몰타나 라이파트가 이론적 분석에서 가정한 대로 정당투표가 대부분이기 때문에 높은 비례성을 나타내는 경험적 결과를 얻었다고 볼 수 있다. 만약 정당투표가 현저히 줄어들 경우에도 이렇게 높은 비례성이 나타날 것이라고 예측하기는 어렵다. 따라서 STV제의 비례성 여부가 불투명하다는 반론이 전혀 근거 없는 것은 아니라고 할 수 있다.

하지만 현재 아일랜드와 몰타의 유권자들이 후보의 순위를 정하는데 있어 가장 강력한 결정력을 제공하는 선택변수는 정당이다(Dunleavy 외 1992, 10; Gallagher 1997, 2-3). 또 대다수 유권자의 정치행태가 일거에 변하는 것을 가정하는 데도 무리가 따른다고 볼 수 있다. 더구나 한 가지 분명한 것은 STV제의 이론적인 당선 최소조건만을 따지더라도 16.7%(5석 선거구의 경우)로 낮은 경우에 속한다는 점이다. 이 때문에 어떤 경우를 가정하더라도 소정당의 대표성이 보장될 수 있는 가능성이 FPTP제보다 현저히 높다는 점에는 변함이 없다. 또 쿼타 방식을 사용하는 것 자체만으로도 STV제는 비례체제 수준의 비례성을 나타낼 가능성이 크다.

4. 같은 정당 후보 간의 경쟁이 초래할 수 있는 정치적 영향은?

우선 STV제가 정당보다는 후보중심의 선거체제이기 때문에 정당의 핵심 리더십이 약화될 가능성이 크고, 정당의 내부적 분열이 심화되어 정당의 응집력과 조직력이 약해질 수밖에 없다는 지적이 많다. 또 이렇게 정당이 "피상적 연합(superficially united)"의 성격을 보임에 따라 궁극적으로는 정당정치 자체가 위축되고 정당체제가 약화되는 현상을 보이게 된다는 것이다(Blais 1991, 248-249). 이러한 결과가 기대되기 때문에 정당정치를 활성화하고 정당체제를 공고히 하고자 하는 경우, STV제를 채택하는 것은 "부적절(inappropriate)"하다는 견해를 밝히기도 한다(Taagepera and Shugart 1989, 28).

이에 대한 반론은 정반대의 결론을 도출한다. 오히려 STV제는 정당의 응집력과 조직력을 강화한다는 것이다. 실제로 아일랜드나 몰타의 정당들 중 내부의 응집력에 문제를 가진 정당을 찾아보기 어렵다는 점이 그 증거로서 강조된다(Gallagher 1997, 3). 또 아일랜드나 몰타의 경우 특히 정당에 대한 일체감과 연대의식이 강하게 나타난다는 점에도 비중을 둔다. 아울러 정당이 다양한 제재(制裁) 능력을 가지고 있기 때문에 지역 선거구에 입후보한 후보가 정당을 무시하고 개인적 선거운동을 하기 어려울 뿐만 아니라 정당투표에 익숙한 유권자들로부터도 외면당하게 된다는 반론도 함께 제기하고 있다.[14] 즉 반론의 요지는 선거체제 이외의 정치적 변수가 STV제의 부정적 효과를 상쇄시키고 있다는 것이다.

결국 이러한 논란으로 인해 STV제가 정당정치와 정당체제 전반에 어떤 영향을 미치는가를 판단하기가 쉽지 않다. STV제의 문제점을 제기하는 학자들의 논리대로 선거제도적 측면에서 일반론적으로 접근할 경우, STV제는 개방형 명부제 비례선거체제와 유사하게 정당 내 후보에 의해 낙선하는 비율이 높아져 당내 경쟁이 심화되는 결과를 가정할 수 있을 것이다.

---

14) 일본의 과거 SNTV제가 '이양(transfer)' 시스템이 아니기 때문에 당내 파벌 간 경쟁을 심화시킨 것과 달리 STV제는 같은 당 후보 간 표의 이양을 의식하기 때문에 러닝메이트(running mate) 같은 협력이 불가피하다는 주장도 있다. 이러한 주장의 근거로 실제 공화당 후보 간의 이양연대율(internal transfer solidarity rate)은 한 때 80%를 상회했고, 2002년 공화당과 아일랜드통합당의 이양연대율은 각각 63%와 64%로 여전히 높다는 점이 강조된다. Gallgher(2005, 524-525) 참고.

표 7.4 선거 간 변화: 현역의원 당락의 성격

국가	선거	재선	타정당 후보에 낙선	자기정당후보에 낙선		불출마
				명부순	투표자 선호순	
벨기에	1977-78	79.8	5.6	2.8	0	11.7
덴마크	1977-79					
동시명부		64.6	3.1	0	7.9	25.4
정당/보통명부		47.5	11.6	2.3	2.3	37.2
핀란드	1970-72	60.0	7.0	0	14.0	20.0
그리스	1974-77	55.6	14.2	0	17.0	13.2
아일랜드	1969-73	82.0	7.9	0	2.9	7.2
이탈리아	1972-76	55.3	7.0	0	7.8	30.7
일본	1972-76	70.7	8.6	0	9.0	11.7
룩셈부르크	1974-79	55.9	5.1	0	8.5	30.5
몰타	1976-81	67.7	0	0	20.0	12.3
네덜란드	1981-82	80.5	10.1	3.4	0	7.0
노르웨이	1977-81	79.2	3.1	0	0	17.6
스위스	1975-79	68.9	3.6	0	3.1	24.4
미국	1978-80	80.2	7.0	0	1.8	9.7

· 자료: Katz(1986, 98)

하지만 당내 경쟁의 정도를 분석하기 위해 '같은 정당 후보에게 낙선하는 비율(intrapartisan defeat ratio)'을 비교해 보면, 같은 STV제 국가이지만 아일랜드와 몰타가 상반된 결과를 나타낸다. 위의 <표 7.4>에서 나타나듯이, 몰타는 핀란드(중간개방형)나 룩셈부르크(최대개방형)의 경우보다 당내 후보에게 낙선하는 비율이 훨씬 높은 20%를 나타내는 반면 아일랜드의 사례는 오히려 매우 낮은 2.9%를 보이고 있다(Katz 1986, 98-99 참고). 단편적인 검증이긴 하지만, 이 역시 정당에 대한 STV제의 제도적 효과를 단정하기 힘든 이유를 나타낸다고 볼 수 있다.

따라서 제도적 효과 이외의 변수 또는 제도적 효과를 감추는 변수를 찾아보는 것도 의미있는 일이다. Katz(1986)가 간과한 사실 중의 하나가 몰타의 재선율(67.7%)에 비해 아일랜드의 재선율(82.0%)이 현저히 높다는 점이다. 즉 높은 재선율이 이미 '당내 후보에게 낙선되는 비율'을 잠식했다고 가정한다면, 재선율을 높이는 숨겨진 메카니즘이 있을 것이라는 생각을 가지게 된다.

한 가지 흥미 있는 사실은 아일랜드의 정치인들이 다석 선거구 내에 '개인적 영역(personal bailiwick)'을 구축한다는 것이다(Sacks 1970; Katz 1986, 102에서 재인용). 즉 선거운동 과정에서 같은 당 후보 간에 서로 이러한 개인적 지역 영역을 존중한다는 것이다. 결론적으로 같은 당 후보 간의 전략적 공조를 바탕으로 재선율을 높이고 있기 때문에, 기대되는 제도적 효과가 표면화되지 않았다는 판단에 다다른다. 이러한 판단은 아래에서 검토하는 아일랜드의 의원 행태를 통해 좀 더 명확해진다.

5. 정치적 고객주의인가? 아니면 유권자에 대한 책임의식인가?

선거구내에 개인 영역을 구축하는 아일랜드 의원들의 정치행태를 좀 더 심도 있게 논의할 필요가 있다. 같은 당 후보 간에 개인 영역을 서로 존중하고 경쟁을 피하고자 하는 근본적 이유는 STV제의 본질과 관련되어 있을 것이다. 즉 쿼타만 채우면 당선되는데 굳이 같은 당 후보의 영역을 침범할 이유가 없다는 것이다. 물론 다득표를 통해 정치적 영향력을 과시할 수는 있지만, 이 경우 경쟁 자체에서 오는 정치적 부담이 클 뿐만 아니라 정당의 전체적 의석획득에도 부정적 영향을 끼치게 된다. 결국 정당의 입장에서 최선의 안전책은 선거구 전체 득표력과 선거구 내 소지역별(小地域別) 득표력 등을 고려해 '소지역' 연고에 따라 후보를 적절히 배분하는 방법일 것이다. 같은 정당, 같은 선거구 출신의 현역 의원들이라면 가장 합리적인 방법으로 재선을 위한 전략적 공조를 모색할 것이기 때문이다.[15)]

결국 의원들은 개인 영역을 '표의 보고(寶庫)'로 만드는 일이 재선에 성공하는 최선의 길이라는 판단 아래 개인 영역에서의 의원활동에 중점을 두게 된다.[16)] 또 이 때문에 아일랜드의 의원행태는 '정치적 고객주의', '브로커식 정치(brokerage style of politics)', '소지역주의(localism)' 등의 평을 받을 수밖에 없다는 것이 일반적 견해이다. 또 의원들이 지역 선거구의 민원 해결과 지역적 이익에 치우치는 의원활동을 하기 때문에 결국 국가적 일은 뒷전으로 밀리고 있다는 지적도 많다(Sacks 1970; Carty 1981; Roche 1982; Katz 1986; Sinnott 1996 등 참고).[17)] 아일랜드의 정치인들 스스로도 국가적 의정활동 의무를 소홀히 하면서 이러한 고객주의적 활동을 해야 한다는 데 불만을 나타내지만, 어쩔 수없이 지역구 서비스로 내몰리고 있다는 조사결과가 시사하는 바가 크다(Roche 1982).[18)]

STV제와 정치적 고객주의를 연관시키는 데에 반론을 제기하는 학

---

15) 위에서 언급한 바와 같이 아일랜드의 현역 의원 재선율은 80.2%(1969년, 1973년 선거)에 달했다. 같은 당 후보간 경쟁을 유도하는 STV제의 성격을 감안할 때, 나머지 19.8% 중 같은 당 후보에 낙선한 비율이 단 2.9%에 지나지 않았다는 점은 이러한 전략적 공조를 상정하지 않고는 설명하기 힘들다(표 7.4 참고).

16) 아일랜드통합당(FG)에 대한 한 연구에 따르면, 약 45%의 FG 당원들은 자기 지역 내 FG 정치인 일반이 아니라 특정한 1명의 지역 정치인을 강하게 지지하는 성향을 드러낸다(Gallagher and Marsh 2002, 106-113). 개인 영역 구축과 무관하지 않은 조사 결과라 할 수 있다.

17) 유권자들의 투표행태가 이와 같은 의원행태를 조장하는 측면도 무시할 수 없다. 아일랜드 선거에서 정당과 함께 투표결정에 큰 영향력을 발휘하는 것이 '소지역주의'라는 것은 널리 알려진 사실이다(Gallagher 1997, 2; Farrell 1997, 132-133).

18) 1993년 뉴질랜드 왕립 선거체제개혁위원회가 STV제 대신 독일식 혼합형 선거체제를 채택하게 된 근본적 이유가 바로 이러한 지역서비스 위주의 의원활동에 대한 문제점을 심각하게 받아들였기 때문으로 알려져 있다(Sinnott 1996, 80-83).

자들은 우선 지역서비스 위주의 의원활동이 STV제에서만 나타나는 특성도 아니고 아일랜드에 국한된 문제도 아니라는 주장을 내세운다(Gallagher 1996, 499-520; McBride 1997, 11). 특히 맥브라이드는 정치적 고객주의가 아니라 의원 자신을 선출해 준 유권자에 대한 정치적 책임의식(accountability)의 발로로 보아야 한다는 주장을 편다. 대표의 개념적 측면에서 시각의 차이를 크게 드러내는 주장이다. 이와는 다른 시각에서 정치적 고객주의의 존재를 인정하지만, 아일랜드의 정치문화에서 비롯된 소지역주의가 선거에 반영되는 것이지 STV제의 제도적 영향은 아니라고 주장하는 학자도 있다(Chubb 1982; Bowler and Farrell 1996).

제 8 장

혼합형 선거체제 (Mixed Member System)

Ⅰ. 혼합형 선거체제란?
Ⅱ. 독 일
Ⅲ. 뉴질랜드
Ⅳ. 일 본
Ⅴ. 헝가리
Ⅵ. 결론: 혼합형 선거체제의 찬반론

앞서 살펴 본 1위대표제, 결선투표제나 대안투표제 등 다수선거제, 앞 장에서 논의한 STV제 등과 비교할 때, 비례대표제의 최대 문제점으로 '지역구 대표성'이 없다는 점이 흔히 지적된다. 영국의 선거체제 개정 논의를 들여다보면 지난 1세기 동안 지속되어 온 '지역대표성'의 전통을 무너뜨리고 명부식 비례대표제로 변화하는 데 기본적으로 반대하는 견해가 많다. 한국의 경우에 향후 선거체제 개정 논의가 시작된다면, 역시 246개 지역구의 '대표성'에 대한 정서적 애착에 따른 제도적 관성(慣性; inertia)이 클 것임에 틀림없다.

이러한 '지역대표성'의 전통을 깨고 순수한 명부식 비례대표제로의 변화가 여의치 않은 경우에 흔히 귀결되는 타협점이 혼합형(混合型) 선거체제라 할 수 있다. 1위대표제나 명부식(名簿式) 비례제 중 어느 한 체제를 선택하는 것이 어려울 때 택할 수 있는 안전책이기도 하고, 새롭게 민주화되는 과정에서 다양한 정치세력의 입맛을 고루 반영하는 타협의 산물이기도 하다. 혼합형의 대표적 사례인 독일 선거체제에 특별한 정치체제적 부작용이 나타나지 않았다는 점, 1위대표제의 지역대표성을 유지하면서 비례제의 장점을 제도화한다는 점 등이 긍정적으로 작용하여 혼합형 선거체제는 1970년대 이후 선거체제의 채택이나 변화에 있어 큰 비중을 차지하고 있다.[1)]

Ⅰ. 혼합형 선거체제란?

혼합형 선거체제 역시 다양한 용어상의 혼란과 무관치 않다. '혼합형 비례제(mixed member PR)', '보충형 비례제(compensatory PR)',

1) 1위대표제의 제도적 관성과 단점을 경험한 한국의 정치학계에서도 지역대표성을 유지하면서 비례성을 높이는 대안으로 혼합형 선거체제에 대한 연구가 활발하였다. 김영태(2001), 김용복(2004, 2010), 강원택(2005), 장훈(2006), 김욱(2006), 김종갑(2006, 2012), 김형철(2010), 정준표(2014) 등 참고.

'인물중심 비례제(personalized PR)', '부가형 선거제(additional member system)', '2표제(two-vote system)' 등 그 표현이 다양한 만큼 실제 혼합형이라는 큰 테두리 안에서 다양한 변화와 차이를 나타내는 체제이다. 즉 '독일형'이라고 불리듯이 독일의 선거체제가 원형이라면, 한국의 '전국 비례 명부 부가형(附加型)', 최근 개정된 일본의 광역별 비례 명부 부가형, 헝가리의 3단 혼합형(1990-2010), 1993년 뉴질랜드의 2표제 등 내용상 다양한 차이를 나타내는 변형체제(變形體制)가 많다는 점에 유의해야 한다.

2표제라는 용어를 쓰는 학자들이 많지만, 형식상의 2표 요건 자체만으로도 2표제와 유사한 선거체제를 포함하지 못하는 단점이 나타난다. 파렐(Farrell 1997, 87)은 2004년 총선 이전 1표제 비례 명부 부가형인 한국의 선거체제를 2표제로 분류한 바 있다. 이러한 오류도 용어상의 문제에서 비롯된다 할 수 있다. 한국의 과거 1표제 선거체제는 유권자가 지역구 후보에게 던진 1표를 정당에 던진 표로 '환산'해서 비례 명부 의석을 배정하는 방식이었고, 영국과 캐나다의 혼합형 선거체제 개혁안들 역시 1표제 혼합형이었다(Taagepera and Shugart 1989, 35-36). 이러한 1표제 혼합형을 2표제라고 부르는 데는 무리가 따를 수밖에 없고 동의하기도 어렵다.

이 책은 앞에서 다룬 1위대표제, 절대다수제, 명부식 비례대표제, STV제 등 단일형(單一型) 선거체제와 달리 단일형이 둘 이상 혼합되었다는 의미를 나타내는 혼합형 선거체제(Mixed Member System)라는 용어를 사용한다. 혼합형이라는 용어는 일단 2표제라는 형식보다 서로 다른 선거체제가 조합되었다는 의미를 직접 전달하는 장점을 가진다. 물론 혼합형의 대부분은 지역 선거구를 가지는 다수제와 명부식 비례대표제의 조합이지만, 그 조합의 방법은 매우 다양하다. 함께 분류할 수밖에 없는 다양한 선거체제를 포괄할 수 있다는 점에서도 혼합형으로 부르는 것이 유리하다고 볼 수 있다.

다수제와 비례제를 혼합하는 유형은 크게 연동형(聯動型) 혼합체제(MM-D; Mixed Member-Dependent)와 독립형(獨立型) 혼합체제(MM-I; Mixed Member-Independent)로 나눌 수 있다(Pippa Norris 2004, 40-60). MM-D는 MMP(Mixed Member PR), MM-I는 MMM(Mixed Member Majoritarian) 또는 MM-Parallel로 불리기도 하는데(Farrell 2011; Gallagher and Mitchell 2005), 이 책은 MM-D(연동형)와 MM-I(독립형)로 분류해 비교하고자 한다. MM-D의 경우 독일의 연동형처럼 각 정당의 의석수가 정당에 던져진 표에 의해 기본적으로 정해지는 순수형 비례제에 지역 선거구제를 가미함으로써 비례제 의석과 지역 선거구의 1위대표제 의석이 연동되는 체제라고 할 수 있다. 반면 MM-I의 경우 한국이나 일본의 독립형처럼 비례제 의석수와 1위대표제 의석수가 기본적으로 나뉘어 정해진 상태에서 산술적으로 더해지는 방식이다.[2] 혼합형이 가지는 성격상 본 장에서는 4개국의 선거체제를 각각 개별적으로 검토한다. 우선 연동형으로 분류되는 독일, 뉴질랜드의 예를 검토하고, 독립형인 일본, 헝가리의 선거체제를 소개한다.

Ⅱ. 독 일

2차 대전 후 독일에 민주주의를 이식시키는 과정에서 연합국들은 전후 독일의 민주주의 체제가 안정되어야 한다는데 인식을 같이 하였다. 특히 영국은 과거 바이마르(Weimar) 공화국 당시와 같은 정당의 난립이 체제 불안의 요인이 되었다는 인식 아래 영국식 모델을 중심으로 하는 선거체제의 도입을 바라고 있었다(Farrell 1997, 87). 실제 독

2) 참고로 일본에서는 자국의 MM-I 혼합형 선거체제를 병립제(竝立制)로 명명해 부르고 있다.

일인이 궁극적으로 도달한 결론은 영국이 4국의 분할 지배체제 하의 각 주(州; *Land*)단위 선거에서 테스트했던 제도와 유사한 형태였다(Carstairs 1980; Roberts 1975).[3)]

1949년 독일 선거체제는 1위대표제 지역구와 명부식 비례제가 60 대 40으로 혼합된 형태였고, 현행 선거체제와는 달리 실제 1표제의 형식을 띄었다. 즉 한국의 과거 1표제 방식과 마찬가지로 지역선거구 선거에 던져진 정당후보의 표를 정당 지지표로 해석해 40%를 지역별 명부에 따라 배분하는 방식이었다. 4년 후인 1953년에는 2표제로 개정되었고, 그 후 1956년, 1986년, 1990년, 2008년, 2013년 개정을 거친 현행 독일 하원 선거체제의 핵심적인 내용을 정리하면 다음과 같다.[4)]

① 1953년 채택된 2표제가 유지되고 있다. 제1투표(primary vote 또는 *Erststimme*)는 지역구 1위대표 선거에 던지는 것이고, 제2투표(secondary vote 또는 *Zweitstimme*)는 정당명부 중에 하나를 선택하는 의미를 가진다. 따라서 용어상 제1투표가 중요성을 가지는 것처럼 보이지만 실제 각 당의 의석수를 결정하는 것은 제2투표라는 점에 유의해야 한다.

② 50대 50의 1위대표제 지역구와 명부제 비례대표제의 비율을 유지한다. 독일 통일 이후 1990년대 독일 하원(*Bundestag*)은 656석까지 확대되었다가 2002년 598석으로 축소되었는데 50%가 299개 1석 선거

---

3) 풀저(Pulzer 1983, 104)에 따르면 독일의 1949년 선거체제 실제로 길게는 1914년 당시 혼합형 제도안, 짧게는 1931년 보너만(C. H. Bornemann)이 제안했던 제도의 영향을 받았다. 영국의 일방적 영향으로 설명하는 데는 무리가 있고, 오히려 독일 내에서 자생적 뿌리를 가지고 있었던 제도로 받아들이는 것이 옳을 듯하다.

4) 참고로 독일 상원은 각 주정부에 의해 선택되는 의원들로 구성되며, 따라서 각 주의 선거에 따르는 연정구성이 어떻게 이루어지느냐에 따라 구성원이 변화한다. 각 주는 인구에 따라 3 내지 6명의 의석을 배정받는다. 독일의 대통령은 대통령 선출을 위해 소집되는 연방회의(Federal Convention; *Bundesversammlung*)에서 선출된다. 연방회의는 독일 하원 의원 전원과 연방 각 주 의회가 선출하는 같은 수의 대의원(주별 인구 비례에 따라 배분)으로 구성된다. 독일의 대통령은 정부의 수반이 아닌 국가의 수반으로서 국민통합의 상징적 역할에 국한된 기능만을 수행한다.

구에서 선출되고, 나머지 50%는 16개 주 단위 정당명부에서 선출된다.

③ 2009년 총선부터 1987년 선거체제의 헤어-니이마이어 방식 대신 생 라그/쉐퍼스 방식으로 정당별 의석을 배정하고 있고, 2013년 총선부터는 초과의석에 의한 비례성의 왜곡을 바로잡는 추가조정의석(additional adjustment seats; *Ausgleichsmandate*) 제도를 도입하였다.

④ 전국 5% 최소조건(最小條件)을 채택하고 있다. 실제 1949년 선거법에서의 '1개 주 5% 또는 1석 선거구 1석'으로 규정했었던 최소조건이 1953년에는 '전국 5% 또는 1석 선거구 1석'으로, 다시 1956년 개정을 통해 '전국 5% 또는 1석 선거구 3석'의 조건으로 변화되어 유지되어 왔다. 단 1990년 통일 직후 실시된 선거에서만은 연방헌법재판소의 결정에 따라 선거의 특성상 구 서독과 동독 지역을 분리해 5% 최소조건을 적용한 바 있다.[5)]

⑤ 보궐선거(by-election)를 치루지 않기 위해 은퇴, 사망 등에 따른 공백은 그 주의 선거 당시 명부의 다음 순서 후보가 승계 하도록 하였다. 특히 1석 선거구에서 당선된 의원의 공백 역시 명부상의 후보가 승계 하도록 했다는 점이 특이한데, 이 규칙은 결국 명부의 중요성이 그 만큼 크다는 뜻으로 해석할 수 있다.

독일 선거체제의 여러 규정 가운데 가장 논란이 되어온 것이 초과의석의 문제이고 2012년의 위헌판결과 2013년 새로운 선거체제가 도입되는 원인 역시 초과의석과 관련된 비례성의 왜곡이었다. 따라서 초

---

5) 5% 최소조건이 40여 년 동안 전혀 다른 정당체제를 가졌던 구 동독지역까지 확대 적용할 경우 구 서독의 군소정당과 구 동독의 정당들에게 의회 진출에 불리한 조건을 부과함으로써 정당간의 기회균등을 해친다는 이유로 위헌 판결이 내려졌다(허영 1994, 89-90). 1990년 선거에서 구 서독의 녹색당은 4.8%의 득표율로 최소조건을 극복하지 못한 반면 구 동독의 녹색당은 6%의 득표율을 얻어 대조를 이루었다. 흥미로운 것은 동·서독 분리해 최소조건을 적용을 하지 않았다면 녹색당은 정확히 5%의 전국 득표율로 통과가 가능했던 반면 구 동독지역에서만 11.1%의 득표율로 선전한 구 동독공산당(PDS; East German Communist Party)은 크게 혜택을 보았다는 점이다(Farrell 1997, 89).

과의석의 의미와 발생 원인을 간략히 살펴보고 과거 선거체제에 대한 이해를 바탕으로 새로운 선거체제의 의석배정 방식과 제도적 효과를 논의하고자 한다.

1. 초과의석(*Überhangmandate*)

독일은 하원 의석에 추가되는 1석 선거구 의석, 즉 '초과의석(Overhang seats 또는 *Überhangmandate*)'을 허용하고 있다. 예를 들어 생 라그/쉐퍼스 의석배정(아래 의석배정 방식의 ①단계) 방식에 따라 함부르크(Hamburg)주 사민당(SPD)에 배정된 의석이 4석인데 이미 SPD가 함부르크주 1석 선거구에서 5석을 획득하였다면, 함부르크주 SPD 명부에 배정될 의석은 없지만 SPD는 1석 선거구 의석 5석을 그대로 유지하여 결과적으로는 1석의 초과의석을 더 획득하게 된다. 따라서 궁극적으로는 독일 하원 의석수 자체가 각 정당 초과의석 수의 합만큼 늘어나게 되는데, 2005년과 2009년 선거의 경우 각각 16석과 24석의 초과의석이 발생하였다.

<표 8.1>은 1957년 이후 선거에서 양대 정당인 기민-기사연합(CDU-CSU; Christian Democratic Union-Christian Social Union)과 사민당(SPD; Social-democratic Party of Deutschlands)이 초과의석을 독점하고 있음을 잘 나타내주고 있다.[6)] 이는 결국 CDU-CSU와 SPD가 정당명부표(제2투표) 보다는 1위대표제 1석 선거구표(제1투표)를 더 많이 얻고 있다는 것을 의미하는데, 그 주된 이유는 두 가지로

---

6) CSU(기독사회연합)는 바바리아(Bavaria)주에서 CDU(기독민주연합)를 대신하는 보수정당이기 때문에 CDU-CSU는 하나의 정당연합으로 분류하지만, 총선에는 CSU가 독자적으로 임한다. SPD(사회민주당)는 150년의 역사를 가진 정당으로서 초기에는 사회주의 정강정책 프로그램에 초점을 두었으나, 1960년대 이후 사회보장정책을 중시하는 진보정당으로 변화하였다. 노동조합이 정당세력의 주된 원천이기 때문에 도시와 산업지역에서 당세가 강하며, 브란트(Willy Brandt)와 슈미트(Helmut Schmidt) 등 총리를 배출하였다.

표 8.1 독일 총선의 초과의석 현황: 1949년-2005년

선거	초과의석수	획득정당	초과의석발생 주(*Länder*)
1949	2	CDU(1) SPD(1)	Baden(1) Bremen(1)
1953	3	CDU(2) DP(1)	Schleswig-Holstein(2) Hamburg(1)
1957	3	CDU(3)	Schleswig-Holstein(3)
1961	5	CDU(5)	Schleswig-Holstein(4) Saarland(1)
1980	1	CDU(1)	Schleswig-Holstein(1)
1983	2	SPD(2)	Bremen(1) Hamburg(1)
1987	1	CDU(1)	Baden-Württemberg(1)
1990	6	CDU(6)	Mecklenburg-Vorpommem(2) Saxony-Anhalt(3) Thuringia(1)
1994	16	CDU(12) SPD(4)	Baden-Württemberg(2) Brandenburg(3) Bremen(1) Mecklenburg-Vorpommern(2) Saxony(3) Saxony-Anhalt(2) Thuringia(3)
1998	13	SPD(13)	Berlin(4) Brandenburg(3) Hamburg(1) Mecklenburg-Vorpommern(2) Thuringia(3)
2002	5	CDU(1) SPD(4)	Hamburg(1) Saxony(1) Saxony-Anhalt(2) Thuringia(1)
2005	16	CDU(7) SPD(9)	Baden-Württemberg(3) Brandenburg(3) Hamburg(1) Saarland(1) Saxony(4) Saxony-Anhalt(4)

· 자료: Roberts(1996, 129); 1998-2005 데이터는 http://www.bundeswahlleiter.de 검색 참고.

나누어 볼 수 있다. 첫째는 대정당 지지자들이 연립정부 구성을 염두에 두고 정당투표를 자민당(Free Democrats)이나 녹색당(Green Party) 등 소정당에 던지거나, 둘째는 반대로 소정당 지지자들이 당선가능성을 고려하여 1석 선거구 표를 양대 정당에 던지는 현상이 있기 때문이다(Roberts 1996, 129).

그림 8.1 **독일 투표용지**

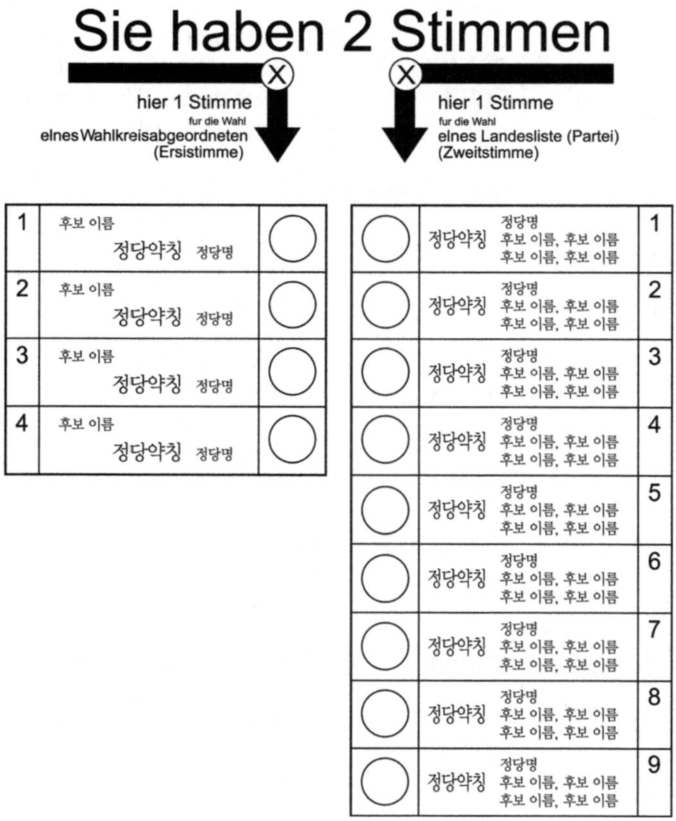

초과의석에 의한 비례성의 왜곡현상은 2008년과 2012년 독일연방 헌법재판소의 위헌판결에 의해 2013년 추가조정의석제도의 도입으로 이어졌다. 2013 선거체제(쉐퍼스 방식 + 추가조정의석제)는 의석배정 기준을 통과한 정당들이 제2투표(정당투표)에 정확히 비례해서 의석배정을 받도록 하기 위해 추가의석을 통해 비례성의 손익을 조정하는데 초점을 두었다(아래 배정방식 참고).

2. 2013년 새 선거체제의 의석배정 방식

2009년 총선부터 독일은 1985년 이후 의석배정 방식으로 활용되던 헤어-니이마이어 방식을 생 라그/쉐퍼스(Sainte-Laguë/Schepers) 방식으로 전환하였다. 독일의 물리학자 쉐퍼스(Hans Schepers)가 1980년에 제안한 이 방식은 6장에서 설명한 생 라그 방식과 같은 결과를 도출하지만 계산 과정을 단순화했다는 의미를 가진다. 아울러 독일은 추가조정의석 제도를 도입하여 초과의석에 의해 발생하는 비례성의 왜곡 현상을 조정하는 새로운 선거체제로 2013년 총선을 치렀다. 아래 내용은 쉐퍼스 방식과 추가조정의석 제도를 2009년 독일 총선 결과에 시뮬레이션(simulation) 형식으로 적용해 새로운 의석배정 과정을 이해하고 실제 2009년 총선 결과와 비교하기 위한 것이다.[7)]

① 독일의 새로운 선거체제는 선거 전에 16개 주의 인구비례에 따라 생 라그/쉐퍼스 방식으로 하원의 598석을 배정하는데 이렇게 배정된 주별 하원 의석은 아래 ②의 쉐퍼스 방식에 따른 각 주 정당별 의석배정의 시작점이 된다.

② 각 주별 의석이 정해지고 총선을 거쳐 각 주의 정당별 득표가 집계된 후, 독일의 새로운 의석배정 방식은 기본적으로 2단계(two

7) 독일의 2013 선거체제에 대한 논의는 www.electionresources.org 검색 자료, 정준표(2014) 등 참고.

tier) 계산 과정으로 이루어진다. 우선 의석배정의 최소조건 5% 또는 1석 선거구 3석 기준을 통과한 정당들의 각 주별 정당투표에 따라 쉐퍼스 방식으로 정당별 의석수를 산정한다. 이때 각 주별로 한 정당이 쉐퍼스 방식에 의해 배정받은 의석수보다 1석 선거구 의석을 더 확보했을 경우에 발생하는 초과의석은 그 정당의 배정의석수에 더한다. <표 8.2>는 2009년 총선 결과를 새로운 의석배정 방식에 따라 치러졌을 경우를 가정해 각 주별 각 정당별 의석을 집계한 결과이다. CDU 22석, CSU 3석, SPD 1석 등 총 26석의 초과의석이 발생하는 결과가 되

표 8.2 주/정당별 의석수: 쉐퍼스 방식

	의석수						
	사민당	기민당	기사당	녹색당	자민당	좌파당	전체
Schleswig-Holstein	6	9		3	4	2	24
Mecklenburg-Vorpommern	3	6		1	1	4	15
Hamburg	3	4		2	2	1	12
Lower Saxony	19	21		7	8	5	60
Bremen	2	1		1		1	5
Brandenburg	6	5		1	2	6	20
Saxony-Anhalt	3	6		1	2	6	18
Berlin	5	6		5	3	5	24
North Rhine-WestPhalia	38	45		14	20	11	128
Saxony	5	16		2	5	8	36
Hesse	12	15		5	7	4	43
Thuringia	3	7		1	2	6	19
Rhineland-Palatinate	8	13		3	5	3	32
Bayern	17		45	11	14	6	93
Baden-Württemberg	16	37		11	15	6	85
Saarland	2	4		1	1	2	10
총 계	148	195	45	69	91	76	624

어 총의석은 일단 624석으로 집계된 것이다.

③ <표 8.2>에 나타난 각 정당의 의석 총수는 어떤 경우든 보장되는 미니멈(minimum) 의석이라 할 수 있다. 다음 단계는 초과의석에 의해 발생한 비례성의 왜곡을 바로잡기 위해 각 정당이 확보한 의석에서 0.5를 뺀 수로 각 정당의 정당투표를 나누어 '의석당 정당투표 수'를 구한다. <표 8.3>과 같은 계산을 통해 최소 CDU의 60,813표부터 최대 FDP의 69,790표까지의 값을 정당별로 구하게 되는데, 초과의석을 많이 얻은 CDU의 최소 표수를 기준으로 각 정당의 총의석수를 다시 산정함으로써 비례성의 손익을 조정하기 위함이다.

표 8.3 의석당 정당투표 수

사민당 :	$\frac{9,990,488}{147.5}$	=	67,732
기민당 :	$\frac{11,828,277}{194.5}$	=	60,813
기사당 :	$\frac{2,830,238}{44.5}$	=	63,600
녹색당 :	$\frac{4,643,272}{68.5}$	=	67,784
자민당 :	$\frac{6,316,080}{90.5}$	=	69,790
좌파당 :	$\frac{5,155,933}{75.5}$	=	68,290

④ <표 8.4>는 CDU의 '의석당 정당투표 수' 60,813표를 기준으로 비례성을 조정하여 각 정당의 총의석수를 다시 산정한 결과이다. 역시 쉐퍼스 방식에 따라 0.5를 올림과 내림의 기준으로 해서 의석수를 정하는데, 이렇게 해서 정해진 각 정당의 의석수와 이를 합계한 독일 하원의 총의석수가 전체 연방 차원의 총선 결과가 된다. <표 8.4>의 계산 결과 비례성 조정의 기준이었던 CDU는 195석으로 <표 8.2>의 미

니멈에 머무는 반면, 각각 148석과 91석을 확보했던 SPD와 FDP는 추가조정을 통해 각각 164석과 104석을 차지하게 되고 하원 총의석은 598석에서 73석이 늘어난 671석이 되는 것이다(표 8.5 참고).

표 8.4 정당별 의석수: 추가조정의석제

사민당 :	$\frac{9,990,488}{60,813}$	=	164.2821107	164 석
기민당 :	$\frac{11,828,277}{60,813}$	=	194.5024419	195 석
기사당 :	$\frac{2,830,238}{60,813}$	=	46.5400161	47 석
녹색당 :	$\frac{4,643,272}{60,813}$	=	76.3532797	76 석
자민당 :	$\frac{6,316,080}{60,813}$	=	103.8606877	104 석
좌파당 :	$\frac{5,155,933}{60,813}$	=	84.7834016	85 석

쉐퍼스 시스템의 반복 방식: 8석 배분 사례

1 단계 $\frac{17,500}{8th}$ = 2187.5 = 예비 나눔수

정당	계산	결과	0.5 기준 올림/내림 후의 배정의석
A	$\frac{10,000}{2,187.5}$	= 4.57	5
B	$\frac{6,000}{2,187.5}$	= 2.74	3
C	$\frac{1,500}{2,187.5}$	= 0.69	1

1 단계 계산에서는 총 유효투표(17,500)를 배정의석 수로 나누어

얻은 예비 나눔수(provisional divisor) 2,187.5로 각 정당의 득표수를 나누어 0.5를 기준으로 올림/내림을 한다. 이 경우 배정의석이 9석이 되기 때문에 아래 2 단계 계산에서는 나눔수를 2,300으로 상향 조정한다. 결국 소수점 이하의 수가 가장 작은 A당이 0.5 기준의 내림에 해당하여 4석 획득으로 조정되어 8석 배정이 이루어진다.

2 단계

정당	계산	결과	0.5 기준 올림/내림 후의 배정의석
A	$\frac{10,000}{2,300}$	= 4.35	4
B	$\frac{6,000}{2,300}$	= 2.61	3
C	$\frac{1,500}{2,300}$	= 0.65	1

자료: www.bundeswahlleiter.de/de/glossar/texte/Saint_Lague_Schepers.html
독일연방선거관리위원회 검색 참고.

⑤ 이제 마지막으로 남는 과제는 각 정당 차원에서 확정된 총의석을 쉐퍼스 방식으로 각 주별 정당투표에 따라 배정하는 것이다. 의석수가 늘어난 정당의 경우에는 <표 8.3>의 의석당 정당투표 수보다 작은 수를 예비 나눔수(provisional divisor)로 시작하여 나눔수 조정, 올림, 내림 등을 반복하면서 확정된 총의석을 배정하면 된다. 반면 의석수가 고정된 CDU의 경우에는 주별 정당투표에 따라 의석을 배정하면서 1석 선거구에서 발생한 초과의석을 보장해야 하는 변수가 추가되기 때문에 좀 더 복잡한 반복 계산이 불가피하게 된다. <표 8.6>은 쉐퍼스 방식으로 각 주별 의석을 재조정한 결과이다. 쉐퍼스 시스템의 반복 방식(iterative method)으로 나눔수 68,400과 0.5 기준 올림/내림의 최적 조합을 찾아 전체 의석 배정과 초과의석 문제를 동시에 해결한 예라 할 수 있다.

표 8.5 주/정당별 의석수: 2009 실제 총선 결과와 시뮬레이션 결과 비교

	의석수						
정 당 정당투표 득표율, %	사민당 23.0	기민당 27.3	기사당 6.5	녹색당 10.7	자민당 14.6	좌파당 11.9	계
Schleswig-Holstein	7	9		3	4	2	25
Mecklenburg-Vorpommern	2	6		1	1	4	14
Hamburg	4	4		2	2	2	14
Lower Saxony	21	22		8	10	6	67
Bremen	2	1		1	1	1	6
Brandenburg	6	5		1	2	7	21
Saxony-Anhalt	3	5		1	2	6	17
Berlin	6	6		5	3	6	26
North Rhine-WestPhalia	44	45		16	23	13	141
Saxony	5	16		2	5	9	37
Hesse	13	15		6	9	5	48
Thuringia	4	7		1	2	6	20
Rhineland-Palatinate	9	13		4	6	3	35
Bayern	19		47	12	16	7	101
Baden-Württemberg	17	37		12	17	6	89
Saarland	2	4		1	1	2	10
총 계 (정당별 의석률, %)	164 24.4	195 29.1	47 7.0	76 11.3	104 15.5	85 12.7	671
2009년 실제 총선 결과 (정당별 의석률, %)	146 23.5	194 31.2	45 7.2	68 10.9	93 15.0	76 12.2	622

표 8.6 CDU의 주별 의석 조정

	득표수	나눔 값	의석수		
			계	지역구	명부
Schleswig-Holstein	518,457	7.579781	9	9	0
Mecklenburg-Vorpommern	287,481	4.202939	6	6	0
Hamburg	246,667	3.606243	4	3	1
Lower Saxony	1,471,530	21.513596	22	16	6
Bremen	80,964	1.183684	1	0	1
Brandenburg	327,454	4.787339	5	1	4
Saxony-Anhalt	362,311	5.296944	5	4	1
Berlin	393,180	5.748246	6	5	1
North Rhine-WestPhalia	3,111,478	45.489444	45	37	8
Saxony	800,898	11.709035	16	16	0
Hesse	1,022,822	14.953538	15	15	0
Thuringia	383,778	5.610789	7	7	0
Rhineland-Palatinate	767,487	11.220570	13	13	0
Baden-Württemberg	1,874,481	27.404693	37	37	0
Saarland	179,289	2.621184	4	4	0

3. 선거체제의 정치적 영향

독일 선거체제는 1석 선거구를 포함하고 있기 때문에 혼합형으로 분류하고는 있지만, 그 의석배정 방식만 놓고 볼 때 하원 총의석수를 정당투표인 제2투표를 기준으로 배분하기 때문에 비례제로 분류될 수 있다. 따라서 산술적으로 1석 선거구 의석과 비례제 의석이 혼합된 것과는 그 제도적 효과와 정치적 영향은 크게 다를 수밖에 없다.

우선 독일의 과거 헤어-니이마이어식(1987 선거체제)이나 새로운

2013 선거체제(생 라그/쉐퍼스식)나 전반적으로 높은 비례성을 유도하는 효과를 나타낸다. 두 선거체제가 모두 높은 비례성을 보장하는 의석배정 방식인데다, 하원 총의석 전체를 의석배정 대상으로 함에 따라 비례성의 관건인 '비례선거구 의석수'가 최대치에 가까운 때문이라 할 수 있다. 물론 5% 또는 1석 선거구 3석이라는 최소조건의 영향으로 군소정당이 보는 피해를 대정당들이 흡수하기 때문에 나타나는 비례성의 왜곡을 무시할 수 없다. 또 1987년 선거체제의 경우 초과의석이 양대 정당에게 유리하게 작용하기 때문에 이 역시 비례성의 왜곡시키는 요인이었다.

아래 <표 8.7>과 <표 8.8>은 각각 1994년 총선(1987 선거체제)과 2013년 총선(2013 선거체제)의 결과이고 <표 8.9>는 1972년 선거에서 2013년 선거까지 나타난 득표율과 의석획득률의 차이를 각 정당별로 나타낸 것이다. 득일 통일 후 1987년 선거체제에 의한 1994년 총선 결

표 8.7 | 1994년 독일 총선 결과

정당	제2표 득표수	득표율 (%)	총의석수	의석률 (%)	득표 의석 차이(%)
기독민주연합(CDU)	16,089,471	34.2	244	36.3	+2.1
사회민주당(SPD)	17,141,319	36.4	252	37.5	+1.1
자유민주당(FDP)	3,257,864	6.9	47	7.0	+0.1
기독사회연합(CSU)	3,427,128	7.3	50	7.4	+0.1
녹색당(Green)	3,423,091	7.3	49	7.3	0
구동독공산당(PDS)	2,067,391	4.4	30	4.5	0.1
공화당(Republicans)	875,175	1.9	-	-	-1.9
동맹 '90(Alliance 90)	238,282	0.5	-	-	-0.5
기타	584,855	1.1	-	-	-1.1

• 자료: electionresources.org 검색.

표 8.8 2013년 독일 총선 결과

정당	지역구 득표수	지역구 득표율 (%)	지역구 의석수	정당명부 득표수	정당 명부 득표율 (%)	정당 명부 의석수	총 의석수	의석률 (%)
기독민주연합 (CDU)	16,233,642	37.2	191	14,921,877	34.1	64	255	40.5
사회민주당 (SPD)	12,843,458	29.4	58	11,252,215	25.7	135	193	30.5
좌파당 (The Left)	3,585,178	8.2	4	3,755,699	8.6	60	64	10.2
녹색당 (Green)	3,180,299	7.3	1	3,694,057	8.4	62	63	10
기독사회연합 (CSU)	3,180,299	8.1	45	3,243,569	7.4	11	56	8.9
자유민주당 (FDP)	1,028,645	2.4	0	2,083,533	4.8	0	0	0
독일을 위한 대안 (AfD)	810,915	2.4	0	2,056,985	4.7	0	0	0

· 자료: electionresources.org 검색.

과를 보면, 기민-기사 연합과 자민당은 각각 291석, 47석을 얻어 총 338석으로 연립정부를 구성하였다. 그 외에 사민당(252석), 녹색당(49석), 구 동독 공산당인 PDS(30석)가 제2투표(정당투표) 의석배정에 포함되었다. 앞서 설명했듯이 군소정당이 최소조건으로 인해 얻는 피해가 그대로 의석배정에 포함된 정당으로 흡수되고 있음을 알 수 있다. 특히 양대 정당인 기민당과 사민당이 각각 2.1%와 1.1%의 비교적 높은 이득을 보고 있다.

1994년 총선 당시 PDS의 경우는 특별한 경우에 해당하는 것으로 별도의 논의를 필요로 한다. 제2투표 득표율이 4.4%로 최소조건을 만족시키지는 못했지만, 동베를린에서 집중적으로 4석을 얻음으로써 최소조건 '탈출조항(escape clause; 3석 이상)'을 통해 의석배정을 받은 케이스이기 때문이다. 단지 국지적으로 집중된 기반을 통해 하원 총의석의 일정 부분을 획득할 수 있다는 문제점이 드러난 경우라 할 수 있다. 만약 정당투표에서 4.9%를 얻었지만 이 '탈출'에 필요한 3석의 1석 선거구 의석을 얻지 못한 정당이 있었다고 가정할 때, 이를 PDS의 경우와 비교하면 문제점을 쉽게 이해할 수 있을 것이다. 특히 이러한 문제점 때문에 실제 이 3석 탈출조항을 없애야 한다는 주장이 제기되고 있다는 데 주목할 만하다(Roberts 1996, 128).

2013 선거체제의 제도적 효과를 가늠하기 위해 <표 8.5>의 2009년 총선의 실제 결과와 시뮬레이션 결과를 비교할 필요가 있다. 실제 총선 결과는 5% 최소조건 통과 정당 모두 정당투표 득표율에 비해 0.2%(녹색당) 내지 3.9%(기민당) 높은 의석률을 차지하는 것으로 나타났는데 초과의석의 대부분을 차지한 기민당이 특히 높은 이득을 보았다.[8] 새로운 선거체제에 의한 시뮬레이션 결과는 총 49석이 추가되면서 사민당, 녹색당, 자민당, 좌파당 등의 의석률이 실제 총선 결과보다 증가하는 반면, 기민당과 기사당의 의석률이 실제 결과보다 낮아짐에 따라 초과의석에 의한 비례성의 왜곡은 전반적으로 완화되는 양상을 보여 준다.

새로운 선거체제 하에서 치러진 2013년 총선은 일단 정당명부 득표율과 총의석률의 차이가 커지는 결과를 낳았다. <표 8.9>에 나타나 듯이, 의석배정 기준 통과 정당들이 모두 이득을 보는 가운데 CDU와 SPD가 각각 6.4%와 4.8%로 가장 큰 의석 이득을 보았다. 의석배정에 포함된 정당들은 과거 1987 선거체제에서도 일정 부분 이득을 보았지

8) 2009년 총선에서 발생한 초과의석은 모두 24석이었는데 기민당과 기사당이 각각 21석과 3석을 차지하였다. 기사당의 의석률이 득표율보다 0.7% 높은 것 역시 초과의석에 의한 것이라 할 수 있다.

만, 위의 1994년 총선 결과와 비교할 때 2013년 총선 결과에 나타난 득표율-의석률 편차가 더 컸다(표 8.8 참고). 이것은 특별히 정당투표 득표율 4.8%와 4.7%를 각각 기록한 FDP와 AfD가 의석배정에서 제외된 데 따른 영향이 컸기 때문으로 풀이된다.[9] 아울러 2013 선거체제의 추가조정의석이 의석배정 기준 통과 정당들의 정확한 비례성을 보장하기 때문에 CDU, SPD 등 대정당의 초과의석 역시 좌파당과 녹색당의 의석을 더 늘려주는 결과가 된 것이다.

표 8.9 독일 각 정당의 득표율*과 의석률 차이: 1972~2013년

연도	기독민주연합			기독사회연합			사회민주당		
	득표율 (%)	의석률 (%)	차이 (%)	득표율 (%)	의석률 (%)	차이 (%)	득표율 (%)	의석률 (%)	차이 (%)
1972	35.2	35.7	+0.5	9.7	9.7	-	45.8	46.4	+0.6
1976	38.0	38.3	+0.3	10.6	10.7	+0.1	42.6	43.1	+0.5
1980	34.2	35.0	+0.8	10.3	10.5	+0.2	42.9	43.9	+1.0
1983	38.2	38.4	+0.2	10.6	10.6	-	38.2	38.8	+0.6
1987	34.5	35.0	+0.5	9.8	9.9	+0.1	37.0	37.4	+0.4
1990	36.7	40.5	+3.8	7.1	7.7	+0.6	33.5	36.1	+2.6
1994	34.2	36.3	+2.1	7.3	7.4	+0.1	36.4	37.5	+1.1
1998	28.4	29.6	+1.2	6.8	7.0	+0.2	40.9	44.5	+3.6
2002	29.5	31.5	+2.0	9.0	9.6	+0.6	38.5	41.6	+3.1
2005	27.8	29.3	+1.5	7.4	7.5	+0.1	34.2	36.2	+2.0
2009	27.3	31.2	+3.9	6.5	7.2	+0.7	23.0	23.5	+0.5
2013	34.1	40.5	+6.4	7.4	8.9	+1.5	25.7	30.5	+4.8

9) 2009년 총선에서 93석을 얻어 CDU-CSU의 연정 파트너였던 FDP가 2013 총선에서 0 의석 정당으로 몰락하고 좌파당과 녹색당이 20% 이상의 의석을 획득한 것은 특기할 만한 일이다. FDP와 AfD가 얻은 9.5%의 정당투표가 사표화 됨에 따라 최소조건 5% 기준을 통과한 좌파당과 녹색당의 의석 이득도 예외적으로 커졌다고 할 수 있다.

연도	자유민주당			녹색당			구동독공산당/좌파당**		
	득표율 (%)	의석률 (%)	차이 (%)	득표율 (%)	의석률 (%)	차이 (%)	득표율 (%)	의석률 (%)	차이 (%)
1972	8.4	8.3	-0.1						
1976	7.9	7.9	-						
1980	10.6	10.7	+0.1	1.5	0.0	-1.5			
1983	7.0	6.8	-0.2	5.6	5.4	-0.2			
1987	9.1	9.3	+0.2	8.3	8.5	+0.2			
1990	11.0	11.9	+0.9	5.0	1.2	-3.8			
1994	6.9	7.0	+0.1	7.3	7.3	-	4.4	4.5	+0.1
1998	6.2	6.4	+0.2	6.7	7.0	+0.3	5.1	5.4	+0.3
2002	7.4	7.8	+0.4	8.6	9.1	+0.5	4.0	0.3	-3.7
2005	9.8	9.9	+0.1	8.1	8.3	+0.2	8.7	8.8	+0.1
2009	14.6	15.0	+0.4	10.7	10.9	+0.2	11.9	12.2	+0.3
2013	4.8	0	-4.8	8.4	10	+1.6	8.6	10.2	+1.6

* 득표율은 제2투표(정당명부)의 득표율임.
** 2005년부터 좌파당(The Left)
· 자료: Mackie and Rose(1991); electionresources.org

초과의석이 양대 정당에게 유리하게 작용해왔다는 점은 위에서 지적한 바 있다. 초과의석이 비례성에 주는 영향 이외에, 초과의석을 논의함에 있어 가장 큰 문제는 초과의석이 늘어날 가능성이 커지고 있다는 점이다. 앞서 설명한 바와 같이 초과의석의 발생은 이원투표(split-ticket voting)와 밀접하게 관련되어 있는데, 제시(Eckhard Jesse)는 1988년 논문에서 이러한 이원투표가 1961년에는 불과 4.3%에 불과했지만, 1987년에 와서는 13.7%로 점차 늘어나는 추세를 보인다고 보고하고 있다.[10] 더욱이 양대 정당들과 군소정당이 교차투표를 유도하는

10) 이원투표와 관련해서는 Jesse(1988), Gschwend(2007), 박찬욱(2004), 조진만(2009) 등 참고.

'공모'의 가능성이 커지면서 초과의석의 문제는 독일 선거체제의 단점으로 부각되어 결국 추가조정의석제로의 선거체제 변화로 이어졌다고 할 수 있다.[11)]

실제로 자민당은 지속적으로 지지자들의 이원투표를 유도해 왔다(Farrell 1989, 99). 이원투표를 통해 당선가능성이 적은 1석 선거구 표를 연립정부 파트너에 양보하는 대신 자당(自黨) 지지자들과 대정당 지지자들의 정당투표를 흡수하는 데 역점을 두는 선거 전략을 자민당이 적절히 사용해 왔다고 볼 수 있다. 아래의 <표 8.10>은 자민당에 정당투표(제2투표)를 던진 투표자들이 1석 선거구 제1투표를 연립정부 파트너였던 기민-기사연합과 사민당에 던진 예를 잘 나타내 주고 있다.

표 8.10 자유민주당 정당 명부 투표자들의 지역선거구 투표(%)

지역구 투표	1961	1965	1969	1972	1976	1980	1983	1987
기사/기민연합	8.1	20.9	10.6	7.9	8.0	13.3	58.3	43.2
사회민주당	3.1	6.7	24.8	52.9	29.9	35.5	10.1	13.1
자유민주당	86.5	70.3	62.0	38.2	60.7	48.5	29.1	38.7

· 자료: Roberts(1988), Farrell 1997, 100에서 재인용

다음으로 독일 선거체제가 나타내는 독특한 특징은 각 주별 투표율이 각 주의 의석수와 의석의 구성(1석 선거구와 명부비례 의석)에 큰 영향을 끼칠 수 있다는 점이다. 위 의석배정 방식에서 설명한 대로 독일 선거체제는 우선 정당별로 의석수가 정해진 후, 각 주에서 얻은 득표수에 따라 다시 정당별 의석이 각 주별로 배정된다. 따라서 평균 보다 높은 투표율을 기록한 주는 투표율이 평균에 못 미친 주에 비해 득표수가 상대적으로 증가하기 때문에 초과대표성(超過代表性)을 가지게

11) 정당 간 이원투표 '공모'의 잠재적 가능성과 그에 따르는 문제점에 대한 지적은 Taagepera and Shugart(1989, 36) 참고.

된다. 이러한 이유로 1994년 선거에서는 구 서독지역이 투표율이 평균 보다 낮았던 구 동독지역에 비해 초과대표성을 가지는 결과가 나타난 바 있다(Roberts 1996, 131).

표 8.11 투표율과 의석배분의 관계: 1994년 독일 총선

주	투표율	지역구의석	명부의석[a]
Baden-Württemberg	79.7	37	40 (42)
Bavaria	76.9	45	47
Berlin	78.6	13	14
Brandenburg	71.5	12	8 (11)
Bremen	78.5	3	2 (3)
Hamburg	79.7	7	7
Hessen	82.3	22	27
Lower Saxony	81.8	31	36
Mecklenburg-Vorpommern	72.8	9	4 (6)
Norty Rhine-Westphalia	81.9	71	77
Rhineland-Pfalz	82.3	16	17
Saarland	83.5	5	4
Saxony	72.0	21	15 (18)
Saxony-Anhalt	70.4	13	8 (10)
Schleswig-Holstein	80.9	11	13
Thuringial	74.9	12	9 (12)
총 계	79.0	328	328 (344)

· a: 괄호안의 의석수는 초과의석을 포함한 의석수임.
· 자료: Roberts(1996, 131)

물론 1석 선거구 의석수는 이미 정해져 있기 때문에 여기서 초과대표성은 명부비례 의석의 증가를 의미한다. 그러므로 투표율이 평균 보다 높은 주의 경우 명부비례 의석수가 1석 선거구 의석수보다 많아지고, 반대로 평균 보다 낮은 투표율을 기록한 주의 경우 1석 선거구 의석수가 명부비례 의석수보다 많아진다고 일반화할 수 있다. 또한 같은 맥락에서 투표율이 평균 보다 낮은 주의 경우, 정당투표에 따라 배정되는 의석수보다 1석 선거구 의석수가 많을 때 나타나는 초과의석이 발생할 가능성이 그 만큼 커진다고 볼 수 있다. 위 <표 8.11>은 투표율과 초과의석의 관계, 즉 초과의석이 발생한 주는 *Baden-Württemberg*주를 제외하고는 모두 투표율이 평균 투표율인 79.0% 보다 낮은 주라는 점을 잘 나타내 주고 있다.

끝으로 독일 체제는 높은 비례성을 유도하는 반면, 다른 비례제와 마찬가지로 선거 후 연립정부를 구성해야 한다는 단점이 제기된다. 또 궁극적으로는 다정당체제 아래서 '정치적 불안'이 조성될 수 있다는 견해도 있다. 일단 1949년 이후 독일의 정당체제는 기민-기사연합과 사민당이 보수와 진보의 양축을 형성하고, 그 중간에 자민당이 '중심정당(pivotal party)'이 되는 안정된 모습을 유지해 왔다. 1983년 녹색당이 원내에 진출하였고 1990년과 1994년에 구 동독 공산당인 PDS가 원내에 진출하였지만, 기민-기사연합과 사민당 중심의 이른바 2.5정당체제에서 강하고 안정된 연립정부를 그대로 유지해 왔다는 평가를 받아왔다.

새 정부 구성 조항(constructive vote of no confidence)

'강하고 안정된 정부'의 배경으로 흔히 헌법상의 '새 정부 구성 조항'으로 불리는 '건설적 또는 긍정적 불신임 투표(constructive or positive vote of no confidence)' 조항의 영향을 들 수 있다. 이 조항 아래서 내각은 단순히 불신임을 위한 연합("purely negative coalitions")에 의해서 바뀌는 것이 아니라 새로 구성될 내각을 신임하는 절대다수의 연합("a majority coalition in favor of a new cabinet")에 의해서만 교체될 수 있다. 이 제도는 정당의 난립, 정책의 불연속, 정치적 불안정 등을 막는 데 효과적인 역할을 해 왔다는 평가를 받고 있다.

하지만 독일 선거체제와 정당체제의 관계에 대한 평가는 긍정과 부정이 교차한다. 부정적인 시각에서 10% 내외(4.8%~14.6%; 표 8.9 참고)의 지지를 받아 온 자민당의 역할과 정치적 영향력이 지나치게 강화되어 왔다는 지적도 있다. 즉 아래의 <표 8.12>에서 보듯이 자민당은 1949년 이후 거의 모든 정부구성에서 집권연립 여당의 지위를 유지해 왔는데, 이렇게 자민당의 영향력이 증폭되는 것은 연립정부를 구성할 수밖에 없도록 하는 독일 선거체제의 문제점에서 비롯된다는 것이다.

반면 이러한 부정적 입장과는 달리 자민당의 존재가 기민-기사연합과 사민당의 이념과 정책적 차이를 완화시키고 구심적(求心的) 정당체제가 형성되는 데 기여했다는 긍정적 견해도 있다. 또한 극단적인 정책변화의 폐단을 막아 정책적 일관성이 장기적으로 유지되는 데도 자민당이 긍정적 역할을 해 왔다는 것이다. 독일의 구심적 정당체제와 정책적 일관성을 빗대 "독일 정당들의 정강정책에서 별다른 차이를 찾을 수 없다"는 주장이 제기되는 것도 이러한 자민당의 독특한 역할을 반증하는 것이라 할 수 있다(Gallagher 외 1995, 344).

더 큰 문제는 2005년 총선 이후 양대 정당의 득표력이 60%대로 떨어지면서 2005년과 2013년 두 당이 연정을 하는 상황이 벌어졌다는 것이다. 특히 좌파당과 녹색당이 약진하는 가운데 자민당이 원외정당으로 밀려난 2013년 총선 결과는 독일 정당체제의 안정성에 대한 우려를 낳을 만하다. 80%의 의석을 가진 기민/기사-사민의 대연정과 의석 20% 불과한 야당의 불균형 경쟁 구도가 지속될 수 없다는 전제 하에서는 변화가 불가피할 것이다. 한 번의 총선을 치른 후 새로운 선거체제의 영향을 가늠하기는 어렵지만, 독일의 정당체제가 중대한 변화의 기로에 있다는 사실에는 틀림이 없다. 특히 자민당의 미래가 독일 정당체제의 안정성에 중요한 가늠자가 될 가능성이 커졌다.

표 8.12 독일 연방정부의 구성: 1949~2013년

연도	수상	연립정부 구성정당
1949	Adenauer	CDU-CSU/FDP/DP
1953	Adenauer	CDU-CSU/FDP(1956까지)/DP/GB-BHE(1955년까지)
1957	Adenauer	CDU-CSU/DP(1955년까지)
1961	Adenauer	CDU-CSU/FDP
1963	Erhard	CDU-CSU/FDP
1965	Erhard	CDU-CSU/FDP
1966	Kiesinger	CDU-CSU/FDP
1969	Brandt	SPD/FDP
1972	Brandt	SPD/FDP
1974	Schmidt	SPD/FDP
1976	Schmidt	SPD/FDP
1980	Schmidt	SPD/FDP
1982	Kohl	CDU-CSU/FDP
1983	Kohl	CDU-CSU/FDP
1987	Kohl	CDU-CSU/FDP
1990	Kohl	CDU-CSU/FDP
1994	Kohl	CDU-CSU/FDP
1998	Schröder	SPD/Green
2002	Schröder	SPD/Green
2005	Merkel	CDU-CSU/SPD
2009	Merkel	CDU-CSU/FDP
2013	Merkel	CDU-CSU/SPD

· CDU: 기독민주연합; CSU: 기독사회연합; FDP: 자유민주당; DP: 독일당; GB-BHE: 망명당; SPD: 사회민주당
· 자료: Roberts(1988); 1990-2013 자료 추가

Ⅲ. 뉴질랜드

1993년 11월 6일 뉴질랜드 국민들은 국민투표를 통해 54% 대 46%로 새로운 선거체제를 채택하는 것으로 1985년 이후 계속된 선거체제 개혁 논쟁의 막을 내렸다. 영국식 다수제의 원형을 영국보다도 잘 보존해왔던 뉴질랜드가 1위대표제에서 독일식 연동형 혼합 선거체제(MM-D)로의 변화를 이룬 것이다. 1990년대에 혼합 선거체제로 변화한 일본, 이탈리아, 헝가리, 러시아가 모두 1석 선거구 의석과 명부비례 의석을 산술적으로 혼합하는 독립형 혼합 선거체제(MM-I)를 채택하였지만, 뉴질랜드는 명부비례 방식으로 전체 의석을 배분하는 MM-D 선거체제를 도입한 경우이다. 따라서 본 절에서는 우선 뉴질랜드의 선거체제 개혁과정을 논의한 후, 독일과 차이를 나타내는 부분을 중심으로 뉴질랜드 선거체제를 살펴보고자 한다.

1. 선거체제 개혁 과정

1928년부터 시행된 선거에서 집권당은 확실한 다수 의석을 확보했으며, 심지어 1946년부터 1966년까지 20년 동안에 치러진 국회의원 선거에서는 국민당(National Party)과 노동당(Labour Party)의 양대정당만이 원내에 진출하였다. 1954년 제3당으로서 사회신용당(Social Credit Party)이 출현이후, 1위대표제 특유의 비(非)비례성이 나타나면서 선거체제와 정당체제의 문제점이 심각하게 부각되기 시작하였다.[12] 특히

12) 사회신용당의 등장 이전에 나타난 FPTP제의 비비례적 특성은 특히 지역적 투표블록의 형성에 따른 현상이었는데, 국민당은 농촌지역의 의석을 거의 독점하였고 노동당은 주요 도시에서 압도적인 우세를 보였다. 양대정당간 경쟁체제에서 이러한 지역적 집중현상에 따른 비비례성은 서로 상쇄될 수 있었지만, 제3당인 사회신용당의 등장 이후 비비례적 특성은 피해의 대상이 드러난다는 점에서 정당체제의 긴장요인으로 작용할 수밖에 없었다.

1978년과 1981년 선거는 심각한 정치적 파장을 낳았다. 이 두 번의 총선에서 노동당은 국민당 보다 높은 득표율에도 불구하고 의회 다수당의 자리를 국민당에게 내주었던 것이다.[13] 또 사회신용당은 1978년과 1981년 선거에서 각각 16%와 20.7%의 득표율을 올리고도 각각 단 1석과 2석만을 차지하는 데 그쳤다.

득표율과 의석률간의 이러한 불균형은 선거체제의 개혁 논쟁을 촉발시키는 계기가 되었다. 1984년 선거에서 노동당은 '선거 개혁을 위한 왕립위원회(Royal Commission on the Electoral Reform)'의 구성을 공약하기에 이르렀다. 선거에서 승리한 노동당은 1986년 5인으로 구성된 위원회를 출범시켰고, 1986년 이 위원회는 다음과 같은 10대 목표와 기준을 설정하는 것으로 선거체제 개혁에 착수하였다(Boston 외 1996, 136 참고).

① 정당간 경쟁의 공평성(fairness between political parties)
② 소수·특수 이익집단의 대표성을 효과적으로 보장(effective representation of minority and special interest groups)
③ 마오리족의 대표성을 효과적으로 보장 (effective Maori representation)
④ 정치적 통합(political integration)
⑤ 지역선거구민의 대표성을 효과적으로 보장 (effective representation of constituents)
⑥ 유권자의 효과적 참여 보장(effective voter participation)
⑦ 효과적인 정부(effective government)
⑧ 효과적인 의회(effective parliament)
⑨ 효과적인 정당체제(effective parties)
⑩ 정통성의 확보(legitimacy)

13) 참고로 1981년 11월 선거에서 38.8%를 득표한 국민당은 47석을 얻은 반면, 39.0%를 득표한 노동당은 43석을 얻는 데 그쳤다.

왕립위원회는 이러한 기준에 따라 모든 선거체제를 분석한 후 비례성을 보장할 수 있다는 측면에서 일단 소위 혼합형 비례대표제(MMPR; Mixed Member Proportional Representation)와 단기이양식(STV)으로 그 선택의 폭을 줄인 후, 다시 STV제는 지역선거구 위주의 경쟁적 의원활동을 조장하여 궁극적으로 국가이익을 위한 의회활동이 위축되기 때문에 불가하다는 입장을 정리한다. 결국 MMPR제가 비례성을 높임과 동시에 뉴질랜드 국민들이 오랜 기간 익숙해져 있는 1석 선거구를 계속 유지할 수 있다는 점에서 우월한 체제라는 결론을 내린다. 왕립위원회는 MMPR제가 마오리족의 대표성이 충분히 보장될 수 있다는 측면을 특별히 강조하였고, 1987년에 국민투표를 실시하여 새 선거체제를 채택할 것을 권고하였다(Boston 외 1996, 136; Farrell 1997, 36).

1987년 총선 당시 집권 노동당 총리였던 랭(David Lange)이 새 선거체제 채택을 위한 국민투표의 실시를 공약으로 발표했다. 흥미로운 것은 이러한 랭의 공약이 연설문상의 실수였다는 것이다(Jackson 1993, 18). 어쨌든 결국 노동당은 재집권 후 이 약속을 어기고 말았고, 1990년 총선에서는 반대로 1위대표제의 최대 수혜자였던 국민당이 국민투표를 공약하기에 이른다. 1990년 총선 결과는 48%를 득표한 국민당이 의석의 69%를 차지할 정도로 매우 심한 비비례적 현상을 나타냈다. 국민당 정부는 내키지 않는 입장에서 구속력이 없는 국민투표(non-binding 또는 indicative referendum으로 불림)를 1992년 실시하였는데, 결과는 압도적으로 개혁 지향적이었다. 약 55%의 투표율을 기록한 가운데 약 85%가 선거체제 개혁에 찬성하는 가운데, 약 65%의 투표자는 MMPR제를 지지하는 것으로 나타났다(Harris 1992).[14]

---

14) 이렇게 선거체제 개혁에 대한 찬성이 압도적이었던 배경에는 1986년 이후 지속된 개혁 논쟁과정에서 정치인들이 보인 정략적 행태와 공약 파기 등에 따른 국민적 반감이 작용하였다는 견해가 지배적이다(Boston 외 1996, 137). 참고로 이 국민투표에서 STV제는 선호도에 있어 FPTP제에 앞서 2위(17.4%)를 기록하였다.

이 1992년 국민투표의 결과에 따라 국민당 정부는 1993년 총선과 동시에 구속력을 가지는 국민투표를 실시하여 1위대표제와 MMPR제 중 하나를 선택하도록 할 것임을 약속하였다. 법무장관은 선거체제 개혁을 위해 중립적 전문위원회를 구성하여 공정한 입장에서 1위대표제와 MMPR제를 국민들에게 알릴 수 있도록 해주었다. 1993년 11월 6일 실시된 국민투표에서 83%의 유권자가 투표한 가운데 53.9%의 투표자가 MMPR제를 선호함에 따라 46.1%가 선호한 1위대표제는 뉴질랜드에서 사라지고 만다.

2. 새로운 선거체제: 혼합형 비례대표제(MMPR)

뉴질랜드에서 '혼합형 비례대표제(MMPR)'로 불리는 새 선거체제는 기본적으로 독일의 2표제 연동형 혼합 선거체제(MM-D)와 다를 바 없다. 몇 가지 부분적인 차이점을 정리하면 다음과 같다.

① 뉴질랜드의 단원제 의회는 120석으로 구성되는데, 이 중 70석은 63개 일반 1석 선거구(남도에 16개; 북도에 47개; 마오리족 선거구 7개)에서 1위대표제로 선출하고 나머지 50석은 폐쇄형 명부 비례제로 선출한다.[15]
② 총의석 120석을 정당투표에 따라 정당별로 배분하는데, 생 라그 방식을 사용한다(6장 참고).
③ 연방국가임을 고려해 각 주별로 명부를 만드는 독일과 달리 뉴질랜드의 각 정당은 하나의 전국 명부(nation-wide list)를 사용한다. 따라서 의석배정이 두 단계를 거치는 독일에 비해 간단하다고 할 수 있다.
④ 최소조건은 5% 또는 1석 선거구 1석이다.
⑤ 독일과 마찬가지로 한 정당이 1석 선거구에 얻은 의석수가 생 라그 방식에 의해 배분된 그 정당의 의석수보다 많을 경우 그 정당이 1석 선거구에서 얻은 모든 의석을 유지하도록 함으로써 초과의석을 허용하였다. 하지만 뉴질랜드의 경우 하나의 전국 명부를 사용하기 때문에 이러한 초과의석이 발생할 가능성이 매우 작다고 볼 수 있다.

표 8.13 뉴질랜드 1996년 총선 결과

정당	지역선거구				정당명부				총의석	총 의석률 (%)	총의석률 − 정당명부 득표율
	득표수	득표율 (%)	의석수	의석률 (%)	득표수	득표율 (%)	의석수	의석률 (%)			
국민당 (New Zealand National Party)	699,073	33.91	30	46.15	701,315	33.84	14	25.45	44	36.67	+2.83
노동당 (Labour Party)	640,884	31.08	26	40.00	584,159	28.19	11	20.00	37	30.83	+2.64
뉴질랜드 제1당 (New Zealand First)	278,103	13.49	6	9.23	276,603	13.35	11	20.00	17	14.17	+0.82
동맹당 (The Aliance)	231,944	11.25	1	1.54	209,347	10.10	12	21.82	13	10.83	+0.73
뉴질랜드 행동당 (ACT New Zealand)	77,319	3.75	1	1.54	126,442	6.10	7	12.72	8	6.67	+0.57
뉴질랜드 연합당 (United New Zealand)	42,666	2.07	1	1.54	18,245	0.88	0	0	1	0.83	−0.05
기독연맹 (Christian Coalition)	31,995	1.55	0	0	89,716	4.33	0	0	0	0	−4.33
기타	59,762	2.90	0	0	66,532	3.21	0	0	0	0	−3.21
총 계	2,061,746	100	65	100	2,072,359	100	55	99.99	120	100	0.00

· 자료: www.electionresults.govt.nz 검색.

15) 1996년 총선부터 실시된 새로운 MMPR 선거체제 하에서 1석 선거구 의석과 비례의석의 비율은 65:55(1996), 69:51(2011), 70:50(2014) 등으로 조정되어 왔다. 아울러 1996년 5석이었던 마오리 선거구 역시 2002년 7석으로 증가하여 현재 유지되고 있다. 의회의 입법을 통해 매 총선 전에 인구수의 증감을 고려하여 의석 비율을 정하는데 현재 법에 의해 남도의 의석은 16석으로 정해진 상황에서 북도의 1석 선거구 의석이 1996년 이후 3석 증가하였다. 참고로 2013년 현재 북도, 남도, 마오리 인구는 각각 2,867,110, 854,871, 420,990이다. www.3news.co.nz 2013/10/7 보도 검색 참고.

표 8.14 뉴질랜드 2014년 총선 결과

정당	지역선거구				정당명부				총의석	총 의석률 (%)	총의석률 − 정당명부 득표율
	득표수	득표율 (%)	의석수	의석률 (%)	득표수	득표율 (%)	의석수	의석률 (%)			
국민당 (New Zealand National Party)	1,081,787	46.08	41	57.75	1,131,501	47.04	19	38.00	60	49.59	+2.55
노동당 (Labour Party)	801,287	34.13	27	38.03	604,534	25.13	5	10.00	32	26.45	+1.32
녹색당 (Green Party of Aotearoa New Zealand)	165,718	7.06	0	0	257,356	10.7	14	28.00	14	11.57	+0.87
뉴질랜드 제1당 (New Zealand First)	73,384	3.13	0	0	208,300	8.66	11	22.00	11	9.09	+0.43
마오리당(Māori Party)	42,108	1.79	1	1.41	31,850	1.32	1	2.00	2	1.65	+0.33
뉴질랜드 행동당 (ACT New Zealand)	27,778	1.18	1	1.41	16,689	0.69	0	0	1	0.83	+0.14
통합미래당 (UnitedFuture)	14,722	0.63	1	1.41	5,286	0.22	0	0	1	0.83	+0.61
기타	140,823	6.00	0	0	150,104	6.24	0	0	0	0.00	−6.24
총 계	2,347,607	100	71	100	2,405,620	100	50	100	121	100	+0.01

· 자료: www.electionresults.govt.nz 검색.

3. 정치적 변화

1996년 총선을 앞두고 뉴질랜드의 정당체제는 정당의 분열과 새로운 정당들의 등장으로 변혁의 시기를 맞는다. 그 여파로 1994년 9월부터 1995년 6월까지 뉴질랜드는 처음으로 연립다수(coalition majority) 정부를 형성하였고, 1995년 6월 이후 선거에 이르기까지는 연립소수

(coalition minority) 정부와 단일정당 소수(single-party minority) 정부를 경험하는 등 짧은 기간에 다양한 정치적 변화를 겪게 된다.

"익숙함이 안정을 낳고," "선거체제의 변화는 정치적 안정을 일시적으로 흔들 수 있다"는 타게페라와 슈가트(Taagepera and Shugart 1989, 218)의 보수적 견해가 뉴질랜드의 진취적 변화 속에서 긍정적 평가를 받았다고 할 수는 없다. 변화가 정치적 불안을 동반한다는 것은 극히 피상적인 관찰일 수 있다. 인간의 학습능력은 선거체제의 변화를 받아들이는 데 무리가 없다는 낙관적 견해를 가지게 하는 예가 뉴질랜드의 사례일 것이다. 물론 80여 년간 지속된 선거체제가 사라지는 과정이 순조롭지는 않았지만, 급격하고 다양한 변화 가운데서도 뉴질랜드의 정치인과 유권자들은 빠른 적응력을 보여 왔다.

새로운 혼합형 선거체제로 실시된 1996년 총선에서 국민당이 44석의 제1당으로서 17석을 얻은 뉴질랜드 제1당(New Zealand First Party)과 연립정부를 구성함에 따라 뉴질랜드에 새로운 연립정부의 시대가 열렸다(표 8.13 참고). 이후 매 3년마다 치러진 총선에서 노동당(1999, 2002, 2005)과 국민당(2008, 2011, 2014)은 다른 소정당과의 협정을 통해 정부를 구성해 왔는데, 특별한 점은 의회에서의 다수 형성을 위해 주로 '신임과 세출(confidence and supply)' 협정을 활용하였다는 것이다. 일예로 2014년 총선(표 8.14) 후 총 121석(초과의석 1석 포함) 가운데 60석을 얻은 국민당은 마오리당(2석), 뉴질랜드행동당(1석), 통합미래당(1석) 등과의 '신임과 세출 협정'을 통해 정부를 구성하였다.[16]

2008년 총선 공약으로 '선거체제 관련 국민투표'를 내걸었던 국민당 정부는 노동당과 녹색당 등 야당의 반대를 무릅쓰고 2011년 총선과

16) 'confidence and supply agreement'는 영국 의회의 전통에서 비롯된 것으로 신임투표나 세출(appropriation) 관련 투표에서의 지지를 조건으로 정부 구성에 부분적으로 참여하는 협정을 말한다.

함께 실시된 국민투표를 통해 MMPR 선거체제에 대한 국민들의 신임을 물은 바 있다. 앞서 지적했듯이 1위대표제의 수혜자였던 국민당은 새로운 선거체제에서 비롯된 다정당체제에 대한 국민적 불만이 팽배하다고 판단했던 것으로 보인다. "뉴질랜드는 혼합형 비례 투표제를 유지해야 하는가?(Should New Zealand keep the Mixed Member Proportional(MMP) voting system?)"라는 국민투표 질문에 유권자들은 "나는 MMP 투표제 유지에 투표한다(I vote to keep the MMP voting system)" 또는 "나는 다른 투표제로의 변화에 투표한다(I vote to change to another voting system)"에 기표하도록 되어 있었다. 유효투표의 57.8% : 42.2%로 국민투표 결과는 MMPR 선거체제의 유지로 나타났지만, 다른 한편으로는 1위대표제에 대한 향수와 선호가 여전함을 보여주었다고도 해석할 수 있다.[17)]

새로운 MMPR 선거체제를 도입하고 1996년 첫 총선을 치른 후, 뉴질랜드의 오랜 민주적 경험이나 정치적 의식수준을 근거로 독일형 선거체제를 받아들여 '독일 보다 더 독일다운(more German than Germany) 선거체제'로 발전시킬 가능성을 내다보는 뉴질랜드 학자들의 낙관적 예상이 있었다(Boston 외 1996, 140 참고). 실제 7번의 총선을 경험한 시점에서 돌이켜 볼 때, MMPR 선거체제는 양대 정당(국민당과 노동당)과 마오리 당 등 4~5개의 중, 소정당이 대표성을 겨루는 다정당체제를 형성하는 한편, 이러한 정당 경쟁체제와 조화를 이루는 정부 구성 모델을 제시하였다고 볼 수 있다(표 8.13, 표 8.14 참고).

---

17) 실제 2011 국민투표의 둘째 질문("만약 선거체제를 바꿔야 한다면, 어떤 선거체제를 선택하겠는가?")에 대한 응답에서는 1위대표제를 선호하는 유효투표가 46.7%에 달했다. 물론 약 33%가 무효표였지만, 독립형(병립형) 혼합식(MM-I 또는 Supplementary Member), 대안투표제(Alternative 또는 Preferential Voting), STV제에 대한 선호가 각각 유효투표의 24.1%, 12.5%, 16.7%에 그친 것과 비교할 때 1위대표제에 대한 선호는 무시할 수 없는 수준이라 할 수 있다. www.electionresults.govt.nz 검색 참고.

Ⅳ. 일　본

일본에서 선거가 처음 실시된 것은 1890년의 일이다.[18] 이때부터 1994년 선거체제 개혁에 이르기까지 일본의 선거체제는 단기비이양식(單記非移讓式) 즉 SNTV(single non-transferable vote system)의 기본적 틀을 유지해 왔다. SNTV제는 대개 3석 내지 5석 선거구에서 다득표순으로 당선을 확정하는 선거체제이며, 투표자에게 선거구 크기(의석수)에 따라 여러 명에게 투표할 수 있도록 하는 제한투표제와 달리 투표자에게 가장 선호하는 후보에게 1표를 던질 기회만을 부여한다. 따라서 SNTV제는 같은 당 후보간의 경쟁과 파벌정치를 조장할 가능성이 다른 선거체제에 비해 크다고 할 수 있다(Lijphart 외 1986, 154-179).

물론 전적으로 SNTV제의 제도적 효과 때문만은 아니겠지만, 잘 알려진 대로 일본은 파벌정치의 전형적 사례였다. 또 이에 부수적으로 따르는 금권정치가 심화되어 정치자금을 둘러싼 부패사건이 끊이지 않았던 나라이다.[19] 이러한 정치적 문제점은 선거체제와 정치자금법의 개혁이 불가피할 정도로 심화되었고, 결국 일본의 정치인들은 오랜 기간 익숙해진 SNTV제를 포기하고 새로운 선거체제를 도입하기에 이른다.

---

18) 1890년 당시 불과 2%의 인구만이 선거권을 가지고 있었다. 보통선거권은 남자의 경우는 1925년, 여자의 경우는 2차 대전 후인 1946년에 실시되었다.

19) 1977년에 채택된 스페인 상원 선거체제, 요르단, 바누아투(Vanuatu), 타이완 등이 일본 이외에 국가에서 다석 선거구 SNTV제를 사용하는 사례이다. 한국의 4, 5공화국 당시 활용된 이른바 중선구제(2인 선거구)역시 일종의 SNTV제인데 2인 선거구 SNTV제는 비례성을 높이기 어려울 뿐만 아니라 대개 집권 여당의 의회 내 다수 의석 확보를 위한 비민주적 정략에서 비롯될 가능성이 크다.

1. 선거체제 개혁의 과정

SNTV제를 새로운 선거체제로 바꾸고자 하는 움직임은 자민당의 38년 집권 기간(1955-1993) 중 두 번 있었다. 그 첫째는 1956년 하토야마 수상이 자민당 내 자파세력에게 유리할 것이라는 예상 하에 1위대표제로의 변화를 제안한 것이었고, 두 번째는 다나카 수상이 1973년 1위대표제와 비례제를 혼합한 선거체제를 도입하고자 했던 것이다. 이 두 번의 시도가 실패로 돌아간 주된 원인은 원칙적인 것이라기보다는 선거구 획정 문제 등 현역 의원들의 이해와 직결되는 세부적 내용에서 타협점을 찾지 못했기 때문이다(Babb 1996, 156).

사회당도 비례제의 도입을 주장한 바 있었지만, 소위 1.5정당체제라 불릴 만큼 집권 자민당과 야당의 불균형이 심했기 때문에 사회당의 제안은 주목을 끌지 못했다. 1982년 정치적 영향력이 약한 참의원(參議院; 상원) 선거체제는 다수제와 비례제를 혼합하는 체제로 전환하였지만, 중의원(衆議院) SNTV제는 정당과 파벌간의 이해관계가 대립되는 가운데 기득권 세력이 공급하는 제도적 관성을 유지해 왔다.

1988년에 발생한 리쿠르트 스캔들의 소용돌이를 벗어나고자 다케시타 수상이 정치개혁을 선언하면서부터 본격적인 선거체제 개혁이 시작되었다고 볼 수 있다. 물론 다케시타가 스캔들의 여파로 물러난 이후 우노 수상과 가이후 수상을 거치는 과정에서도 선거체제를 바꾸는 작업은 자민당 내부의 반발로 순조로울 수 없었다. 실제 1991년 9월 하원은 300개의 1석 지역선거구와 171석의 비례제를 골자로 하는 이른바 가이후 개혁안을 부결시킨 바 있다.

개혁안 부결 후 가이후의 뒤를 이어 취임한 미야자와 수상은 정치개혁에 소극적인 인물이었다. 하지만 자민당 내 실력자인 가네마루의 부패 스캔들이 다시 한 번 일본 정가를 뒤흔들게 되었고, 정치인들에 대한 국민적 반감이 극에 달하면서 자민당이 내부로부터 와해되기 시작한다. 미야자와는 SNTV제를 정치적 희생양으로 만들면서 이러한 위기를 타개하고자 하였다. 즉 SNTV제가 파벌정치를 조장하고 결국 파벌을 지탱하기 위해 정치자금을 모금하는 과정에서 부패가 비롯된다는 논리였다. 하지만 1993년 3월 미야자와가 제안한 1위대표제(500개의 1석 지역선거구) 개혁안 역시 부결되고 만다. 뒤이어 자민당 내 소파벌이었던 하타 세력과 미쓰즈카 파벌이 탈당을 하면서 자민당의 38년 집권이 막을 내린다.

1993년 중의원 선거를 통해 반자민당 세력이 연합하여 연립정부를 구성한 후, 호소카와 수상은 다시 한 번 선거체제와 정치자금법의 개혁을 추진한다. 호소카와 내각이 제안한 선거체제 개혁안은 1위대표제(274개 1석 지역선거구)와 비례제(226석)를 산술적으로 혼합하는 것이었다. 하지만 일부 사회당 의원들의 반발로 개혁안이 부결될 위기에 처하게 됨에 따라, 호소카와는 자민당과의 협상을 통해 1석 선거구 의석을 26석 더 늘리는 조건으로 타협점을 찾았고 결국 1994년 1월 29일 새 선거체제가 빛을 보게 된다.

2. 중의원의 혼합형 선거체제(MM-I)

우선 1994년 중의원 선거체제의 중요한 내용을 정리하면 다음과 같다.[20)]

---

20) 참고로 참의원은 242명(임기 6년)으로 구성되는데 매 3년 통상선거 마다 50%인 121명이 선출된다. 146명(3년마다 73명)은 지역 선거구(縣) 단위로 1석 선거구(31) FPTP제 또는 2~5석(16) 선거구 SNTV제로 선출하고 96명(3년마다 48명)은 명부비례대표제(전국 동트식 의석 배분)로 선출한다. 중의원과 같은 2표제로 투표자는 지역 선거구(현) 선거에 1표, 정당명부상 후보에 1표를 행사하는데 정당명부상의 당선 순위가 후보별 득표순에 따라 정해지기 때문에 개방형 준명부식 비례제(quasi-list PR)로 분류된다.

① 중의원은 임기 4년의 475명 의원으로 구성되는데, 이 중 295명은 1석 선거구 1위대표제를 통해 선출하고 나머지 180명은 명부 비례대표제로 선출한다.[21)]
② 8명(北海道) 내지 29명(近畿)을 선출하는 11개 비례선거구(지역블록)를 둔다.
③ 폐쇄형 명부의 의석배정은 동트식으로 한다.
④ 1석 선거구에 당선되기 위한 최소조건으로 선거구 유효투표의 6분의 1이상 득표를 규정하고 있다(공직선거법 95조1항). 비례선거의 경우 의석배정 최소조건을 두지 않는 대신 정당이 비례선거구에 명부입후보를 할 수 있는 최소조건을 규정하고 있다. 즉 중의원 또는 참의원 의원 5명 이상을 가진 정당, 직전 선거(중의원 총선 또는 참의원 통상선거)에서 2% 이상 득표한 정당, 비례선거 각 지역블록 정원의 20%이상 후보자를 낼 수 있는 정당만이 명부입후보를 할 수 있다(공직선거법 86조 2항의 정당조건).
⑤ 1석 선거구와 비례명부에 동시 입후보가 가능하다.
⑥ 각 정당은 지역 비례명부에만 입후보하는 후보의 수를 10명까지 공천할 수 있다. 단 중복입후보자는 이 10명 규칙에 적용 받지 않는다.
⑦ 위 ⑥의 10명 규칙을 지키면서 중복입후보를 허용한다는 것은 결국 같은 순위에 여러 명의 후보가 함께 공천될 수 있음을 의미한다. 이 때문에 의석배정 과정에서 명부상 동순위 후보들의 순위를 가려야 할 경우가 발생하는데, 이때는 석패율(惜敗率)에 따른다.

$$\text{석패율} = \frac{\text{낙선후보 득표수}}{\text{당선후보 득표수}} \times 100$$

석패율(惜敗率)은 낙선후보들이 타당의 당선후보를 상대로 '얼마나 선전했는가'를 비교하기 위해, 낙선한 후보의 득표수가 얼마만큼 당선

21) 중의원 의원 정수는 두 차례 조정에 따른 결과인데, 2000년 총선에서 비례의석을 20석, 2014년 총선에서 1석 선거구 의석을 5석 줄인 바 있다.

후보의 득표수에 근접했는가를 백분율로 나타낸 것이다. 서로 다른 1석 선거구에 출마해 낙선한 같은 당 후보들을 비교하기 위해서는 선거구 환경과 경쟁조건의 차이점을 공평하게 반영해야 하는데, 석패율은 적지 않은 문제점을 수반하지만 중복입후보와 동순위 입후보를 허용하기 위해 현실적으로 사용할 수 있는 거의 유일한 방법이라 할 수 있다.[22)]

실제 예로 1996년 중의원 선거에서 자민당은 북관동(北關東) 블록의 비례명부에 비례제에만 입후보한 나카소네 전 수상을 순위 1번으로 단독 공천하였고, 명부상 순위 2번에서 20번까지는 단독과 동순위 방식을 혼합해 공천하였다. 선거 결과 자민당은 북관동 비례대표 블록에서 1,962,854표를 획득하였고, 동트식 의석배정에 의해 비례명부에서 8명의 당선자를 내게 되었다.

순위 1번에서 20번 사이의 후보 중 13명의 중복입후보자들이 1석 선거구에서 당선되어 명부에서 제외되었기 때문에 마지막 1석을 명부에서 결정해야 하는데, 같은 순위에 중복입후보자만 8명이 올라 있어 결국 8명 중 1명을 당선자로 확정해야 하는 상황이 되었다. 아래 <표 8.15>는 당시 중복입후보자 8명의 석패율을 비교한 결과이다. 북관동 비례대표 블록에서는 결국 신도 요시타카(新藤義孝)가 가장 높은 석패율(99.20)을 기록함에 따라 최종의석을 차지하게 되는데, 이 경우 1석 선거구 낙선 후 다시 당선되었다는 뜻에서 '부활당선자(復活當選者)'라 부른다.[23)]

---

22) 석패율 적용의 문제점에 대해서는 아래 <표 8.16>과 설명 참조.

23) '부활당선자'는 비례대표제 의원 200명 중 84명(42%)에 이르는데, 선거직후 1석 선거구 당선의원은 금메달, 비례선거구 의원은 은메달, 부활당선 의원은 동메달이라고 불릴 정도로 차별화 되는 문제가 발생하였다. 또 실제 자민당의 총선 후 조각(組閣)에서 비례선거구 당선의원은 입각하였으나 부활당선된 의원은 제외된 바 있다(후꾸오까 마사유끼 福岡政行 1997년, 11). 또한 이러한 의원 간 차별화의 문제는 궁극적으로 의원들의 의정활동 행태에도 영향을 줄 수 있다. 즉 1석 선거구 당선 의원은 정당의 의사결정 라인에서 보다 자유로워지는 반면, 비례선거구 당선 의

표 8.15 의석 결정을 위한 석패율 분석: 1996년 북관동 비례선거구

후보자명	선거구	본인의 득표수	선거구당선자득표수	석패율
新藤義孝	埼玉2	75,642	76,252	99.20
小島敏男	埼玉12	72,872	76,105	95.69
新井正則	埼玉8	47,784	50,712	94.23
茶谷滋	埼玉6	63,505	71,944	88.27
野口卓	埼玉3	54,703	63,841	88.69
森田修	群馬2	59,230	81,026	73.10
早川忠孝	埼玉4	46,869	72,420	64.72
小宮山徹	埼玉7	44,767	74,905	59.77

비례대표 정당명부의 순위결정에 있어 같은 순위에 여러 명을 공동으로 배정하는 동순위 방식을 채택할 것인가 아닌가는 전적으로 정당의 선택에 달려 있다. 1996년 중의원 선거에서 비례대표 정당명부 순위결정 방식을 살펴보면, 자민당은 각 지역블록별 상위 순위에 비례제에만 출마하는 후보를 일단 배정한 후에 중복입후보자들의 경우에는 동순위 방식을 사용하였다. 공산당과 신진당은 동순위 방식을 사용하지 않았고, 사민당과 민주당은 동순위 방식을 사용하여 석패율을 적용하였다.

1996년 이후에도 자민당은 1석 선거구 출마자의 비례대표 중복입후보를 기본 방침으로 유지하는 한편, 1석 선거구 후보로만 출마하거나 다른 중복출마자보다 앞 순위에 배치하는 예외도 지지기반의 확대를 위해 인정해 왔다. 이러한 예외는 대개 만 73세 이상의 비례대표 출마를 불허한 당규가 적용되는 경우, 부활당선을 포기하고 1석 선거구

원(특히 부활당선 의원)들은 정당의 핵심 리더들에 대한 의존도가 커질 것이라는 예측이 가능하다(Gallagher 1998, 76 참고).

당선에 배수진을 치는 경우, 선거구를 옮기거나 당의 전략지역에 출마하는 후보의 경우 등에 제한적으로 허용되었다. 특히 2009년에 중복출마자의 상위 순번 배치를 최대한 줄인다는 원칙을 정한 자민당은 2005년 총선에서 10명 이상이던 상위 순번 배치 후보의 수를 2009년에는 2명으로 줄였고, 2014년 총선에서는 아예 예외 없이 중복출마자들이 모두 동순위에서 경쟁하도록 하였다.

민주당과 사민당 역시 자민당과 비슷하게 중복출마자의 동순위 배치를 기본으로 하면서 전략적 차원에서 일부 예외적으로 상위 내지 하위 순위에 중복출마자를 배치해 왔다. 공명당은 2003년 중의원 선거이후 중복입후보를 활용하지 않는 원칙을 지켜왔고, 공산당은 제한적으로만 중복입후보를 허용하되 동순위 공천을 하지 않았는데 2009년 이후 중복입후보를 늘리고 도쿄 이외의 지역블록에서 동순위 공천을 활용하기 시작했다.

각 정당과 선거구의 상황이 다르기 때문에 일률적인 석패율의 적용은 무리가 따른다는 지적이 제기되기도 한다. 일례로 동경지역에서 사민당의 한 후보는 19.94%의 득표에도 불구하고 비례대표구에서 구제되었으나, 반면에 자민당의 한 후보는 98.24%의 석패율에도 낙선했다. 아래의 <표 8.16>은 각 정당별로 부활당선자들의 석패율 분포를 분석한 것이다. 만약 사민당의 후보 A가 1석 선거구에서 석패율 50%로 4위를 했지만 사민당의 비례선거구 순위가 높아 '부활당선'한 반면, 자민당의 후보 B는 A보다 높은 석패율로 2위를 하고도 같은 자민당의 타후보에 비해 석패율이 낮아 부활당선을 못하는 문제가 발생한다. 실제 1위와 4위가 당선되고 2위와 3위가 낙선하는 등 1석 선거구의 순위가 의미를 상실하는 문제가 22개 1석 선거구에서 발생하였으며, 이러한 순위의 역전은 선거의 필요성을 상실케 하여 선거에 대한 불신을 초래할 수 있다는 데 주목해야 한다(고바야시 요시아키 小林良彰 1997, 236).

표 8.16 **1996년 중의원 선거에서 정당별 부활당선자의 석패율 분포**

	석패율(%)				
	99-80	79-60	59-40	39-19	계
自由民主黨	25	5	2	-	32
社會民主黨	-	3	2	4	9
日本共産黨	2	6	6	2	16
民主黨	8	12	4	1	25
新進黨	1	-	1	-	2

· 자료: 동아일보(1996. 10. 23.)

3. 새 선거체제의 정치적 영향

정치인들은 새로운 선거체제가 국민들의 정치적 신뢰를 회복하는 계기가 되기를 희망하였을 것이다. 하지만 낙관적 기대감을 충족시킬 만한 증거는 별로 없는 것 같다. 오히려 1995년 참의원 선거가 일본 선거 역사상 최저 투표율인 44.52%를 기록하고, 1996년 중의원 선거 역시 전후 최저투표율인 59.64%를 기록하는 등 유권자의 정치 불신과 무관심은 오히려 심화되고 있다는 지적도 있다. 이유는 선거체제의 변화에도 불구하고 정치인의 면면이나 정치행태에 어떤 변화가 있을 것으로 기대하는 국민이 거의 없었기 때문일 것이다.[24)]

24) 그럼에도 불구하고 1996년 선거체제 도입 후 일부 특징적 변화도 나타났다. 1996년 선거는 지방의원, 지역 유지들, 기업, 후원회 등의 활동이 활발하였고, 3,300개의 자치단체는 공공사업에 관한 예산배분을 염두에 두고 당선가능성이 높은 후보를 지원하는 현상이 두드러진 선거였다(후쿠오카 마사유키 福岡政行 1997, 10). 처음 치르는 1석 선거구제 선거였기 때문에 지지기반을 조성하는 데 특별히 많은 정치자금이 소요되었고, 비례선거구의 순위경쟁에 금권적 영향이 미칠 가능성이 크다는 분석도 있었다(사카가미 스미오 阪上順夫 1997, 5). 물론 선거비용에 대한 규제를 강화하고 후보자 가족 등의 선거법 위반에 대해서도 당선무효와 피선거권의 제한을 적용하는 연좌제(連坐制)의 도입으로 선거사범은 크게 줄어 든 것으로 나타났다. 하지만 새 선거체제에서 후보자 명부를 제출한 정당은 9분의 정당제작 정견방송, 15초의 TV광고, 신문광고 등을 활용할 수 있게 됨에 따라 각 정당은 TV광고에 막대한 자금을 사용하였고, 이에 따라 정당의 예산이 선거용 TV광고에 집중

미야자와 전 수상은 SNTV 선거체제를 과거 정치적 부패상을 초래한 '희생양'으로 삼은 바 있다. 실제 일본의 정치인들이 새로운 선거체제를 통해 바람직한 정치행태가 정착될 것이라는 믿음을 가지고 선거체제를 개혁한 것은 아닐 것이다. 부패 스캔들의 소용돌이 속에서 정치적 침몰 위기를 겪으면서도 이들은 정치적 기득권의 유지에 온갖 노력을 다하였고, 결국 이러한 정치인들이 주도한 선거체제 개혁은 그만큼 긴 시간을 필요로 할 수밖에 없었다.

과거 SNTV제 하에서 의원 개개인들이 유지해 왔던 '네트워크(network)'가 효과적일 수 있도록 1위대표제 1석 선거구가 획정되었고, 중복입후보의 허용 역시 현역의원의 재선을 유리하게 하는 역할을 하였다. 1996년 중의원 선거의 전체 후보자 1503명(1석 선거구 1261명; 비례선거구 808명; 중복입후보 566명) 중 현역의원은 30.3%인 455명, 전직 의원은 5.2%인 79명이었고, 정치신인은 64.5%인 969명에 이르렀다. 하지만 1석 선거구 300석 중 현역의원과 전직 의원은 각각 219석(73%)과 21석(7%)을 차지한 반면, 초선 당선자는 60명(20%)에 불과했다. 비례선거구에서도 현역의원과 전직 의원이 각각 130명(65%), 15명(7.5%)으로 역시 대다수를 점하였고, 정치신인은 55명(27.5%)이 당선됨으로써 1석 선거구에서보다는 약간 나은 성적을 올리는 데 그쳤다. 결국 현역의원은 76.7%의 높은 재선율을 기록하였고, 중의원 500석 중 349석(69.8%)을 차지함에 따라 선거체제 개혁에도 불구하고 기득권을 그대로 유지하는 데 성공하게 되었다.

일본의 새로운 혼합형 선거체제는 40%(1996년 당시; 2014년에 37.9%로 재조정)의 비례제 의석을 포함하고 있어 외견상 비례성의 문제를 상당히 해결할 수 있을 것으로 보이지만, 실제 선거 결과는 비비례적 특

적으로 소비되게 되었다는 비판이 일었다(아마카와 유키코 天川由記子 1997, 3).

성이 완화되지 않은 것으로 나타났다. <표 8.17>에서 볼 수 있듯이, 자민당은 1석 선거구에서 득표율보다 무려 17.70%나 많은 의석률을 기록하였다. 비례제 의석을 포함한 총의석률 역시 자민당의 높은 이득률(15.04%)을 낮추지 못하고 있다. 기대와는 달리 비비례 수준을 나타내는 *LSq* 지수가 10.86(1996년 중의원 선거)으로 5.74였던 SNTV제 당시 보다 더 높아지는 결과를 초래하였고, 의석기준에 따른 효과적 정당수도 3.04에서 2.93으로 줄어들어 비례선거구 도입의 제도적 효과는 거의 없었다고 평가할 수 있다.25)

표 8.17 1996년 일본 중의원 선거 결과

정당	선거구					비례구				총의석률(%)	총 의석률 차이[b]
	득표수	득표율(%)	의석수	의석률(%)	의석률 차이[a]	득표수	득표율(%)	의석수	의석률(%)		
自由民主黨	21,836,096	38.63	169	56.33	+17.70	18,205,955	32.76	70	35.0	47.8	+15.04
社會民主黨	1,240,649	2.19	4	1.33	-0.86	3,547,240	6.38	11	5.5	3.0	-3.38
日本共産黨	7,096,766	12.55	2	0.67	-11.89	7,268,743	13.08	24	12.0	5.2	-7.88
사키가케	727,644	1.29	2	0.67	-0.62	582,093	1.05	0	0	0.4	-0.65
新進黨	15,812,326	27.97	96	32.00	4.03	15,580,053	28.04	60	30.0	31.2	+3.16
民主黨	6,001,666	10.62	17	5.67	-4.95	8,949,190	16.10	35	17.5	10.4	-5.7
기타	3,813,274	6.75	10	3.00	-3.75	1,435,921	2.58	0	0	2.0	-0.58
합계	56,528,421	100.00	300	99.67	-0.34	55,569,195	99.99	200	100.0	100.0	+0.1

· 총유권자수: 97,680,719명
· a: 1석선거구 의석률과 득표율의 차이
· b: 총의석률 차이는 총의석률과 비례선거구 득표율의 차이
· 자료: 衆議院議會 事務局(1996)

25) 2000년대 중의원 선거의 *LSq* 지수는 12.69, 효과적 정당수는 2.53으로 보고된다(Farrell 2011, Table A.2 참고). 이러한 결과는 9장 <표 9.2>와 [그림 9.2]에서 제시했듯이 다른 선거체제와의 비교를 통해 보다 명확히 드러난다. *LSq* 지수와 효과적 정당수의 계산 방식과 설명은 9장 내용 참고.

표 8.18 **2014년 일본 중의원 선거 결과**

정당	선거구					비례구				총 의석	총 의석률	총 의석률 차이[b]
	득표수	득표율(%)	의석수	의석률(%)	의석률 차이[a]	득표수	득표율(%)	의석수	의석률(%)			
自由民主黨	25,461,449	48.1	222	75.25	+27.15	17,658,916	33.11	68	37.78	290	61.05	+27.94
民主黨	11,916,849	22.51	38	12.88	-9.63	9,775,991	18.33	35	19.44	73	15.37	-2.96
維新の黨	4,319,646	8.16	11	3.73	-4.43	8,382,699	15.72	30	16.67	41	8.63	-7.09
公明黨	765,390	1.45	9	3.05	+1.60	7,314,236	13.71	26	14.44	35	7.37	-6.34
日本共産黨	7,040,170	13.3	1	0.34	-12.96	6,062,962	11.37	20	11.11	21	4.42	-6.95
次世代の黨	947,396	1.79	2	0.68	-1.11	1,414,919	2.65	0	0.00	2	0.42	-2.23
社會民主黨	419,347	0.79	1	0.34	-0.45	1,314,441	2.46	1	0.56	2	0.42	-2.04
生活の黨	514,575	0.97	2	0.68	-0.29	1,028,721	1.93	0	0.00	2	0.42	-1.51
기타정당	43,726	0.08	0	0.00	-0.08	381,562	0.72	0	0.00	0	0.00	-0.72
무소속	1,511,242	2.85	9	3.05	+0.20	-	-	-	-	9	1.89	-
합계	52,939,790[26)]	100	295	100	0.00	53,334,447	100	180	100	475	100	0.00

- 총유권자 수: 103,962,785명
- a: 1석선거구 의석률과 득표율의 차이
- b: 총의석률 차이는 총의석률과 비례선거구 득표율의 차이
- 자료: 総務省 www.soumu.go.jp/senkyo/47sansokuhou 검색 참고.

1994년 선거체제 개혁 후 20년이 지난 후 치러진 2014년 총선 결과는 1996년 총선 결과보다 더 큰 자민당 쏠림 현상을 나타내고 있다. <표 8.18>에 나타나듯이 자민당은 1석 선거구 경쟁에서 4분의 3이 넘는 의석을 얻는 데 힘입어 총의석의 61.05%를 차지했다. 이러한 결과

26) <표 8.18>의 득표수는 소수점을 반올림한 결과임. 1석 선거구 유효투표수에 소수점이 발생하는 이유는 후보자의 이름을 수기로 써 기표하는 일본제도의 특성에서 비롯된다. 동성(同姓) 내지는 동명(同名) 2인이 같은 선거구에 출마했는데 유권자가 성(姓) 또는 이름만 써서 투표용지를 제출한 경우, 이러한 표는 정상 유효표의 득표 비율에 따라 배분되기 때문이다. 일본 공직선거법 제68조의2 참고.

를 갤러거의 LSq 지수로 환산하면 19.9에 달하는 것으로 최고 수준의 비비례성을 의미한다. 의석기준에 따른 효과적 정당수 역시 SNTV제(1946-1990) 총선 평균 3.04나 새로운 선거체제 도입 직후의 1996년 총선의 2.93보다 현저히 줄어든 2.43으로 나타나는데 이는 자민당으로의 집중이 그만큼 심화되었다는 것을 반영한다.

요컨대 1994년 선거체제 개혁 당시 기대했던 비례성의 강화 효과는 반대로 비례성을 약화시키는 결과를 초래했고 오히려 자민당의 1석 선거구 경쟁력과 이득률(+27.15%)을 높이는 현상을 심화시켰다. 사르토리(1994, 75)가 혼합형 선거체제를 혹평하듯이, 일본의 1994년 독립형 혼합 선거체제(MM-I)는 비례대표제와 1위대표제의 단점을 결합한 열등 혼합이라는 비판에 직면해 있다. 2차 대전 후 지속되어 온 일본 특유의 지배적 정당체제는 선거체제의 제도적 효과마저 흡수하는 특별한 힘을 발휘하고 있다는 생각을 하게 된다. 그 배경이 이데올로기적 편향이든 자민당의 경쟁력이든 관계없이 일본의 정당체제는 자유민주주의 정당체제의 일반적 여야(governing and opposition) 모델과는 다른 차원에서 이해될 필요가 있다고 본다.

한편 1996년 중의원 선거는 SNTV제 대신 1석 선거구제가 도입됨으로써 정당 내 후보 간 대결에서 탈피하여 정당 간 정책대결이 두드러질 것으로 예상되었지만, 실제 이에 대한 선거 직후 평가는 불분명하게 나타났다. 아래의 <표 8.19>는 일본 동북대학(東北大學) 동북정치행정연구회(東北政治行政硏究會) 아베 시로(阿部四郞) 교수팀의 조사결과에 따라 작성된 것으로 '정당중심의 선거였다'고 평가하는 유권자가 50.1%로 가장 많았다.[27] 하지만 실제 정당을 투표선택의 기준으로 한 유권자는 41.4%에 불과하였고, 이러한 결과는 1993년 조사결과

27) 동북정치행정연구회 조사는, 1996년 10월 20일 선거일 직후 센다이시(仙臺市) 지역 유권자 3.000명을 대상으로 실시되었다. 면접방식은 설문지를 우편으로 우송한 후 조사원의 방문면접형식으로 이루어졌으며, 회수율은 68.8%이었다.

보다 1.8% 높으나 1990년 조사결과 보다는 6.2%로 낮아진 것이었다(河北新報 1997. 2. 12). 또한 가바시마 이쿠오(蒲島郁夫)는 투표요인을 정당평가, 후보자평가, 쟁점평가, 정치 불만족, 단체가입, 사회적 속성 등으로 나누어 통계 분석한 결과를 근거로 정당평가 요인보다 후보자 평가 요인의 영향이 컸음을 보고하고 있다(가바시마 1998, 274-276).

표 8.19 1석 선거구제에 대한 유권자의 평가(2개항 선택)

항목	선택(%)
정당중심의 선거	50.1
인물중심의 선거	14.0
공명한 선거	1.3
부정이 횡행한 선거	15.9
정책대립의 선거	9.6
정책남발	17.0
후보자와의 거리가 가까워졌다	2.9
후보자와의 거리가 멀어졌다	11.7
정당이나 후보자 선택이 용이	7.6
정당이나 후보자 선택의 폭이 좁아졌다.	26.3
기타/무응답	43.6

다른 한편으로는 2000년대 이후 정당의 선거전략이 정당 중심의 공약과 정당 리더십을 강조하는 형식으로 변화되었다는 평가가 있다.[28] 민주당이 2003년 중의원 선거에서 정당의 '매니페스토(manifesto)' 형식으로 공약 중심의 선거운동을 펼치는 것을 계기로 자민당 등 다른 정당들 역시 정당 공약을 중심으로 경쟁하는 발전적 양상이 뚜렷이 나

28) 우에카미 다카요시(上神貴佳) "선거제도개혁 후의 자민당" www.nippon.com/ja/features/c00404 검색 참고.

타났다는 것이다. 특히 과거 SNTV제 하에서 개인적 네트워크를 중심으로 후보의 정책 활동을 내세우던 캠페인 양상이 정당 중심의 정책 공약으로 변화되고 있다는 것은 비록 일부라 하더라도 긍정적으로 평가할 만한 부분이다.

일본의 후보자 선정과정에서의 당내 경쟁은 과거 SNTV제 선거에 비해 격화되었다고 볼 수 있다. 자민당의 경우 1993년 129개 선거구에서 당선된 211명의 중의원이 있었기 때문에 선거구와 지지기반이 당내 의원들간에 중복될 수밖에 없었고, 1996년 중의원 선거구 조정 이후 한 선거구에 복수의 현역의원이 출마를 희망하는 사례가 속출하였다. 자민당은 기본적으로 의원간의 자율적 해결을 유도하였지만 결국 이러한 문제의 해결과정에서 당내 경쟁은 심화되는 양상을 보였으며, 같은 맥락에서 1석 선거구와 비례선거구 후보 선정을 둘러싼 당내 파벌 간 경쟁 행태도 선거체제 개혁 후 초기에는 그대로 유지되었다. 1998년 7월의 오부치 총재 경선과정은 자민당이 과거의 파벌정치에서 크게 달라진 점이 없음을 여실히 드러낸 예라 할 수 있다.

반면 2000년대 초반 이후에는 자민당의 파벌정치가 퇴색되고 있다는 평가에도 주목할 필요가 있다. 특히 2001년 4월의 자민당 총재 선거에서 일반 당원과 여론에 힘입어 고이즈미가 당선되면서부터 총재 선거의 양상도 바뀌었고 총재의 역할과 주도력도 큰 변화를 보였다. 2005년 중의원 선거는 '우정민영화'를 둘러싼 갈등에서 비롯된 변화의 흐름은 파벌정치에 물들었던 자민당을 정치의 중심에 서게 하는 계기가 되었다. 우에카미 교수는 고이즈미 총리 주도로 이루어진 자민당의 공천 개혁과 정치자금의 투명성 강화 등이 파벌의 구심력을 크게 약화시키면서 정당 중심의 정치가 자리매김하는 데 기여했다는 점을 강조한다.[29)]

---

29) 자민당의 공천 개혁과 관련된 논의는 3장 내용 참고.

Ⅴ. 헝가리

헝가리의 민주화 과정은 개혁(reform)과 혁명(revolution)을 합친 '레폴루션(refolution)'이라는 이름으로 표현될 만큼 '위로부터의 변화'와 '아래로부터의 요구'가 적절히 조화를 이룬 평화적 혁명과정이었다(Ash 1990, 14). 헝가리 민주화 과정의 출발은 1988년 소위 '공산당 조직의 쿠데타(coup of the apparat)'를 통해 헝가리 사회주의 노동당(HSWP; Hungarian Socialist Workers' Party)의 개혁세력이 전면에 등장하면서부터이다. 이들 개혁세력은 HSWP 스스로의 능동적 노력을 통해 시대적 변화를 주도하고자 하였다. 하지만 이는 결과적으로 민주주의라는 '시대적 만병통치약'에 대한 헝가리 국민들의 기대와 욕구를 분출시키는 계기가 되었다. 결국 HSWP의 새로운 리더쉽은 시대정신에 순응하는 길을 택하였고, 헝가리는 동구권 민주화의 선두에 서게 된다.

헝가리는 격변기에 등장한 정치세력들의 이해관계만큼이나 다원적인 선거체제를 탄생시켰다. 헝가리의 1989년 선거체제는 채택된 이후 "세계에서 가장 복잡한 총선체제"라 불릴 정도로 이제까지 살펴본 선거체제의 다양한 요소들을 거의 모두 포함하고 있다(Benoit 1996, 162). 즉 다층화(多層化)된 선거구(multilayered electoral districts), 1석 선거구 결선투표제, 드룹 쿼타－LRS 명부비례제, 사용되지 않은 "파편표(破片票; fraction votes)"의 재활용, 동트식 명부비례제, 5% 최소조건 등이 총망라된 '백화점' 선거체제라 할 수 있다. 따라서 헝가리의 1989년 독립형 혼합 선거체제(MM-I)를 검토하는 것은 이제까지 다루었던 다양한 요소들을 다시 한 번 정리하는 의미를 가지기도 한다.

헝가리의 1989년 선거체제가 정치적 타협의 산물로 탄생하는 과정은 '선거체제의 선택'이라는 측면에서 매우 흥미로운 주제가 될 수 있다. 또 이러한 타협과 선택의 과정은 선거체제의 다양한 요소가 포함된 이유를 밝혀 준다는 의미도 가진다. 따라서 먼저 민주화 과정에서 헝가리의 복잡한 선거체제가 등장하는 배경을 살펴본 후, 1989년 혼합형 선거체제의 주요 요소와 특징을 검토하고자 한다.

헝가리는 2012년에 복잡했던 1989년 선거체제를 단순화하는 형식의 선거체제 개혁을 이루었다. 이 2012년 선거체제 역시 독립형 혼합선거체제(MM-I)로서 1석 선거구 FPTP제와 전국 단위 명부식 비례제를 골자로 하는데 사용되지 않은 표(unused votes)에 1석 선거구 1위 당선자의 잉여표(surplus votes)를 포함시키는 등 헝가리 특유의 복잡성을 가미했다. 이 2012년 신(新) 선거체제로 치러진 2014년 총선 결과만으로 새로운 선거체제의 제도적 효과를 가늠하기는 어렵지만, 신구(新舊) 선거체제의 제도적 효과와 정치적 영향을 비교해 보고자 한다.

1. 민주화와 선거체제의 선택

헝가리가 1989년 선거체제를 선택하는 배경은 크게 두 가지로 나누어 생각해 볼 수 있다. 한편으로는 헝가리의 정치사적 배경을 살펴볼 필요가 있고, 다른 한편으로는 제도적 선택이 이루어지는 정치적 현실을 중심으로 접근하는 것이다. 먼저 사회주의 선거체제의 비경쟁적 성격 자체가 현실적으로 비례제의 사용을 허용하지 않았다는 점을 상기할 필요가 있다. 1950년 이후 헝가리의 선거체제는 1석 선거구였고, 단독후보가 거의 반대 없이 신임을 받는 형태였다. 선택의 여지가 없는 선거였지만, 어쨌든 이 때문에 HSWP나 국민들이나 1석 선거구 대표성에 익숙해 있었다는 점은 간과할 수 없는 현실이었다.

반면 공산화 이전의 헝가리 선거체제가 명부비례제였다는 점도

1989년 당시 무시할 수 없는 명분을 가지고 있었다. 즉 어떤 의미에서건 이 명부비례 선거체제가 헝가리 민주주의의 원형이었다는 의식도 있었고, 구 소련의 팽창에 의해 잃었던 민주주의를 다시 회복한다는 상징적 의미도 비례대표제제의 부활을 뒷받침하는 논리가 될 수 있는 상황이었다.

이러한 정치사적 배경이 일단 1989년 선거체제 협상의 출발점이 되었다고 볼 수 있다. 우선 협상과정에도 명목상이긴 하지만 여전히 권력을 쥐고 있었던 HSWP는 익숙하다는 점을 명분으로 1석 선거구 대표성의 유지를 주장하였다. 내심 조직력과 인지도 면에서 앞서는 공산당 후보들이 선전할 수 있을 것으로 기대하고 있었다. 이와는 반대로 공산화 이전부터 존재했던 전통적 정당들, 특히 독립소지주당(ISP; Independent Smallholders Party)과 사회민주당(SDP; Socialist Democratic Party) 등은 잃었던 민주주의를 다시 찾는다는 상징성을 내세우며 순수명부비례제로의 부활을 주장하였다.

하지만 1989년 당시 민주화 과정에서 가장 강력한 세력으로 등장한 자유민주연합(AFD; Alliance of Free Democrats), 헝가리 민주포럼(HDF; Hungarian Democratic Forum), 청년민주연맹(FYD; Federation of Young Democrats) 등 EKA 개혁 그룹은 내부적으로 통일된 견해를 형성하기 어려웠기 때문에 혼합형 선거체제를 협상안으로 내게 되었다. 이들 그룹의 혼합형 안(案)은 50%를 1석 선거구에서 선출하고 나머지 50%를 전국비례명부에서 선출하는 것을 골자로 하였다.

HDF, AFD, FYD 등의 혼합형 선거체제 안은 여러 정치세력의 입장을 고루 담고 있었기 때문에 선거체제 협상 초기부터 주목을 끌었다.[30] 또한 HSWP의 정치적 입지가 날로 좁아지는 반면 AFD와

30) 이른바 원탁협상(National Roundtable Negotiation; 1989년 6월-9월)은 정치, 경제 문제를 포함하는 광범위한 의안을 논의하기 위한 자리였지만, 실제 선거체제 협상에 일차적인 초점이 맞추어졌다. '원탁협상'이라는 이름을 놓고 논란을 빚기까지

FYD의 세력이 확대되고 있었다는 현실적 이유도 일찌감치 혼합형 선거체제로의 귀결을 예상할 수 있게 하는 요인이 되었다.[31] HSWP는 1석 선거구 의석 300석에 50석의 전국비례명부 의석을 산술적으로 혼합하는 안을 고집하였지만, EKA 개혁 그룹이 내부적 분열상을 극복하고 힘을 모음에 따라 결국 1석 선거구 50%와 비례의석 50%(지역명부비례와 전국명부비례로 2원화)를 중심으로 원칙적 타결을 보게 되었다.

아울러 선거체제 협상과정이 비공개로 진행된 데다가 외부의 영향이 배제된 상태였기 때문에 독창적이고 복잡한 선거체제가 탄생했다는 지적이 있다(Benoit 1996, 167).[32] 협상에 참여한 정치인들의 선거체제에 대한 지식이 일천하기도 했지만, 무엇보다도 이들 정치인들의 상당수가 다른 민주주의 국가의 선거체제를 따르는 데 대해 거부감을 가지고 있었다는 것이다. 이 때문에 선거체제의 제도적 효과나 정치적 영향에 대한 충분한 검토가 이루어질 수 없었고, 협상과정에서도 원칙보다는 정치적 타협에 초점이 맞추어졌다는 견해가 설득력을 가진다.

결론적으로 헝가리의 제도적 선택 과정은 정치사적 배경을 포함한 국내 정치적 현실에 바탕을 둔 정치세력 간 타협의 산물이라는 데는

하였는데, 결국 사각 테이블을 사용하기로 하고 HSWP와 소위 EKA그룹으로 불리던 개혁세력이 마주하는 좌석배치를 하였다(Batt 1991, 34; Melia 1992, 47-48). 다른 한 면에는 HSWP의 조종을 받는 그룹이, 또 다른 한 면에는 교회 관계자들을 비롯한 옵저버들이 자리하였다.

31) 협상 직전에는 6개 1석 선거구에서 구 체제 의회의 보궐선거가 있었는데, HSWP와 개혁그룹이 치열한 힘 겨루기를 벌인 결과 개혁세력이 4석을 얻음으로써 시대적 변화를 예고하였다. 또 실제 HSWP는 내부적 분열을 겪고 있었고, 결국 선거체제 협상이 끝나고 얼마 지나지 않은 1989년 10월 개혁성향이 강한 그룹이 헝가리 사회당(HSP; Hungarian Socialist Party)이라는 새 정당으로 독립하였다(Melia 1992, 49-50).

32) 선거체제의 중요성에 대해 깊은 인식을 가지지 못했던 헝가리 내무부 공무원들이 선거체제를 기초하였다는 점도 아울러 지적할 수 있다. '왜 하겐바흐-비숍 쿼타를 사용하였느냐?'는 질문에 당시 주역을 맡았던 졸탄 토스(Zoltán Tóth)라는 공무원이 "내무부 도서관에 선거체제를 비교한 책이 한 권 유일하게 있었는데 이 책에 유일하게 설명된 쿼타제가 하겐바흐-비숍식이었다"는 답을 했다는 예화에서 이러한 인식의 문제점이 엿보인다(Benoit 1996, 166).

이견의 여지가 별로 없다. 협상에 나선 모든 그룹이 모두를 잃거나 빼앗기는 상황을 피하는 타협점이었다고 할 수 있지만, 한편으로는 시대적 조류를 업은 EKA 개혁 그룹이 좀 더 유리한 결과를 얻었다는 것이 일반적 평가이다.

2. 1989년 선거체제(1990-2010): 다양한 요소의 다원적 결합

헝가리의 1989년 선거체제는 기본적으로 '3층화(三層化) 체제'라 할 수 있다. 첫째는 1석 선거구(SMC; single-member constituency) 체제로 단원제 의회 총의석 386석 중 176석(45.6%)을 결선투표제에 의해 선출한다. 둘째는 20개의 지역비례명부(RL; regional list)에서 152석(39.4%)을 드룹 쿼타-LRS 방식으로 배분하는 것이고, 셋째는 총의석의 15%인 58석을 최상위층이라 할 수 있는 전국비례명부(NL; national list)에서 동트식 배분방식으로 선출하는 것이다. 이렇게 3층화된 혼합선거체제의 중요한 사항을 정리하면 다음과 같다.

① 투표자들(18세 이상)은 2표를 던지는데 1표는 1석선거구(SMC) 후보를, 다른 1표는 정당의 지역비례명부(RL)를 선택하는 것이다.

② 176 SMC 선거는 결선투표제를 적용한다. 즉 1라운드에서 50% 이상 득표자가 없을 경우, 2-3주 후 2라운드 선거에는 1라운드 상위 3 후보와 15% 이상 득표자만이 나서 1위대표제로 당선자를 가린다.[33] 특별히 투표율 규정을 적용하여 1라운드와 2라운드 선거에 각각 50% +1과 25%+1 이상의 투표율일 때 유효한 선거로 인정한다.

③ RL 의석은 20개 지역비례선거구 단위로 정당투표를 집계하여 드룹 쿼타-LRS 방식으로 배정한다(6장의 내용 참고).[34] 즉 드룹 쿼타

33) 1990년 선거의 경우 176석 중 불과 5석만이, 1994년 선거의 경우 단 2석만이 1라운드에서 절대다수득표로 당선이 확정되었다(Korosenyi 1992, 77; 1995년 헝가리 외무성 발행 *Fact Sheets on Hungary*, No. 6).

34) 20개 지역비례선거구의 의석수는 최소 4석에서 최대 28에 이르는데, 중위수(median)

를 적용하여 우선 쿼타가 허용하는 의석을 배정한 후 LRS(최대잔여투표순)에 따라 잔여의석을 배정하되, 단 잔여투표가 쿼타의 3분의 2 미만일 경우에는 잔여의석을 배정하지 않는다. 따라서 RL 의석 중 배정되지 않는 의석이 발생하게 되는데, 이 의석들은 전국비례구(NL)로 옮겨 NL 의석과 함께 배정한다.

④ NL 의석의 배정은 SMC와 RL 의석 획득에 사용되지 않은 '파편표'를 재활용하는 것이다. 즉 SMC 선거에서 낙선한 모든 후보(NL 의석 배정에 참가가 가능한 정당 공천 후보)가 1라운드에서 득표한 표와 위 ③의 '3분의 2' 규정에 따라 사용되지 않은 정당투표의 잔여표를 합하여 의석배정을 하게 되는 것이다. 여기서 의석배정은 나누기 방식인 동트식을 사용하기 때문에 더 이상의 잔여의석은 발생하지 않는다.

⑤ 입후보 '최소조건' 규정을 적용한다: 첫째 SMC 후보자는 750명 이상의 등록 유권자의 추천을 받아야 하며; 둘째로 지역비례명부 RL은 단위 지역 내 SMC 선거구 총수의 4분의 1(최소 2개)개 선거구에서 후보를 공천한 정당만이 제출할 수 있고; 셋째 전국비례명부 NL은 최소 7개의 RL을 제출한 정당만이 제출할 수 있다.[35)]

⑥ 의석배정 '최소조건'은 20개 지역비례구에서 각 정당이 획득한 정당투표가 전국적으로 5% 이상일 경우에만 RL과 NL 의석배정 대상이 될 수 있다.[36)]

는 6석으로 실제 비례성의 최대 변수인 '선거구 크기(의석수)'는 대체로 작은 편이라 할 수 있다.

35) 헝가리의 경우도 독일, 일본 등의 예에서와 같이 중복입후보를 허용하고 있다. SMC에 입후보하는 동시에 RL과 NL의 상위 순위 후보로 대부분 공천되는 각 정당의 핵심 리더들에게 있어 이 중복입후보제는 의회진출을 보장받는 안전장치의 역할을 하는 것이 보통이다. <표 8.21>의 1990년 총선 결과에 나타나 있듯이, HSP는 총 33석의 의석 중 SMC 선거에서 획득한 의석은 단 1석에 지나지 않았지만, 당의 핵심 인사들은 대부분 의회에 진출했다는 점이 이를 잘 설명해 준다.

36) 1990년 총선에서 이 최소조건은 4%였으나, 1994년 총선부터 5%로 상향 조정되었다.

⑦ 정부가 정치자금을 공급하는 이른바 공영제를 실시하되, 당원의 수를 기준으로 배분하도록 하였다.[37] 또 위 ⑤의 규정에 따라 선거에 참여한 정당이 미디어를 통한 선거를 할 수 있도록 보장하였다.[38]

3. 1989년 선거체제의 효과: 비비례성의 정치적 영향

헝가리 선거체제는 다양한 요소가 복합적 인과(因果)관계를 형성하기 때문에 그 제도적 효과를 단정적으로 표현하기는 어렵지만, 1990년과 1994년 두 차례 총선 결과를 볼 때 다른 산술적 혼합 선거체제에 비해 특별히 부각되는 특징이 득표율과 의석률의 비비례성이다. 여기서는 먼저 비비례성의 수준을 검토하고, 높은 비비례성이 나타나는 이유와 그 정치적 파장을 간략히 정리한다.

RL과 NL 비례의석이 54.4%(총의석 386석 중 210석)를 차지하기 때문에 헝가리 선거체제는 일견 비비례성의 완화를 예측케 하지만 결과는 전혀 상반되게 나타난다. 아래 <표 8.20>은 1990년 총선에서 각 정당이 획득한 지역비례구 정당투표의 득표율을 종합한 결과이고, <표 8.21>은 최종적으로 각 정당이 획득한 의석 현황을 나타낸다. 우선 HDF는 정당투표에서 불과 24.71%를 얻은 반면 총 164석을 얻어 의석률은 43.49%에 달하여 18.78%의 이득률을 보이고 있다. 또한 아래 <표 8.22>의 1994년 총선 결과 역시 3분의 1에도 못 미치는 득표율로 54.14%의 의석률을 기록한 HSP의 높은 이득률을 보여 주고 있다. 득표율과 의석률의 이러한 차이는 12.69(1990년 총선 결과)에 달하는 높은 최소제곱지수(LSq; Least-squares index)에 의해 단적으로

37) 1990년 선거 당시 정부는 총 미화 11,200,000 달러에 달하는 선거자금을 공급하였지만, 확인 절차를 거치지 않은 당원수를 기준으로 함에 따라 많은 논란이 있었다(Melia 1992, 53-54).

38) 1990년 선거에서 정부가 공급하는 미디어 시간은 각 정당이 공천한 후보수에 비례해 배정되었다(Garber and Bjornlund 1992, 199).

표현될 수 있는데, 이 수치는 최하위 수준의 비례성을 의미하는 것으로 볼 수 있다.[39)]

표 8.20 1990년 헝가리 1석선거구의 득표율

정당	득표율(%)
헝가리민주포럼(HDF)	24.71
자유민주동맹(AFD)	21.38
독립소지주당(SHP)	11.76
헝가리사회당(HSP)	10.89
청년민주연합(FYD)	8.94
기독민주국민당(CDPP)	6.46
헝가리사회노동자당(HSWP)	3.68
헝가리사회민주당(HSDP)	3.55
아가리안 연맹(AA)	3.15
기업가당(PE)	1.89
애국선거연합(PEC)	1.87
헝가리국민당(HPP)	0.76
기타	0.96
총계	100.00

· 자료: Koroseneyi(1992, 77)

39) 비비례성의 수준을 나타내는 12.69는 갤러거(Gallagher 1991)의 최소제곱지수 방법에서 군소정당을 배제하는 라이파트(Lijphart 1994)의 적용 방법을 사용해 계산한 수치이다. 최소제곱지수 계산 방식과 그 의미에 대한 자세한 설명은 9장 내용 참고.

표 8.21 1990년 헝가리 총선: 정당별 의석

정당	1석선거구	광역선거구	전국선거구	총의석수	의석률(%)
헝가리민주포럼(HDF)	114	40	10	164	42.49
자유민주동맹(AFD)	35	34	23	92	23.83
독립소지주당(SHP)	11	16	17	44	11.40
헝가리사회당(HSP)	1	14	18	33	8.55
청년민주연합(FYD)	2	8	12	22	5.70
기독민주국민당(CDPP)	3	8	10	21	5.44
무소속(IND)	6	-	-	6	1.55
기타	4	-	-	4	1.04
총계	176	120	90	386	100.00

· 자료: Koroseneyi(1992, 79)

표 8.22 1994년 헝가리 총선 결과

정당	1석선거구	광역선거구	전국선거구	총의석수	의석률(%)
헝가리사회당(HSP)	149	53	7	209	54.14
자유민주동맹(AFD)	16	28	25	69	17.88
헝가리민주포럼(SHP)	5	18	15	38	9.84
독립소지주당(SHP)	1	14	11	26	6.74
기독민주국민당(CDPP)	3	5	14	22	5.70
청년민주연합(FYD)	-	7	13	20	5.18
아가리안연맹(AA)	1	-	-	1	0.26
자유시민연합(LCA)과 기업가당(PE)	1	-	-	1	0.26
총계	176	125	85	386	100.0

· 자료: Ministry of Foreign Affairs(1995)

제1당의 의석이 이렇게 부풀려 지는 가장 큰 이유는 SMC 선거의 2라운드에 있다고 볼 수 있다. 특히 2라운드 선거에 진출하는 최소조건이 1라운드 상위 3후보 또는 득표율 15% 이상으로 낮게 규정되어 있으며, 2라운드 당선 결정방식이 절대다수가 아닌 1위대표제라는 점이 변수로 작용하고 있다. 즉 프랑스 총선의 예(5장 참고)에서와 같이 결선투표제는 1, 2라운드 간에 정당 간 연합행태를 유도하는 것이 일반적인데 반해, 헝가리의 결선투표제는 이러한 유도 효과를 발휘하지 못하고 있다. 오히려 아래 <표 8.23>은 RL과 NL 의석의 배분으로 이미 드러난 제1당(HDF)에 표가 전략적으로 몰리는 편승효과가 나타나고 있음을 엿보게 한다.

또 무소속 후보에게 불리한 선거체제이기 때문에 선거에 참여하기 위해 급조되는 정당의 수가 많다는 점, 이들 정당들이 SMC 후보는 다다익선(多多益善)이라는 것을 잘 알고 있다는 점 등도 위에 언급한 편승효과나 제1당의 높은 의석이득률과 상관관계를 가진다. 우선 무소속 후보가 불리하다는 것은 무엇보다도 55.4%에 달하는 비례의석에 접근할 수 없다는 데 있다. 실제 1990년 총선에서 SMC 선거에 입후보한 총 1,623명 후보 중 12.26%인 199명만이 무소속 후보였고, 이 중 당선자는 불과 6명에 불과했다는 간단한 통계수치가 이를 잘 설명해 준다(Benoit 1996, 168).

따라서 이러한 유·불리를 의식한 군소정당의 출현은 당연한 결과라 할 수 있다. 1990년 총선을 앞두고 출현한 군소정당이 약 50여 개에 달했고, 이 중 입후보 최소조건을 통과해 총선에 참여한 정당만도 28개에 이르렀다(Racz 1991, 112, 130). 정당의 수가 증가함에 따라 표는 분산되게 마련이고, 결국 소수 대정당은 5% 최소조건의 혜택에 더해 다수의 군소정당 틈에서 더욱 부각되는 효과까지 누리기 때문에 특히 SMC 선거의 2라운드에서 편승효과가 커진다고 볼 수 있다.

표 8.23 1990년 헝가리 총선: 1석선거구의 1차투표와 2차투표 비교

정당	1차투표		2차투표	
	1위	득표율(%)	의석수	의석률(%)
헝가리민주포럼(HDF)	80	41.22	114	64.77
자유민주동맹(AFD)	63	29.69	35	19.89
독립소지주당(SHP)	11	10.64	11	6.25
헝가리사회당(HSP)	3	6.18	1	0.57
청년민주연합(FYD)	3	2.15	2	1.13
기독민주국민당(CDPP)	4	3.69	3	1.71
무소속(IND)	7	2.93	6	3.41
기타	5	3.50	4	2.27
총계	176	100.00	176	100.00

· 자료: Koroseneyi(1992, 78)

비비례성과 관련된 또 다른 특징은 이렇게 제1당에게 유리한 선거체제이지만, SMC 선거와 정당투표에서 활용되지 않은 '파편표'로 NL 의석을 배분함에 따라 제2당, 제3당 등에 대한 일정한 보상을 보장하고 있다는 점이다. 1990년 총선의 경우 제2당인 AFD는 NL의석 배분에서 최대의 수혜를 봄에 따라 전체적으로는 2.45%의 이득을 보고 있다(표 8.20과 표 8.21 참조). 2.45%의 이득은 AFD가 SMC 선거에서 불과 19.89%(35석)의 의석을 얻은 것과 비교할 때 결코 작은 보상이 아니라는 점을 강조할 필요가 있다.[40]

40) 이러한 예를 들어 Benoit(1996, 169-170)은 헝가리 선거체제 개혁이 쉽지 않을 것임을 예상한 바 있다. 즉 1994년 총선의 경우 원내 의석의 약 80%를 차지한 1, 2, 3당이 소정당과 무소속의 피해만큼 이득을 보고 있기 때문에 재적 3분의 2의 찬성을 요하는 선거체제의 개혁은 거의 불가능에 가깝다는 견해였다. 하지만 이러한 전망은 2010년 총선에서 FYD-Hungarian Civic Union(FYD의 2003년 이후 명칭)과 기독교민주민중당(CDPP)의 보수 연합이 총의석의 68.1%인 263석을 차지한 후 개헌과 선거체제 개혁을 주도함에 따라 설 자리를 잃었다.

아울러 파편표가 활용되기 때문에 독일 선거체제에서 논의되었던 이원투표의 문제가 심각하지 않다는 특징을 지적할 수 있다. 한 연구에 따르면 1990년과 1994년 총선에서 이원투표를 한 유권자는 5%를 넘지 않았다고 한다(Benoit 1996, 169). 앞서 독일의 예에서 설명한 대로 이원투표는 소정당 지지자들이 당선가능성을 고려해 1석 선거구 표를 전략적으로 대정당에 던지는 경우, 또는 대정당 지지자들이 연립정부 구성을 염두에 두고 소정당에 정당투표를 던지는 경우에 발생한다(Roberts 1996, 129 참고). 독일과 같은 2표제 선거체제이면서도 이렇게 이원투표가 적은 이유는 정치문화적 차이가 아니라면 파편표가 재활용되는 데서 찾을 수밖에 없다.

SMC 선거에서 군소정당을 지지하는 투표자의 경우 2라운드에서 명백한 재투표의 기회가 주어지는데다가 자신의 1라운드 표가 결국 NL의석 결정에서 활용되기 때문에 1라운드에서 굳이 당선가능성을 고려하는 전략적 이원투표의 필요성을 느끼지 않을 것이다. 또한 대정당 지지자는 SMC 선거의 2라운드에서 (비비례적 특성에 따른) 대정당의 의석획득이 많을 것을 예상할 경우, 역시 연립정부의 구성을 염두에 둔 이원투표의 가능성이 줄어든다고 볼 수 있다.

1989년 선거체제가 혼합형이면서도 이렇게 높은 비비례성이 유지되기 때문에 결국 1위대표제에서 나타나는 것과 같은 급격한 정치적 변화가 가능하다는 점에 주목할 필요가 있다. 위의 <표 8.21>과 <표 8.22>에 나타난 1990년과 1994년 총선 결과의 차이는 캐나다의 1988년과 1993년 총선 결과 이상으로 급격한 변화를 지적하고 있다. 물론 4년도 못되는 기간에 사회주의 체제에서 민주화한 헝가리의 정치가 안정되었다는 전제하에 제도적 효과를 논하는 데는 무리가 따른다. 하지만 8.55%의 의석을 54.14%로 늘린 HSP와 반대로 42.49%의 의석을 9.84%로 줄인 HDF의 대조적 성과를 설명하는 데 선거체제의 효과를 배제하기는 더욱 어렵다고 할 수 있다.

4. 2012년 선거체제: FPTP제와 전국명부비례제

2012년 새로 도입된 헝가리의 선거체제는 기본적으로 2표제의 형식을 유지하면서 1989년 선거체제의 지역명부를 없애고 전국명부(NL)로 단일화하는 한편, 2라운드 결선투표제 대신 1위대표제로 1석 선거구(SMC) 당선자를 확정하는 것을 핵심으로 한다. 386석이었던 총의석은 199석으로 줄이고 이를 SMC 106석(53.3%)과 NL 93석(46.7%)의 독립형으로 배분하였다. 구 선거체제의 투표율 규정을 없애고 SMC 입후보 조건을 등록 유권자 750명의 추천에서 500명 추천으로 낮추었다.[41] 지역명부가 없어짐에 따라 전국명부 등록 조건은 SMC 27개로 조정하였는데 27개 선거구가 수도인 부다페스트(Budapest)와 19개 지역(county) 중 최소한 9개 지역에 골고루 분포되도록 하였다.

전국명부의 의석 배분은 동트식을 유지하였고 5% 최소조건을 그대로 두면서 2개 정당 연합의 경우 10%, 3개 이상 정당 연합의 15% 최소조건 규정을 추가했다. 전국명부 배분과 관련해 가장 주목을 끄는 규정은 '사용되지 않은 표'를 정당투표에 더해서 93석의 의석을 배분하도록 하면서 SMC 당선자의 잉여표를 활용한다는 것이다. 즉 전국명부를 등록한 정당의 SMC 낙선 후보표를 정당투표에 더하는 것은 물론 SMC 당선자의 득표수와 차점 낙선자의 득표+1의 차이로 당선자의 잉여표를 계산해 당선자의 정당투표에 더한다는 것이다.

---

41) 의석수의 감소에 따라 SMC의 유권자 수가 증가된 상황에서 추천인 수를 낮춘 것은 입후보 관련 포괄성(inclusiveness)을 크게 높인 것으로 평가된다. 그럼에도 불구하고 2014년 총선에서는 총 1,531명의 등록 후보 중 55.6%인 851명이 입후보 추천 관련 문제로 중도 하차했다. OSCE(Organization for Security and Co-operation in Europe) / ODIHR(Office for Democratic Institutions and Human Rights) LEOM(Limited Election Observation Mission) 보고서 www.osce.org 검색 참고.

표 8.24 2014년 헝가리 총선 결과

정당연합	정당	선거구				정당명부				의석	연합 의석	의석률 (%)
		선거구 득표	선거구 득표율 (%)	선거구 의석	연합 의석	정당명부 득표	정당 명부 득표율 (%)	명부 의석	연합 의석			
FYD - Hungarian Civic Union	FYD-HCU	2,097,882	44.24	87	96	2,135,891	44.54	30	37	117	133	66.83
	Christian Democratic People's Party			9				7		16		
Unity	Hungarian Socialist Party	1,273,275	26.85	8	10	1,246,465	25.99	21	28	29	38	19.10
	Together 2014			1				2		3		
	Democratic Coalition			1				3		4		
	Dialogue for Hungary			0				1		1		
	Hungarian Liberal Party			0				1		1		
MBH(Jobbik)		967,179	20.39	0		985,029	20.54	23		23		11.56
Politics Can be Different[42]		229,747	4.84	0		252,373	5.26	5		5		2.51

<표 8.24>에 나타나듯이, 2014년 총선에서 선거체제 개혁을 이끌었던 집권 보수 연합(FYD-HCU와 CDPP)은 총의석 199석의 66.8%인 133석을 차지해 집권을 연장했다. 정당투표에서 보수 연합이 얻은 득표율 44.5%와 비교하면 무려 22.3%의 이득률에 해당하는 결과이다. 반면 HSP가 주도한 야권 진보 연합은 26.0%의 정당투표 득표율에 크게 못 미치는 19.1%(38석)의 의석을 차지하는 데 그쳤고, 20.5%의 정당투표 득표율을 기록한 극우 급진 정당 MBH(Movement for a Better Hungary 또는 Jobbik)는 비례의석으로만 11.6%(23석)의 의석을 차지

42) 2009년 진보와 녹색 이데올로기를 주창하며 설립된 정당.

했다.

2014년 총선 결과만을 놓고 볼 때, 1989년 선거체제의 비비례성이 그대로 유지되는 양상을 보였다. 비비례수준을 나타내는 갤러거의 *LSq* 지수는 1990년 총선의 12.69보다 악화된 16.5로 나타났고 의석기준에 따른 효과적 정당수도 3.79에서 2.02로 낮아졌다.[43] 특히 FYD-HCU 주도 연합의 SMC 독주(90.6%; 106석 중 96석)는 구 선거체제에 의한 2010년 총선에서 이 정당 연합이 SMC 176석 중 173석을 차지했던 독점 현상의 계속이었다. 앞서 언급했듯이, 구 선거체제의 결선 2라운드에서 나타나는 편승효과가 제1당으로의 쏠림 현상을 심화시키는 요인이었던 데 반해 새로운 FPTP 선거체제에서의 제1당 독주 현상에서 뚜렷한 제도적 원인을 찾기는 어렵다. 물론 SMC 당선자의 잉여표 반영이 집권 보수 연합에 전국명부 6석의 보너스를 제공했지만, 이 제도가 보수 연합의 SMC 독주 현상을 설명한다고 볼 수는 없다.[44]

신제도주의적 관점에서 본다면 20년 이상 유지되었던 구 선거체제 하에서의 정치적 사고와 투표행태가 새로운 FPTP제 하의 경쟁구도에 적응하는 데 걸리는 지체 현상이라는 해석이 가능하다. 그만큼 FPTP제의 일반적 경쟁 흐름에서 벗어나 있기 때문에 다른 원인이 없다면 제도 변화에 대한 적응 지체일 수 있다는 것이다. 아울러 굳이 제도 외적 원인을 찾는다면, 집권 연합과 경쟁하는 야권의 득표력이 제2당(26.0%)과 제3당(20.5%)으로 분열되어 있다는 사실에 근거해 경쟁력 있는 야당(또는 연합)의 부재를 원인으로 들 수 있다. 특히 이 야권의 두 정당(연합)이 이데올로기적으로 진보와 극우로 극명한 차이를 보인다는 점을 고려할 때, 집권 연합은 비교적 쉬운 SMC 선거 경쟁을 했

---

43) 이는 비례성이 크게 악화되는 한편, 보수 연합을 제외한 정당들의 의석수가 현저히 줄어든 것을 반영하는 것이라 할 수 있다. 최소제곱지수와 효과적 정당수의 계산 방식과 설명은 9장 내용 참고.

44) OSCE/ODIHR LEOM 보고서 www.osce.org 검색 참고.

다고 할 수 있다. 다수제라 하더라도 비비례성이 용인될 수 있는 제도적 정당성의 범위가 존재한다는 점을 상기할 필요가 있다(9장의 비례성 관련 논의 참고). 헝가리의 SMC 경쟁에서 90% 이상의 일방적 독주가 지속될 경우 비례제로의 선거체제 개혁 압력이 커질 수밖에 없을 것이다.

Ⅵ. 결론: 혼합형 선거체제의 찬반론

찬성론

① 장점의 결합: 지역선거구 대표성을 유지하면서 비례성을 높임
② 강하고 안정된 연립정부 구성(독일의 사례)
③ (2표제 혼합형의 경우) 유권자의 영향력 확대
④ 현역 지역선거구 의원들이 타협적 대안으로 수용할 가능성이 높음
⑤ 최악의 결과를 피하는 중도적 안전책

반대론

① 단점의 결합: 1위대표제와 PR체제의 단점을 그대로 유지
② 의원을 두 그룹으로 나누는 데서 오는 문제점 노출
③ 정당 핵심 리더십이 독점적 영향력 행사
④ 의원수를 그대로 유지할 경우 1석 선거구의 크기가 커져 1석 선거구 의원들에게 부담을 줌

혼합형 선거체제가 시대적 조류라 할만큼 각광을 받는 것은 물론 비례대표제와 1위대표제 장점이 결합될 것을 기대하는 낙관적 견해가 많기 때문이다. 이러한 긍정적 시각 한편에는 선거체제 선택을 둘러싼 정치세력간 정쟁을 손쉽게 해결할 수 있는 타협적 대안이라는 이유도 크다. 또한 어느 한 단일형 선거체제의 정치체제적 효과에 대한 확신

이 없을 경우 최악을 피하기 위해 기댈 수 있는 안전책이라는 점도 이유가 될 수 있다.

반면 오히려 비례대표제와 1위대표제의 단점이 동시에 부각된다는 점을 강조하는 부정적 견해도 어느 정도 설득력을 가진다. 사르토리(Sartori 1994, 75)는 혼합형 선거체제를 '다수제-비례제의 잡종(plurality-PR hybrid)'이라는 이름을 붙이고, 비례대표제와 1위대표제의 단점을 결합한 열등잡종(劣等雜種)으로 귀결될 가능성이 크다고 혹평한다. 일견 장점의 결합으로 보이지만 단점이 결합되는 것이 문제라는 것이다.

결국 찬성론자와 반대론자들의 주장은 장점의 결합으로 보느냐 아니면 단점의 결합으로 보느냐에 따라 달라진다고 볼 수 있다. 물론 각국의 혼합 유형이 다르고, 따라서 장단점을 일반화하기도 어렵다. 앞서 4개국의 혼합형 선거체제를 따로 검토해 본 것도 이 때문이라 할 수 있다. 또 4개국의 선거체제가 나타내는 제도적 효과와 정치적 영향이 다양한 것도 마찬가지로 혼합 유형의 차이에서 비롯되는 것이다.

특히 이 장의 서두에서 구분한 대로 연동형(MM-D; 독일, 뉴질랜드)과 독립형(MM-I; 일본, 헝가리)의 제도적 효과는 명확한 차이를 나타낸다. 결론적으로 한국(다수제 : 비례제; 약 82 : 18, 2012년), 일본(62.1 : 37.9, 2014년), 헝가리(약 53.3 : 46.7, 2014년) 등 독립형 혼합체제의 경우 다수제의 비중이 높기 때문에, 다수제의 단점이 그대로 유지되면서 비비례적 성격을 다소간 완화되는 것을 기대하지만, 실제 일본과 헝가리의 경우, 앞서 지적했듯이 비비례성이 오히려 더욱 악화되는 양상을 나타냈다.[45] 반대로 연동형 혼합체제의 경우는 일단 의석배분이 정당투표에 의해 결정되기 때문에 기본적으로 비례대표제라 할 수 있다.

45) 한국의 경우도 1인 2표제 이후 17대(2004)-19대(2012) 총선 결과의 평균 *LSq* 지수는 8.73으로 1996년 7.82보다 높은 비비례성을 보이고 있고 효과적 정당수도 2012년 총선 후 의석 기준으로 2.3 정당으로 축소된 양상을 보인다. 이는 양대 정당으로의 집중도가 높아지면서 비례성의 왜곡도 더 커졌음을 의미한다.

따라서 비례제의 단점이 사라지는 것은 아니지만, 높은 비례성을 유지하면서 지역선거구 대표성을 보장한다는 측면이 장점으로 강조된다고 볼 수 있다.

제 9 장

결론 : 선거체제의 정치적 영향

Ⅰ. 비례성(proportionality)

Ⅱ. 정치적 안정과 책임정치의 실현

Ⅲ. 선거체제의 개혁과 선택

흔히 레이(Rae)의 1967년 출판(The Political Consequences of Electoral Laws) 이후 '비교 선거체제론' 분야가 다시 생명력을 얻었다는 평을 한다(Grofman and Lijphart 1986, 1-4). 실제 많은 정치학자들이 선거체제에 새로운 관심을 가지기 시작하였고, 지난 40여 년 간 선거체제의 효과와 정치적 영향에 대한 연구는 매우 생산적이었다고 평가된다. 또 이러한 관심과 학문적 생산성은 1970년대 이후 남부 유럽, 남미, 아시아, 동부 유럽으로 이어지는 이른바 '제3의 (민주화)물결' 속에서 선거체제의 선택이 특별히 현안으로 대두된 것과도 깊은 관련을 가진다.

더욱이 앞서 지적한 바와 같이 선거체제의 개혁은 정치체제의 여러 요소 중 특정한 체제적 목표를 염두에 두고 (상대적 의미이긴 하지만) "가장 손쉽게 개혁할 수 있는 부분"이기 때문에 학문적으로나 정치적으로나 특별한 지적 관심의 대상이 되어 왔다(Sartori 1968; Taagepera and Shugart 1989, 4). '정치적' 이유 때문에 쉽지는 않았지만, 1990년대에만 뉴질랜드, 이탈리아, 일본 등이 새로운 선거체제를 도입하였고 현재도 많은 국가에서 선거체제의 개혁에 관한 논란은 계속되고 있다.[1)]

현실적으로 선거체제 개혁에 관한 다양한 논의가 지속됨에 따라 선거체제의 효과와 정치적 영향에 관한 학문적 접근은 그 필요성을 더한다. 물론 선거체제는 여러 요소의 집합체이기 때문에 그 정치적 영향을 객관적으로 일반화하는 것이 쉬운 작업은 아니지만, 선거체제의 정치적 영향을 가늠하는 데 있어 가장 중요한 이슈라 할 수 있는 '비례성'과 '정치적 안정'의 관계를 포괄적 시각에서 접근해 보고자 한다.

---

1) 이러한 논란의 특성은 정치적 역학관계와 밀접하게 관련되어 있다는 것이고, 따라서 왜곡된 정치전략적 주장이 개혁 논쟁의 초점이 되는 것이 안타깝긴 하지만 일반적 현상이다.

Ⅰ. 비례성(proportionality)

1. 비례성의 비교

비례대표제는 이름 그대로 높은 비례성을 제도적 목적으로 하는 선거체제이다. 유럽 국가들이 비례대표제를 채택하는 과정에는 이전의 다수제 선거체제 아래서 심화되었던 민족, 언어, 종교 등에 얽힌 사회적 갈등을 높은 비례성을 통해 치유하고자 하는 목적이 엿보인다. 또한 비례성을 선호하는 배경에는 여성, 소수 그룹 등 정치적 소외 그룹에 대표성을 부여해야 한다는 당위적 관념과 소세계적(小世界的; microcosmic) 대표성을 높이 평가하는 가치정향이 자리하고 있었다.

FPTP제, 결선투표제, 대안투표제 등 다수제는 비례제와는 전혀 상반된 인식을 바탕으로 존재하기 때문에 비례성의 평가 자체가 무의미할 수도 있다. 하지만 비례성이 다수제 선거체제의 제도적 목적은 아닐지라도 비비례성(非比例性)이 받아들여 질 수 있는 범위를 벗어나기는 어렵다. 한 정당의 '이득률'이 지나치게 커져 과대증폭(overamplication) 현상이 나타날 경우, 정치체제의 갈등과 긴장이 심화되어 결국 비례성의 포기를 통해 얻는 '정치적 안정'마저 위협하게 될 것이기 때문이다.[2)]

일예로 서부 인도양에 위치한 세이셸(The Seychelles)이라는 소국(109평방 마일)의 1974년 선거 결과와 1977년 쿠데타의 관계를 들 수 있다(Taagepera and Shugart 1989, 222-223 참고). 2석 선거구 상대다수제(즉 1, 2위 대표제)로 치루어진 1974년 선거에서 세이셸 민주당(DP; Democratic Party)은 52.4%의 득표율로 총의석 15석의 87%인

2) 과대증폭에 관한 내용은 4장과 Taagepera and Shugart(1989, 220- 226) 참고.

13석을 차지한 반면, 인민연합당(PUP; People's United Party)은 유효 투표의 47.6%를 득표하고도 2석(13%)을 얻는 데 그쳤다. 비례성의 문제가 심각함을 한 눈에 알 수 있는 선거 결과이기 때문에, 선거 이후 두 정당의 리더들은 비례성을 높이기 위해 똑같이 5석씩을 더해 18 : 7의 여야 관계를 만드는 비제도적(非制度的) 타협을 하는 촌극을 연출하기도 했다.

하지만, 결국은 1977년 PUP 리더가 주도한 쿠데타에 의해 독재정권의 수립으로 귀결되고 만다.[3] 물론 전적으로 선거 결과에서 비롯된 것은 아니라 하더라도, 과대증폭 현상이 초래한 정치적 긴장의 영향을 무시하기도 어려울 것이다. 과대증폭과 정치체제적 긴장의 관계를 객관적 기준을 통해 일반화하는 것은 무리이지만, 대체적인 기준으로 앞서 살펴본 '3승 규칙'($y = x^n$; $n = \frac{\log V}{\log E}$; V는 총투표수, E는 선거구수)의 n = 3, 또는 '비비례성 수준'을 나타내는 갤러거(Gallagher)의 최소제곱지수(LSq; least-squares index) 방법이 적용될 수 있다.[4] 위 세이셸의 경우를 3승 규칙의 기준으로 비교하기 위해 성인 인구 40,000을 V로, 선거구수(E)를 8로 가정하면, n = 5.1(= log 40,000 / log 8)에 달하여 기준을 훨씬 초과하며, 더구나 1974년 선거의 13석 대 2석이라는 결과는 이 n = 5.1의 기대치(9석 대 6석)보다도 훨씬 과도하게 증폭된 것이라는 점이 드러난다. 세이셸의 사례는 극단적인 예라 할 수 있지만, 한편으로는 다수제라 하더라도 비비례성이 용인될 수 있는 정당성의 범위가 존재함을 상기시켜주는 예이기도 하다.

---

3) 참고로 PUP는 쿠데타 이후 세이셸 인민진보전선(People's Progressive Front)을 개칭한 후 1992년까지 일당체제를 유지했고, 1992년 제한적으로 민주화를 허용하면서 일부 비례의석(2011년 6석, 19.4%)을 포함했지만 1993년 총선 이후 최소 67.6%(2002, 2007)에서 최대 100%(2011)의 의석을 차지하면서 권위주의 체제를 공고히 하고 있다. africanelections.tripod.com/sc.html 참고.

4) 3승 규칙에 관한 설명은 4장 내용 참고. 갤러거의 최소제곱지수는 아래 설명 참고.

<표 9.1>은 미국, 영국, 프랑스, 캐나다, 인도 등의 다수제 사용국가의 비례성 수준과 비례제 또는 혼합형 체제를 사용하는 국가들의 '비비례성 수준'을 같은 지수(index)를 사용해 비교해 본 것이다. 라이파트(Lijphart 1994)는 양대정당체제가 일반적인 다수제를 비례제 다당체제와 효과적으로 비교하기 위해 '비비례성 수준'을 나타내는 갤러거의 최소제곱지수(LSq)를 1, 2위 두 정당만을 기준으로 적용하였다.

$$LSq = \sqrt{\frac{1}{2}\sum (v_i - s_i)^2}$$

여기서 $(v_i - s_i)$는 i정당의 득표율(v_i)과 의석률(s_i)의 차이

표 9.1 비(非)비례 수준의 비교(43개 선거체제)

순위	국가	선거체제 (의석배정방식)	지역구 의석수	해당선거 (기간)	선거수	비비례 수준	효과적 정당수
1	독일 2	헤어-LRS[a]	497	1987	1	0.67	3.47
2	이스라엘 2	헤어-LRS	120	1951-69	6	0.86	4.92
3	네덜란드	동트	100-50	1946-89	14	1.31	4.59
4	오스트리아 1	헤어-LRS[b]	20.3	1971-90	6	1.43	2.42
5	이탈리아 3	드룹-LRS/임페리알리[b]	17.9	1946	1	1.56	4.39
6	스웨덴 1	수정 생 라그[a]	349.3	1970-88	7	1.67	3.40
6	독일 1	헤어-LRS	656	1994	1	1.67	3.45
8	덴마크	헤어-LRS[a]	148.5-75	1945-88	19	1.80	4.52
9	뉴질랜드 1	생 라그	120	1996	1	2.15	3.77
10	스웨덴 2	수정 생 라그	8.3	1952-68	6	2.36	3.11
10	스위스	동트	8.2	1947-87	11	2.36	5.10
12	독일 3	동트[a]	36.6-496.9	1949-83	10	2.50	3.19
13	이스라엘 1	동트	120	1949, 1973-88	6	2.59	3.97
14	이탈리아 1	임페리알리-LRS[b]	19.6	1958-87	8	2.71	3.62
15	핀란드	동트	13.2	1945-87	13	2.86	5.03

16	룩셈부르크	동트	14	1945-89	10	3.11	3.30
17	벨기에	동트[a]	23.5	1946-87	15	3.23	4.63
18	아일랜드	STV	3.8	1948-92	15	3.43	3.52
19	스웨덴 3	동트	8.2	1948	1	3.51	3.06
20	오스트리아 2	드룹-LRS[b]	6.6	1945-70	8	3.61	2.25
21	이탈리아 2	강화된 임페리알리-LRS[b]	18.8	1948-53	2	3.64	3.06
22	노르웨이 1	수정 생 라그[a]	165	1989	1	3.65	4.23
23	몰타	STV	5-5.1	1947-81	10	3.76	2.47
24	그리스 1	드룹-LRS[b]	5.1	1989-90	3	4.06	2.36
25	코스타리카	헤어-LRS	6.4-8.1	1953-90	10	4.07	2.43
26	포르투갈	동트	12.4	1975-87	7	4.25	3.05
27	노르웨이 2	수정 생 라그	7.8	1953-85	9	4.38	3.26
28	아이슬랜드	동트	50-60.3	1946-87	14	4.52	3.70
29	미국	FPTP	1	1946-90	23	5.41	1.92
30	일본 2	SNTV	4-9	1946-90	18	5.74	3.04
31	프랑스 2	동트	5.8	1986	1	7.23	3.90
32	한국	FPTP/헤어-LRS	1(46)	1996	1	7.82	3.16
33	노르웨이 3	동트	7.5	1945-49	2	8.53	2.93
34	오스트레일리아	대안투표	1	1946-93	20	8.84	2.49
35	스페인	동트	6.7	1977-89	5	8.95	2.72
36	영국	FPTP	1	1945-92	14	10.76	2.51
37	일본 1	FPTP/동트	1(7-23)	1996	1	10.86	2.93
38	뉴질랜드 2	FPTP	1	1946-93	17	11.11	1.96
39	그리스 2	동트[a]	5.3-6.7	1974-85	4	11.21	2.08
40	캐나다	FPTP	1	1945-88	15	11.33	2.37
41	헝가리	결선/드룹-LRS	1(4-28)	1990	1	12.69	3.79
42	프랑스 1	결선투표	1	1958-81, 1988	8	13.86	3.45
43	인도	FPTP	1-1.2	1952-84	8	17.76	2.15

· a: 2단 선거체제; 상위 선거구가 결정적(Lijphart, 1994, 표 2.5 참조)
· b: 2단 선거체제; 하위 선거구가 결정적(Lijphart, 1994, 표 2.4 참조)
· 자료: Lijphart(1994)가 작성한 표를 기초로 Farrell(1997, 146-147)이 새로운 자료를 포함하여 다시 만든 표에 한국, 헝가리, 뉴질랜드, 일본 등의 최근 케이스를 더하여 재구성

표 9.2 비(非)비례 수준의 비교(주요 자유민주주의체제의 2000년대 총선 결과)

순위	국가	선거체제	의석수	비비례수준	효과적 정당수
1	네덜란드	동트	150	0.99	5.36
2	덴마크	헤어-LRS	175	1.35	4.90
3	산마리노	동트	60	1.48	3.70
4	몰타	STV	67	1.63	2.00
5	키프로스	헤어-LRS	56	2.01	3.77
6	이스라엘	동트	120	2.21	6.93
7	스웨덴	수정 생 라그	349	2.27	4.19
8	오스트리아	헤어-LRS	183	2.35	3.50
9	미국	FPTP	435	2.43	1.99
10	뉴질랜드	MM-Dep(생 라그)	121	2.45	3.17
11	스위스	동트	200	2.52	4.99
12	아이슬란드	헤어-LRS	63	2.64	3.84
13	노르웨이	수정 생 라그	168	2.97	4.66
14	핀란드	동트	200	3.18	5.03
15	독일	MM-Dep(생 라그)	613	3.39	3.40
16	룩셈부르크	드룹-LRS	60	3.79	3.72
17	벨기에	헤어-LRS	150	4.27	7.47
18	리히텐슈타인	헤어-LRS	25	4.48	2.31
19	스페인	동트	350	4.95	2.46
20	자메이카	FPTP	60	5.32	1.97
21	포르투갈	동트	229	5.34	2.73
22	이탈리아	헤어-LRS	617	5.73	3.07
23	코스타리카	헤어-LRS	57	6.03	3.46
24	인도	FPTP	543	6.18	5.77
25	아일랜드	STV	165	6.24	3.21
26	그리스	드룹-LRS	300	7.11	2.40
27	안도라	MM-Ind	28	8.16	2.46
28	한국	MM-Ind	300	8.73	2.52
29	오스트레일리아	AV	150	9.41	2.39

30	도미니카 공화국	FPTP	21	9.52	1.98
31	모리셔스	Block vote	33	10.25	1.99
32	캐나다	FPTP	306	10.52	2.99
33	일본	MM-Ind	480	12.69	2.53
34	그레나다	FPTP	15	13.05	1.82
35	바하마	FPTP	41	13.64	1.88
36	바베이도스	FPTP	30	17.07	1.68
37	영국	FPTP	653	17.25	2.32
38	바누아투	SNTV	52	17.67	5.02
39	프랑스	Runoff	577	17.77	2.38
40	세인트루시아	FPTP	17	18.39	1.63
41	보츠와나	FPTP	57	21.50	1.56
42	벨리즈	FPTP	30	22.40	1.52
43	세인트빈센트 그레나딘	FPTP	15	23.52	1.47
44	세인트키츠 네비스	FPTP	11	24.07	1.98

· 자료: 위 국가들은 2009년 프리덤하우스(Freedom House)의 조사에 근거해 Farrell (2011, Table A.1)이 자유민주국가로 분류한 88개 국가 가운데 Farrell(2011, Table A.2)이 30년 이상 민주체제 유지 국가로 분류한 43개 국가에 한국의 사례를 추가한 것임.
· LeDuc et al.(2010), Reynolds et al.(2005), Nohlen(2005), www.cia.gov의 the World Fact book 국가별 검색 자료 등을 근거로 작성한 Farrell(2011)의 자료를 재구성함.
· 한국의 데이터는 2004, 2008, 2012 총선 결과의 비비례지수와 효과적 정당수를 계산하여 산술 평균한 것임.

비례 수준이 낮은 FPTP제(미국, 영국, 캐나다, 인도, 뉴질랜드 구 체제), 결선투표제(프랑스), 대안투표제(오스트레일리아), SNTV제(일본 구 체제) 등 다수제 선거체제는 <표 9.1>의 맨 아래 그룹에 집중되어 있다. 같은 그룹에 속해 있는 헝가리의 경우는 앞서 지적한 바와 같이 1석 선거구 결선투표제, 전략적 투표행태, 5% 최소조건 등의 영향으로 혼합형 선거체제이면서도 비례수준이 극히 낮은 수준을 보이고 있다. 또한 프랑스(1986년), 노르웨이, 스페인, 그리스 등의 경우는 동트식이 작은 지역구 의석수(5-7석 규모), 높은 최소조건, 제1당 프리미엄 의석 등과 조합되어 낮은 비례성 보일 수 있다는 점을 나타내고 있다.[5] 선거체제 개혁 이후 일본의 사례(MM-I)는 비례의석 40%를 포함했지만 60%의 FPTP제가 비례성을 구 SNTV제보다 악화시킨 것으로 나타났다.

<표 9.2>에서 비비례지수 8.73인 한국(MM-I, 18% PR)을 기준으로 할 때, 오스트레일리아(AV), 캐나다(FPTP), 영국(FPTP), 프랑스(Runoff) 등 다수제 국가가 한국보다 낮은 비례성을 보이는 가운데 일본(MM-I, 37.9% PR)이 12.69의 비비례지수로 이 그룹에 포함되어 있다. 앞서 지적했듯이(제8장), 일본의 사례는 1996년 중의원 선거 이후 비례성이 지속적으로 악화되어 2014년 중의원 선거 결과만으로 비비례지수를 계산하면 19.87에 달할 정도이다.

<표 9.1>과 <표 9.2>를 비교하면, 미국과 인도가 각각 5.41, 17.76에서 2.43, 6.18로 2000년대 이후 비례성이 향상된 것으로 나타났다. 기본적으로 양대 정당이 경쟁하는 미국의 경우, 1946-1990 기간(표 9.1)에 1952년 하원 선거를 제외한 모든 하원 선거에서 승리한 민주당과 공화당의 의석 차이는 2000년대보다 훨씬 컸다. 1964년 하원 선거에서 민주당은 57.1%의 득표로 435석의 67.8%인 295석을 차지해 140석을 얻는 데 그친 공화당과 무려 155석의 차이를 기록한 예도 있었다. 2000년대 6번의 하원 선거에서 민주-공화 양당의 의석 차이는 평균 37석으로 크게 줄었고, 이 때문에 <표 9.2>에 반영된 미국의 비비

5) 그리스의 경우(그리스 1, 2)는 '강화된 비례대표제(reinforced PR)'에 따라 40~50석의 프리미엄(premium) 의석을 제1당에게 할당하기 때문에 비례성이 크게 왜곡된 사례이다. 아울러 1974, 1977, 1981, 1985 총선까지 사용된 그리스 2의 17% 최소조건은 비례성을 더욱 악화시킨 요인이라 할 수 있다. 1990년 채택된 새 선거체제는 다른 국가들의 예와 비슷한 전국 3% 최소조건 규정으로 변경하였으나 프리미엄 의석은 계속 유지되고 있다. Dimitras(1994), Gallagher 외(1995, 282-284, 표 11-3), 제6장 내용 등 참고.

례지수가 향상된 것이라 할 수 있다.

인도의 사례 역시 <표 9.1>에 포함된 1952-1984 기간에 1977년 하원 선거를 제외한 모든 선거에서 INC(Indian National Congress)가 최소 54.4%에서 최대 75.1%의 의석률로 지배적 정당의 지위를 유지했기 때문에 17.76이라는 높은 비비례지수가 나왔다. 반면 1996-2009 기간에 있었던 5번의 하원 선거 중 세 차례 연속 INC를 제치고 제1당을 차지한 BJP(Bharatiya Janata Party; Indian People's Party)의 득표력이 커지면서 제1당과 제2당의 평균 의석 차이가 약 45석으로 줄었기 때문에 <표 9.2>의 비비례지수가 크게 축소된 것으로 해석된다.

표 9.3 비례성 수준: 라이파트의 이론적 평가

비례성 수준	의석배분방식
상	헤어-LRS, 생 라그
중	드룹-LRS, 수정 생 라그
하	동트, 임페리알리-LRS

· 자료: Lijphart(1994, 159)

<표 9.1>과 <표 9.2>의 경험적 증거는 라이파트(Lijphart 1994, 159)가 이론적으로 평가한 비례제 의석배분 방식의 비례성 수준(위의 표 9.3)을 대체로 확인해 주고 있다.[6] 쿼타제 방식의 헤어, 드룹, 임페리알리 방식과 나눔수 방식의 생라그, 수정 생 라그, 동트 방식의 순서가 명확히 드러나지는 않지만, 지역구 의석수나 2층화된 비례구 등의 변수적 요인을 감안할 경우 라이파트의 이론적 평가에서 벗어나지 않는다. 즉 <표 9.1>에 나타나듯이, 수정 생 라그와 동트 방식의 비교는 지역구 의석수가 같은 스웨덴의 두 케이스를 통해 드러나는 경우이고,

6) 여기서 이론적 평가라 함은 비례성 수준의 결정적 변수로 작용하는 지역구 크기(의석수)나 그 외 다른 변수적 요인(의회의 총의석수)을 고려하지 않았다는 의미이다.

이탈리아의 두 케이스는 드룹과 임페리알리 쿼타 방식, 이스라엘의 두 케이스는 헤어식과 동트식의 차이를 각각 나타내 주는 예라 할 수 있다.

<표 9.1>에서 아일랜드와 몰타의 STV제 역시 지역구 의석수를 감안하면 중간형인 수정 생 라그나 드룹 쿼타 방식에 근접하는 비례성 수준을 보이고 있지만, <표 9.2>에 나타난 아일랜드의 비비례지수는 6.24로 인도의 FPTP제 지수보다 높게 나타났다. 제7장의 논의에서 지적했듯이, STV제가 후보 중심의 선거체제이기 때문에 정당투표가 현저히 줄어들 경우 비례성의 보장이나 예측이 어렵다는 반론을 상기할 필요가 있다.

2. 선거체제와 정당체제

선거체제와 정당체제가 상관관계를 가진다는 점은 경험적 사실로 받아들여져 왔지만, 상관성의 인과관계(causality)는 여전히 논란의 대상이 되고 있다. 다당체제가 비례대표제의 영향에서 비롯된 것인가? 아니면 다당체제로 인해 비례대표제가 채택된 것인가? 대개의 인과관계가 그러하듯, 다른 변수들이 함께 작용하기 때문에 이 문제에 대한 단정적 결론을 내리기는 어렵다. 따라서 인과관계의 측면 보다는 상관관계의 본질을 심도있게 살펴보는 것이 필요할 것이다.

우선 오랜 기간 논란의 대상이 되어 온 듀베르져(Duverger)의 법칙에서부터 논의를 시작하는 것이 순서일 듯하다. 듀베르져의 법칙은 선거체제의 제도적 효과(mechanical effect)와 심리적 요인(psychological factor)이 정당체제의 본질을 결정한다는 인과(因果)관계를 명백히 하고 있다(4장 내용 참고). 실제 그 '적실성(適實性)'에 관한 한 유보적 태도를 취하고 있지만, 사르토리(Sartori 1986), 라이커(Riker 1986), 블레이스와 카아티(Blais and Carty 1991) 등도 다른 변수의 개입이 없는 한 이 법칙의 '경향적(傾向的)' 타당성(妥當性)이 인정될 수 있음을 밝히고 있다. 즉 실제 양대 정당제가 성립되는 데 있어 1위대표제가 충분조건은 아니라는 점을 강조한다고 볼 수 있다.

선거체제가 충분조건이 아니라는 입장에서 사르토리(Sartori 1986, 58)는 다음 세 가지를 강조한다: 1) 양대 정당체제가 1위대표제에 의해 유지될 수는 있지만 그 형성은 구조적으로 공고한 정당체제와 결합됐을 때 장기적 과정을 거쳐 이루어진다; 2) 1위대표제를 채택하더라도 다른 사회적 균열구조(언어, 인종, 이데올로기 등을 중심으로 하는)가 존재하고 이러한 균열구조가 지역적으로 높은 집중도를 나타낼 경우 양대 정당체제의 성립은 불가능하다; 3) 1위대표제에서 비례대표제로의 전환이 이루어졌을 경우 (정당체제의 장애효과에도 불구하고) 새로운 원내 정당이 등장한다면, 그 실질적 원인은 1위대표제가 없어지면서 생기는 '부수효과(side effects)'에 의한 것이다.

이것은 선거체제 이외의 변수, 특히 선거체제 이전의 역사적 맥락에서 공고화된 정치적 균열구조에 비중을 두는 립셋과 로칸의 연구와 일맥상통하는 것이다.[7] 보통선거권이 확대되고 대의제 민주주의가 발전하는 과정에서 그동안 정당내에서 이루어졌던 엘리트 경쟁이 정당을 달리하는 경쟁으로 심화되었고, 이에 따라 이미 존재하던 정치적 균열구조가 정당체제로 자연스럽게 전환되었다는 것이 립셋과 로칸의 논지이다. 또한 그렇기 때문에 선거체제가 정당체제의 형성에 영향을 미쳤다기 보다는 오히려 이러한 변화와 유권자의 분포를 반영하는 차원에서 선거체제가 변화했다는 데 초점을 두는 주장이기도 하다.

요컨대 사르토리는 '경향적 법칙'으로 듀베르져의 '법칙성'을 완화

---

7) 립셋과 로칸은 정당체제의 형성에 영향을 미치는 정치적 균열구조로서 '사회적 관행의 도덕성을 중심으로한 교회와 국가,' '중앙집권적 국가와 지역적 전통,' '농업 등 1차산업 세력과 도시 상공업 세력,' '자본가와 근로자,' '민족주의 좌파세력과 사회주의적 국제주의 좌파세력' 등의 역사적 대립관계를 강조한다(Lipset and Rokkan 1967).

하는 한편, 선거체제 이외의 변수와 선거체제의 상호작용을 포괄적으로 일반화하였다. 즉 '감소효과', '장애효과', '부수효과' 등 선거체제적 효과를 역사적 맥락에서 형성된 정치적 · 사회적 균열구조와 연계시킴으로써 경험적 사실과 상관관계의 특징에 대한 설명력을 높여 주었다고 평가할 수 있다.

선거체제와 정당체제의 상관관계에 따른 시각에서 경험적 방법으로 접근해 볼 수 있다. 아래 [그림 9.1]은 각 국의 비비례 수준(X축)과 정당의 수(Y축)를 2차원적 공간에 나타낸 것이다. 여기서 정당의 수는 위 <표 9.1>에 있는 '효과적 정당의 수(effective number of parties)'를 말하며, 이는 경제학자 허쉬만(Hirschman, 1945)이 고안한 *HH*(Herfindahl-Hirschman) 집중지표(集中指標)를 사용해 의회내 의석점유율을 근거로 계산한 것이다(Laakso and Taagepera 1979; Taagepear and Shugart 1989, 77-91; 진영재 2000 등 참고).

$$N(\text{효과적 정당수}) = \frac{1}{HH} = \frac{1}{\sum P_i^2}$$

여기서 P_i는 각 정당의 득표율 또는 의석확보율을 말하며, *HH*는 0에서 1사이의 값을 가진다. 예를 들어 $N = 2.3$은 양대정당체제에 소규모의 제3정당이 있음을 암시하고, $N = 2.8$은 3당체제에 가까움을 표시한다. $N = 3.1$ 역시 3당체제를 표시하며, $N = 3.2$는 $N = 3.1$에 비해 좀더 분화된 정당체제를 의미한다.

아래 [그림 9.1]에서 우선 평면 I에 표시된 국가들은 높은 비비례 수준(5.0 이상)과 양대 정당(중심)체제로 특징지어진다. 평면 I에서 미국, 캐나다, 인디아, 뉴질랜드2 등은 FPTP제의 사용 사례이고, 오스트레일리아 역시 절대다수 선거체제인 대안투표제를 사용한다는 사실은 다수제가 양대 정당체제를 유도한다는 듀베르져의 법칙을 뒷받침하는 결과라 할 수 있다. 그리스2는 동트식 비례대표제이지만, 최소조건이 너무 높아 '강화된 비례대표제(reinforced PR)'라는 별칭을 얻을 만큼 1위대표제에 버금가는 비비례적 특성을 나타내기 때문에 평면 I에 위치한 것은 충분히 기대할 수 있는 결과라 할 수 있다(6장 내용 참고).

반면 평면 II에 나타난 국가들의 사례는 다당제적(多黨制的) 특성(2.5 정당 이상)과 높은 비비례 수준을 나타내는 경우이다. 한국, 일본1, 헝가리 등은 혼합형이지만 다수제적 특성이 강하기 때문에 비비례 수준이 높은 경우이지만, 제도적 효과 이외의 변수로 인해 다당체제가 유지되는 사례이다. 결선투표제인 프랑스1과 SNTV제인 일본2의 경우도 이와 비슷한 맥락에서 설명될 수 있다. 노르웨이3과 스페인은 선거구 크기(의석수)가 비교적 작은 동트식 비례대표제의 효과로 인해 비비례 수준이 평면 III의 비례제 국가들에 비해 높게 나타나는 예로 볼 수 있다. 영국의 경우는 평면 I과 II를 구분하는 선상에 위치한다는 사실이 나타내듯이 양대 정당체제가 위협받을 가능성이 크다고 할 수 있는 사례이다.

평면 III의 국가들은 비례대표제의 전형적 특징인 높은 비례수준과 다당체제를 보여주고 있다. 이들 국가들 간에 나타나는 정당수의 편차는 의석배정 방식의 비례수준의 차이에서 비롯되는 제도적 효과의 측면, 정치체제의 역사적 맥락에서 공고화된 정치적 균열구조의 영향이라는 측면 등을 함께 고려해 설명할 수 있다. 이스라엘, 스웨덴, 이탈리아 등 같은 국가가 의석배정 방식을 달리함에 따라 나타나는 비례수준과 정당수의 변화는 의석배정 방식과 비례성에 관한 경험적 정보를 보여주는 특별한 사례이다. 끝으로 평면 IV에 위치한 국가들은 비례제이면서도 양대 정당 중심의 체제가 공고화된 경우로 설명될 수 있다.

그림 9.1 〈표 9.1〉 43개 선거체제의 비례성과 효과적 정당수의 분포

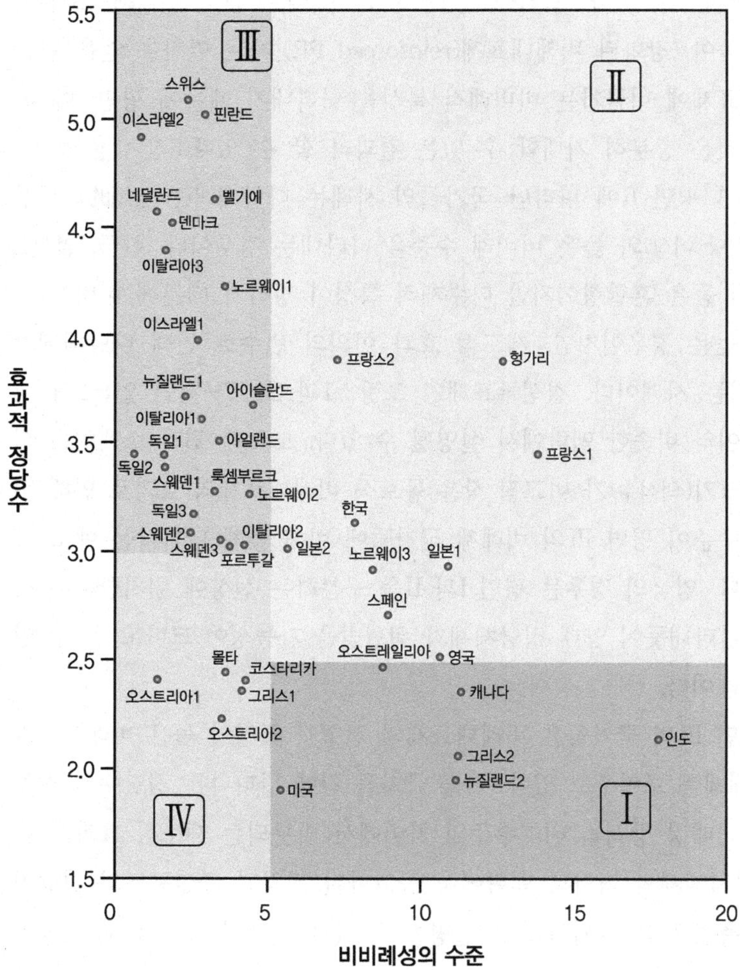

그림 9.2 〈표 9.2〉 44개 선거체제의 비례성과 효과적 정당수의 분포

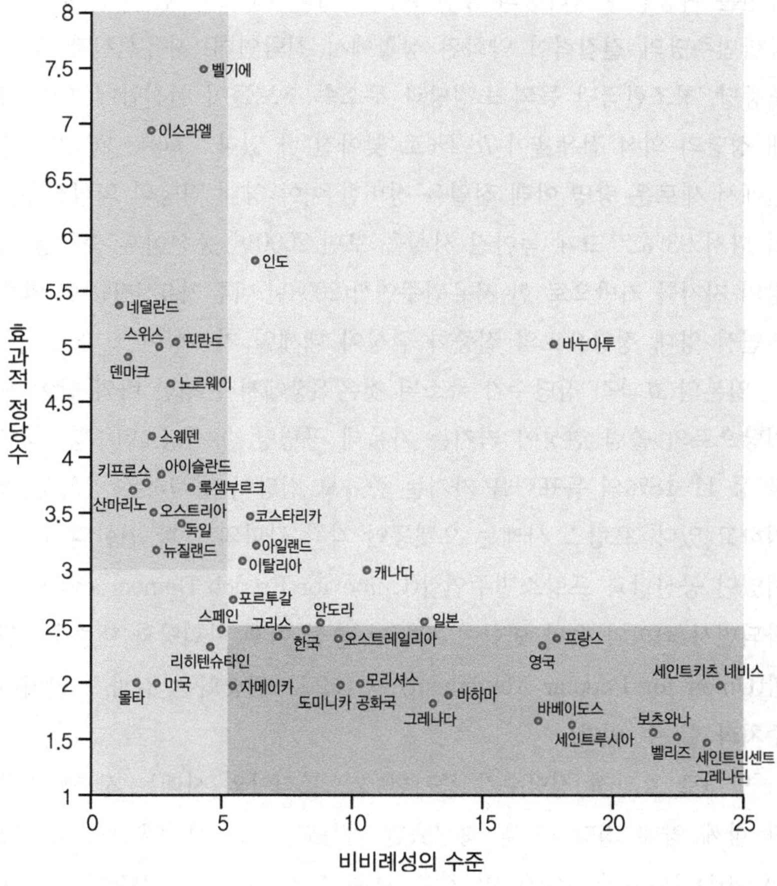

<표 9.2>에 기초한 [그림 9.2]에서 가장 눈에 띄는 변화는 한국, 일본, 프랑스 등의 효과적 정당수가 각각 3.16, 2.93, 3.45에서 2.52, 2.53, 2.38로 축소된 반면, 오스트리아, 캐나다, 인도 등은 각각 2.42, 2.37, 2.16에서 3.50, 2.99, 5.77로 증가했다는 것이다. 한국의 경우 2000-2012 동안의 3번(2000, 2004, 2012)의 총선에서 양대 정당이 90% 이상

의 의석을 차지하는 집중 현상이 반영된 결과라 할 수 있다. 2008년 총선은 여당인 한나라당의 공천 갈등이 격화되고 2007년 대선 패배 후 통합민주당의 결집력이 약화된 상황에서 친박연대, 자유선진당, 민주노동당, 창조한국당 등의 소정당과 무소속 후보들이 선전함에 따라 양대 정당의 의석 점유율이 78.2%로 낮아진 바 있다. 그러나 2012년 총선에서 새로운 당명 아래 전열을 정비한 여야 양대 정당의 의석점유율이 다시 93%로 크게 높아진 사실을 보면 2000년 총선이후 충청권 텃밭의 지지를 기반으로 한 자유민주연합(2008년 이후 자유선진당)이 약화되면서 양대 정당으로의 집중화 현상이 대세일 가능성이 크다.

일본의 효과적 정당수가 축소된 것은 8장에서 논의한 바와 같이 자민당으로의 쏠림 현상이 커지는 가운데 공명당, 유신당, 민주당, 공산당 등 11-18%의 득표력을 가지는 중규모 정당이 경쟁하는 양상을 반영하고 있다. 프랑스 사례는 오랫동안 각각 좌파와 우파 연합의 한 축이었던 공산당과 프랑스민주연합(Union for French Democracy)이 약화되면서 좌파와 우파 연합이 2002년 총선 이후 사회당과 대중운동연합(Union for Popular Movement) 중심으로 집중화된 결과가 반영된 수치라 할 수 있다.

반대로 효과적 정당수가 증가한 오스트리아의 사례는 사회민주당과 함께 양대 정당구도를 형성했던 기독교 민주, 보수계열의 국민당(Austria People's Party)이 같은 보수 우파 계열의 자유당(Freedom Party of Austria)과 지지기반을 나누어 가지게 된 것을 반영한다. 1986년 총선까지 9.7%의 득표율로 9.8%의 의석을 차지했던 자유당은 1999년 총선에서는 국민당보다 약 400표를 앞서는 26.9%의 득표율을 기록한 바 있다. 2000년대 들어 자유당은 2002년과 2006년 총선에서 10%대 초반의 득표율로 고전했지만 2013년 총선에서 20.5%의 득표율로 다시 당세를 회복했다. 이 2013년 선거에서 사회민주당과 국민당은 각각 26.8%와 24.0%를 득표했는데 이는 1986년 총선에서 두 정당이 각각 43.1%와 41.3%를 득표했던 것과 대조를 이룬다. 녹색당이 12.4%의 득표율로 제4당이 된 것 역시 효과적 정당수의 증가에 일부 영향을 주었을 것이다.

캐나다의 효과적 정당수가 증가한 것은 1993년 진보보수당(Progressive Conservative)의 총선 참패 이후 13년 간 계속된 자유당 정부가 2006년 총선에서 보수당에 제1당을 내주면서 제1당의 의석 점유율이 낮아진 데서 비롯되었다.[8] 즉 자유당과 보수당의 의석 점유율이 낮아진 반면 퀘벡블록, 신민주당(New Democratic Party), 녹색당 등의 의석 점유율이 늘면서 2.99까지 증가한 것으로 보인다. 같은 맥락에서 인도의 사례 역시 양대 정당인 INC(Indian National Congress)와 BJP(Bharatiya Janata Party; Indian People's Party)의 의석 점유율이 50%대로 낮아지고 공산당, 사회당(Samajwadi Party) 등과 여러 지역 정당들의 의석 점유율이 늘어난 것이 반영되었다고 볼 수 있다.

Ⅱ. 정치적 안정과 책임정치의 실현

비례대표 선거체제에 대한 비판론은 높은 비례성은 곧 '정치적 불안'이라는 등식을 고정관념으로 받아들여 왔다. 여러 정당이 참여해야 하는 연립정부의 속성상 정부의 변화가 빈번할 수밖에 없다는 논리이다. 또한 같은 맥락에서 정당 지도자들 간의 밀실합의에 의해 정부가 구성되기 때문에 비민주적이고 정책 공약의 실천이나 국정운영에 있어 책임 소재가 불분명해진다는 점을 강조한다. 과연 비례성과 효율성·안정성은 동시에 추구될 수 없는 상반된 가치인가? 정부의 수명

---

8) 참고로 캐나다의 보수당은 2003년 진보보수당과 보수개혁연합의 합당으로 출범한 정당으로 2006년부터 2015년 자유당에 정부를 내줄 때까지 집권하였다. www.electionresources.org 검색 참고.

(longevity), 연립정부의 형성의 민주성, 공공정책 수행능력 등의 측면에서 이 문제에 접근해 볼 수 있다.

1. 정부의 수명

1위대표제 등의 다수제 선거체제가 비비례성에 따라 '만들어진 절대다수(manufactured majority)'를 형성함으로써 단독 정당에 의한 정부구성에 유리한 것은 사실이다. 아래 <표 9.4>가 나타내듯이 영국의 경우 2차 대전 이후 1992년까지 총 19번의 정부구성 중 18번(94.7%)이 노동당 또는 보수당 단독의 정부구성이었다는 점이 이를 잘 표현해준다. 하지만 정부구성의 성격을 떠나 정부의 수명이라는 측면에서 볼 때, 영국의 경우는 평균 약 2년 반으로 비례제를 사용하는 다른 다섯 나라(아이슬란드, 아일랜드, 오스트리아, 네덜란드, 룩셈부르크)보다 짧게 나타나고 있다.

'정부의 수명'이 곧 '정치적 안정'이라는 등식에 이의가 있을 수 있지만, 정부의 수명이 정치적 안정을 나타내는 하나의 지표가 될 수는 있다. 1위대표제가 정부의 수명을 길게 하는 데 긍정적 효과를 나타낸다는 점을 부정하기는 어렵다. 특히 양대 정당체제를 유지하고 안정적 '절대다수'를 확보하는 데 1위대표제는 절대적 우위를 나타낸다. 하지만 연립정부의 수명도 충분히 1위대표제 국가에 버금갈 수 있으므로 꼭 1위대표제만이 정치적 안정을 촉진한다고 결론을 내리는 데도 무리가 따른다고 볼 수 있다(Gallagher 외 1995, 327-328).

표 9.4 현대 유럽의 정부 형태: 1945년~1992년

국가	정부구성수						
	1당다수	최소승리연정	다수연정	1당소수	소수연정	과도정부	계
오스트리아	1	10	1	3	3	0	18
벨기에	3	21	8	2	1	2	37
덴마크	0	3	0	14	10	0	27
핀란드	10	7	2	13	3	4	39
프랑스	1	5	38	2	5	2	53
독일	0	14	6	1	0	3	24
아이슬란드	0	16	1	2	0	0	19
아일랜드	7	5	0	4	2	1	19
이탈리아	0	2	26	11	8	4	51
룩셈부르크	0	14	1	0	0	0	15
네덜란드	0	7	10	0	0	0	17
노르웨이	6	3	0	10	4	0	23
스웨덴	3	5	0	12	2	0	22
스위스	0	3	44	0	0	0	47
영국	18	0	0	1	0	0	19
총계	49	115	137	75	38	16	430
비율(%)	11	27	32	17	9	4	100

· 자료: Gallagher 외(1995, 319)

2. 연립정부: 민주성 · 정치적 안정 · 정책적 일관성

1위대표제가 유도하는 의회의 '절대다수'가 실제로는 소수 유권자의 대표라는 근본적 문제점이 '정치적 안정'을 오히려 해칠 수 있다는 점도 흔히 지적된다(Farrell 1997, 156). 즉 FPTP제의 제도적 · 심리적 효과가 만들어내는 절대다수는 실질적으로는 절대다수 이상이 지지하지 않았다는 것을 염두에 두어야 하지만, 비례제의 경우 대개 55% 내지 75% 정도의 실질적 다수가 지지한 정당이 연립정부를 구성하기 때문에 오히려 정치적 안정에 유리하다고 할 수 있다.

1위대표 선거체제가 유도하는 '절대다수'가 공약을 실천하고 국정운영의 책임 소재를 명백히 하는 데 유리하다는 점은 널리 인정된다. 하지만 이 책의 서두에서 선거의 역설적 본질을 지적하였듯이, 다수 유권자의 선호도의 종합(선거결과)이 3승 규칙 등 FPTP제의 증폭효과 때문에 일관성과 투명성을 가질 수 없는 것과 비교하면, 비민주적 '밀실야합'이라고 부르는 연립정부의 형성 과정은 오히려 투명성을 가진다고 볼 수 있다. 우선 비례선거체제의 경우 선호도가 그대로 반영되기 때문에 일관성과 투명성을 가질 수 있다. 또한 유권자들이 비례제의 특성상 연립정부의 불가피성을 인지하는 것이 일반적이다. 즉 연립정부의 파트너가 어떻게 짜여 질 것인가를 대개 인지한 상태에서 투표하기 때문에 결국 '투표자에 의한 정부구성'이라고 할 수 있다(Gallagher 외 1995, 303).

더구나 이러한 연립정부의 형성이 일반적으로 정책의 '연속성'을 유지하는 데 효과적이라는 연구결과가 있다(Lijphart 1984). 따라서 정부의 교체에 따라 정책이념과 기조가 극단적으로 변화하는 것을 막아 오히려 정치적 안정에 도움을 준다는 주장에 주목할 필요가 있다. 독일의 경우 1949년 이후 2013년까지 기민-기사당 단독, 기민-사회당 대연정, 사회-녹색당 연정 등의 기간(1957-1961; 1966-1969; 1998-2005)을 제외한 모든 연립정부에 자유민주당(Free Democrats)이 참여하였기 때문에 기민당과 사회당 정부로 변화하는 과정에서도 정치적 안정과 국가정책이 중도적 연속성을 유지했다고 볼 수 있다.

반대로 1위대표제 등 다수제는 '승자전취(勝者全取; winner-take-all)'의 선거결과가 보통이기 때문에 날카로운 대립과 갈등이 심화될 뿐 아니라 국가정책이 일거에 변하는 데 따른 부작용이 크다고 할 수 있다. 영국 양대 정당정치의 적대적 성격 때문에 영국의 국가정책 기조는 매우 급격히 변화되는 양상을 보였다(Finer 1975). 1997년 총선에서 보수당은 343석 중 절반이 넘는 의석(178석)을 잃었고 노동당은 145석을 추가해 총의석의 63.4%인 418석으로 18년 만에 정권을 되찾았다. 캐나다 보수당은 1988년 선거에서 43%의 득표로 절대다수를 크게 상회하는 169석을 차지했었으나 다음 선거(1993년)에서는 16% 득표에 2석만을 얻는 데 그쳤다. 영국이나 캐나다의 이러한 예처럼 정치적 변동의 폭이 큰 가운데서 정책적 일관성을 유지하기란 대단히 어려운 일일 것이다.

3. 1위대표제와 다당체제의 부조화: 한국과 영국의 예

비례성과 정치적 안정이 상반된 가치라는 주장에는 설득력 있는 반증이 따른다. 물론 1위대표제의 제도적 · 심리적 효과에 의해 양대 정당체제가 유지되는 경우라면 1위대표제가 곧 정치적 안정이라는 등식이 어느 정도 설득력을 가진다. 하지만 1위대표제의 이러한 효과에도 불구하고 경쟁력 있는 제3당, 제4당이 등장하는 다당체제가 유지될 경우, 1위대표제는 비비례적 특성, 소수대표의 문제, 지역선거구 위주의 의원활동 등과 복합적으로 작용하여 오히려 정치적 안정을 해칠 가능성이 크다.

영국의 경우 2.5 정당체제라는 표현처럼 노동 · 보수 양대 정당체제에서 자유민주당, 스코틀랜드, 웨일즈, 북아일랜드 등의 지역정당이 경쟁하는 체제이다. 일부 선거에서 양대 정당이 의회 내 절대다수를 차지하지 못하는 문제는 있었지만, 2001년 총선까지는 양대 정당이 대개 70-75%의 득표로 90-95%의 의석을 차지하면서 단일 정당 정부의 안정성을 유지해 왔다.[9] 일례로 양대 정당이 70.0%를 점유한 1983년 총선에서 자유・사민 연합은 노동당에 불과 2.2% 뒤지는 25.4%의 득표를 하고도 실제 의석은 3.5%(23석)에 그쳐 FPTP제의 피해를 여실히 실감했었다. 하지만 2005년 총선 이후에는 양대 정당의 득표율이 68%에 미달하는 가운데 자유민주당과 지역정당의 경쟁력이 강화되면서 단일 정당의 안정적 절대다수 형성이 점차 어려워지고 있다.

양대 정당이 65.1%의 득표 점유율을 기록한 2010년 총선에서 자유민주당은 노동당의 29.0% 득표율에 6.0% 뒤지는 23.0%의 득표율로 57석을 차지하였고 총 650석 가운데 306석을 차지한 보수당과 연립정부를 구성할 수 있었다. 2015년 총선에서는 스코틀랜드국민당(SNP; Scottish National Party)이 불과 4.7%의 득표율로 무려 56석(8.6%)을 차지하여 제3당의 위상을 확보하였다. 물론 2010년 선거에서 제3당으로서 보수당의 연정 파트너였던 자유민주당(Liberal Democrat)은 7.9%의 득표율로 8석(1.2%)을 얻는 데 그쳤기 때문에 이러한 추세가 지속될지는 미지수이지만, 노동-보수 양대 정당의 득표율은 67.3%로 2005년 총선 이후 계속해서 68%에 미달하는 최근 추세를 이어갔다. 이렇듯 제3, 제4의 정당이 영국의 정당체제에서 연합 잠재력(coalition potential)을 증가시키는 추세가 이어진다면, 전통적인 양대 정당체제의 안정성이 흔들리고 2011년 자유민주당과 보수당의 합의로 대안투표제로의 개혁을 위한 국민투표가 있었듯이 FPTP제에 대한 개혁 압력이 가중될 가능성이 크다.[10]

2004년 17대 총선까지 한국의 경우는 다정당체제에 가까웠다. 앞서

---

9) 어느 정당도 의회의 절대다수를 차지하지 못하는 소위 '의회의 정체(停滯)(hung parliament)' 문제가 1910년에 두 번, 1923년, 1929년, 1974년 2월 등 다섯 번의 선거에서 발생한 바 있다. 1950년, 1964년, 1974년 10월 선거에서 노동당은 승리는 했지만 절대다수를 초과한 의석이 3-5석에 그쳤고, 결국 1976년에는 자유당과 '자유-노동 협정(Lib-Lab pact)'에 의지해 정부를 유지해야 했다.

10) 정당체제의 안정성과 연합 잠재력 등에 대한 논의는 Ware(1996, 148-149) 참고.

제3장과 제4장에서 논의한 바와 같이, 한국의 '효과적 정당수'는 1996년 15대 총선 득표를 기준으로 4.5 정당, 의석을 기준으로 3.2 정당에 가까웠는데 이는 '지역주의적 투표행태'와 무관치 않았다. 즉 한국정치의 특별한 변수라 할 수 있는 지역주의적 투표행태와 인물중심 정당구조로 인해 1위대표제의 '감소효과'가 나타나지 못한 것으로 분석할 수 있다(Taagepera and Shugart 1989, 77-91). 한국에서의 1위대표제는 '듀베르져의 법칙성'에서 벗어난 예외적 사례로 보였다.

이러한 현실에서 2004년 이전까지 '여소야대(與少野大)'는 한국에서 당연한 현상으로 받아들여졌다. 1위대표제로 약 84%의 지역구 의원을 선출하는 선거체제와 지역주의적 투표행태의 결합은 결국 선거에 의해 '만들어진 다수' 조차 형성하기 어렵게 만들었다. 당시 국정을 책임지는 '절대다수'를 형성하기 위해 여당은 타당 의원의 당적을 바꾸는 편법에 의지했다. 국회 내 다수당보다는 대통령을 배출한 정당이 이러한 편법의 행사에 있어 우위를 점했다. 연립정부의 형성은 1위대표제에 익숙한 한국 정치인의 행태 규범(norm)과는 거리가 멀었고, 한국정치는 제도와 행태의 부조화를 내포하고 있었다. 1위대표제이면서도 1위대표제의 효과나 정치적 결과는 얻지 못한 반면, 1위대표제의 부작용으로 받아들여지는 대립의 정치행태는 그대로 나타나 정치적 긴장과 불안이 되풀이 되었다. 결국 당시 한국정치는 '다수제는 정치적 안정'이라는 등식을 뒷받침하는 증거가 될 수 없었다.

2004년 17대 총선 이후 충청권을 기반으로 한 자유민주연합이나 자유선진당(18대, 19대 총선)이 득표력의 한계를 보이면서 집권 여당이 세 차례 계속해서 의석의 50%를 넘기는 선전을 해왔고, 이 과정에서 효과적 정당수 역시 2012년 19대 총선 이후 2.28(의석 기준) 정당으로 축소되는 양상을 보였다. 영남과 호남 지역 기반을 중심으로 하는 양대 정당체제의 흐름이 계속 이어질 것인가는 미지수이다. 문제는 한국

정치에서 새롭게 형성된 양대 정당체제가 정치적 안정으로 이어지지 못하고 있다는 것이다. 여당이 의회 내 다수를 점유하면서도 한국의 정당정치는 제도와 행태의 부조화를 당연한 전통처럼 답습하고 있다.

겉은 미국인데 속은 벨기에와 같은 형편이고, 제도는 1위대표제 중심의 선거체제, 승자전취의 다수형(majoritarian model) 민주주의이지만, 양대 정당체제에서도 라이파트가 말하는 합의형(consensus model) 민주주의 행태가 지배하고 있다(Lijphart 1984, 23-30). 더욱이 여야의 합의제적 운영 역시 전혀 제도화의 수준을 논할 만한 단계에 이르지 못하고 있다. 여전히 대립의 정치행태와 비생산적 정치가 계속되고 있는 상황에서 현행 MM-I 혼합형 선거체제에 대한 개혁 압력도 만만치 않을 전망이다.

4. 소결론: 비례성과 정치적 안정

비례성과 정치적 안정이 상반된 가치라는 주장은 설득력을 가지지 못한다. 정부의 수명, 연립정부의 형성과정, 연립정부의 정책수행과 국정운영의 연속성 등은 오히려 비례성과 정치적 안정이 동시에 추구될 수 있는 가치임을 뒷받침하고 있다. 더구나 1위대표제의 부작용이라 할 수 있는 지역적 투표블록 현상, 정치체제내의 전통적 균열구조와 같은 비제도적 요인 등에 의해 1위대표제의 제도적·심리적 효과가 상쇄되어 양대정당체제가 붕괴될 경우 오히려 정치적 안정을 크게 해치는 결과를 가져올 수 있다. 민주주의 국가들에 대한 종합적 평가를 바탕으로 하는 라이파트의 결론 역시 이러한 결론을 뒷받침하고 있다: "비례대표제가 1위대표제 보다 선호될 수 있는 이유는 한편으로는 대표성을 더 잘 보장하면서도 1위대표제에 버금가는 공공정책의 수행능력을 제공하기 때문이다"(Lijphart 1994, 8).

Ⅲ. 선거체제의 개혁과 선택

1996년 기준으로 형식상 선거체제를 갖춘 140개 국가 중 1위대표제를 채택한 나라가 58개국이고 비례대표제를 사용하는 나라가 56개국으로 일견 거의 대등한 선호도를 보이고 있다(Blais and Massicotte 1996, 115).[11] 하지만 2차대전 이후 변함없이 민주주의 체제를 유지한 21개국에 국한했을 경우 1위대표제를 사용하는 나라는 영국, 미국, 캐나다 등 3개국에 지나지 않고, 또한 앞서 지적한 대로 지난 1990년대의 대대적인 민주화 과정에서 1위대표제를 채택한 나라가 한 나라도 없다는 사실이 시사하는 바가 크다.

라이파트는 "비례대표제가 이 시대의 규범이고; 1위대표제와 절대다수대표제는 예외이다(PR is today's norm; plurality and majoritarian methods are the exception)"라고 주장한다(Lijphart 1984, 428). 파렐은 모든 나라가 결국 "비례대표제의 한 형태(a version of list PR)"를 가지게 될 것이라고 예상하고 있다(Farrell 1997, 84). 하지만 이렇듯 경험적 사실이나 추세가 분명히 비례대표제의 독주를 나타내는 가운데서도 1위대표제의 제도적 관성은 변함없이 힘을 발휘하고 있다. "익숙함 속에서 안정이 자란다(familiarity breeds stability)"는 원칙을 따르는 현상유지론이 특히 영국, 캐나다, 미국 등 1위대표제 국가에서는 여전히 주류의 위상을 유지하는 것으로 평가된다(Taagepera and Shugart 1989, 218). 1위대표제가 지배적인 한국에서도 선거체제 개혁의 움직임은 많았지만, 1위대표제에 대한 '익숙함'을 포기하기는 어려웠다.

---

11) 나머지 26개국은 혼합선거체제를 사용하는 나라로 분류된다. 블레이스와 매시코트가 한국의 경우를 일위대표제로 분류한 것을 혼합체제로 바로잡은 수치이다.

선거체제의 변화는 이론적 근거에서 비롯된다기보다는 정파간의 사활을 건 파쟁의 결과라 할 수 있고, 따라서 변화 자체가 총체적으로 선거체제의 설계를 바꾸기 보다는 이쪽 저쪽 타협이 가능한 부분을 땜질하는 형태가 일반적이었다(Norris 1995, 4). 또 현행 선거체제에서 이득을 보는 정당(대개 다수당)보다는 불이익을 보는 정당이 선거체제 개혁의 중추세력을 자임하는 까닭에 선거체제의 변화는 다수당 현역 의원의 이익에 위배되지 않을 경우에만 가능하다는 논리가 성립된다. 선거체제는 정치체제의 다양한 하위체제 중 그나마 가장 손대기 쉬운 부분임에도 불구하고, 선거체제 개혁에 대한 전망이 늘 회의적일 수밖에 없었던 이유도 바로 이러한 제도적 보수주의(institutional conservatism) 때문이라 할 수 있다.

하지만 1990년대 들어 이탈리아, 일본, 뉴질랜드 등 세 나라의 선거체제 개혁은 상당한 반향을 불러일으켰고, 비례성의 문제를 보완하기 위한 독일의 개혁은 특별히 주목을 끌고 있다. 우선 선거체제의 문제점에 대한 국민적 인식이 예전 같지 않다고 할 수 있다. 매스 미디어의 영향으로 대중이 선거체제에서 비롯되는 정치적 문제점을 비교적 정확히 인식하게 되었고, 선거체제를 바꿔야 정치가 변한다는 단순하지만 강력한 메시지가 더욱 힘을 발휘하게 되었다. 즉 선거체제의 제도적 이득을 집권 엘리트가 독점함에 따라 정치체제의 내적 긴장이 야기되고, 결국 선거체제가 이들 엘리트의 이익을 보호하는 수단이자 전유물로 인식될 경우 이제는 정치권 밖에서도 개혁 논의가 활성화될 만큼 정치 커뮤니케이션의 구조가 변화되었다고 볼 수 있다.

8장에서 살펴본 뉴질랜드의 개혁과정이 특별히 정치 커뮤니케이션이 활성화된 사례라 할 수 있다. 제3당인 사회신용당의 등장 이후 나타난 FPTP제 특유의 비비례적 특성(특히 1978년과 1981년 총선의 경우)이 선거체제의 문제점을 심각하게 부각시켰고, 이러한 가운데서 양대 정당인 국민당과 노동당의 기회주의적 행태와 미온적 개혁 노력은 오히려 국민적 반감을 불러 일으켰다(Boston 외 1996, 137 참고). 이 과정에서 1993년 결성된 '보다 나은 정부를 위한 운동(the Campaign for Better Government)' 등 시민단체들은 두 차례의 국민투표를 통해 선거체제의 근본적 변혁을 이루는 데 핵심적 역할을 수행하였다(ibid. 138).

뉴질랜드의 경우도 어느 정도 유사점을 공유하지만, 특히 일본과 이탈리아의 선거체제 개혁의 발단에서는 현상유지적 집권세력의 정치적 약화를 발견할 수 있다. 이러한 정치적 약화의 원인으로는 그동안 유지되어 오던 선거구도의 변화에 따른 득표력의 약화와 정치적 스캔들의 파장에서 오는 정치와 정치인 전반에 대한 불신을 들 수 있다. 이 두 가지 원인이 밀접하게 상호작용하면서 정치체제 전반에 긴장을 조성하게 되었고, 궁극적으로는 선거체제를 정치적 희생양으로 삼는 개혁으로 이어졌다. 일예로 일본의 경우 다케시타 전 수상이 1988년 리쿠르트 스캔들의 소용돌이를 벗어나기 위해 선언한 정치개혁이 결국 본격적인 선거체제 개혁의 발단이었고, 미야자와 전 수상이 가네마루의 부패 스캔들에서 비롯된 정치적 위기를 타개하기 위해 SNTV제를 문제 삼으면서 선거체제 개혁은 돌이킬 수 없는 사실이 되었다(8장 내용 참고).

1990년대에 들어 선거체제의 개혁을 이룬 뉴질랜드, 일본, 이탈리아의 예는 선거체제의 근본적 개혁이 물론 어렵긴 하지만 충분히 이룰 수 있는 목표라는 인식을 확산시키는 계기가 되었다. 영국, 캐나다 등 비비례적 특성으로 인한 정치적 문제점이 심화된 FPTP제 국가에서 특히 개혁 논쟁이 심화되고 있고, 2016년 총선을 앞둔 한국의 경우도 중앙선거관리위원회의 안을 중심으로 선거체제 개혁 논의가 활발했다. 하지만 문제는 개혁을 위한 개혁이 될 수 있는 여지가 많다는 것이다.

특히 정치전략적 당리당략과 기득권 세력의 논리가 개혁과정을 지배할 수 있다는 우려가 크다.

선거체제의 개혁은 선택의 문제이다. 흥미로운 사실은 선거체제 분야의 저명한 학자들의 처방(處方)이 일치하지 않는다는 점이다. 사르토리, 블레이스와 매시코트 등은 선택의 명시성을 제공한다는 점과 정치적 안정을 이끄는 데 유리하다는 점을 높이 평가하면서 결선투표제에 대한 선호도를 밝히고 있다(Sartori 1994, 63; Blais and Massicotte 1996). 이와는 다른 시각에서 라이파트는 2층화된 비례제나 혼합형을 추천하고 있고, 던리비와 마게트는 FPTP제와 비례제의 혼합 선거체제를 선호하는 입장을 나타내고 있다(Lijphart 1994, 145; Dunleavy and Margetts 1995, 27). 또한 타게페라와 슈가트, 파렐 등은 높은 비례성, 유권자 선호도의 반영, 후보자 중심의 선거체제, 지역대표성 등을 강조하면서 STV제를 선호하는 입장을 밝히고 있다(Taagepera와 Shugart 1989, 236; Farrell 1997, 168).

이들 학자들이 선호하는 선거체제가 다른 이유는 물론 어떤 장점과 단점을 중요시하느냐의 차이 때문이지만, 한편으로는 어느 한 국가의 정치체제에 잘 조화될 수 있는 선거체제를 선택하는 데 있어 이론적 처방의 한계를 나타낸다고 볼 수 있다. 선거체제의 선택은 백지에 그림을 그리는 것이 아니라, 이미 존재하는 정치적 현실을 밑그림으로 둔 상태에서 새로운 그림으로 만들어 가는 작업이라 할 수 있다. 위의 여러 학자들은 서로 다른 밑그림을 보고 있었다고 할 수 있다.

달리 비유하자면 선거체제의 선택은 정치체제의 병(病)을 치료하는 약(藥)의 선택과 같은 것이다. 물론 만병통치약(萬病通治藥)은 없지만, 특유의 약효(藥效), 즉 선거체제의 제도적 효과는 충분히 검토되었다. 정치체제의 현실적 문제점을 정확히 '진단(診斷)'하고, 정치체제가 지향하는 바가 무엇인가를 명확히 한 후에야 비로소 최선의 처방(處方)

은 가능한 것이다.

선거체제의 개혁은 '민주화의 완결과정'이기도 하다(Norris 1995, 7). 선거체제 개혁은 정치체제 전반에 나타나는 문제점을 짧은 기간에 극복하고 한 차원 높은 수준의 민주적 정치체제를 이루는 계기가 될 수 있기 때문이다. 물론 선거체제를 선택하는 작업에 선행하여 선거체제 개혁을 통해 '구체적으로 무엇을 얻고자 하는가'에 대한 대승적 합의가 이루어지는 경우를 상정하는 것이다.[12] 문제는 정치세계의 행태적 현실이 그러하지 못하다는 것이다. 정략적으로 유리한 선거체제를 미리 정해 놓고 거꾸로 목표를 설정하는 스타일의 개혁(改革)은 개악(改惡)의 여지가 많아 오히려 아니함만 못할 것이다. 약의 오용(誤用)이 부작용을 초래하는 것과 같은 이치이다.

12) 1986년 뉴질랜드의 '선거체제 개혁을 위한 왕립위원회'가 비록 추상적 내용이긴 하였지만 10대 목표와 기준을 설정하고 선거체제 개혁을 시작한 것은 모범적 사례라 할 수 있다(8장 내용 참고).

개방형 명부제(open list system) 개방형 명부제는 명부식 비례대표제에서 사용되는 당선과 입후보 방식으로 당선 순위의 결정에 투표자의 선호도를 반영하며, 투표자가 당선 순위에 미치는 영향의 정도에 따라 최소 개방형, 중간 개방형, 최대 개방형으로 구분된다. 최소 개방형은 투표자가 정당이나 특정 후보자에게 1표를 행사할 수 있으나 대부분의 경우 정당이 제출한 명부 순위에 따라 당선 순위가 결정되기 때문에 후보자에 대한 투표자의 선호가 제한적으로 반영된다. 중간 개방형은 투표자가 정당이 제시하는 여러 후보자 중에서 1인을 선택하여 투표하며, 후보별 득표 순서에 따라 정당의 당선자가 결정되기 때문에 후보자에 대한 투표자의 선호가 당선에 지배적 변수로 작용한다. 최대 개방형은 투표자의 선호를 가장 많이 반영하는데, 투표자는 의석수만큼 주어지는 투표권의 전부 또는 일부를 한 정당의 특정 후보자에게 행사할 수 있으며, 나아가 투표자의 선호에 따라 정당에 구분 없이 후보자의 선호를 표시할 수 있다.

결선투표제(runoff) 결선투표제는 1차투표와 2차 결선투표를 실시하여 당선자를 결정하는 선거체제이다. 1차 투표에서 50% 이상을 득표한 후보자가 있는 경우에는 이 후보자가 당선자로 결정되지만, 그렇지 않은 경우에는 1차투표의 순위나 득표율에 따라 상위 2인 또는 소수의 후보자가 결승라운드에 진출해 최종 당선자를 결정한다.

게리맨더링(Gerrymandering) 게리맨더링은 1812년 미국 매사추세츠 주지사였던 게리(Elbridge Gerry)가 자신이 돕던 후보들의 당선을 위해 불도마뱀(salamander)처럼 구불구불하면서 좁고 긴 형태의 선거구를 고안한 것을 빗대어 상대후보들과 언론인들이 게리의 맨더(Gerry's Mander)라고 부른데서 비롯된 용어이다. 게리맨더링이란 정당 지지표의 효율성을 극대화하기 위해 선거구의 경계를 조작하는 행위를 의미하며, 기본 전략은 패배를 전제로 소수 선거구를 완벽하게 포기하는 대신에 다수 선거구의 승리를 유도하기 위한 선거구 획정이다.

나눔수제(divisor system) 나눔수제는 명부식 비례대표제에 적용되는데, 각 정당의 득표수를 미리 정해진 일련의 나눔수(divisor)로 나누어 몫이 큰 순서대로 의석을 배분하는 방식이다. 동트식의 경우 나눔수는 실제 의석수에 1을 더하게 되며, 이 경우에 몫(a)은 그 의석수를 얻는 데 필요한 평균득표수의 의미를 가진다. 나눔수제라는 용어 대신 최고평균법(highest average)이라고 부르기도 하며, 나눔수제에는 동트식, 생 라그식, 수정 생 라그식이 있다. 나눔수제 동트식의 공식은 다음과 같다.

$$a = \frac{v}{s+1}$$; a는 몫, v는 득표수, s는 배분된 의석수

내쉬 방법(Nash method) 내쉬 방법은 후보자에 대한 투표자의 효용성을 적용하는 투표 방법이다. 이 방법은 각 대안에 대한 투표자 선호의 효용성(cardinal utility)을 측정한 후 이 효용성을 모두 곱하여 가장 높은 점수를 얻은 대안을 1위로 결정한다.

다석 선거구(multi-member district) 다석 선거구는 1석 선거구와 대조되는 개념으로 선거구의 의석수가 2석 이상임을 의미한다. 다석 선거구는 명부식 비례대표제와 STV제에서 사용되는 것이 보통이지만, 다수제인 SNTV제나 제한투표제의 경우도 다석 선거구를 사용한다.

단기비이양 선거체제(*SNTV*; single non-transferable vote) 단기비(非)이양 선거체제는 1994년까지 일본 하원(중의원) 선거에서 사용하던 선거체제로써 다석(3~5석)선거구에서 다득표순으로 당선을 확정하는 방식이다. 투표자에게 선거구의 크기(의석수)에 따라 여러 명의 후보자에게 투표할 수 있는 제한투표제와는 달리 가장 선호하는 후보자에게 1표를 던질 기회만을 투표자에게 부여한다. 한국의 4, 5공화국 당시 활용된 이른바 중선구제(2인 선거구)역시 일종의 SNTV제인데 2인 선거구 SNTV제는 비례성을 높이기 어려울 뿐만 아니라 대개 집권 여당의 의회 내 다수 의석 확보를 위한 비민주적 정략에서 비롯될 가능성이 크다.

단기이양식(*STV*; single transferable vote) 단기이양식은 의석 산정에 이용되지 못한 표를 투표자가 표시한 선호 순위에 따라 차선호 순위의

후보자에게 이양하여 당선자를 결정하는 방식의 선거체제이다. 단기이양식 선거체제는 현재 아일랜드에서 사용되고 있는데, 당선자를 결정하기 위해서는 먼저 투표수와 의석수를 기준으로 드룹 쿼타를 산출하고, 이 드룹 쿼타에 도달한 후보자가 당선된다. 만약 드룹 쿼타에 도달한 후보자가 없는 경우에는 다음 선호 순위의 후보자에게 최소 득표자의 표를 차례로 이양하여 산출한다.

대리인(principal-agent) 대리인(代理人)이란 의회와 의원이 어떤 일을 해야 하느냐라는 문제에 비중을 두는 대표(representation)의 개념이다. 대리인의 대표 개념은 의원 활동의 성격에 따라 크게 두 가지로 나뉘는데, 하나는 '의원은 이익의 대리전달자로서 자신을 선출해 준 선거구민에게 봉사해야 한다'는 파견인(delegate) 개념이고, 다른 하나는 '의원은 재량권과 객관적 판단력을 가지고 양심에 따라 의회 활동을 해야 한다'는 수탁자(trustee) 개념이다.

대안투표제(alternative vote system) 대안투표제는 절대다수 득표자가 없을 경우 최소득표자의 차(次)선호 대안을 반영한다는 의미에서 붙여진 이름으로 현재 오스트레일리아 하원과 아일랜드 대통령 선거에서 사용되는 절대다수대표제의 일종이다. 대안투표제는 선호 순서를 표시한다는 의미에서 선호투표제, 또는 절대다수제의 변형이라는 의미에서 절대다수-선호투표제라고도 한다.

대중주의(populism) 선거관 대중주의는 선거 결과를 국민 의지의 형성이자 공공선의 객관적 구현으로 평가한다. 즉 이 국민의지가 곧 자유를 구현하는 것이기 때문에 다수의 의견은 반드시 옳고, 따라서 올바른 것으로 받아들여져야 한다는 당위성을 강조하는 선거관이다.

동트(d'Hondt)식 나눔수제의 유형은 나눔수열에 따라 분류되는데, 동트식의 나눔수열은 의석수에 1을 더하여 산정하며, 따라서 나눔수는 1, 2, 3, 4…이다. 동트식은 각 정당의 득표수를 동트 분모수열에 의해 나눈 후, 그 몫의 크기를 비교해 순서대로 의석을 배분한다. 동트식은 벨기에의 동트(Viktor d'Hondt)가 고안했기 때문에 동트 방식이라고 불리며, 미국에서는 제퍼슨식(Jefferson rule)으로 알려져 있다.

듀베르져 법칙(Duverger's Law) 듀베르져의 법칙이란 듀베르져가 제시한 세 가지의 사회학적 법칙을 뜻한다. 첫째, 비례대표제는 독립된 다당제를 유도하는 경향이 있으며; 둘째, 2표(라운드)제 다수체제는 서로 연립된 다당제를 유도하며; 셋째, 1위대표제는 양당제를 촉진하는 경향이 있다는 것이다.

드룹 쿼타(Droop Quota) 드룹 쿼타는 총 유효표(V)를 선거구의 의석수에 1을 더한 수($M+1$)로 나눈 결과에 다시 1을 더하고, 소수점 이하를 버려 정수를 취하는 방법으로 구한다. 드룹 쿼타를 구하는 공식은 다음과 같다.

$$\text{드룹 쿼타(DQ)} = \frac{V}{M+1} + 1$$

(V는 총 유효표; M은 선거구의 의석수, 소수점 이하가 있으면 버림)

명부식 비례대표제(list proportional representation) 명부식 비례대표제는 정당이 후보명부를 투표자에게 제시하고, 투표자는 후보 개인이 아닌 정당명부에 투표하는 선거체제이다. 이 선거체제는 기본적으로 정당의 득표율에 따라 의석을 배분하기 때문에 대체로 높은 비례성이 유지된다. 명부식 비례대표제는 정당명부에 대한 투표자의 선택 정도에 따라 개방형 명부식과 폐쇄형 명부식으로 구분되며, 의석배분 방식에 따라 나눔수제와 쿼타제로 구분된다.

밀집성(compactness)의 원칙 선거구 내의 지역 간 거리가 합리적 수준이어야 한다는 선거구 획정 기준의 하나이다.

범주형 투표(categorical voting) 범주형 투표는 다양한 후보자 중에서 투표자가 1명을 표시하는 형태의 투표이며, 한 선거구에서 1명의 대표자를 선출하는 1위대표제와 절대다수제에서 사용된다. 범주형 투표는 투표자의 다양한 선호도를 표시할 수 있는 순서형 투표와는 반대로 투표자가 가장 선호하는 제1선호도만 표시하기 때문에 투표 방법이 단순하다는 특징을 가진다.

보궐선거(by-election) 보궐선거는 의원이 형사적·윤리적 문제, 임명직 발탁, 타 선출직 출마 등을 이유로 그 직책을 사퇴하거나 사망 등 부득이한 사유로 의정 활동을 수행할 수 없는 경우에 이를 보충하기 위해 실시되는 선거이다.

보다 방법(Borda method) 보다 방법은 투표자의 선호 순서에 따라 차등적으로 득표를 산출하는 방법이다. 일반적인 방법은 선택 대안의 총수

(n)에서 투표자의 선호 순서에 따른 각 대안의 등위(rank)를 뺀 후 다시 그 값을 대안별로 모두 합하여 가장 많은 점수를 얻은 대안이 승리하는 방식이다.

보완투표제(supplementary vote system) 1993년 영국 노동당의 '선거제도개혁위원회'가 제안한 선거체제로 결승투표제와 대안투표제의 중간형과 같은 성격을 가진다. 투표자는 다수의 후보자 중에서 제1선호 후보자와 제2선호 후보자를 선택하기 때문에 2차선호투표제라 할 수 있다. 당선 결정은 우선 제1선호 후보별로 1차로 개표하여 1위와 2위를 제외한 3위 이하의 후보자를 탈락시킨다. 3위 이하의 후보자들이 얻은 표들을 제2선호 후보별로 재분류한 후, 다시 총득표수를 계산하여 최다득표자가 당선자로 확정된다.

벤담 방법(Bentham method) 벤담 방법은 후보자에 대한 투표자의 순위뿐만 아니라 효용성(cardinal utility)을 고려하여 당선자를 결정하는 투표 방법이다. 이 방법은 각 대안에 대한 투표자 선호의 효용성을 측정한 후 이 효용성을 모두 더하여 가장 높은 점수를 얻은 대안을 1위로 결정한다.

블록투표제(Bloc votes) 블록투표제는 유권자가 의석수만큼의 후보를 선택해 각 1표씩 투표할 수 있게 하는 방법이다. 현재 자유민주주의 체제로 분류되는 88개 국가 가운데 영연방(Commonwealth of Nations) 국가인 모리셔스(Mauritius)와 투발루(Tuvalu) 2개국이 블록투표제를 활용하고 있다. 모리셔스의 경우 3석 선거구 유권자들은 3명의 후보에게 각각 1표씩 3표를 모두 행사해야 유효표로 인정받을 수 있다.

비례성(proportionality) 비례성이란 정당의 득표율과 의석률간 비례관계의 정도를 의미한다. 일반적으로 1위대표제와 절대다수제는 비례성의 수준이 낮은 반면, 명부식 비례대표제나 STV제는 비례성의 수준이 높게 나타난다.

비(非)비례지수(index of disproportionality) 비비례지수는 다양한 선거체제에서 정당의 득표율과 의석률의 차이가 얼마나 비비례적인가를 수치로 나타낸 것으로 지수의 산출은 주로 갤러거의 최소제곱지수(LSq)를 이용한다.

빠나샤즈(*panachage*) 빠나샤즈는 '혼합(mix-in)'이라는 뜻의 프랑스어에서 유래한 용어로 룩셈부르크와 스위스의 명부식 비례대표제에서 사용되는 가장 개방된 형태의 투표방법이다. 투표자는 비례선거구 의석수만큼의 투표를 할 수 있으며, 굳이 한 정당의 명부 내에서 후보자를 선택할 필요가 없다. 정당의 구분 없이 후보자에 대한 선호를 표시할 수 있기 때문에 명부식 비례대표제에서 운용되는 투표용지의 구조 중에서 투표자의 선호를 가장 많이 반영한다.

3승 규칙(cube rule) 3승 규칙은 1위대표제에서 주로 나타나는데, 정당의 득표가 의석으로 전환되는 과정에서 두 정당의 득표 비율이 $L : S$라면 그 의석 비율은 대략 $L^3 : S^3$에 가깝게 나타나는 규칙성을 의미한다. 따라서 3승 규칙은 1위대표제가 소정당보다 대정당에게 유리한 선거체제라는 사실을 반증한다.

생 라그(Sainte-Laguë) 생 라그식은 나눔수제의 한 유형으로서 프랑스인 생 라그(Sainte-Laguë)가 고안한 나눔수열에 따라 의석을 배분한다. 동트식과 거의 유사하지만 동트식은 나눔수간의 간격을 1로 하여 나눔수열이 1, 2, 3, 4…인 반면, 생 라그식은 그 간격을 2로 하여 나눔수열로 1, 3, 5, 7…로 한다는 차이가 있다. 생 라그식은 주로 북구의 덴마크, 노르웨이, 스웨덴에서 사용되기 때문에 스칸디나비아식이라고도 한다.

생 라그/쉐퍼스(Sainte-Laguë/Schepers) 방식 독일의 물리학자 쉐퍼스(Hans Schepers)가 1980년에 제안한 방식으로 생 라그 방식과 같은 결과를 도출하지만 계산 과정을 단순화했다는 의미를 가진다.

석패율(惜敗率) 석패율은 일본의 선거체제에서 사용되는 용어이며, 1석선거구에 출마한 낙선 후보의 득표수가 당선후보의 득표수에 얼마나 근접했는가를 백분율로 나타낸 것이다. 일본은 1석선거구와 지역명부의 중복 입후보와 동순위 입후보를 허용하기 때문에 낙선 후보들이 타당의 당선후보를 상대로 얼마나 선전했는가를 비교하기 위해 석패율을 사용한다.

선거구 크기(district magnitude) 선거구 크기는 한 선거구 내의 의석수를 의미하는 것이 보통이다. 1위대표제와 절대다수제는 기본적으로 1석선거구제를 채택하고 있기 때문에 선거구 크기의 의미가 없지만, 비례대표제는 주로 인구수에 따라 선거구의 의석수가 결정되며, 선거구 크기에 따라 비례성의 수준이 달라진다. 일반적으로 비례대표제에서 선거구 크기가 크면 클수록 비례성이 높아진다.

선거연합(apparentement) 정당간의 카르텔(cartel) 또는 아빠랑뜨망이라 불리는 선거연합은 명부식 비례대표제에서 이용되는 선거제도로서 의석배정에 유리하다고 판단될 경우 둘 이상의 정당이 공식적으로 연합을 선언함으로써 성립된다. 동트식을 사용하는 국가에서 선거연합을 허용하는 경우가 많은데, 이는 동트식이 다른 의석배정 방식에 비해 상대적으로 비례성이 낮기 때문에 이를 보상하는 의미라 할 수 있다. 선거연합은 소정당의 사표를 줄여 비례성을 높이고자 하는 경우에 주로 사용되지만, 반대로 유효투표의 50% 이상을 득표한 연합에 의석을 집중시키고자 할 때 사용될 수 있다.

선거인의 불공정 배분(malapportionment) 선거인의 불공정 배분이란 선거구 획정에서 특정 정당이 다른 정당들에 비해 상대적으로 유리해지도록 함으로써 선거구의 인구 밀도가 균형을 이루지 못한 상황을 의미한다. 선거구별 인구수의 불균형은 도시 지역이 인구 밀도가 높아지는 반면에 농촌 지역은 인구 밀도가 낮아지는 데서 주로 기인한다.

소세계(microcosm) 소세계(小世界)란 선거를 통해 선출되는 민의의 대표기구는 모든 면에서 국가의 소세계가 되어야 한다는 대표(representation)의 개념으로서 주로 의회의 구성에 초점을 둔다. 이 개념은 의회가 국가의 닮은꼴이어야 하고, 의회의 구성원인 '의원은 자신을 선출해 준 유권자가 생각하고, 느끼고, 사고하고, 행동하는 것을 닮아야 한다'는 것이다.

수정 생 라그(modified Sainte-Laguë) 수정 생 라그식은 생 라그식을 변형한 나눔수제로서 생 라그식과 같이 나눔수 간의 간격을 2로 하지만, 생 라그식 수열의 첫 번째 수 1 대신 1.4를 사용한다. 이로 인해 수정 생 라그식은 의석배분 순서에서 군소정당이 비교적 먼저 의석을 확보할 수 있는 기회를 감소시키는 반면, 중간 규모의 정당이 유리해지는 경향을 유도한다.

수탁자(trustee) 모델 수탁자 모델은 의원을 지역민에 의한 단순한 파견인보다는 수탁자로 여기는 개념 모델이다. 일단 선거에 선출된 대표는 선거구민의 여론보다는 독립된 재량권과 객관적 판단력에 따라 의회활동을 해야 한다는 입장이라 할 수 있다.

순서형 투표(ordinal voting) 순서형 투표는 정당과 후보자를 고려하여 투표자가 선호도의 순서를 1, 2, 3…의 수로 표기하는 형태의 투표를 의미한다. 순서형 투표는 투표자의 다양한 선호도를 표시할 수 있고, 후보자의 선호 순위에 따른 표의 이양을 가능하게 한다. 투표자의 선호도가 선거 결과에 직접 반영되기 때문에 대안투표제와 단기이양식 선거체제에서 이용된다.

승인투표제(approval vote) 투표자가 '승인'하는 모든 대안에 1표를 줄 수 있게 한 후, 최다득표 대안이 1위가 되는 선거체제를 승인투표제라 한다. 승인투표제는 선호의 순서나 효용가치를 따지지 않기 때문에 이 투표제에서의 1위는 많은 투표자로부터 부정적 반응을 받지 않는 중도적 대안일 가능성이 크다.

약자편승효과(underdog effect) 약자편승효과는 선거의 여론조사 보도 등을 통하여 후보자의 당락이 예상될 때, 당선이 기대되는 후보보다는 열세에 놓여 있는 후보에게 투표하고자 하는 심리적 효과를 의미한다.

연기명 예비선거(blanket primary) 개방형 예비선거의 범주에서도 가장 자유로운 투표를 허용하는 방식으로 2015년 현재 알래스카(Alaska) 주에서만 사용되고 있다. 투표자는 모든 정당의 후보 명단이 함께 인쇄되어 있는 투표용지를 받아 한 직책 당 한 정당의 후보를 선택하는 방법으로 여러 정당에 투표할 수 있다. 2000년 캘리포니아(California) 주의 연기명 예비선거가 대법원의 위헌 판결을 받음에 따라 당시 워싱턴(Washington) 주와 알래스카 주의 연기명 예비선거도 문제가 된 바 있다. 알래스카 주의 경우 대법원 판결에 따라 주 정부가 정당들에게 연기명 예비선거의 실시를 강요하지 않는 형식으로 실시하기 때문에 독자적으로 복합형 예비선거를 실시하는 공화당을 제외한 정당들이 연기명 예비선거를 실시하고 있다.

2단 선거구 체제(two-tier districting system) 명부식 비례대표제는 한 국가를 여러 개의 지역 선거구로 분할하여 운용되는 것이 보통인데, 비례성을 높이기 위해서 하위 선거구에서 의석으로 전환되지 못한 표를 전국구와 같은 상위 선거구를 만들어 이용하는 방식이다.

이원 투표(split-ticket voting) 이원 투표는 선거에서 투표자가 정당을 달리하여 투표하는 것이다. 이원 투표는 투표자가 2개 이상의 선택권을 보유하고 있어야 가능하기 때문에 지역 선거구와 정당명부에 각각 1표씩 행사하는 혼합형 선거체제에서 주로 나타난다. 또한 이원투표는 투표자가 1표만을 행사하는 1위대표제에서도 각급 선거가 동시에 실시되는 경우에도 나타날 수 있다.

이항적 선택(binary choice) 이항적(二項的) 선택이란 제시된 2개의 항목 중에서 투표자가 둘 중에 하나를 선택하는 것이다. 이항적 선택은 절대다수제의 결승투표제에서와 같이 선택의 대상을 제한하기 때문에 명시성이 높다는 장점이 있다. 하지만 선택의 대상을 제한하는 과정에서 임의성이 개입된다는 단점이 있다.

익명성(anonymity) 익명성은 흔히 등가성의 원칙이라고도 하며, 한 표의 가치가 모두 동일해야 한다는 것을 의미한다. 즉 표의 가치가 모두 같기 때문에 익명성을 보장할 수 있다는 것이다.

인접성(contiguity)의 원칙 선거구 전체가 하나의 모양으로 연속되어 있어야 한다는 선거구 획정 기준의 하나이다.

일률성(monotonicity) 일률성은 한 대안에 유리한 투표 선호의 변화가 나타나면 선거의 결과에 있어서도 이 대안에 유리하게 작용하여야 한다는 기준을 의미한다. 일률성이 유지되는 경우, 사회적 선택이었던 한 대안에 대한 투표수의 증가가 있었다면, 이 대안이 다시 사회적 선택으로 되어야 한다. 이와 반대로 사회적 선택이 아닌 한 대안의 투표수가 감소했다면, 이 대안은 사회적 선택이 될 수 없다.

1석 선거구(single-member constituency) 1석 선거구는 지역 선거구의 의석수가 1석인 1위대표제와 절대다수제에서 운용된다. 1석 선거구는 선거구에서 1명의 대표자만을 배출하기 때문에 선출된 대표자의 지역대표성이 강하고 유권자와의 친밀도가 높다는 장점을 나타낸다.

1위대표제(*FPTP*; first past the post) 1위대표제는 기본적으로 1석 선거구에 적용되는데, 투표자가 후보자에 대한 제1선호만 표시하는 범주형 투표를 기본으로 한다. 투표자는 다수의 후보자 중에서 1명을 선택하고, 가장 많은 투표(1위표)를 얻은 후보자가 당선자로 결정된다. 1위대표제는 1위다수제, 상대다수제, 다수제, 또는 1석 선거구 단순다수제로 불리기도 한다.

일치성(consistency) 일치성이란 투표자가 두 그룹으로 나뉠 경우, 한 대안이 두 그룹 모두에서 사회적 선택이 된다면, 이 대안은 두 그룹을 합친 전체에서도 사회적 선택이 되어야 한다는 기준이다. 이 기준은 한 대안이 진정한 승자라면, 투표자를 소그룹으로 나누어도 승자가 되어야 한다는 의미인데, 실제 선거에서는 게리맨더링(Gerrymandering)과 같은 인위적 조작에 의해 이 원칙이 위반된다.

임페리알리 쿼타(Imperiali Quota) 임페리알리 쿼타는 총 유효표(V)를 선거구의 의석수에 3을 더한 수($M+3$)로 나눈 후 다음 정수를 취해 구한다. 만약 임페리알리 쿼타가 지나치게 작아져 선거구 의석수보다 많은 의석이 배정되는 현상이 나타나면 특별히 그 선거구에 한해 다음 작은 정수 즉 ($M+2$)를 사용해 다시 쿼타를 계산한다. 임페리알리 쿼타를 구하는 공식은 다음과 같다.

$$\text{임페리알리 쿼타}(IQ) = \frac{V}{M+3} \text{ 다음 정수}$$

(V는 총 유효표; M은 선거구의 의석수)

의석배정 방식(electoral formula) 의석배정 방식은 선거에서 후보자와 정당의 득표를 의석으로 전환시키기 위해 적용하는 계산 규칙을 의미한다. 의석배정 방식은 1위대표제, 절대다수제, 단기이양식, 단기비이양식, 명부식 비례대표제 나눔수제(동트 방식, 생 라그 방식, 수정 생 라그 방식)와 쿼타제(헤어 쿼타 방식, 드룹 쿼타 방식, 하겐바흐-비숍 쿼타 방식, 임페리알리 방식) 등이 있다.

의회의 정체(hung parliament) 의회의 정체는 1위대표 선거체제에서 군소정당과 지역정당이 경쟁력을 발휘함에 따라 양대정당이 안정적 절대다수를 형성하지 못하는 상황을 의미한다. 의회의 정체는 정부의 안정성을 특징으로 하는 1위대표제에서 다당체제가 출현할 경우에 나타나며, 이로 인해 양당체제에서 소정당과의 연합이라는 정치적 부조화가 발생한다.

자유주의(liberalism) 선거관 자유주의는 선거를 통해 대표들을 주기적으로 교체할 수 있어야만 궁극적인 자유가 보장된다고 주장하며, 선거를 국민이 다수를 형성하여 대표를 교체하는 단순하고도 유일한 수단으로 해석한다. 따라서 선거에 참여하는 국민이 옳아야 할 당위성도 없고, 또한 선거 결과를 사회적 결정으로 받아들이면 되기 때문에 선거 결과의 질적 문제점을 거론할 필요도 없다. 나아가 선거를 통한 사회적 선택의 결정을 수용하는 것 자체가 민주주의이고 그것만으로도 선거의 의미는 충족된다는 것이다.

재선거(reelection) 재선거는 총선거가 실시된 이후에 당선 무효나 선거 자체의 무효 사유가 발생하여 때 다시 실시되는 선거를 말한다.

전략적 투표(strategic voting) 투표자가 자신의 선호도보다는 원하는 선거 결과를 얻기 위한 목적으로 투표 선택을 하는 것을 의미한다. 선거에 3명 이상의 후보자가 입후보한 경우, 투표자는 자신의 선호도 순위와 후보자의 당선 가능성을 함께 고려하여 선호도 순위가 비록 낮지만 당선 가능성에서 앞서는 차선의 후보에게 투표하는 행태로 주로 나타난다.

절대다수제(majority system) 절대다수제는 선거체제의 단순성과 용이성, 지역대표성과 유권자와의 친밀도, 양당제의 유도와 안정된 정부구성 등의 특성을 유지하면서 소수대표의 문제점을 극복하고자 고안되었다. 절대다수제는 비(非)비례 체제로서 1석 선거구에서 사용되며, 기본적으로 절대다수(absolute majority) 즉 총 유효표의 1/2 이상을 얻어야만 당선되는 체제, 또는 이러한 절대다수를 지향하는 체제를 의미한다. 절대다수제의 대표적인 선거체제에는 결승투표제, 대안투표제, 보완투표제가 있다.

정당인(partisan) 개념 선거권이 확대되고 현대적 정당체제가 확립되면서 정당인개념 모델이 널리 수용되기 시작했다. 이 개념적 모델에 따르면, 의원은 정당의 공천과 정당의 정강·정책 프로그램을 통해 당선되므로 정당의 입장을 따르고 정강·정책의 실현에 공헌해야 한다. 또 의원 개개인은 투표자 또는 선거구의 대리인이라기보다는 정당의 일부로서 인식된다. 정당인 개념은 소세계 개념과 더불어 비례대표제 채택의 민주주의론적 명분을 제공했다.

제한투표제(Limited votes) 제한투표제는 블록투표제의 비비례성 문제를 완화하기 위해 유권자의 투표수를 의석수보다 1표 적게 '제한'하는 방법을 적용한다. 스페인 상원 선거에 활용되는 제한투표제는 일부 도서지역선거구(island provinces)를 제외하고는 4석 선거구를 기본으로 하는데 유권자는 후보 3명을 선택해 각각 1표씩 투표권을 행사한다. 1993년 선거까지 일본 하원(중의원)의 선거제도였던 SNTV(단기비이양)제는 의석수보다 투표수가 적다는 점에서 제한투표제의 특수한 형태라 할 수 있다.

중립성(neutrality) 중립성이란 선거제도가 어느 특정한 대안에도 유·불리를 주지 말아야 한다는 선거제도의 기준이다. 예를 들어 투표수가 동수(tie)일 때 적용되는 규칙, 소수에게 권리를 주는 규칙, 3분의 2, 4분의 3 등 특별한 의결정족수를 요구하는 규칙 등은 중립성의 원칙에서 벗어나는 사례들이다.

집적투표제(Cumulative votes) 집적투표제는 블록투표제의 비비례성 문제를 보완하기 위한 변형적 다수제 방법이다. 집적투표제는 블록투표제와 마찬가지로 유권자에게 선거구 의석수만큼 투표할 수 있는 권리를 줌과 동시에 투표자가 '선호하는 강도'를 투표수로 표시할 수 있도록 하는 제도이다. 예를 들어 4명을 선출하는 선거구라면, 투표자는 4표까지 행사할 수 있는데, 투표자가 어느 특정 후보를 매우 선호한다면 주어진 4표 모두를 이 한 후보에게 행사할 수도 있고, 그렇지 않을 경우 2명 내지 4명의 후보에 분산해서 4표를 행사할 수도 있다.

초과의석(Overhang seats 또는 *Überhangmandate*) 초과의석은 2표제의 혼합형 선거체제를 채택한 독일의 선거에서 발생한다. 초과의석은 지역 정당명부에 의해 배분된 의석수보다 정당이 주의 1석선거구에서 획득한 의석수가 많은 경우에 발생한다. 초과의석을 정당이 그대로 유지하기 때문에 초과의석수만큼 총의석수가 증가한다.

최대잔여투표순제(*LRS*; largest remainder system) 명부식 비례대표제에서 쿼타제 배분방식을 사용할 경우 각 정당의 득표수를 쿼타로 나누어 그 정당에 배분되는 몫(의석수)을 결정하는데, 각 정당에 일단 의석을 배분하고 나면 대개 '배분되지 않은 의석'이 남게 된다. 이 나머지 의석들을 몫을 구하고 남은 각 정당의 '나머지표'의 크기에 따라 순서대로 배분하는 의석배정 방식이 *LRS* 방식이다.

최대평균잔여투표순제(*LAS*; largest average system) 최대평균잔여투표순제는 쿼타로 각 정당에 의석을 배분한 후, 이미 배정된 의석수에 1을 더한 수로 '나머지표'를 나눈 결과가 큰 순서대로 잔여의석을 배정하는 방식이다.

최소제곱지수(*LSq*; Least-squares index) 최소제곱지수는 선거체제의 비비례성의 수준을 보여주는 지수로서 정당의 득표율과 의석율이 일치할수록 0에 근접한다. 갤러거(Michael Gallagher)가 고안한 최소제곱지수의 공식은 다음과 같다.

$$LSq = \sqrt{\frac{1}{2}\sum(v_i - s_i)^2}$$

(v_i는 i정당의 득표율, s_i는 i정당의 의석률)

최소조건(threshold) 최소조건이란 당선에 필요한 최소득표율 또는 의석을 배분받기 위해 필요한 최소한의 조건을 의미한다. 비례대표제에서 군소정당의 난립을 방지하기 위해 의석배분 대상이 되기 위한 최소조건을 정하기도 하는데, 이 때문에 최소조건 대신 봉쇄조항이라 부르기도 한다. 최소조건은 지역 선거구와 전국 선거구 등 적용 범위와 득표율, 득표수, 쿼타 대비 득표율, 1석 선거구의 의석수 등 적용 대상에 따라 다양하게 규정된다.

추가조정의석(additional adjustment seats; *Ausgleichsmandate*) 초과의석에 의한 비례성의 왜곡현상은 2008년과 2012년 독일연방헌법재판소의 위헌판결에 의해 2013년 추가조정의석제도의 도입으로 이어졌다. 이 제도는 의석배정 기준을 통과한 정당들이 제2투표(정당투표)에 정확히 비례해서 의석배정을 받도록 하기 위해 추가의석을 통해 비례성의 손익을 조정하는 방식이다.

콩도르세 방법(Condorcet method) 콩도르세 방법은 주어진 선택 대안들을 둘씩 1 대 1로 비교하는 방법이다. 선호 순서에서 앞선 대안이 투표자의 1표를 얻으며, 두 대안 중 다수를 얻는 대안이 승리하는 규칙을 적용한다. 어느 한 대안이 다른 모든 대안에 승리할 경우 그 대안을 콩도르세 승자(Condorcet winner)라고 한다.

쿼타제(quota system) 쿼타(quota)는 비례대표제에서 1석을 배정받는데 필요한 득표수(율)를 의미한다. 쿼타제 방식은 먼저 쿼타를 산출하여 각 정당의 득표수를 쿼타로 나누어 그 몫(의석수)과 나머지(remainders)를 구한다. 쿼타제에서 이용되는 쿼타에는 헤어 쿼타, 드룹 쿼타, 하겐바흐-비숍 쿼타, 그리고 임페리알리 쿼타가 있다.

탈출조항(escape clause) 탈출조항은 최소조건의 예외조항이라고도 하는데, 소수민족 또는 군소정당의 의회 진출을 용이하게 하거나 최소조건에 의해 비비례성이 지나치게 심화되어 이를 적절히 보완하고자 하는 경우에 설정한다.

톱2 예비선거(top 2 primary) 비당원 연기명 예비선거(nonpartisan blanket primary)로 불리기도 하는데 같은 공직을 다투는 후보들이 정당 구분 없이 예비선거에서 경쟁하여 1, 2위를 가린 후, 이 두 후보가 결선(runoff) 형식의 본선에서 승자를 가리는 방식이다. 미국 워싱턴 주와 캘리포니아가 이른바 '톱2 예비선거'를 실시하고 있다. 이 두 주의 '톱2' 예비선거와 루이지애나(Louisiana) 주에서 1970년대부터 실시해오던 '결선 예비선거(runoff primary)'가 같은 것이라는 혼동이 있지만, 이 루이지애나 식은 11월 총선 일에 1라운드 선거를 실시하여 50% 이상 득표자가 있을 경우 당선이 확정되고, 없을 경우 12월에 결선라운드 선거를 실시한다는 점에서 '톱2' 예비선거와는 구분되는 특징을 가진다.

투표(용지)의 구조(ballot structure) 투표(용지)의 구조란 선거에서 투표자가 행사할 수 있는 선택의 정도와 그 성격을 의미한다. 투표용지의 구조는 크게 범주형(categorical) 구조와 순서형(ordinal) 구조로 구분된다. 범주형 투표용지의 구조는 주로 1위대표제와 폐쇄명부식 비례대표제에 적용되며, 이 경우 투표자는 후보자 1인 또는 한 정당에 대한 선호를 표시한다. 순서형 투표용지의 구조는 대안투표제, 단기이양식, 개방명부식 비례대표제에 적용되며, 투표자는 선호의 순서에 따라 후보자의 순위를 표시한다.

투표의 역설(paradox of voting) 1700년대 말엽 콩도르세(Nicolas de Condorcet, 1743-1794)라는 철학자가 발견한 것으로 선거를 통해 명백한 승자(winner)를 정하지 못하는 모순이 나타날 수 있음을 의미한다. 즉 콩도르세의 '패러독스'는 사회 구성원 개개인의 선호가 전이적(轉移的; transitive) 관계를 가지는 데 반해 사회적 선택은 비(非)전이적이고 순환적(cyclic)인 상황을 일컬으며, 특히 셋 이상의 선택 대안(代案)과 세 명 이상의 투표자가 있는 선거에서 두 개의 대안씩 묶어 1 대 1로 비교하였을 때 다른 모든 대안을 물리치는 대안이 없어 순위를 정할 수 없는 상황이 나타날 수 있다는 것이다. 결국 투표의 역설은 사회적 선택 즉 선거 결과가 논리적·관념적 일관성을 가지지 못하는 모순적 상황이 발생함에 따라 선거 결과가 가변적(可變的)일 수 있음을 의미한다.

툴리맨더링(Tullymandering) 1974년 아일랜드의 선거구 재획정을 담당하는 부처의 장관인 툴리(James Tully)가 새로운 게리맨더링을 시도하였지만, 선거 결과는 툴리의 계획과는 정반대로 상대 당에게 유리하게 나타난 바 있다. 이때부터 '노골적인 게리맨더링의 궁극적 실패'를 의미하는 툴리맨더링이라는 새로운 용어가 사용되기 시작하였다.

파견인(delegate) 모델 파견인 모델은 대표가 자신을 선택한 유권자의 이익에 충실해야 하며, 국가 '전체'보다는 자신을 선출해 준 '부분'에 초점을 두는 의회 활동을 해야 한다는 것이다. 파견인 개념은 지역구의 이익과 지역민의 개별적 이익에 봉사하는 의원 활동을 뒷받침하는 논리가 되며, 따라서 흔히 '선거구 봉사(constituency service)' 모델로 불리기도 한다.

파편표(fraction votes) 파편표란 명부식 비례대표제에 의하여 득표를 의석으로 전환시키는 과정에서 의석 산출에 사용되지 못한 표를 의미한다. 헝가리 1989년 선거체제는 1석선거구와 정당의 지역비례명부에서 의석 산정에 사용되지 않은 파편표를 전국비례구의 의석 배분에 재활용함으로써 제2당, 제3당 등에 대하여 일정한 의석을 보상한다.

편승효과(bandwagon effect) 편승효과는 선거의 여론조사 보도 등을 통하여 후보자의 당락이 예상될 때, 낙선이 예견되는 후보보다는 당선이 기대되는 후보에게 투표하고자 하는 심리적 효과를 의미한다.

폐쇄형 명부제(closed list system) 폐쇄형 명부제는 명부식 비례대표제에서 사용되는 입후보 방식으로 투표자의 선호도가 반영되지 않는다는 것을 의미한다. 비례선거구별로 각 정당이 당선 순위를 사전에 결정하여 후보 명부를 제출하면, 투표자들은 여러 개의 정당 명부 중에서 한 명부를 선택하여 투표하는 선거체제이다. 정당 득표에 따라 의석수가 정해지면, 사전에 정해진 입후보 순위에 따라 당선 후보자가 결정된다.

하겐바흐-비숍 쿼타(Hagenbach-Bischoff Quota) 하겐바흐-비숍 쿼타는 총 유효표를 선거구의 의석수에 1을 더한 수($M+1$)로 나누는 것은 드룹 쿼타 방식과 같으나 이 결과에서 단순히 다음 정수를 취하기 때문에 결국 드룹 쿼타와 하겐바흐-비숍 쿼타는 같은 결과가 된다. 하겐바흐-비숍 쿼타를 구하는 공식은 다음과 같다.

하겐바흐-비숍 쿼터(HBQ) $= \frac{V}{M+1}$의 다음 정수

(V는 총 유효표; M은 선거구의 의석수)

헤어-니이마이어(Hare-Niemeyer) 현재 독일에서 사용되는 의석배정 방식이다. 헤어-니이마이어식은 쿼타를 계산하는 과정과 쿼타로 정당의 유효득표수를 나누는 과정을 단지 합쳐 놓았을 뿐, 헤어-최대잔여투표순과 같은 방법이다. 각 정당의 득표수를 선거구의 의석수로 곱하고 이를 총 투표수로 나누어 계산하는데, 이를 수식으로 표현하면 아래와 같다.

헤어-니이마이어식 계산 $= \frac{\text{정당명부득표수} \times \text{의석수}}{\text{총투표수}}$

헤어 쿼타(Hare Quota) 쿼타제에서 이용되는 헤어 쿼타는 총 유효표를 선거구의 크기(선거구의 총 의석수)로 나누어 구한다. 헤어 쿼타는 단순 쿼타(simple quota)로 불리기도 하며, 다음과 같이 계산된다.

헤어 쿼타(HQ) $= \frac{V}{M} = \frac{100\%}{M}$

(V는 총 유효표; M은 선거구 크기)

혼합형 선거체제(Mixed Member System) 혼합형 선거체제는 1위대표제, 절대다수제, 명부식 비례대표제, STV제 등의 단일형(單一型) 선거체제가 둘 이상 혼합된 선거체제를 의미한다. 혼합형 선거체제는 대부분 지역선거구를 가지는 1위대표제와 명부식 비례대표제의 조합으로 이루어지며, 그 유형은 크게 독일식 연동형(聯動型) 혼합체제(*MM-D*; Mixed Member-Dependent)와 독립형(獨立型) 혼합체제(*MM-I*; Mixed Member-Independent)로 구분된다. MM-D의 경우 독일의 연동형처럼 각 정당의 의석수가 정당에 던져진 표에 의해 기본적으로 정해지는 순수형 비례제에 지역 선거구제를 가미함으로써 비례제 의석과 지역 선거구의 1위대표제 의석이 연동되는 체제라고 할 수 있다. 반면 MM-I의 경우 한국이나 일본의 독립형처럼 비례제 의석수와 1위대표제 의석수가 기본적으로 나뉘어 정해진 상태에서 산술적으로 더해지는 방식이다. MM-D는 MMP(Mixed Member PR), MM-I는 MMM(Mixed Member Majoritarian) 또는 MM-Parallel로 불리기도 한다.

효과적 정당수(effective number of parties) 효과적 정당수는 한 국가의

정치체제와 선거체제에서 효과적으로 작용하고 있는 정당의 숫자를 의미한다. 효과적 정당수는 선거에서 득표와 의석을 기준으로 산출되며, 그 계산에는 허핀달-허쉬만(Herfindahl-Hirschman)의 집중지표(集中指標)가 많이 사용된다. 효과적 정당수를 구하는 공식은 다음과 같다.

$$\text{효과적 정당수(N)} = \frac{1}{HH} = \frac{1}{\sum P_i^2}$$

(P_i는 i정당의 득표율 또는 의석 확보율)

참/고/문/헌

Ⅰ. 국내문헌

강원택. 2003.『한국의 선거정치: 이념, 지역, 세대와 미디어』서울: 푸른길.

______. 2005.『한국의 정치개혁과 민주주의』서울: 인간사랑.

갤로웨이, 조오지. 1992. "정치가로서의 의원," 로버트 디클레리코·알랜하모크 편저. 박문갑·이준영 역.『민주정치의 이해』서울: 인간사랑.

고선규. 2006. "2006년 지방선거에서 중선거구제 도입과 정치적 효과,"『한국정치연구』19집 2호, 121-145.

김광수. 1997.『선거와 선거제도』서울: 박영사.

김영태. 2001, '독일연방의회 선거체계의 제도적 효과: 한국 선거체계 개혁에 주는 시사점을 중심으로',『국제정치논총』41집 3호, 279-296.

김용복. 2004. '한국선거와 비례대표제의 적실성'『한국정당학회보』3권 1호, 31-61.

______. 2010. "일본 선거제도 개혁과 석패율제도의 효과: 한국에의 시사점"『한국정치연구』19권 3호, 313-339.

김욱. 2006. '독일 연방의회 선거제도가 한국의 선거제도 개혁에 주는 시사점'『세계지역연구』24집 3호, 53-70.

김종갑. 2006. "지역주의극복을 위한 선거제도 개편방안: 독일식 정당명부제를 중심으로,"『국가전략』제12권 1호, 163-187.

______. 2012. '2011년 개정 독일선거제도와 한국적 적용방안'『현대정치연구』5권 2호, 45-74.

김형국. 1990. "제13대 대통령선거의 투표행태에 대한 지정학적 연구," 김광웅 편.『한국의 선거정치학』서울: 나남.

김형철. 2010. "뉴질랜드 선거제도 개혁: 과정, 결과, 한국에 주는 시사점,"『비교민주주의연구』제5집 2호, 105-134.

박병석. 1993. "민주적 정당운영의 조건: 공직선거 후보자 선정과정을 중심으로," 현대사회연구소,『지방자치』통권63호. 성남: 현대사회연구소.

박찬욱. 1993. "제14대 국회의원 총선거에서의 정당지지 분석," 이남영 편.『한국의 선거Ⅰ』서울: 나남.

박찬욱. 2004. “제17대 총선에서 2표 병립제와 유권자의 분할투표: 선거제도의 미시적 분석.” 『한국정치연구』 제13집 2호.

박찬표. 1997. 『한국의 국가형성과 민주주의: 미군정기 자유민주주의의 초기 제도화』 서울: 고려대학교 출판부.

보비오, 노르베르토. 황주홍 옮김. 1992. 『자유주의와 민주주의』 서울: 문학과 지성사.

안순철. 1996. “한국 유권자의 전략적 투표 행태,” 한국정치학회. 『한국정치학회보』 제30집 2호, 165-186.

______. 1997. “정치적 의사소통구조의 개혁,” 황필홍 외. 『새로운 공동체를 찾아서』 서울: 한맥.

______. 2001. “한국정치의 이데올로기적 예측 공간 분석.” 『한국정치학회보』 제35집 3호, 153-171.

______. 2001. “한국정치의 제도적 개혁과 조화: 의원내각제, 다정당체계, 비례대표제.” 『국가전략』 제7권 4호, 5-27.

이갑윤. 1990. “투표행태와 민주화,” 김광웅 편. 『한국의 선거정치학』 서울: 나남.

이갑윤 · 이현우. 2008. “이념투표의 영향력 분석: 이념의 구성, 측정, 그리고 의미.” 『현대정치연구』 창간호.

이남영. 1996. “한국 국회의원 선거결과를 결정하는 주요요인: 1985 · 1988년 양대 국회의원 선거결과 비교분석,” 김광웅 · 이갑윤 편. 『정당 · 선거 · 여론』 서울: 한울.

이동윤. 2009. “사회적 균열과 투표행태, 그리고 정당체제: 정치사회학적 관점.” 전용주 편. 『투표행태의 이해』 서울: 한울.

장훈. 2006. “혼합형 선거제도의 정치적 효과” 『한국정치학회보』 40집 5호, 191-213.

정요섭. 1965. 『선거론』, 서울: 박영사.

정준표. 2014. “독일선거제도: 작동 원리와 한국 선거에의 적용 가능성,” 『한국정치학회보』 제48집 2호, 29-56.

조기숙. 1996. 『합리적 선택: 한국의 선거와 유권자』 서울: 한울 아카데미.

조중빈. 1993. “유권자의 여야성향과 투표행태,” 이남영 편. 『한국의 선거 I』 서울: 나남.

중앙선거관리위원회. 1985. 『제12대 국회의원선거총람』

중앙선거관리위원회. 1988. 『제13대 국회의원선거총람』

중앙선거관리위원회. 1992.『제14대 국회의원선거총람』
중앙선거관리위원회. 1994.『독일연방선거법』
중앙선거관리위원회. 1996.『제15대 국회의원선거총람』
진영재. 2000. "유효정당수 계산법의 문제점,"『한국정치학회보』 제33집 4호: 327-341.
최준영 · 조진만. 2005. "지역균열의 변화 가능성에 대한 경험적 고찰: 제17대 국회의원 선거에서 나타나는 이념과 세대균열의 효과를 중심으로."『한국정치학회보』 제39집 3호, 375-394.
허영 편저. 1994.『독일 통일의 법적 조명』 서울: 박영사.

Ⅱ. 국외문헌

1. 영 문

Aldrich, John H. 1976. "Some Problems in Testing Two Rational Models of Participation," *American Journal of Political Science* 20: 713-733.

__________. 1980. "A Dynamic Model of Presidential Nomination Campaigns," *American Political Science Review* 74: 651-69.

Amy, Douglas J. 1993. *Real Choices, New Voices: The Case for Proportional Representation Elections in the United States*. New York: Columbia University Press.

An, Soon-Cheol. 1995. *Electoral Choice in Korea: A Spatial Analysis of Ideology and Sophisticated Voting*. Ph. D. Diss. University of Missouri-Columbia.

Arrow, Kenneth. 1963. *Social Choice and Individual Values*. 2nd ed. New York: Yale University Press.

Ash, Timothy Garton. 1990. *The Magic Lantern: The Revolution of '89 Witnessed in Warsaw, Budapest, Berlin, and Prague.* New York: Random House.

Babb, James. 1996. "The Origins and Nature of Japanese Electoral Reform," *Representation* 33: 155-161.

Baker, Gordon E. 1986. "Whatever Happened to the Reapportionment Revolution in the United States?" in

Electoral Laws and Their Political Consequences, edited by Bernard Grofman and Arend Lijphart. New York: Agathon Press.

Batt, Judy. 1991. *East Central Europe from Reform to Transformation*. New York: Royal Institute of International Affairs.

Beer, Samuel H. 1960. "New Structures of Democracy," in *Democracy in the Mid-Twentieth Century*, edited by William N. Cahmbers and Robert H. Salisbury. St. Louis: Washington University Press.

Benoit, Kenneth. 1996. "Hungary's Two-Vote Electoral System," *Representation* 33: 162-170.

Bevan, A. 1952. *In Place of Fear*. London: Heinemann.

Black, Duncan. 1958. *The Theory of Committees and Elections*. Cambridge, England: Cambridge University Press.

Blais, André. 1991. "The Debate over Electoral Systems," *International Political Science Review* 12: 239-260.

Blais, André and R. K. Carty. 1991. "The Psychological Impact of Electoral Laws: Measuring Duverger's Elusive Factor," *British Journal of Political Science* 21: 79-93.

Blais, André and Louis Massicotte. 1996. "Mixed Electoral Systems: An Overview," *Representation* 33: 115-118.

Bobbio, Norberto. 1990. *Liberalism and Democracy*. London: Verso.

Bogdanor, Vernon. 1983. "Introduction," in *Democracy and Elections: Electoral Systems and Their Political Consequences*, edited by Vernon Bogdanor and David Butler. Cambridge: University Press.

__________. 1984. *What is Proportional Representation? A Guide to the Issues*. Oxford: Martin Robertson.

__________. 1997. "First-Past-The-Post: An Electoral System Which is Difficult to Defend," *Representation* 34: 80-83.

Boston, Jonathan, Stephen Levine, Elizabeth McLeay and Nigel S. Roberts. 1996. "Why did New Zealand Adopt German-Style

Proportional Representation?," *Representation* 33: 134-140.

Bowler, Shaun and David Farrell. 1996. "Voter Strategies under Preferential Electoral Systems: A Single Transferable Vote Mock Ballot Survey of London Voters," in *British Elections and Parties Yearbook, 1995*, edited by Colin Rallings, David Farrell, David Broughton and David Denver. London: Frank Cass.

Brams, Stephen J., and Peter C. Fishburn. 1978. "Approval Voting," *American Political Science Review* 72: 831-847.

Bunce, V. 1981. *Do New Leaders Make a Difference? Executive Succession and Public Policy under Capitalism and Socialism.* Princeton: Princeton University Press.

Butler, D., H. Penniman, and A. Ranney. eds. 1981. *Democracy at the Polls.* Washington, DC: American Enterprise Institute.

Cain, Bruce, John Fefejohn, and Morris Fiorina. 1987. *The Personal Vote: Constituency Service and Electoral Independence.* Cambridge, Massachusetts: Harvard University Press.

Carstairs, Andrew McLaren. 1980. *A Short History of Electoral Systems in Western Europe.* London: George, Allen and Unwin.

Castles, Francis G. 1981. "Female Legislative Representation and the Electoral Systems," *Politics* 1: 21-27.

__________. 1982. "Introduction: Politics and Public Policy," in *The Impact of Parties*, edited by F. Castles. London: Sage.

Christensen, Ray. 2013. "Malapportionment and the 2012 House of Representatives Election," in Japan Decides 2012: The Japanese General Election, edited by Robert Pekkanen, Steven Reed and Ethan Scheiner. Basingstoke: Palgrave Macmillan.

Chubb, Basil. 1982. *The Government and Politics of Ireland.* 2nd ed. London: Longman.

Converse, Phillip E. 1964. "The Nature of Belief Systems in Mass Publics," in *Ideology and Discontent*, edited by D. E. Apter. New York: Free Press.

Cox, Gary W. 1997. Making Votes Count: Strategic Coordination in the World's Electoral Systems, Cambridge: Cambridge University Press.

Crotty, William. *American Parties in Decline*. 2nd ed. Boston: Little, Brown & Company.

Curtis, Gerald L. 1988. *The Japanese Way of Politics*. New York: Columbia University Press.

Dahl, Robert. 1956. *A Preface of Democratic Theory*. Chicago: University of Chicago Press.

__________. 1964. "Minorities Rules," in *American Democracies: Patterns and Sources of Electoral Volatility*, edited by L. J. Fein, New york: Holt, Rinehart & Winston.

De Winter, Lieven. 1988. "Belgium: Democracy or Oligarchy?" in *Candidate Selection in Comparative Perspective: The Secret Garden of Politics*, edited by Michael Gallagher and Michael Marsh. London: Sage Publications.

Dimitras, Panayote Elias. "The Greek Parliamentary Election of October 1993," *Electoral Studies* 13.

Dixon, R. G. 1968. *Democratic Representation and Reapportionment in Law and Politics*. New York: Oxford University Press.

Downs, Anthony. 1957. *An Economic Theory of Democracy*. New York: Harper Collins Publishers.

Drew, E. 1981. *Portrait of an Election*. New York: Simon & Schrster.

Dunleavy, Patrick, Helen Margetts and Stuart Weir. 1992. "Replaying the 1992 General Election: How Britain Would Have Voted under Alternative Electoral Systems," *LSE Public Policy Paper*, No. 3.

Dunleavy, Patrick and Helen Margetts. 1995. "Understanding the Dynamics of Electoral Reform," *International Political Science Review* 16: 9-29.

Dunleavy, Patrick, Helen Margetts and Stuart Weir. 1993. "The

1992 Election and the Legitimacy of British Democracy," in *British Elections and Parties Yearbook 1993*, edited by David Denver, Pippa Norris, David Broughton and Colin Rallings, Hemel Hempstead: Harvester Wheatsheaf.

Duverger, Maurice. 1963. *Political Parties: Their Organization and Activity in the Modern State*. Barbara and Robert North, trans. New York: Wiley.

__________. 1986. "Duverger's Law: Forty Years Later," in *Electoral Laws and Their Political Consequences*, edited by Bernard Grofman and Arend Lijphart. New York: Agathon Press.

Dye, T. R., and L. H. Zeigler. 1983. *American Politics in the Media Age*. Monterey: Brooks Cole.

Eldersveld, Samuel J. 1982. *Political Parties in American Society*. New York: Band Books, inc.

Enelow, James M., and Melvin J. Hinich. 1982. "Ideology, Issues, and the Spatial Theory of Elections," *American Political Science Review* 76: 493-501.

__________. 1984. *The Spatial Theory of Voting: An Introduction*. Cambridge: Cambridge University Press.

Epstein, Leon D. 1980. *Political Parties in Western Democracy*. New Brunswick, NJ: Transaction Books.

Farquharson, Robin. 1969. *Theory of Voting*. New Haven: Yale University Press.

Farrell, David M. 1997. *Comparing Electoral Systems*. Harvester Wheatsheaf: Prentice Hall

__________. 2011. *Electoral Systems: A Comparative Introduction*. 2nd ed. Hampshire, UK: Palgrave Macmillan.

Ferejohn, J. A., and M. P. Fiorina. 1974. The Paradox of Not Voting: A decision Theoretic Analysis. *American Political Science Review* 68: 525-536.

Finer, S. E. eds. 1975. *Adversary Politics and Electoral Reform*. London: Anthony Wigram.

Fishburn, Peter C. 1973. *The Theory of Social Choice*. Princeton: Princeton University Press.

__________. 1974. "Paradoxes of Voting," *American Political Science Review* 68: 537-546.

Gallagher, Michael. 1988a. "Introduction," in *Candidate Selection in Comparative Perspective: The Secret Garden of Politics*, edited by Michael Gallagher and Michael Marsh. London: SAGE Publications.

__________. 1988b. "Conclusion," in *Candidate Selection in Comparative Perspective: The Secret Garden of Politics*, edited by Michael Gallagher and Michael Marsh. London: SAGE Publications.

__________. 1991. "Proportionality, Disproportionality and Electoral Systems," *Electoral Studies* 10: 33-51.

__________. 1996/7. "The Single Transferable Vote-An Assessment," *Representation* 34: 2-6.

Gallagher, Michael, Michael Laver and Peter Mair. 1995. *Representative Government in Modern Europe*. 2nd ed. New York: McGraw-Hill.

Gallagher, Michael and Michael Marsh. eds. 1988. *Candidate Selection in Comparative Perspective: The Secret Garden of Politics*. London: SAGE Publications.

Gallagher, Michael and Paul Mitchell. eds. 2008. *The Politics of Electoral Systems.* Oxford: Oxford University Press.

Ginsberg, B. 1982. *The Consequences of Consent*. Reading, MA: Addison-Wesley.

Goldey, David B. 1993. "The French General Election of 21-28 March 1993," *Electoral Studies* 12: 291-314.

Grodzins, Morton. 1986. "The Federal System," in *Classic Readings in American Politics*, edited by Pietro S. Nivola and David H. Resenbloom. New York: St. Martin Press.

Gschwend, Thomas. 2007. "Ticket-Splitting and Strategic Voting Under Mixed Electoral Rules: Evidence from Germany,"

European Journal of Political Research 46: 1-23.

Hain, Peter. 1997. "The Case for the Alternative Vote," *Representation* 34: 121-126.

Hare, T. 1859. *The Election of Representatives, Parliamentary and Municipal*. London: Longman, Roberts, and Green.

Harris, Paul. 1992. "Changing New Zealand's Electoral System: The 1992 Referendum." *Representation* 31: 53-57.

Harrop, Martin and William L. Miller. 1987. *Elections and Voters: A Comparative Introduction*. New York: New Amsterdam Books.

Hart, Jennifer. 1992. *Proportional Representation: Critics of the British Electoral System, 1820-1945*. Oxford: Clarendon Press.

Hazan, Reuven Y. and Gideon Rahat. 2006. "Candidate Selection: Methods and Consequences," in Handbook of Party Politics, edited by Richard S. Katz and William Crotty. Thousand Oaks, CA: Sage.

Hermens, Ferdinand A. 1984. "Representation and Proportional Representation," in *Choosing an Electoral System: Issues and Alternatives*, edited by Arend Lijphart and Bernard Grofman. New York: Praeger

Hill, David B., and Norman R. Luttbeg. 1983. *Trend in American Electoral Behavior*. 2nd ed. Itasca, Illinois: F. E. Peacock Publishers, Inc.

Hirschman, A. O. 1945. *National Power and the Structure of Foreign Trade*. Berkeley: University of California Press.

Hoag, C. G., and G. H. Hallet, Jr. 1926. *Proportional Representation*. New york: MacMillan.

Holliday, Ian. 1994. "Dealing in Green Votes: France, 1993," *Government and Opposition* 29: 64-79.

Huntington, Samuel P. 1968. *Political Order in Changing Societies*. New Haven: Yale University Press.

__________. 1986. "Will More Continues Become Democratic?" in *Comparative Politics: Notes and Readings*, 6th ed., edited by

Roy C. Macridis and Bernard E. Brown. Chicago: The Dorsey Press.

__________. 1991. *The Third Wave: Democratization in the Late Twentieth Century*. Norman, OK: University of Oklahoma Press.

Jacobson, G. C. 1983. *The Politics of Congressional Elections*. Boston: Little brown.

Jesse, Eckhard. 1988. "Split-Voting in the Federal Republic of Germany: An Analysis of the Federal Elections from 1953 to 1987," *Electoral Studies* 7: 109-124.

Jewell, Malcolm E., and David M. Olson. 1978. *American State Political Parties and Elections*. Homewood, Ill: Dorsey Press.

Katz, Richard S. 1980. *A Theory of Parties and Electoral Systems*. Baltimore, Maryland: Johns Hopkins University Press.

__________. 1986. "Intraparty Preference Voting," in *Electoral Laws and Their Political Consequences*, edited by Bernard Grofman and Arend Lijphart. New York: Agathon Press.

Kendall, M. G., and A. Stuart. 1950. "The Law of Cubic Proportion in Election Results," *British Journal of Political Science* 9: 355-384.

Kennedy, John F. 1956. *Profiles is Courage*. New York: Harper & Row, Publishers, Inc.

Key, V. O. Jr. 1964. *Politics, Parties, and Pressure Groups*. New York: Crowell-Collier.

Koole, Ruud and Monique Leijenaar. 1988. "Netherlands: predominance of regionalism," in Michael Gallagher and Michael Marsh. eds. *Candidate Selection in Comparative Perspective: The Secret Garden of Politics*. London: SAGE Publications.

Korosenyi, Andras. 1990. "Hungary," *Electoral Studies* 9: 4.

__________. 1992. "The Hungarian Parliamentary Elections, 1990," in *Post-Communist Transition*, edited by Bozoki Korosenyi and Schopflin. New York: St. Martin's Press.

Laakso, M. 1979. "Should a Two-and-a-Half Law Replace the Cube Law in Election Results," *British Journal of Sociology* 1: 355-384.

Laakso, M., and R. Taagepera. 1979. "Effective Number of Parties: A Measure with Application to West Europe," *Comparative Political Studies* 12: 3-27.

Labour Party. 1993. *Report of the Working Party on Electoral Systems, 1993*. London: Labour Party.

Lakeman, Enid. 1970. *How Democracies Vote: A Study of Majority and Proportional Electoral Systems*. 3rd ed. London: Faber and Faber.

__________. 1974. *How Democracies Vote: A Study of Electoral Systems*. London: Faber and Faber. Revised 4th ed. of Lakeman and Lambert.

Lakeman, E., and J. D. Lambert. 1955. *Voting in Democracies: A Study of Majority and Proportional Electoral Systems*. London: Faber and Faber.

Lane, John C. 1995. "The Elections of Women under Proportional Representation: The Case of Malta," *Democratization* 2: 140-157.

LeDuc, Lawrence, Richard G. Niemi, and Pippa Norris. eds. 2010. *Comparing Democracies 3: Elections and Voting in the 21st Century*, London: Sage.

Lijphart, Arend. 1984a. "Advances in the Comparative Study of Electoral Systems," *World Politics* 36: 424-436.

__________. 1984b. *Democracies: Patterns of Majoritarian and Consensus Government in Twenty-One Countries*. New haven: Yale University Press.

__________. 1986. "Proportionality by Non-PR Methods: Ethnic Representation in Belgium, Cyprus, Lebanon, New Zealand, West germany and Zimbabwe," in *Electoral Laws and Their Political Consequences*, edited by Bernard Grofman and Arend Lijphart. New York: Agathon Press.

__________. 1987. "The Demise of the Last Westminster System? Comments on the Report of New Zealand's Royal Commission on the Electoral System," *Electoral Studies* 6: 97-103.

__________. 1994. *Electoral Systems and Party Systems: A Study of Twenty-Seven Democracies, 1945-1990*. Oxford: Oxford University Press.

__________. 1999. *Patterns of Democracy: Government Forms and Performance in Thirty-Six Countries*, New Haven: Yale University Press.

Lijphart, Arend and Bernard Grofman. eds. 1984. *Choosing an Electoral System: Issues and Alternative*. New York: Praeger.

Lijphart, Arend, Rafael Lopez Pintor, and Yasunori Sone. 1983. "The Limited Vote and the Single Nontransferable Vote: Lessons from the Japanese and Spanish Examples," in *Democracy and Elections: Electoral Systems and Their Political Consequences*, edited by Vernon Bogdanor and David Butler. Cambridge: University Press.

Lipset, S. M., and S. Rokkan. 1967. *Party Systems and Voter Alignments: Cross-National Perspectives*. New York: Free Press.

Loosemore, John and Victor J. Hanby. 1971. "The Theoretical Limits of Maximum Distortion: Some Analytic Expressions for Electoral Systems," *British Journal of Political Science* 1: 467-477.

Mackerras, Malcolm. 1996. *The Mackerras 1996 Federal Election Guide*. Canberra: Australian Government Publishing Service.

Mackie, Thomas T. and Richard Rose. 1991. *The International Almanac of Electoral History*. 3rd ed. Basingstoke: Macmillan.

Madais, Antonio. 1982. "Choice of Electoral Systems," in *The New Democratic Frontier*, edited by Larry Garber and Eric Bjornlund. London: The Arthur McDougall Fund.

Mair, Peter and Michael Laver. 1975. "Proportionality, PR and STV in Ireland," *Political Studies* 23: 491-500.

Mair, Peter and Liam Weeks. 2005. "The Party System," in John Coakley and Michael Gallagher, eds. *Politics in the Republic of Ireland,* 4th ed. London: Routledge.

Massicotte, Louis. 2008. "Canada: Sticking to First-Past-the-Post for the Time Being," Michael Gallagher and Paul Mitchell. eds. *The Politics of Electoral Systems.* Oxford: Oxford University Press.

McAllister, Ian and Toni Makkai. 1993. "Institutions, Society or Protest? Explaining Invalid Votes in Australian Elections," *Electoral Studies* 12: 23-40.

McBride, James P. 1996/7. "Positive Aspects of PR-STV for the Irish Political system," *Representation* 34: 7-12.

McLean, Iain. 1991. "Forms of Representation and Systems of Voting," in *Political Theory Today*, edited by David Held. Cambridge: Polity Press.

Mill, J. S. 1862. *Considerations on Representative Government.* New York: Harper and Brothers.

__________. 1962. *Utilitarianism, Liberty, Representative Democracy*. London: Longman.

Nie, Norman H., Sidney Verba, and John R. Petrocik. 1979. *The Changing American Voter*. Rev. ed. Cambridge, Mass: Havard university Press.

Nivola, Pietro S., and David H. Resenbloom. eds. 1986. *Classic Readings in American Politics*. New York: St. Martin Press.

Nohlen, Dieter. ed. 2005. Elections in the Americas, A Date Handbook: Vol. I & II, Oxford: Oxford University Press.

Norris, Pippa. 1995. "The Politics of Electoral Reform in Britain," *International Political Science Review* 16: 65-78.

__________. 1995. "Introduction: The Politics of Electoral Reform," *International Political Science Review* 16: 3-8.

__________. 1996. "Legislative Recruitment," in *Comparing Democracies*, edited by Richard G. Niemi and Pippa Norris, Thousand Oaks, CA: Sage.

__________. 2004. *Electoral Engineering: Voting Rules and Political Behavior*, Cambridge: Cambridge University Press.

Norton, Philip and David M. Wood. 1990. "Constituency Service by Members of Parliament: Does in Contribute to a Personal Vote?" *Parliamentary Affairs* 43: 196-208.

__________. 1993. *Back from Westminster: British Members of Parliament and Their Constituents*. Lexington, Kentucky: The University Press of Kentucky.

O'Leary, Cornelius. 1979. *Irish Elections, 1918-1977*. Dublin: Gill and Macmillan.

Ordeshook, Peter C. 1986. *Game Theory and Political Theory: An Introduction*. New York: Cambridge University Press.

Pérez-Mares, Marco Alejandro. 2012. "On the Economic Effects of Policy Responsiveness: The Role of Candidate Selection for General Elections," CGU Theses & Dissertations. Paper 34.

Pesonen, Paertti. 1968. *An Election in Finland*, New Haven and London: Yale University Press.

Plant, Raymond. 1991. *The Plant Report: A Working Party on Electoral Reform*. London: Guardian Studies, Vol. 3.

__________. 1995. "The Plant Report: A Retrospective," *Representation* 33: 5-16.

Popper, K. 1988. "The Open Society and its Enemies Revisited," *The Economist* 23 April.

Publius(James Madison). 1788. *The Federalist Papers* No. 39.

Punnett, R. M. 1991. "The Alternative Vote Revisited," *Electoral Studies* 10: 281-298.

Puzler, Peter. 1983. "Germany," in *Democracy and Elections: Electoral Systems and Their Political Consequences*, edited by Vernon Bogdanor and David Butler, Cambridge: University Press.

Rae, Douglas. 1967. *The Political Consequences of Electoral Laws*. New Haven, CT: Yale University Press.

Rahat, Gideon, and Reuven Y. Hazan. 2001. "Candidate Selection

Methods: An Analytical Framework." *Party Politics* 7(3): 297-322.

Ranney, Austin. 1981. "Candidate Selection," in *Democracy at the Polls,* edited by David Butler, Howard R. Penniman and Austin Ranney. Washington, DC: American Enterprise Institute.

Reynolds, Andrew and Ben Reilly. eds. 2005. *The International IDEA Handbook of Electoral System Design,* Stockholm: International Institute for Democracy and Electoral Assistance.

Riker, William H. 1982. *Liberalism against Populism: A Confrontation Between the Theory of Democracy and the Theory of Social Choice.* Perfect Heights, IL: Waveland Press, Inc.

__________. 1986. "Duverger's Law Revisited," in *Electoral Laws and Their Political Consequences,* edited by Bernard Grofman and Arend Lijphart. New York: Agathon Press.

Riker, William H., and Peter C. Ordeshook. 1968. "A Theory of Calculus of Voting," *American Political Science Review* 62: 25-42.

__________. 1973. *An Introduction to Positive Political Theory.* Englewood Cliffs, NJ: Prentice-Hall.

Roberts, Geoffrey K. 1975. "The Federal Republic of Germany," in *Adversary Politics and Electoral Reform,* edited by S. E. Finer. London: Anthony Wigram.

__________. 1988. "The German Federal Republic: The Two-Lane Route to Bonn," in *A Comparative Study of Party Organization,* edited by William E. Wright, Columbus, OH: Charles E. Merrill.

__________. 1996. "Neglected Aspects of the German Electoral System," *Representation* 33: 125-133.

Roche, Richard. 1982. "The High Cost of Complaining Irish Style," *Journal of Irish Business and Administrative Research* 4: 98-108.

Rose, R. 1984. *Do Parties Make A Difference?* London: Macmillan.

Saalfeld, Thomas. 2008. "Germany: Stability and Strategy in a Mixed Member Proportional System," Michael Gallagher and Paul Mitchell. eds. *The Politics of Electoral Systems.* Oxford: Oxford University Press.

Särlvik, Bo. 1983. "Scandinavia," in *Democracy and Elections,* edited by Vernon Bogdanor and David Butler. Cambridge: Cambridge University Press.

Sartori, Giovanni. 1986. "The Influence of Electoral Systems: Faulty Laws of Faulty Method?" in *Electoral Laws and Their Political Consequences*, edited by Bernard Grofman and Arend Lijphart. New York: Agathon Press.

__________. 1994. *Comparative Constitutional Engineering: An Inquiry into Structures,* Incentives and Outcomes. Basingstoke: Macmillan.

Scheiner, Ethan. 2008. "Does Electoral System Reform Work? Electoral System Lessons from Reforms of the 1990s," *Annual Review of Political Science* 11: 161-181.

Seferiades, S. 1986. "Polarization and Nonproportionality: The Greek Party System in the Postwar Era." *Comparative Politics* 19: 69-93.

Seligman, Lester G. 1967. "Political Parties and the Recruitment of Political Leadership," in *Political Leadership in Industrialized Societies*, edited by Lewis J. Edinger, New York: John Wiley.

Schumpeter, Joseph R. 1975. *Capitalism, Socialism, and Democracy.* 1st Harper Colophon ed. New York: Harper Torchbooks.

Shugart, Matthew Soberg and John M. Carey. 1992. *Presidents and Assemblies: Constitutional Design and Electoral Dynamics.* New York. Cambridge University Press.

Siavelis, Peter M. 2005. "Chile: The Unexpected (and Expected) Consequences of Electoral Engineering." in Gallagher and Mitchell, eds. *The Politics of Electoral Systems.* Oxford: Oxford University Press.

Sinnott, Richard. 1993. "The Electoral System," in *Politics in the Republic of Ireland*, 2nd ed., edited by John Coakley and Michael Gallagher, Dublin: Folens/PSAI Press.

Sprague, J. 1980. *On Duverger's Sociological Law: The Connection Between Electoral Laws and Party Systems*. Political Science Paper 48. St. Louis: Washington University Press.

Taagepera, Rein and Matthew Soberg Shugart. 1989. *Seats and Votes: The Effects and Determinants of Electoral Systems*. New Haven: Yale University Press.

Taylor, P. 1984. "Accumulation, Legitimation and the Electoral Geographies within Liberal Democracy," in *Political Geography: Recent Advances and Future Directions*, edited by P. Taylor and J. House. London: Croom Helm.

Taylor, P. J., G. Gudgin, and R. J. Johnston. 1983. "The Geography of Representation: A Review of Recent Findings," in *Democracy and Elections: Electoral Systems and Their Political Consequences*, edited by Vernon Bogdanor and David Butler. Cambridge: University Press.

Tsutsumi, Hidenori. 2013. "How and Why did Japan's LDP Adopt 'Open' Candidate Selection Process? The Case of 2010, 2013 Upper House Election," paper presented at the Workshop on Candidate Selection Methods in East Asia, Gakushuin University in Tokyo, Japan (2013. 3. 18).

Valen, Henry. 1988. "Norway: Decentralization and Group Representation," in Michael Gallagher and Michael Marsh. eds. *Candidate Selection in Comparative Perspective: The Secret Garden of Politics*. London: SAGE Publications.

Vogler, David J. 1983. *The Politics of Congress*. 4th ed. Boston: Allyn and Bacon, Inc.

Ware, Alan. 1996. *Political Parties and Party Systems*. Oxford: Oxford University Press.

Wilson, James Q. 1983. *American Government: Institutions and Policies*. 2nd ed. Lexington, MA: D. C. Heath and Company.

Wood, Alan H., and Roger Wood. eds. 1992. *The Times Guide to the House of Commons, April 1992*. London: Times Books.

Wright, William E. 1971a. “Theory,” in *A Comparative Study of Party Organization*, edited by William E. Wright. Columbus, OH: Charles E. Merrill.

__________. 1971b. “Comparative Party Models: Rational-Efficient and Party Democracy,” in *A Comparative Study of Party Organization*, edited by William E. Wright. Columbus, OH: Charles E. Merrill.

Ysmal, Colette. 1994. “France,” *European Journal of Political Research* 26: 293-304.

Zech, Charles E. 1975. “Leibenstein's Bandwagon Effects as Applied to Voting,” *Public Choice* 21: 117-22.

2. 일 문

福岡政行. 1997. “新選擧制度下の第41回衆議院總選擧の分析,” 日本選擧學會 發表論文.

小林良彰. 1997.『日本人の投票行動と政治意識』東京: 木鐸社.

衆議院議會 事務局. 1996.『衆議院議員總選擧一覽』

天川由記子. 1997. “テレビを利用した政黨選擧戰略,” 日本選擧學會 發表論文.

蒲島郁夫. 1998.『政權交替と有權者の態度變容』東京: 木鐸社.

上神貴佳. 2013. “選擧制度改革後の自民党.” www.nippon.com/ja/ features/c00404

사항색인

ㄱ

ㄴ

ㄷ

ㅊ

ㅋ

인명색인

저자 약력

■ **안 순 철(安 順 喆)**

단국대학교 정치외교학과 교수
한국정치학회 부회장
한국사회과학데이터센터(KSDC) 이사

단국대학교 정치외교학과 졸업
미국 Oklahoma State University 정치학 M.A.
미국 University of Missouri-Columbia 정치학 Ph.D.
미국 미주리대 사회조사연구소(CASR) 연구원,
한국정당학회, 한국선거학회 부회장 등 역임
단국대학교 기획조정실장, 사회과학대학 학장 등 역임

[저서 · 논문]

『미국의 예비선거: 비교정치학적 접근』
『민주화의 이론과 사례』 (공역)
『한국의 선거 IV』, 『한국 권력구조의 이해』 등 (공저)
"Electoral Choice in Korea: A Spatial Analysis of Ideology and Sophisticated Voting"
"한국 유권자의 전략적 투표 행태"
"2008 미국의 대통령 예비선거: 프론트로딩의 심화와 개혁 아젠다의 부상"
"민주화 이후 한국정치의 갈등구조와 전망: 공간이론과 2002년 대통령선거"
"민주화 이후 당정협의 문제점과 제도적 대안"
"대안적 분쟁해결(ADR)의 이론과 실제: 미국의 경험과 한국사회에의 적용"
"고압송전선로건설 분쟁에 대한 대안적 접근: 환경 공감의 시각을 중심으로"
"한국 정치의 제도적 개혁과 조화 —의원내각제, 다정당체계, 비례대표제"
"선거공영제의 이념적 가치와 제도적 현실"
"1997년 대통령선거의 예측 공간"
"Electoral Regionalism and the Ideological Dimensions of Korean Politics" 외 다수

선거체제 비교 – 제도적 효과와 정치적 영향 – [개정판]

1998년 9월 19일 초판 발행
2016년 1월 20일 개정판 인쇄
2023년 7월 25일 개정판 3쇄 발행

저 자 안 순 철

발행인 배 효 선

발행처 도서출판 法 文 社

주 소 10881 경기도 파주시 회동길 37-29
등 록 1957년 12월 12일/제2-76호(윤)
전 화 (031)955-6500~6 FAX (031)955-6525
E-mail (영업) bms@bobmunsa.co.kr
(편집) edit66@bobmunsa.co.kr
홈페이지 http://www.bobmunsa.co.kr
조 판 법 문 사 전 산 실

정가 25,000원 ISBN 978-89-18-03196-5